Joe Labonde

Die Templer in Deutschland

Joe Labonde

Die Templer in Deutschland

Eine Untersuchung zum historisch überkommenen Erbe des Templerordens in Deutschland

Bernardus 2019

Impressum

2. Auflage 2019

In der Verlagsgruppe Mainz

Printed in Germany

Bernardus-Verlag
Verlagsgruppe Mainz
Süsterfeldstraße 83
52072 Aachen

www.bernardus-verlag.de

Gestaltung, Druck und Vertrieb:
Druck & Verlagshaus Mainz
Süsterfeldstraße 83
52072 Aachen

www.verlag-mainz.de

Abbildungsnachweis (Umschlag):
Vordergrund: Kreuz des historischen Templerordens aus der Komturei Breisig, das heute in der katholischen Pfarrkirche St. Marien in Bad Breisig aufbewahrt wird. *Foto: Resi Schwerter, Bad Breisig.*
Hintergrund: Templerkirche Mücheln in Sachsen-Anhalt, Innenansicht des hinteren Kirchenschiffes, *Foto*: *Wikimedia Commons*, lizenziert unter Creative Commons CC-BY-SA 2.5, Fotograf: Paolo Schubert, 9. August 2008:
Anhang: Die Karte „Templerorte in Deutschland“ und die Kartenlegende wurden von *Armin Glötzl* und *Konrad Speckmaier* erstellt.

ISBN-10: 3-8107-0088-6
ISBN-13: 978-3-8107-0088-9

Inhalt

Einführung

„Auch in Deutschland lassen sich fast alle Komtureien angeben, nicht aber die einzelnen Besitzungen und Rechte des Ordens, welche er an Orten besaß, wo er keine Kommende oder Kurie hatte. Namentlich gehörten ihm viele Patronatsrechte an Kirchen nichttemplericher Ortschaften. Daher werden viele Orte genannt, wo die Templer gehaust haben sollen und die Sage ihrer gedenkt, während sie daselbst nur Rechte, Zinsen, bald größere, bald kleinere Besitzungen hatten…"*

Diesen größeren und kleineren Besitzungen oder Rechtsansprüchen nachzugehen bemüht sich dieses Buch. Bereits im 19. Jahrhundert gab es ähnliche Versuche einer Zusammenstellung. Diese folgten aber den damaligen Grenzen des Deutschen Reiches, während hier nicht über die Grenzen der Bundesrepublik Deutschland hinaus recherchiert wurde. Böhmen, Mähren, Westpolen, Elsass oder Lothringen finden demnach hier keine Erwähnung.

Die einzelnen Orte mit Templernachweis oder vermeintlichem Templernachweis wurden sofern möglich mit den heutigen Postleitzahlen versehen. Dies erlaubt dem Leser die Orte problemlos zu lokalisieren. Bei größeren Städten wurde die Postleitzahl des Stadtzentrums angegeben.

Grundsätzlich wurde bei den einzelnen Orten auf eine eigene historische Darstellung oder Deutung verzichtet. Zumeist finden sich bei den Orten Zitate aus Publikationen der letzten beiden Jahrhunderte. In Ausnahmefällen waren Anmerkungen notwendig, um offensichtlich historisch falsche Aussagen zu korrigieren.

Es hätte wenig Sinn gemacht, eine eigene Geschichte der Templerniederlassungen in Deutschland zu schreiben, da sich eine solche auf

* *Wilcke, Ferdinand: Die Geschichte des Ordens der Tempelherren. Wiesbaden 2005, nach der 2. Auflage von Halle 1860, S. 385.*

Umformulierungen der zitierten Quellen reduziert hätte. So lassen wir die zitierten Veröffentlichungen zumeist des 19. Jahrhunderts zu Wort kommen.

Bei verschiedenen Orten liegen weder Quellen noch Urkunden zu Grunde, sondern lediglich regionale Sagen oder Vermutungen von Lokalhistorikern. Dies ist z. B. bei Schlanstedt oder Wiesensteig der Fall. Dennoch wurden diese Orte in diese Publikation aufgenommen, da zum einen ein Templerbesitz nicht auszuschließen ist und zum anderen die Zitate zu diesen Orten deutlich als Sagen oder Spekulationen gekennzeichnet wurden.

Zu jedem Ort wurde die vollständige Literaturangabe angefügt. Auf Kürzel wurde verzichtet. Der Leser hat so, ohne zu blättern, den direkten Zugang zu den Angaben des von ihm gesuchten Ortes.

Die im zweiten Teil publizierten Urkunden und Regesten beziehen sich ausschließlich auf die Templer in Deutschland (heutige Bundesrepublik). Urkunden, die den gesamten Orden betreffen, wurden nicht aufgenommen. Auch Urkunden, die nach der Verhaftung der Templer ausgestellt wurden und sich auf die Auflösung des Ordens, den Prozess, die Übertragung seiner Güter an die Johanniter oder andere Institutionen beziehen, wurden in diese Sammlung nicht aufgenommen.

Den Abschluss dieses Buches bildet eine ausführliche Bibliographie zum Templerorden. Diese umfasst die Gesamtheit des Ordens und ist somit nicht auf die Templer in Deutschland begrenzt.

Für die Erstellung der Karte bedanke ich mich bei Herrn Armin Glötzl und Herrn Konrad Speckmaier.

Möge diese Publikation zu mehr Klarheit und Übersichtlichkeit die deutschen Templerbesitzungen betreffend beitragen.

Oberkrüchten, im Juni 2010

Templerorte in Deutschland

52062 Aachen

„Ein Schriftsteller, der sonst aus guten Quellen zu forschen pflegt, berichtet nämlich, daß die St. Servatius-Kapelle daselbst den Tempelherren gehört habe, daß dieselbe aber, nach der Aufhebung des Ordens, von den Herren von Schönforst und Sichem auf Grund des daran habenden Patronatsrechts eingezogen worden sei."[1]

„Eine der glänzendsten Epochen in Aachen machten unstreitig die Tempelherren. Sie schmückten die Stadt mit Palästen, Tempeln, Säulengängen, Bädern, Mineral- und Springbrunnen, mit Wasserleitungen, Alleen, Spaziergängen, Teichen, Gärten und Lustwäldern."[2]

1 *Ledebur, Leopold von: Die Tempelherren und ihre Besitzungen im Preußischen Staate. Ein Beitrag zur Geschichte und Statistik des Ordens. In: Allgemeines Archiv für die Geschichtskunde des Preußischen Staates. 16, 1835, S. 97-120, S.242-268, S.289-336, hier S. 116.*

2 *Alpen, van: Die Tempelherren in Aachen. In: Franz Ahn: Jahrbuch für den Regierungsbezirk Aachen 1824. S. 128-139, hier S. 128. Van Alpen bleibt jeden historischen Beweis schuldig, allerdings weisen die Flurbezeichnungen Templergraben und Templerbend auf die Anwesenheit des Ordens hin. Auf S. 134 nennt er Ortschaften, in denen die Aachener Templer Niederlassungen oder Besitzungen hatten, die zu ihrer Versorgung beitrugen. Diese sind Klosterrath, Hausen, Siersdorf, Engelsdorf, Körtenich, Merzenhausen, Barmen und Linnich. Beweise hierfür kann van Alpen nicht vorlegen.*
Vgl. Quix, Christian: Haben die Tempelherren eine Commende oder doch eine Besitzung in der Stadt Aachen gehabt? In: Quix, Christian: Beiträge zur Geschichte der Stadt Aachen und ihrer Umgebungen. Aus dem ‚Aache-

ner Wochenblatt' besonders abgedruckt. 11, 1838, S.121-129. Quix, Christian: War in Aachen eine Tempelherren-Kommende? In: Quix, Christian: Geschichte des Karmeliten-Klosters, der Gelehrtenschulen in Aachen vor Einführung des Jesuiten-Gymnasiums, der vormaligen Herrschaft Eilendorf... . Aachen 1835, S. 82-85. Faymonville, Karl: Die angebliche Kapelle des Templerordens: In: Die Kunstdenkmäler der Stadt Aachen. Bd. 2: Die Kirchen der Stadt Aachen mit Ausnahme des Münsters. (=Die Kunstdenkmäler der Rheinprovinz. II, 2). Düsseldorf 1922, S. 339.

38312 Achim

„Achim... ist Kommende, da anlässlich eines nach Urkunde vom 26. April 1306 getätigten Güterverkaufs zu Halberstadt unter den Zeugen ein frater Hinricus de Benstede, commendator in Achim, aufgeführt wird. Dieser Comthur wird wahrscheinlich seinen Sitz zu Tempelhof gehabt haben, einem Vorwerke, das zwischen Achim und Hornburg gelegen."[1]

1 *Schüpferling, Michael: Der Tempelherren-Orden in Deutschland. Ph.D.diss. Freiburg im Üchtland. Bamberg 1915, S. 93.*
Vgl. auch Lüpke, Helmut: Die Templerkommende Tempelhof. Ein Beitrag zur Geschichte des Templerordens in Ostdeutschland. In: Teltower Kreis-Kalender 1933, S. 21-34. Heutger, Nicolaus: Die Templer in Niedersachsen. In: Ritterorden im Mittelalter. Greifswald 1996, S. 97-109.
Siehe Urkunde Nr. 33, 65, 87 und 129.

06385 Aken (Elbe)

„Daher werden viele Orte genannt, wo die Templer gehaust haben sollen und die Sage ihrer gedenkt, während sie daselbst nur Rechte, Zinsen, bald größere, bald kleine Besitzungen hatten, wie z. B. im Erzstift Magdeburg, zu Salzwedel, Werben, Aulosen, Flechtingen, Acken, mit Angern, Brumby bei Calbe, Quedlinburg, Bernburg und so in allen Ordensprovinzen."[1]

1 *Wilcke, Ferdinand: Die Geschichte des Ordens der Tempelherren. Wiesbaden 2005, nach der 2. Auflage von Halle 1860, S. 385.*

41363 Aldenhoven

„Unter dem Papst Honorius II. im 12. Jahrhundert sollen die Tempelherren in Aldenhoven eine große Kommende errichtet haben, die nach dem im Jahr 1312 eingetretenen Sturze des Ordens wieder in Trümmer sank. Der Verfasser der ‚Topographie des Kreises Jülich', Dr. Brockmüller (1839), schließt aus der Bezeichnung ‚Tümpel', die noch heute ein Platz in Aldenhoven führt, daß an dieser Stelle ein prachtvoller Tempel des Ordens gestanden habe, was doch wohl fraglich ist."[1]

„Eigenartigerweise wird für die Ortschaft Aldenhoven bei Jülich auch eine Templerkommende angenommen, die unter Papst Honorius II. (1124-30) gegründet worden sein soll. Da der Templerorden erst 1119 gegründet wurde, ist es sehr unwahrscheinlich, daß er bereits 10 Jahre später in Aldenhoven war. Die erste Kommende in Westeuropa war Metz (1133). Frühestens könnte Aldenhoven nach der Anwesenheit Bernhards v. Clairvaux in Jülich (1147), der Propaganda für die Templer machte, gegründet worden sein. Vielleicht liegt eine Verwechselung mit Honorius III. (1216-27) vor. Da auch Kiringen in Aldenhoven Land besaß und nur 5 Kilometer von dieser Ortschaft entfernt liegt, bezieht sich diese Nachricht sicherlich auf Kiringen."[2]

„An dem Orte, welcher im Tüppel heißt, stand früher eine Commende der Tempelherren, welche nach Vertilgung dieses Ordens 1312 in Trümmer fiel."[3]

1 *Offermanns, Jakob: Geschichte der Städte, Flecken Dörfer, Burgen und Klöster in den Kreises Jülich, Düren, Erkelenz, Geilenkirchen und Heinsberg nebst statistischen Angaben. In neuer Bearbeitung von Johann Brückmann. Jülich 1912, S. 108.*

2 *Bers, Günter: Die Geschichte der Johanniter-Kommende St. Johannes in Kiringen bei Jülich. In: Beiträge zur Jülicher Geschichte. Jülicher Hei-*

matblätter. Mitteilungen des Jülicher Geschichtsvereins. 4, 1959, S. 6-18, insbesondere S. 10 f.

3 *Offermanns, Jakob: Geschichte der Städte, Flecken Dörfer, Burgen und Klöster in den Kreises Jülich, Düren, Erkelenz, Geilenkirchen und Heinsberg nebst statistischen Angaben. Linnich 1854, S. 43.*

39387 Altbrandsleben

„Unter den Gemeindeangern des Dorfes Alt-Brandsleben hatten wir bereits eines Flurstückes gedacht, das den Namen ‚Der Tempelberg' führt. Es liegt westlich vom Dorfe nahe dem Waldrand zwischen dem Goldbach und dem Wege, der Alt-Brandsleben mit dem Gasthaus ‚Waldfrieden' im Hohen Holze verbindet. Im Dorfe selber führt man den Namen auf eine ‚Tempelritterburg' zurück, die dort gelegen habe, und sonst zuverlässige Dorfbewohner versichern blosgelegte Grundmauerreste auf dem flachen Hügel gesehen zu haben."[1]

1 *Breddin, G.: Flurnamen und Flurgeschichte, ein Beitrag zur Heimatkunde der Oschersleber Umgegend. Oschersleben 1908, S. 26.*

86972 Altenstadt

„Beim Verkauf der Templergüter zu Altenstadt bei Schongau im Jahre 1289 wirkte der Komtur von Moritzbrunn als Zeuge mit, so daß der Gedanke naheliegt, daß die Kommende eine nicht unwesentliche Rolle im süddeutschen Raum gespielt haben muß."[1]

„1289 kauft Steingaden von Friedrich Wildegrave, Meister des Tempels durch Alemannien und Slavenland mehrere Güter wie 1 Hof, 1/2 Hube im Stadtgebiet von Schongau, 2 Höfe in Warenberg, 2 Höfe in Brugge, 1 Hof in Dietlind samt Patronatsrecht, 2 Höfe in Kutzenhofen, 3 Höfe in Ellemhoven usw. Es waren das Güter der Tempelherren in Altenstadt bei Schongau. Ein Steg über die Illach bei Jagdberg führt noch heute den Namen ‚Tempelsteg'."[2]

„In Schwaben befand sich ein Haus zu Hall, welches der Orden im J. 1237 den Franziskanern als St. Jakobskloster überließ; dann eins zu Denkendorf, später ein Kloster; zu Altenstadt bei Schöngau, ein baierischer Erwerb von den Gütern Konradins von Schwaben."[3]

„Abgesehen davon, daß die Johanniterurkunden vom 29. März und 14. Juni 1322 Mosbrunnen einen Ort nennen, der seit Alters den Templern gehörte, erwähnt schon eine Urkunde vom 7. Dezember 1289 die Templerbrüder in Mosbrunnen. Nach dieser Urkunde verkauft der Wildgraf Friedrich, Präzeptor von Deutschland und Slavien, in Gegenwart des Vizepräzeptors Dietrich von Morsbach einen Hof und eine halbe Hufe in Altenstadt bei Schongau, einen in Diethilrieth (Dietelried) samt dem Patronatsrecht über die Kirche daselbst, zwei Höfe zu Warenberg, zwei in Brugge (Burggen), zwei in Chuzenchoven, drei in Ellenchoven (Elligkofen bei Landsberg) um 225 Pfund Augsburger Heller an das Prämonstratenserkloster in Steingaden, wobei ausdrücklich hervorgehoben ist, daß dieser Verkauf der Güter am Lechraine mit Zustimmung der Brüder von Mosbrunnen geschah."[4]

1 *Mistele, Karl-Heinz: Zur Geschichte des Templerordens in Süddeutschland. In: Mitteilungen für die Archivpflege in Bayern. Sonderheft 5, 1967, S. 18-24, hier S. 19.*

2 *Graf, Matthäus: Geschichte der Prämonstratenserabtei Steingaden (Oberbayern) 1147-52f.*
Vgl. auch Layer, Adolf: Der Templerorden in Schwaben. In: Schwäbische Blätter für Heimatpflege und Volksbildung. 21, 1970, S. 70f, hier S. 71.

3 *Wilcke, Ferdinand: Die Geschichte des Ordens der Tempelherren. Wiesbaden 2005, nach der 2. Auflage von Halle 1860, S. 387.*

4 *Schüpferling, Michael: Der Tempelherren-Orden in Deutschland. Ph.D.diss. Freiburg im Üchtland. Bamberg 1915, S. 58.*
Siehe Urkunde Nr. 69.

93339 Altmühlmünster

„Die Rhein-Main- und Donau Schiene.
Neben der Darstellung der Norddeutschen Templerkommenden gibt es eine parallele Entwicklung, die allerdings in der Regel jüngeren Datums ist, entlang der Rhein-Main-Donau-Linie. Ihre Entstehung verdanken sie wohl primär der notwendigen Absicherung und Unterstützung der von Frankreich bzw. Deutschland ausgehenden mitteleuropäischen Kreuzzüge ins Heilige Land. Hönningen (1225) und Niederbreisig rheinabwärts und an der Donau Altmünster (bereits 1155) mit einem Schwerpunkt um Eichstädt mit den Kommenden Meilenhofen, Moritzbrunn, Pietenfeld und Tempelhof."[1]

„Es werden noch andere Orte in der Diözese Eichstätt angeführt, an welchen unser Ritterorden Besitzungen gehabt haben soll, wie z. B. Berching, Berngau, Oberweiting, Thannbrunn, aber ein sicherer Beweis kann nicht geführt werden, ebensowenig wie für Niederlassungen in Altmühlmünster, ..."[2]

„In Baiern findet sich eine Komturei in Augsburg, vom Grafen Hartmann von Dillingen gegründet, die Dominikaner erhielten sie 1312. Eine andere war zu Deißing bei Altmühlmünster. Altmühlmünster selbst, eine ansehnliche Komturei, urprünglich zu Regensburg von den dortigen Burggrafen, Heinrich und Otto von Riedenburg, bei St. Leonhard im Jahre 1158 gestiftet, später nach Altmühlmünster verlegt, wurde nachher eine Johanniterkommende."[3]

„Altmühlmünster, Kommende? Dieses monasterium ad altmonam soll im Jahre 1158 von den Brüdern Heinrich und Otto, Grafen von Rietenburg (Riedenburg a.d. Altmühl) für die Templer gestiftet und nach Aufhebung des Ordens von dem Herzog Ludwig von Bayern den Johannitern überlassen worden sein. Zur Begründung dieser Annahme wird verwiesen auf einen Eintrag im XIV. Band fundationes im Reichsarchiv zu München.
Da indes dieser Eintrag fast wörtlich übereinstimmt mit jener bei Teising gebrachten Stelle aus Aventins Annalen, so liegt die Vermutung

nahe, daß wir bei diesem Eintrag gewissermaßen nur mit einem Exzerpt jener Stelle zu tun haben, die hier für Altmühlmünster wohl eigens zugeschnitten worden. Hat sich nun jene Stelle bei Teising als irrig erwiesen, so darf sie im Exzerpt hier bei Altmühlmünster zum mindesten in Zweifel gezogen werden. Dieser Zweifel wird aber noch verstärkt nicht nur durch den Ausdruck ‚monasterium', welcher hinsichtlich der Templerniederlassungen kaum jemals Anwendung findet, sondern auch durch eine Stelle in Aventins Bayerischer Chronik, in welcher bezüglich Altmühlmünster nur von Johannitern, nicht von Templern die Rede ist."[4]

1 *Sawall, Edmund: Der Tempelritterorden in Deutschland. Versuch einer Bestandsaufnahme. In: Non nobis. 38, 2000, S. 14-19, hier S. 18.*

2 *Hirschmann: Die Tempelherren in Deutschland. In: Historisch-politische Blätter für das katholische Deutschland. 159, 1917, S. 131-135, hier S. 133.*

3 *Wilcke, Ferdinand: Die Geschichte des Ordens der Tempelherren. Wiesbaden 2005, nach der 2. Auflage von Halle 1860, S. 385.*
Vgl. Falkenstein, Karl: Geschichte des Tempelherren-Ordens. Dresden 1833, S. 141. Falkenstein erkennt in Altmühlmünster ein wichtiges Templerhaus.

4 *Schüpferling, Michael: Der Tempelherren-Orden in Deutschland. Ph.D.diss. Freiburg im Üchtland. Bamberg 1915, S. 65f.*
Vgl. Grauert, Hermann: Eine Tempelherrenurkunde von 1167. In: Archivalische Zeitschrift. 3, 1878, S. 294-309. Grauert zeichnet in seinem Aufsatz nach, dass für Altmühlmünster ein urkundlicher Beleg dafür, dass die Grafen von Riettenburg im Jahre 1155 dem Templerorden ein Kloster übertragen hätten, nicht vorhanden ist.

63755 Alzenau

„Dennoch ist es erstaunlich, in der Umgebung auf weitere ‚Templerhäuser' zu stoßen: Die ehemalige Johanniter-Niederlassung in Neckarelz wird bereits seit dem 16. Jahrhundert als ‚Templerhaus' bezeichnet. In Klein-Wallstadt haben sich neben der Kirche Reste eines ‚Templerhauses' in Gestalt der Giebelwand eines frühgotischen Steinhauses (kein Wohnturm) erhalten. Nach der Volkssage bestanden ‚Tempelhöfe' in Kälberau und auf Burg Alzenau. Auch eines der alten Häuser in der Weinheimer Judengasse wurde noch im 19. Jahrhundert als ‚Templerhaus' bezeichnet. Schließlich wollte man in den Templern sogar die Bauherren der Burg Hemsbach (vermutlich des heute noch erhaltenen ‚Ritterhauses') erkennen. Auch ein gotisches Steinhaus in Bretten nannte der Volksmund ‚Templerhaus'. Die ‚Templerhäuser' sind indessen nicht auf den Odenwald beschränkt, auch erhaltene mittelalterliche Steinhäuser in Hildesheim und Boppard tragen diesen Namen."[1]

„Wie Kurmainz zum Besitz dieses Schlosses gekommen, ist nirgends auszumitteln. Freilich stand es mit den dort begüterten Ronnenburgern in Connexion, und man kann daher von diesen den Besitz ableiten, aber auch eben so gut von den Tempelherren, indem erst nach ihrem Verschwinden dieses Schloß als mainzisches Eigenthum vorkommt."[2]

1 *Steinmetz, Thomas: Spätmittelalterliche Wohntürme im Odenwaldraum. In: Der Odenwald. 41, 1994, Heft 3, S. 87-102, hier S. 100.*

2 *Steiner, Johann Wilhelm Christian: Tempelherrn im Freigerichte, eine Volkssage. In: Geschichte und Topographie des Freigerichts Wilmudsheim vor dem Berge oder Freigerichte Alzenau und Beschreibung der Schlacht bei Dettingen des 27. Juni 1743. Aschaffenburg 1820, S. 105-108, hier S. 107f.*

63916 Amorbach[1]

„Sehr merkwürdig ist endlich das am unteren Ende der Stadt gelegene, dermalen dem Leinenweber Fertig gehörige Haus, der Tempelhof genannt.

Obgleich urkundliche Nachrichten über eine Ansiedlung des Templerordens dahier nicht vorhanden sind, erscheint es doch als bedeutsames Vorkommniß, daß nicht nur die Tradition durch Jahrhunderte hindurch das Haus als ‚Templerhof' bezeichnete.

Mir ist der Name Tempelhof in keiner Urkunde, in keinem der zahlreichen bis ins 19. Jahrhunderts reichenden klösterlichen, Mainzischen und städtischen Zins- und Lagerbücher begegnet. Dagegen heißt der dortige Bezirk am Hundsgäßlein bis hin zum Häutbach ‚Im Boppenhof'. Der Rüdenhof war schon im 14. Jahrhundert von der Rüdeschen Familie veräußert worden. Denn schon im Urbar von 1395 heißt es: der Griebin hoffe oder der Ruden hoffe. Die Griebin ist offenbar die Witwe oder Tochter des um 1300 erwähnten Heinrich Grebe (Gribe). Aus ihrem bzw. ihrer Erben Besitze ist der Hof dann wohl an einen Bopp übergegangen. Gegen Ende des 15. Jahrhunderts begegnen auch an der Ostseite des Hauses das zwar sehr beschädigte und verwitterte, aber dennoch wohl erkennbare lebensgroße Bild eines Tempelritters mit dem Pilgerstabe und den hl. Tempel haltend mit röthlicher und schwarzer Farbe angemalt ist. Auch lassen die Bauart des Hauses, die Form der eichenen Tragbalken, die erst in neuerer Zeit theilweise erneuerten engen Fensternischen, die im Erdgeschosse des Hauses befindliche aus Eichenholz geformte niedere Spitzbogenthüre, unbedenklich darauf schließen, daß dieses Haus in den letzten Zeiten des Templerordens schon dahier gestanden habe, wenn es nicht etwa selbst ein sog. Stationshaus dieses Ordens war. Der unteren Centstadt gehörig stand es außerhalb der Befestigung."[2]

„Von ihren Häusern in der Stadt wie von ihren Grundstücken in der Ortsflur mußten die Amorbacher dem Kloster als Grundherrn gewisse Abgaben entrichten und Dienste leisten. Vor allem war zum äußeren Zeichen der Abhängigkeit das sog. Fastnachtshuhn mit seinen Rechten, d.h. mit Besthaupt und Handlohn, zu liefern. Daneben entfiel von den Häusern meist noch ein kleiner Geldzins und außerdem hatte jedes Haus einen Fronschnitter und einen Fronhäuer (in der Heu- und der Getreideernte) zu stellen, d.h. zwei Frontage zu leisten. Ferner mußte jede Herdstätte, der Rauch hielt, d.h. benutzt wurde, den sog. Herdschilling entrichten. Von diesen Abgaben waren nur befreit, die ‚Schenkengasse und der Ruden Hoffe'. Die Befreiung des Rüdenhofs ist leicht erklärlich, als freier Besitz der adeligen Familie der Rüde von Amorbach war er dem Kloster nicht lehenbar...

In dem Rüdenhofe haben wir wohl den Vorläufer des sog. Templerhofs zu sehen. So, als Templerhof oder Templerhaus wird jetzt ein in der unteren Stadt rechts der Brücke über den Häutbach beim Hundsgäßlein gelegenes turmartiges Haus bezeichnet, das auf hohem gemauertem Untergeschoss mit Freitreppe einem zweistockigem, vorkragenden Fachwerkbau trägt. Mit seinem steilen Dach, den Blumen vor und dem wilden Wein am Hause, inmitten winkligen sich schneidender Gäßchen und grüner Gärten macht das Ganze einen äußerst malerischen Eindruck. Debon ,glaubte in einem früher an der Außenwand befindlichen Gemälde das Bild eines Tempelritters, das Model des Tempels uns wiederholt als Bürgermeister Hans Bopp der Alte und Hans Bopp der Junge. Die Familie wird in der Stadtrechnung von 1502 näher gekennzeichnet als ,die alt Boppin im Hoff, der Jung Hans Bopp im Hoff', d.h. in dem bekannten großen, bevorrechtigten Hof. Noch später ist der Hof wahrscheinlich aufgeteilt worden, der ganze Bezirk von Häusern, Werkstätten, Loheplätzen und Gärten aber behielt den Namen ,Im Boppenhof'. Von dem jetztigen als Templerhaus bezeichneten Bau mag das Erdgeschoß in das Mittelalter zurückreichen, vielleicht auch die geringen Ueberreste der vor nicht zu langer Zeit niedergelegten Umfassungsmauern. Die beiden Fachwerkgeschosse aber gehören wohl dem Beginn des 17. Jahrhunderts an, aus dem auch der Sturz des Kellereingangs mit der Jahreszahl 1617 stammt. Das von Debon erwähnte Gemälde ist nicht mehr sichtbar, auch läßt sich nicht mehr nachprüfen, ob wirklich eine volksmäßige - nicht gelehrte - Überlieferung den Namen ,Templerhof' bewahrt, oder ob ihn nicht vielleicht Debon selbst erst aufgebracht hat."[3]

„Templerhaus - Entst.Zeit 12. od. 13. Jh.- Jedenfalls von den Tempelherrn erbaut(e) mit noch sichtbarem Wall & Graben geschützte Wasserburg."[4]

„Der Templerhof

Der Orden der Tempelherren, der 1119 zu Jerusalem entstand und 1306 seinen Sitz nach Paris verlegte, 1312 aber von dem Pabste Klemens V. aufgehoben wurde, hatte auch im Mainzischen Lande Besitzungen. Die Existenz eines solchen Besitztumes der Templer, eines sogenannten Hofes zu Amorbach, ist traditionell indem ein altes Haus in der unteren Zehntstadt rechts von der Mud- oder Häutbrücke, das früher das Bild eines Tempelherrn al fresco an der Außenseite zeigte und innen eine Art klösterliche Einrichtung hatte, als Templerhof bezeichnet wird. Ein Teil der Mauer, welches das Gebäude nach Art der Wasserburgen umgab, ist noch erhalten. Die Tradition gewinnt dadurch an Wahrscheinlichkeit, daß sich solche Templerhöfe in benachbarten alten Wohnorten nachweisen lassen."[5]

1 *Eine detaillierte archäologische und historische Arbeit zu diesem Haus bietet Schmidt, Wolf: Das Templerhaus in Amorbach. (=Arbeitshefte des Bayerischen Landesamtes für Denkmalpflege Nr. 53) München 1991.*

2 *Debon, A.: Historisch-topographische Skizze der Stadt und des vormaligen Klosters Amorbach. In: Archiv des historischen Vereins von Unterfranken und Aschaffenburg. Bd. 14, 1856, S. 29f, hier zitiert nach Schmidt wie Anm. 1 S. 16.*

3 *Krebs, Richard: Amorbach im Odenwald. Ein Heimatbuch. Amorbach 1923, S. 65-67.*

4 *Dieser Eintrag findet sich in einem ,Verzeichnis der Kunstdenkmäler und Altertümer im Amtsbezirke Miltenberg' vom 28. April 1904 unter der laufenden Nummer 11. Staatsarchiv Würzburg, Akten des Landratsamtes Miltenberg, Nr. 1979 (Bez.Amt Mil. Betr. Denkmalpflege & Heimatschutz 1904-1918.*

5 *Schreiben der Stadt Amorbach an das Bezirksamt in Miltenberg vom 6. Mai 1904. Staatsarchiv Würzburg, Akten des Landratsamtes Miltenberg, Nr. 1979.*
Vgl. auch: Steinmetz, Thomas: Spätmittelalterliche Wohntürme im Odenwaldraum. In: Der Odenwald. 41, 1994, Heft 3, S. 87-102. Albert, Peter Paul: Das ,Templerhaus' zu Neckarelz. Eine geschichtliche Untersuchung. In: Zeitschrift des Kirchengeschichtlichen Vereins für Geschichte, christliche Kunst, Altertums- und Literaturkunde des Erzbistums Freiburg. 33, 1932, S. 1-28. Winter, Heinrich: Das Templerhaus in Amorbach. Ein Versuch, das Alter und die Zweckbestimmung des eigenartigen Gebäudes zu ermitteln. In: Deutsche Kunst und Denkmalpflege. 1957, S. 88-101.

56626 Andernach[1]

1 *Siehe Urkunde Nr. 26.*

39376 Angern

„Ja, einige Ordensbrüder verkauften unter Zustimmung des Großpräzeptors Ordensgüter an ihre Familienangehörigen, so dass diese Ordensgüter in den Besitz von Adligen übergingen; so erwarben die Jagows Aulosen, die Schulenburgs Angern, die Pfuhls Garzin und die Hohendorfs Falkenhagen."[1]

1 *Schultze-Galléra, Siegmar von: Wanderungen durch den Saalkreis. Halle 2006, Nachdruck der Originalausgabe von 1914, S. 35f.*
Vgl. hierzu Wilcke, Ferdinand: Die Geschichte des Ordens der Tempelherren. Wiesbaden 2005, nach der 2. Auflage von Halle 1860, S. 385.

38822 Aspenstedt[1]

1 *Siehe Urkunde Nr. 87.*

61194 Assenheim

„Assenheim in Oberhessen wird unter Hinweis auf alte Ruinen zum Templersitze. Es dürften aber Zweifel in diese Annahme zu setzen sein, indem vor und nach dem Jahre 1277 Stadt und Burg zu Assenheim wenigstens teilweise einem Herrn von Minthenbert gehörten, der sie vom Grafen von Berg zu Erblehen trug."[1]

1 *Schüpferling, Michael: Der Tempelherren-Orden in Deutschland. Ph.D.diss. Freiburg im Üchtland. Bamberg 1915, S. 85.*
Vgl. Wagner, Georg Wilhelm Justin: Templer-Orden: Die Kommende zu Dieburg. Die Kommende zu Erbach. Die Kommende zu Großenlinden.

Die Kommeende zu Heppenheim. Die Kommende zu Homberg a.d.Ohm. In: Die vormaligen geistlichen Stifte im Großherzogtum Hessen. Bd. 1: Provinzen Starkenburg und Oberhessen. Darmstadt 1873, S. 415-417.

86150 Augsburg

„The bishops of Bamberg and of Augsburg gave the Templar possessions in their cities to nuns under close episcopal surveillance."[1]

„Neben der Darstellung der Norddeutschen Templerkommenden gibt es eine parallele Entwicklung, die allerdings in der Regel jüngeren Datums ist, entlang der Rhein-Main-Donau-Linie. Ihre Entstehung verdanken sie wohl primär der notwendigen Absicherung und Unterstützung der von Frankreich bzw. Deutschland ausgehenden mitteleuropäischen Kreuzzüge ins Heilige Land. Hönningen (1225) und Niederbreisig rheinabwärts und an der Donau Altmünster (bereits 1155) mit einem Schwerpunkt um Eichstädt mit den Kommenden Meilenhofen, Moritzbrunn, Pietenfeld und Tempelhof. Aber auch etwas südlicher Augsburg. Alle diese Templerstätten nebst vielen anderen bedürfen der geschichtlichen Aufarbeitung und ihrer Einordnung in ihrer historischen Zeit."[2]

„Ihre einzige Niederlassung im östlichen Schwaben scheinen die Tempelherren im frühen 13. Jahrhundert in *Augsburg* gegründet zu haben. Ihr Haus lag hier in der unmittelbaren Nachbarschaft der Dominikaner bei der Heilig-Grab-Straße, wo sie eine eigene Kirche und eine Bibliothek besaßen. Offenbar waren sie verhältnismäßig wohlhabend. ... nach der Aufhebung der Ordensgemeinschaft auf dem Konzil von Vienne (1312) löste sich auch die Niederlassung in Augsburg auf. Ihre Besitz überließ Bischof Friedrich Spät von Faimingen den Dominikanern."[3]

„In Baiern findet sich eine Komturei in Augsburg, vom Grafen Hartmann von Dillingen gegründet, die Dominikaner erhielten sie 1312. Eine andere war zu Deißing bei Altmühlmünster. Altmühlmünster selbst, eine ansehnliche Komturei, urprünglich zu Regensburg von den dortigen Burggrafen, Heinrich und Otto von Riedenburg, bei St. Leonhard im Jahre 1158 gestiftet, später nach Altmühlmünster verlegt, wurde nachher eine Johanniterkommende."[4]

1 *Borchardt, Karl: The Templars in Central Europe. In: Zsolt Hunyadi/ József Laszlovszky: The Crusaders and the Military Orders expanding the medieval latin Christianity. Budapest 2001, S. 233-244, hier S. 239.*

2 *Sawall, Edmund: Der Tempelritterorden in Deutschland. Versuch einer Bestandsaufnahme. In: Non nobis. 38, 2000, S. 14-19, hier S. 18.*

3 *Layer, Adolf: Der Templerorden in Schwaben. In: Schwäbische Blätter für Heimatpflege und Volksbildung. 21, 1970, S. 70f, hier S. 71. Vgl. hierzu Siemer, P.M.: Geschichte des Dominikanerklosters St. Magdalena in Augsburg (1225-1808). Augsburg 1936, S. 28ff und Zoepfl, F.: Das Bistum Augsburg und seine Bischöfe im Mittelalter. Augsburg 1955, S. 169.*

4 *Wilcke, Ferdinand: Die Geschichte des Ordens der Tempelherren. Wiesbaden 2005, nach der 2. Auflage von Halle 1860, S. 387.*
Vgl. Schüpferling, Michael: Der Tempelherren-Orden in Deutschland. Ph.D.diss. Freiburg im Üchtland. Bamberg 1915, S. 66 und Falkenstein, Karl: Geschichte des Tempelherren-Ordens. Dresden 1823, S. 141, der in Augsburg ein wichtiges Ordenshaus sieht.

39615 Aulosen

„Daß die Tempelherren, um mit dem nördlichen Theile der Provinz Sachsen zu beginnen, in der Altmark, und zwar wie behauptet wird zu Salzwedel, Werben, Aulosen[80] und Flechtingen, Sitze gehabt haben, muß als unerwiesene, zum Theil grundlose Tradition betrachtet werden.

80 Leutingeri opera II. 1140. Histoire critique et apologétique des templiers II. 303."[1]

„Ja, einige Ordensbrüder verkauften unter Zustimmung des Großpräzeptors Ordensgüter an ihre Familienangehörigen, so dass diese

Ordensgüter in den Besitz von Adligen übergingen; so erwarben die Jagows Aulosen, die Schulenburgs Angern, die Pfuhls Garzin und die Hohendorfs Falkenhagen."[2]

1 *Ledebur, Leopold von: Die Tempelherren und ihre Besitzungen im Preußischen Staate. Ein Beitrag zur Geschichte und Statistik des Ordens. In: Allgemeines Archiv für die Geschichtskunde des Preußischen Staates. 16, 1835, S. 97-120, S. 242-268, S. 289-336, hier S. 242f. Vgl. hierzu Wilkke, Ferdinand: Die Geschichte des Ordens der Tempelherren. Wiesbaden 2005, nach der 2. Auflage von Halle 1860, S. 385.*

2 *Schultze-Galléra, Siegmar von: Wanderungen durch den Saalkreis. Halle 2006, Nachdruck der Originalausgabe von 1914, S. 35f.*

39171 Bahrendorf[1]

1 *Schüpferling, Michael: Der Tempelherren-Orden in Deutschland. Ph.D.diss. Freiburg im Üchtland. Bamberg 1915. S. 103 vermutet in Bahrendorf Templerbesitz.*

96047 Bamberg

„Viel umstritten ist die Frage, ob in Bamberg eine Templerniederlassung bestanden habe."[1]

„Die Chronik des Fürstbisthums, welche den Quart = Kalendern einverleibt ist, brachte zuerst die Sage auf, daß die Tempelherren als Ordensmänner in der Stadt Bamberg vereinigt gewesen seyen, und eine Kirche gehabt haben. Es wird darin erzählt:

‚1311 haben die Franciskaner, so sonsten Gaudentes genent werden, das Gotteshauß alhie zu Bamberg, welches zuvor die Tempelherrn innen gehabt, zu bewonen angefangen.'

Bis auf die neuesten Zeiten hat sich die Sage fortgepflanzt. Der verstorbene Bibliothekar Frey dahier frischte sie in seinen sogenannten Rückblicken in die Geschichte Bambergs von Errichtung des Bisthums

1007 bis zum Jahre 1500, welche in dem Bamberger=Kalender vom Jahre 1809 enthalten sind, mit Aenderungen und Zusätzen wieder auf, und behauptet, der Bischof Wulfing habe nach Vertilgung des Tempelherren=Ordens die Kirche, welche sie in Bamberg hatten, den Franziskanern überlassen, und den diesen Ordensrittern zugehörigen Bruderwald dem Domkapitel geschenkt.

Man bezeichnet nun auch verschiedene Häuser zu Bamberg, welche die Tempelherrn bewohnt haben sollen, wozu man sogar Denkmäler deuten will.

…

In der That keine einzige Urkunde, kein einziges Aktenstück führt das Geringste davon an. Von den Erstern sind schon Viele durch Ufermann und andere bekannt gemacht worden. In Zeit von einem Jahre werden die Verzeichnisse aller Urkunden des Königreiches bis zum Jahre 1300 im Druck erschienen seyn. Keine von allen diesen macht die geringste Angabe von Tempelherren zu Bamberg. "[2]

1 *Hirschmann: Die Tempelherren in Deutschland. In: Historisch-politische Blätter für das katholische Deutschland. 159, 1917, S. 131-135, hier S. 132. Vgl. auch Borchardt, Karl: The Templars in Central Europe. In: Zsolt Hunyadi/József Laszlovszky: The Crusaders and the Military Orders expanding the medieval latin Christianity. Budapest 2001, S. 233-244, hier S. 239.*

2 *Oesterreicher, Paul: Ueber die vorgebliche Ansiedlung der Tempelherren zu Bamberg und Würzburg. In: Die geöffneten Archive des Königreichs Bayern. 1, Heft 1-4, 1821/22, S. 90-94 und S. 283-285, hier S. 90f.*
Vg. Schüpferling, Michael: Der Tempelherren-Orden in Deutschland. Ph.D.diss. Freiburg im Üchtland. Bamberg 1915, S. 52-58.

52428 Barmen

„Die Burg Kellenberg, ebenfalls daselbst gelegen, ein ehemaliges Templer-Haus erwarb der berühmte General Jan van Werth und kam dann an das altadlige kölnische Rittergeschlecht, Raitz von Frenz."[1]

1 *Offermanns, Jacob: Geschichte der Städte, Flecken, Dörfer, Burgen u. Klöster in den Kreisen Jülich, Düren, Erkelenz, Geilenkirchen und Heinsberg nebst statistischen Angaben. Linnich 1854, S. 46.*
Der Ort findet auch bei Alpen, van: Die Tempelherren in Aachen. In: Franz Ahn: Jahrbuch für den Regierungsbezirk Aachen 1824. S. 128-139, hier S. 134, Erwähnung. Van Alpen nennt diesen Ort in einer Reihe von anderen Orten als zum Sitz der Templer in Aachen gehörig. Aus Barmen soll das Haus in Aachen Einkünfte bezogen haben.

38154 Beienrode[1]

1 *Das ehemalige Rittergut in Beienrode wurde um 1740 von Georg Philip von Veltheim errichtet. Es soll auf den Resten einer ehemaligen Templer-Wasserburg gründen. Urkunden oder Belege finden sich hierzu nicht.*

92334 Berching

„Es werden noch andere Orte in der Diözese Eichstätt angeführt, an welchen unser Ritterorden Besitzungen gehabt haben soll, wie z. B. Berching, ...“[1]

1 *Hirschmann: Die Tempelherren in Deutschland. In: Historisch-politische Blätter für das katholische Deutschland. 159, 1917, S. 131-135, hier S. 133.*

06406 Bernburg (Saale)

„Daher werden viele Orte genannt, wo die Templer gehaust haben sollen und die Sage ihrer gedenkt, während sie daselbst nur Rechte, Zinsen, bald größere, bald kleine Besitzungen hatten, wie z. B. im Erzstift Magdeburg, zu Salzwedel, Werben, Aulosen, Flechtingen, Acken, Angern, Brumby bei Calbe, Quedlinburg, Bernburg und so in allen Ordensprovinzen.“[1]

1 *Wilcke, Ferdinand: Die Geschichte des Ordens der Tempelherren. Wiesbaden 2005, nach der 2. Auflage von Halle 1860, S. 385.*

92361 Berngau

„Zu den frühesten Niederlassungen der Tempelherren im südlichen Deutschland gehört unstreitig Mosbrunnen, späterhin Moritzbrunn genannt, in der Nähe der ehrwürdigen Bischofsstadt Eichstätt gelegen. Auch im benachbarten Meisenhofen und Piekenfeld, Hessenlohe und Leisacker lagen Güter der Templer. Es werden auch noch andere Orte in der Diözese Eichstätt aufgeführt, an welchen unser Ritterorden Besitzungen gehabt haben soll, wie z. B. Berching, Bergau, Oberweiting, Thannbrunn, aber ein sicherer Beweis kann nicht geführt werden, ebensowenig wie für Niederlassungen in Altmühlmünster, St. Leonhard in Regensburg, Vilseck in der Diözese Regensburg."[1]

„Berngau und Horburg, Templerbesitzungen? Nach Aufhebung des Ordens hat, wie uns berichtet wird, Kaiser Ludwig der Bayer diese Güter auf inständiges Bitten des Abtes Johannes III. von Waldsassen den dortigen Zisterziensern übergeben, um sie schadlos zu halten für die Verwüstungen, welche ihnen der Burggraf Friedrich von Nürnberg, der Freund Ludwigs in der Schlacht bei Mühldorf, zugefügt hatte. Es ist eine nicht feststehende Tatsache, die uns hier mitgeteilt wird, sondern nur eine auf der Überlieferung beruhende Annahme. Zudem ist der berichtende Prior Otto von Waldsassen eine Persönlichkeit, die volle 200 Jahre nach Aufhebung des Templerordens ihre Notizen niedergeschrieben hat."[2]

1 *Hirschmann: Die Tempelherren in Deutschland. In: Historisch-politische Blätter für das katholische Deutschland. 159, 1917, S. 131-135, hier S. 133.*

2 *Schüpferling, Michael: Der Tempelherren-Orden in Deutschland. Ph.D.diss. Freiburg im Üchtland. Bamberg 1915, S. 68.*

97877 Bestenheid[1]

1 *Vgl. Albert, Peter Paul: Das ‚Templerhaus' zu Neckarelz. Eine geschichtliche Untersuchung. In: Freiburger Diözesanarchiv. Zeitschrift des Kirchengeschichtlichen Vereins für Geschichte, christliche Kunst, Altertums- und Literaturkunde des Erzbistums Freiburg. NF 33, 1932, S. 1-28. Albert kann in Bestenheid keinen Templerbesitz erkennen. Nach Schüpferling, Michael: Der Tempelherren-Orden in Deutschland. Ph.D.diss. Freiburg im Üchtland. Bamberg 1915, S. 43, sollen sich nach einer nicht verbürgten Überlieferung 40 Templer in Bestenheid aufgehalten haben.*

06528 Beyernaumburg

„Doch schon vorher, im Mai 1308, ordnet Burchard als Landesfürst an, an e i n e m Tage alle Templer in den vier Komthureien des Erzstifts gefangen zu setzen, also in Magdeburg (Prälatenstraße), Wichemannsdorf bei Hundisburg, Gehringsdorf (Kreis Wanzleben) und in unserem Mücheln, und ihre Güter in Beschlag zu nehmen. Es sollte ihm das aber nicht so leicht gelingen. Die Templer widerstanden dem Befehl, sie und ihre Verbündeten aus der Ritterschaft nahmen sogar das feste Schloß des Erzbischofs Beyernaumburg bei Sangerhausen und kämpften hier auf das Tapferste gegen den Erzbischof. Noch heute sieht man im Parke des Schlosses die Rittergräber, welche die Leichen der gefallenen Templer decken."[1]

„Von Gero [ein Adeliger aus dem Querfurter Geschlecht, das auf Seeburg wohnte, Anm. d. Verf.] ab wird der Besitz in den verwandten Linien der Querfurther Seeburger Schrapplauer gewechselt haben, bis wir bei der Belagerung der Niunburk 1308 durch den Erzbischof Burkhardt von Magdeburg (Dynast von Mansfeld) die Tempelherren wenigstens vorübergehend im Besitz derselben finden. Die Templer wurden durch Burkhardt verdrängt, der selbst jedoch wegen Verwüstung der dortigen, innerhalb des Schlosses belegenen Kirche eine Zeit lang in Bann gethan wurde."[2]

1 *Schultze-Galléra, Siegmar von: Wanderungen durch den Saalkreis. Halle 2006, Nachdruck der Originalausgabe von 1914, S. 34f.*

2 *Duncker, Alexander: Die ländlichen Wohnsitze, Schlösser und Residenzen der ritterlichen Grundbesitzer in der preußischen Monarchie. Berlin 1857-1883.*

97318 Biebelried

„Noch wird in der Diözese Würzburg ein Templerhaus zu Biebelried genannt. Indes wird diese Annahme kaum zu halten sein, da um die Mitte des 13. Jahrhunderts dortselbst die Johanniter mehrfach als begütert erscheinen."[1]

1 *Schüpferling, Michael: Der Tempelherren-Orden in Deutschland. Ph.D.diss. Freiburg im Üchtland. Bamberg 1915, S. 52.*
Vgl. Reuß, Friedrich Anton: Über einen vormaligen Templerhof zu Würzburg. In: Archiv des Historischen Vereines von Unterfranken und Aschaffenburg. 12.2-3, 1853, S. 236-246. Albert, Peter Paul: Das ‚Templerhaus' zu Neckarelz. Eine geschichtliche Untersuchung. In: Freiburger Diözesanarchiv. Zeitschrift des Kirchengeschichtlichen Vereins für Geschichte, christliche Kunst, Altertums- und Literaturkunde des Erzbistums Freiburg. NF 33, 1932, S. 1-28.

74572 Blaufelden

„Plofelden gehörte dem Orden[64].

64 Wibel, Hohenlohe'sche Kirchenhist. 110."[1]

„Schrozberg, westlich von Rothenburg o.T., und Blaufelden, südöstlich von Bartenstein, auf der Hohenloher Ebene: An diesen Orten sollen die Templer verschiedene Güter besessen haben."[2]

1 *Wilcke, Ferdinand: Die Geschichte des Ordens der Tempelherren. Wiesbaden 2005, nach der 2. Auflage von Halle 1860, S. 387.*

2 *Schüpferling, Michael: Der Tempelherren-Orden in Deutschland. Ph.D.diss. Freiburg im Üchtland. Bamberg 1915, S. 47.*

38312 Börßum[1]

1 *Bei Börßum sollen die Templer Besitz gehabt haben. Diese Nachricht findet sich bei Hahne, Otto: Ordensritterburgen und Adelssitze am Elm. In: Vaterländische Geschichten und Denkwürdigkeiten der Länder Braunschweig und Hannover. Bd. 1, Braunschweig 1925, S. 233.*

99998 Bollstedt[1]

1 *Siehe Urkunde Nr. 110.*

56154 Boppard

„Dennoch ist es erstaunlich, in der Umgebung auf weitere ‚Templerhäuser' zu stoßen: Die ehemalige Johanniter-Niederlassung in Neckarelz wird bereits seit dem 16. Jahrhundert als ‚Templerhaus' bezeichnet. In Klein-Wallstadt haben sich neben der Kirche Reste eines ‚Templerhauses' in Gestalt der Giebelwand eines frühgotischen Steinhauses (kein Wohnturm) erhalten. Nach der Volkssage bestanden ‚Tempelhöfe' in Kälberau und auf Burg Alzenau. Auch eines der alten Häuser in der Weinheimer Judengasse wurde noch im 19. Jahrhundert als ‚Templerhaus' bezeichnet. Schließlich wollte man in den Templern sogar die Bauherren der Burg Hemsbach (vermutlich des heute noch erhaltenen ‚Ritterhauses') erkennen. Auch ein gotisches Steinhaus in Bretten nannte der Volksmund ‚Templerhaus'. Die ‚Templerhäuser' sind indessen nicht auf den Odenwald beschränkt, auch erhaltene mittelalterliche Steinhäuser in Hildesheim und Boppard tragen diesen Namen."[1]

„Die volkstümliche Bezeichnung ‚Templerhaus' läßt sich geschichtlich nicht erhärten, da für den Templerorden in Boppard zu keiner Zeit Güterbesitz nachgewiesen ist. Vermutlich handelt es sich um das Haus, das Lucardis von Waldmannshausen aus dem Geschlecht der Helfenstein erwarb und 1234 dem Deutschen Orden übereignete... Das bis zum Ende des 19. Jh. im wesentlichen gut erhaltene spätstaufische Gebäude wurde 1896 als Kapelle in die Ursulinenschule... eingegliedert und dabei in romanischen Formen erneuert und nach Osten erweitert. 1956 Umbau durch die Kurbetriebsgesellschaft mit Veränderungen am Dach und an den beiden westlichen Fenstern der Straßenseite, aus denen die dreibogige Binnengliederung entfernt wurde. Innen Einziehung einer Zwischenwand im Kapellenraum, die den ursprünglichen Bau von der Erweiterung von 1896 trennt. Gleichzeitig wurde im Altbau eine Zwischendecke eingezogen."[2]

„Auch in Boppard besaßen die Tempelritter eine Niederlassung. Ihr Haus steht noch, ist allerdings durch Umbau verändert und gehört heute zum Kneipp-Sanatorium St. Ursula. Nach Westen hin zeigt es noch einen romanischen Giebel. In dem Stadtplan von Klöcker aus dem Jahre 1742 ist es als ‚Tempelritter-Hof' bezeichnet, und nach ihm führt noch die von der Oberstraße nach dem Rhein gehende Verbindung den Namen ‚Ordensritterstraße'."[3]

„Daß jenes noch erhaltene Haus zu Boppard, welches 1234 dem deutschen Orden geschenkt wurde, fälschlicherweise ‚Templerhaus' genannt wurde, hat bereits Nick nachgewiesen in Bocks Rheinlands Baudenkmale, Serie II."[4]

1 *Steinmetz, Thomas: Spätmittelalterliche Wohntürme im Odenwaldraum. In: Der Odenwald. 41, 1994, Heft 3, S. 87-102, hier S. 100.*

2 *Ledebur, Alkmar Freiherr von (Bearb.): Die Kunstdenkmäler des Rhein-Hunsrück Kreises. Teil 2.1 Stadt Boppard. München 1988, S. 441-445, hier S. 442. Ledebur beschreibt den Bau in aller Ausführlichkeit.*

3 *Heckel, Lorenz: Tempelritter am Rhein. In: Heimat am Mittelrhein. Nr. 3, 1960.*

4 *Michel, Fritz: Der Templerorden am Mittelrhein und die Templer von Waldeck. In: Rheinische Heimatblätter. 1, 1924, S. 56ff, hier S. 57 Anm. 3.*

Vgl. Heckel, Lorenz: Das Templer-Haus in Boppard. In: Rund um Boppard v. 5.11.1960 und v. 12.11.1969 und Benner, Ferdinand: Das Bopparder Templer-Haus. In: Rund um Boppard v. 20.2.2004. Benner erwähnt folgende Literatur zum Templer-Haus: Stramberg, Christian von: Rheinischer Antiquarius. 1856, S. 459; Rutsch, Carl: Boppard und das Rheintal. 1880, S. 69; Klein, Josef: Geschichte von Boppard. 1909, S. 260.

52428 Bourheim

„Nierstein. Dieser Hof war ein Besitzthum der Tempelherren und wurde Commende Kirringen genannt."[1]

1 *Offermanns, Jacob: Geschichte der Städte, Flecken, Dörfer, Burgen u. Klöster in den Kreisen Jülich, Düren, Erkelenz, Geilenkirchen und Heinsberg nebst statistischen Angaben. Linnich 1854, S. 47.*

38100 Braunschweig

„Der Ausgangspunkt war Braunschweig, wo 1129, also kurz nach der Gründung des Ordens, Kaiser Lothar; Herzog von Sachsen, seinen erblichen Besitz, die Grafschaft Suplinburg (Süpplingburg) mit Schloß, Kirche, Dörfern und Ländereien dem Templerorden schenkte, so daß schon 1131 der Ordenshof Suplinburg Tempel-Achim (bei Helmstedt) als erster Templersitz in Deutschland gegründet werden konnte, wo auch der Großpräzeptor ‚per Alimaniam et Slaviam' residierte. Innerhalb von zwei Jahrzehnten dürfte auch der urkundlich genannte Tempelhof in der Stadt Braunschweig, die dortige Komturei, entstanden sein, die auf dem Gelände des heutigen Schlosses lag und auf eine Schenkung des jungen Herzoges Heinrich des Löwen zurückgehen dürfte. Auch die templerischen Niederlassungen in Loccum, Hildesheim und Halberstadt können, wie sich aus ihrer Lage ergibt, nur zur gleichen Zeit oder kurz danach gegründet worden sein. Deshalb, weil diese Templersitze eine etwa 300 km lang von Norden nach Südosten verlaufende geschlossene Linie erkennen lassen, die zur Absicherung der alten Kaiserstadt Goslar gegen die ständige wendisch-slavische Bedrohung geschaffen wurde."[1]

„In Braunschweig und in Süpplingenburg bei Helmstedt räumte Heinrich der Löwe nach seiner Rückkehr aus dem hl. Lande 1173 dem Orden eine Stätte ein."[2]

1 *Sawall, Edmund: Der Tempelritterorden in Deutschland. Versuch einer Bestandsaufnahme. In: Non nobis. 38, 2000, S. 14-19, hier S. 15.*

2 *Hirschmann: Die Tempelherren in Deutschland. In: Historisch-politische Blätter für das katholische Deutschland. 159, 1917, S. 131-135, insbesondere S. 133.*

Vgl. auch Ledebur, Leopold von: Die Tempelherren und ihre Besitzungen im Preußischen Staate. Ein Beitrag zur Geschichte und Statistik des Ordens. In: Allgemeines Archiv für die Geschichtskunde des Preußischen Staates. 16, 1835, S. 97-120, S. 242-268, S. 289-336 „...Tempelhof zu Braunschweig..." S. 114, vgl. auch Anm. 61. Dürre, Hermann: Die Templerkirche. In: Geschichte der Stadt Braunschweig im Mittelalter. Wolfenbüttel 1875, S. 535ff.

In einer Urkunde v. 26. Februar 1296 wird in Braunschweig ein Templerhaus erwähnt ‚...curie apud templum...'. Siehe Haenselmann, Ludwig: Urkundenbuch der Stadt Braunschweig. 2. Bd. Braunschweig 1900, Nr. 418, S. 202. In einer Urkunde v. 1. Januar 1297 eignet Herzog Albrecht den Brüdern vom Deutschen Hause den Stephanshof beim Tempelhofe (... juxta curiam fratrum de Templo...). Ebenda Nr. 426, S. 205. Der Templerhof in Braunschweig findet noch kurz Erwähnung in Haenselmann, Ludwig/Mack, Heinrich: Urkundenbuch der Stadt Braunschweig. 3. Bd. Berlin 1905, Urkunde Nr. 514, S.- 382 aus 1337, Urkunde Nr. 514, S. 385 aus 1337 und Urkunde Nr. 549, S. 419 aus 1338. Weitere urkundliche Kurzerwähnungen finden sich bei Mack, Heinrich: Urkundenbuch der Stadt Braunschweig. 4. Bd. Braunschweig 1912, Urkunde Nr. 100, S. 103 ‚...tighen deme tempele...', Nr. 138, s. 145 ‚...que Tempelhof dicitur...', Nr. 171, S. 184 ‚...Tempelhof to Bruneswich...', Nr. 241, S. 456 ‚...der hern hof vome temple...'

Die Übergabe des Templerhofes in Braunschweig und des Schlosses in

Süpplingenburg an die Johanniter gestaltete sich schwierig. Erst am 28. Dezember 1357 kam es zu einer Übereinkunft zwischen Herzog Magnus und den Johannitern. Siehe Urkunde Nr. 117.
Siehe Urkunden Nr. 65, 92 und 129.

75015 Bretten

„Dennoch ist es erstaunlich, in der Umgebung auf weitere ‚Templerhäuser' zu stoßen: Die ehemalige Johanniter-Niederlassung in Neckarelz wird bereits seit dem 16. Jahrhundert als ‚Templerhaus' bezeichnet. In Klein-Wallstadt haben sich neben der Kirche Reste eines ‚Templerhauses' in Gestalt der Giebelwand eines frühgotischen Steinhauses (kein Wohnturm) erhalten. Nach der Volkssage bestanden ‚Tempelhöfe' in Kälberau und auf Burg Alzenau. Auch eines der alten Häuser in der Weinheimer Judengasse wurde noch im 19. Jahrhundert als ‚Templerhaus' bezeichnet. Schließlich wollte man in den Templern sogar die Bauherren der Burg Hemsbach (vermutlich des heute noch erhaltenen ‚Ritterhauses') erkennen. Auch ein gotisches Steinhaus in Bretten nannte der Volksmund ‚Templerhaus'. Die ‚Templerhäuser' sind indessen nicht auf den Odenwald beschränkt, auch erhaltene mittelalterliche Steinhäuser in Hildesheim und Boppard tragen diesen Namen."[1]

1 *Steinmetz, Thomas: Spätmittelalterliche Wohntürme im Odenwaldraum. In: Der Odenwald. 41, 1994, Heft 3, S. 87-102, hier S. 100.*

56754 Brohl

„Ein zweites Verbindungsglied mit dem Oriente mögen die Ritterorden gewesen sein, welche in hiesiger Gegend ansäßig waren. Der deutsche Orden, zu dessen erstem Vorsteher als der würdigste befunden wurde Heinrich Walpot von Bassenheim und dessen Nachfolger auch ein Rheinländer war, Ritter Otto von Kerpen, erhielt bereits 1216 Besitzungen in Koblenz und bald darauf auch der Orden der Templer in Brohl, Breisig und Hönningen"[1]

1 *Dronke, Ernst/Lassaulx, Johann Claudius von: Die Matthias-Kapelle auf der oberen Burg bei Kobern an der Mosel. Koblenz 1837, S. 31. Dronke/ Lassaulx verweisen hierzu auf Joh. Voigt: Geschichte Preußens. II, S. 36 und 56.*

85567 Bruck

„1289 kauft Steingaden von Friedrich Wildegrave, Meister des Tempels durch Alemannien und Slavenland mehrere Güter wie 1 Hof, 1/2 Hube im Stadtgebiet von Schongau, 2 Höfe in Warenberg, 2 Höfe in Brugge, 1 Hof in Dietlind samt Patronatsrecht, 2 Höfe in Kutzenhofen, 3 Höfe in Ellemhoven usw. Es waren Güter der Tempelherren in Altenstadt bei Schongau. Ein Steg über die Illach bei Jagdberg führt noch heute den Namen ‚Tempelsteg'." [1]

1 *Graf, Matthäus: Geschichte der Prämonstratenserabtei Steingaden (Oberbayern) 1147-1803. II. Teil. In: Sulzbacher Kalender für katholische Christen. 67, 1907, S. 48-76, hier S. 52f.*
Vgl. Layer, Adolf: Der Templerorden in Schwaben. In: Schwäbische Blätter für Heimatpflege und Volksbildung. 21, 1970, S. 70f, hier S. 71.
Siehe Urkunde Nr. 69.

39240 Brumby

„Daher werden viele Orte genannt, wo die Templer gehaust haben sollen und die Sage ihrer gedenkt, während sie daselbst nur Rechte, Zinsen, bald größere, bald kleine Besitzungen hatten, wie z. B. im Erzstift Magdeburg, zu Salzwedel, Werben, Aulosen, Flechtingen, Acken, Angern, Brumby bei Calbe, Quedlinburg, Bernburg und so in allen Ordensprovinzen."[1]

1 *Wilcke, Ferdinand: Die Geschichte des Ordens der Tempelherren. Wiesbaden 2005, nach der 2. Auflage von Halle 1860, S. 385.*

39345 Bülstringen

„Schon im Jahre 1289 gehörte der größte Theil des eine Meile nördlich von Alvensleben gelegenen Dorfes Bülstringen dieser Commenthurei [gemeint ist die Komturei Wichmannsdorf, Anm. d. Verf.]. Ueber andere Theile desselben Dorfes besaß der Graf Conrad von Wernigerode die Lehnsherrlichkeit, die er jedoch den Tempelherren von Wichmansdorf in dem erwähnten Jahre für 10 Mark Silbers überließ, ihnen außerdem noch das Dorf Wolfshausen schenkend. Am 3. März 1295 überließ Erich von Magdeburg eben diesem Tempelhofe die Hohewische und eine halbe Hufe, die Johann v. Grunenborch bis dahin zu Lehn gehabt hatte. Ferner übergab im Jahre 1299 der Ritter Bruno v. Eilsleben, der durch des Grafen Conrad von Wernigerode oben erwähnten Verkauf wegen 5 1/2 Hufen und 5 Höfe in Bülstringen, Lehnmann des Tempelordenshauses geworden war, dem letztern für die Aufnahme seines Sohnes in den Orden, das Nutznießungsrecht an jenen Hufen und Höfen. Als am 15ten Sept. 1307 der Meister des Tempelordens in Deutschland und Wendland Friedrich v. Alvensleben seinem Bruder, dem Ritter Albert v. Alvensleben für 300 Mark Silber das eben erwähnte, seinen Nachkommen bis auf die neuste Zeit verbliebene Dorf Bülstringen, nebst der jährlichen Hebung von 45 Schillingen aus dem 3/4 Meilen südwestlich von Alvensleben gelegenen Dorfe Groppendorf verkaufte, geschah dies zu Wichmansdorf. Die Bedenklichkeiten, welche diese Handlung wegen der Zeit sowohl, als wegen des Verhältnisses zwischen Käufer und Verkäufer erregen könnte, beschwichtigt der Verfasser der vortrefflichen v. Alvenslebenschen Familiengeschichte damit, daß er aufmerksam darauf macht, wie es erwiesen sey, daß die Provinzial-Ordensmeister der Tempelherren ohne eine höhere Genehmigung oder Bestätigung nach ihrem Gutbefinden über die Ordensgüter zum Vortheil des Ordens zu schalten berechtigt gewesen seyen; ferner als der Verkauf vom 15ten Sept. geschah, die päpstliche Verordnung vom 12ten Aug. desselben Jahres, welche alle fernere Veräußerungen der Güter des in Untersuchung gerathenen Tempelordens untersagte, dem Erzbischof von Magdeburg zur Bekanntmachung in seiner Diöcese wahrscheinlich noch nicht zugekommen sey; und daß überdies nach der päpstlichen Verordnung vom 2ten Mai 1312 nur diejenigen Güter dem Johanniter-Orden eingeräumt werden sollten, die der Tempelorden im Oct. 1308, als dem Zeitpunkte der gefänglichen Einziehung des Großmeisters und der Ritter in Frankreich, wirklich noch besessen hatte."[1]

1 *Ledebur, Leopold von: Die Tempelherren und ihre Besitzungen im Preußischen Staate. Ein Beitrag zur Geschichte und Statistik des Ordens. In: Allgemeines Archiv für die Geschichtskunde des Preußischen Staates. 16, 1835, S. 97-120, S. 242-268, S. 289-336, hier S. 244ff.*
Siehe Urkunden Nr. 68, 79 und 89.

42929 Büschhausen

„Dann erwarb es [gemeint ist das Johanniter-Hospital in Burg a.d. Wupper, Anm. d. Verf.] 1278 durch Kauf von den Tempelherren zu Nieder-Breisig eine Rente von einem Gute zu Buschhausen bei Wermelskirchen."[1]

1 *Mehring, F.E. von: Geschichte der Burgen, Rittergüter, Abteien und Klöster in den Rheinlanden und den Provinzen Jülich, Cleve, Berg und Westphalen. Bd. 3, Heft 9, Köln 1853, S. 59. Zur Lokalisierung von Büschhausen - ca. 11 km östlich von Burg a.d. Wupper - danke ich dem Mitarbeiter der Stadt Wermelskirchen, Herrn Weiß, für sein freundliches Schreiben vom 28.1.2005.*
Siehe Urkunde Nr. 51.

42659 Burg an der Wupper

„Ein örtliches Lagerbuch läßt dort auch die Tempelherren wohnen [Gemeint ist das Hospital der Johanniter in Burg an der Wupper, Anm. d. Verf.]. Diese Nachricht ist aber irrig. Das Johanniter Hospital empfing aber eine für diese Herren bestimmte Rente. Diese bestand aus 3 Schillingen, die ihnen (den fratribus miliciae templi) von einer Alveradis, der Wittwe des gräflichen Mundschenks Bruno von Bongard, zur Tilgung der Sünden der ihrigen im J. 1231 geschenkt worden waren. Sie wurden aus den Renten ihres benachbarten Gutes Buschhausen jährlich auf Martinstag bezahlt. Die genannten Johanniter kauften diese Rente im J. 1278 von den Tempelherren. Diese besaßen auch den Tempelhof zu Wiesdorf. Als aber ihr Orden (1312) aufgehoben und dessen Güter der Bulle des Papstes Clemens V. gemäß den Brüdern des Hospitals (Johannitern) zugetheilt wurden, mag auch das Hospital zu den dort gelegenen Besitzungen gelangt sein. Diese waren in den dasigen Tempelhof, der dem Düsseldorfer Kapitel gehörte, hofhörig."[1]

„Anmerkung. Durch die allgemeine Geschichte ist bekannt, wie Philipp der Schöne von Frankreich im Einverständnisse mit Papst Clemens V. den reichen Ritterorden der Tempelherren, der besonders in Frankreich seinen Sitz hatte, aufhob, die verläumdeten Ritter durch Verrath und List (1309-1312) umbringen ließ und ihre Schätze mit dem Papste zu Avignon theilte. - Auch auf der Burg bei Solingen, wo gegenwärtige Sage von dem glücklichen Entwischen des dortigen Ritters sich im Volksmunde erhalten hat, hatten sich Tempelherren angesiedelt und ein Kloster erbaut, wo jetzt die katholische Pfarrei stehet. Nach Aufhebung des Ordens (1309) kamen die Güter, worunter mehrere noch den Namen Tempelhof führen (z. B. in Wiesdorf, Solingen etc.) an die Johanniter, die bis in's 15. Jahrhundert zu Burg wohnten und noch bis zu ihrer Aufhebung (1804) die Güter, das Patronatsrecht u.s.w. besaßen."[2]

1 *Mehring, F. E. von: Geschichte der Burgen, Rittergüter, Abteien und Klöster in den Rheinlanden und den Provinzen Jülich, Cleve, Berg und Westphalen. Bd. 3, Heft 9, Köln 1853, S. 61.*

2 *Montanus: Die Vorzeit der Länder Cleve-Mark, Jülich-Berg und Westphalen. Bd. 2, Solingen 1839, S. 207. Auf den Seiten 203-207 ist in Reimform die Sage ‚Der Templer zu Burg' wiedergegeben.*

86977 Burggen

„Abgesehen davon, daß die Johanniterurkunden vom 29. März und 14. Juni 1322 Mosbrunnen einen Ort nennen, der seit Alters den Templern gehörte, erwähnt schon eine Urkunde vom 7. Dezember 1289 die Templerbrüder in Mosbrunnen. Nach dieser Urkunde verkauft der Wildgraf Friedrich, Präzeptor von Deutschland und Slavien, in Gegenwart des Vizepräzeptors Dietrich von Morsbach einen Hof und eine halbe Hufe in Altenstadt bei Schongau, einen in Diethilrieth (Dietelried) samt dem Patronatsrecht über die Kirche daselbst, zwei Höfe zu Warenberg, zwei in Brugge (Burggen), zwei in Chuzenchoven, drei in Ellenchoven (Elligkofen bei Landsberg) um 225 Pfund Augsburger Heller an das Prämonstratenserkloster in Steingaden, wobei ausdrücklich hervorgehoben ist, daß dieser Verkauf der Güter am Lechraine mit Zustimmung der Brüder von Mosbrunnen geschah."[1]

1 *Schüpferling, Michael: Der Tempelherren-Orden in Deutschland. Ph.D.diss. Freiburg im Üchtland. Bamberg 1915, S. 58.*
Siehe Urkunde Nr. 69.

Colaz (Wüstung)[1]

1 *Mit freundlichem Schreiben vom 19.11.2008 teilte das Stadtarchiv Frankfurt (Oder) mit, dass Colaz bei Lebus am Kalisch-See Kreis, Märkisch-Oderland, nach 1318 nicht mehr erwähnt wird.*
Siehe Urkunde Nr. 24.

Callem (nicht zu lokalisieren)

„Am 14. April 1305 verkauft fr. Fredhericus de Alvensleve, humilis preceptor domorum militie Templi Iherosolimitani per Alamanniam et Slaviam, die Zehnten in Callem und 7 Mansen an Bürger von Braunschweig; die Urkunde ist überliefert in einem Transsumt vom 11. Aug. 1315."[1]

1 *Das Transsumt findet sich bei Haenselmann, Ludwig: Urkundenbuch der Stadt Braunschweig. 2, 1900, Nr. 775.*

15827 Dahlewitz

„Bei meinen Nachforschungen über die Templer in der Mark Brandenburg habe ich immer neue kleine Erfolgserlebnisse. Das dicke Buch von Bagent-Leigh erinnerte mich daran, dass ich 1974 bei der eigenhändigen Arbeit zur Auskalkung meiner Feldsteinkirche Dahlewitz (um 1250) ein Weihekreuz freilegte, das - wie ich jetzt weiß - die Form des Templerkreuzes hat und mit dem ich nun die Vermutung beweisen kann, daß auch die deutsche Besiedlung von Dolinawica mit den Templern der Kommende Tempelhof ... zu tun hatte.“[1]

1 *Freundliches Schreiben von Pfarrer Wegmann vom 10.4.2005.*

53547 Dattenberg-Wallen

„Zwischen Dattenberg und Wallen trägt ein gesegneter Weinberg den Namen Tempelberg. Am 12. März 1226 oder 1227 schenkte Graf Heinrich von Sayn mit Zustimmung seiner Gattin Mechthildis und der verwitweten Gräfin Ada von Lozs dem Tempelhaus in transmaris partibus (jenseits des Meeres, gemeint ist Akkon, das seit 1191 Sitz des Ordensmeisters war) und den dort dienenden Brüdern alles, was er an Rechten an den Gütern des Ritters Konrad de Molandino (von der Mühle) hatte. Einen Teil dieser Güter gibt er frei und ohne Rückhalt hin. Von einem andern Teil, der vom Hofe der hl. Gertrud zu Brole (Rheinbrohl) abhängt und von dem ihm und seiner Gemahlin das Vogtrecht (jus ministeriale) zusteht, behält er sich das Vogtrecht ausdrücklich vor. Als Zeugen werden genannt Arnold Graf von Hückeswagen (de Hochmeswage) und Rorich Walbodo. Die Grafen von Hückeswagen, nach Bornheim gen. Schilling (Nass. Anm. 70/190), Stammfamilie der Renneberger, hatte die Dattenberg benachbarte Vogtei Gyrmerscheid (Germscheid bei Asbach, vgl. Dr. Kramer im Heimatkal. 1958) in der

Hand, Rorich Walbodo saß auf der Neuerburg. Kann nun der Dattenberger Tempelberg als ehemaliges Templergut aus dieser Schenkung angesehen werden?

... Von ihren Kommenden, die überall den Namen ,Tempel' trugen, ging der Name auf ihre Besitzungen über. Der Gertrudenhof in Rheinbrohl war der Oberhof für die rheinischen Besitzungen der Abtei Nivelles in Belgien, deren erste Äbtissin die hl. Gertrud war († 659). Die Vogtrechte hatten die Grafen von Sayn von alters her. Zum Gertrudenhof gehörten Höfe zu Wallen und Dattenberg, die von Nivelles erst 1706 an Johann Hugo von Orsbeck verkauft wurden. Die in der Schenkungsurkunde genannten Voraussetzungen treffen auf den Tempelberg zu. Er wird als Weingut aus der Schenkung Heinrichs an die Templer gekommen sein. Als Richter zu Dattenberg wird 1403 Gyselbert von Stefroyde genannt, dessen Sippe als Steprode uns in Rheinbreitbach begegnete."[1]

1 *Schäfer, J.: Tempelgüter. In: Heimatkalender für den Kreis Neuwied 1960. S. 70-74, hier S. 71.*

31036 Deilmissen[1]

1 *Siehe erstes Zitat unter Quanthof.*

86738 Deiningen

„Deiningen bei Donauwörth: Über den sog. Pyramidenturm an der Pfarrkirche daselbst geht die abgeschmackte Sage, es hätten Tempelherren dorthin ihre Schätze geflüchtet. Als sie nun einstmals eine Nacht in wilder Schwelgerei verbrachten, habe deren Diener vier von ihnen um der Schätze willen ermordet, diese Schätze aber nicht gefunden und müsse nun als grauser Geist noch heute darnach suchen."[1]

1 *Schüpferling, Michael: Der Tempelherren-Orden in Deutschland. Ph.D.diss. Freiburg im Üchtland. Bamberg 1915, S. 67f.*

93339 Deising

„In Baiern findet sich eine Komturei in Augsburg, vom Grafen Hartmann von Dillingen gegründet, die Dominikaner erhielten sie 1312. Eine andere war zu Deißing bei Altmühlmünster. Altmühlmünster selbst, eine ansehnliche Komturei, urprünglich zu Regensburg von den dortigen Burggrafen, Heinrich und Otto von Riedenburg, bei St. Leonhard im Jahre 1158 gestiftet, später nach Altmühlmünster verlegt, wurde nachher eine Johanniterkommende."[1]

1 *Wilcke, Ferdinand: Die Geschichte des Ordens der Tempelherren. Wiesbaden 2005, nach der 2. Auflage von Halle 1860, S. 385.*

73770 Denkendorf

„In Schwaben befand sich ein Haus zu Hall, welches der Orden im J. 1237 den Franziskanern als St. Jakobskloster überließ; dann eins zu Denkendorf, später ein Kloster; zu Altenstadt bei Schöngau, ein baierischer Erwerb von den Gütern Konradins von Schwaben."[1]

„Denkendorf, südlich von Esslingen. Wilcke rechnet diesen Ort zu den Niederlassungen der Tempelherren. Er gibt dafür keinen Grund an. Anlaß zu der unberechtigten Meinung wird wohl die Tatsache gegeben haben, daß die Kirche zu Denkendorf Eigentum der Grabeskirche in Jerusalem war. Wir erhalten hiervon Kenntnis in einer Urkunde vom Jahre 1142, laut welcher ein gewisser Berthold alle seine Güter in Schwaben der Kirche des hl. Grabes in Jerusalem übergibt, wobei er die schon früher getätigte Schenkung der Kirche zu Denkendorf, Diözese Konstanz, an die Grabeskirche zu Jerusalem bestätigt."[2]

1 *Wilcke, Ferdinand: Die Geschichte des Ordens der Tempelherren. Wiesbaden 2005, nach der 2. Auflage von Halle 1860, S. 387.*

2 *Schüpferling, Michael: Der Tempelherren-Orden in Deutschland. Ph.D.diss. Freiburg im Üchtland. Bamberg 1915, S. 44.*

06712 Deuben[1]

1 *Wilcke, Ferdinand: Geschichte des Ordens der Tempelherren. 2. Bd. Halle 1860, S. 40 geht von einer Komturei in Deuben aus. Belege oder Urkunden werden nicht genannt.*

86989 Deutenried

„1289 kauft Steingaden von Friedrich Wildegrave, Meister des Tempels durch Alemannien und Slavenland mehrere Güter wie 1 Hof, 1/2 Hube im Stadtgebiet von Schongau, 2 Höfe in Warenberg, 2 Höfe in Brugge, 1 Hof in Dietlind samt Patronatsrecht, 2 Höfe in Kutzenhofen, 3 Höfe in Ellemhoven usw. Es waren Güter der Tempelherren in Altenstadt bei Schongau. Ein Steg über die Illach bei Jagdberg führt noch heute den Namen ‚Tempelsteg'." [1]

„1289 Dezember 7. - Friedrich Wildgraf, *Magister domus templi* in Alemannien und Slavien, verkauft den Besitz des Templerordens in Altenstadt bei Schongau, *Warenberch* (Wamberg, LK Garmisch Partenkirchen), *Brugge* (Bruck, LK Sonthofen), *Diethilrieth* (Deutenriet, LK Schongau), *Chuozenhoven* (Kurzenhof, LK Füssen?) und *Ellenchoven* (Ellighofen, LK Kaufbeuren?) an das Prämonstratenserstift Steingaden. - Diese Urkunde ist ein Hinweis auf einen nunmehr an Steingaden verkauften Komplex von Templerbesitz im Voralpenland. Das Siegel des *magister domus templi* aus schwarzem Wachs zeigt einen dornengekrönten Christuskopf.

2 Orig. Perg. mit je 2 S an Seidenschnüren. AStA München, Kloster Steingaden U 130."[2]

„Abgesehen davon, daß die Johanniterurkunden vom 29. März und 14. Juni 1322 Mosbrunnen einen Ort nennen, der seit Alters den Templern gehörte, erwähnt schon eine Urkunde vom 7. Dezember 1289 die Templerbrüder in Mosbrunnen. Nach dieser Urkunde verkauft der Wildgraf Friedrich, Präzeptor von Deutschland und Slavien, in Gegenwart des Vizepräzeptors Dietrich von Morsbach einen Hof und eine halbe Hufe in Altenstadt bei Schongau, einen in Diethilrieth (Dietelried) samt dem Patronatsrecht über die Kirche daselbst, zwei Höfe zu Warenberg, zwei in Brugge (Burggen), zwei in Chuzenchoven, drei in Ellenchoven (Elligkofen bei Landsberg) um 225 Pfund Augsburger Heller an das Prämonstratenserkloster in Steingaden, wobei ausdrücklich hervorgehoben ist, daß dieser Verkauf der Güter am Lechraine mit Zustimmung der Brüder von Mosbrunnen geschah."[3]

1 *Graf, Matthäus: Geschichte der Prämonstratenserabtei Steingaden (Oberbayern) 1147-1803. II. Teil. In: Sulzbacher Kalender für katholische Christen. 67, 1907, S. 48-76, hier S. 52f.*

2 *Mistele, Karl-Heinz: Zur Geschichte des Templerordens in Süddeutschland. In: Mitteilungen für die Archivpflege in Bayern. Sonderheft 5, 1967, S. 18-24, hier S. 20.*
Vgl. auch Layer, Adolf: Der Templerorden in Schwaben. In: Schwäbische Blätter für Heimatpflege und Volksbildung. 21, 1970, S. 70f, hier S. 71.

3 *Schüpferling, Michael: Der Tempelherren-Orden in Deutschland. Ph.D.diss. Freiburg im Üchtland. Bamberg 1915, S. 58.*
Siehe Urkunde Nr. 69.

06198 Deutleben

„Doch kaum ein Vierteljahrhundert behielten die Templer dieses Patronat von Wettin; denn nach Urkunde vom 3. März 1295 tauschen sie vom Erzbischof Erich das Patronat von Groß-Weddingen gegen jenes ein, der ihnen außerdem zum Ersatz für den ihnen von seinen Männern zugefügten Schaden auch noch ein Allodialgut zu Lobitz und Deutleben überweist."[1]

1 *Schüpferling, Michael: Der Tempelherren-Orden in Deutschland. Ph.D.diss. Freiburg im Üchtland. Bamberg 1915, S. 104.*
Vgl. Schultze-Galléra, Siegmar von: Wanderungen durch den Saalkreis. Halle 2006, Nachdruck der Originalausgabe von 1914, S. 3 und Zitat Nr. 4 unter Mücheln.
Siehe Urkunden Nr. 73 und 74.

54426 Dhronecken - Burg Throneck

„Die alte Burg Troneck auf dem Hunsrück, deren Name schon in den Nibelungensagen eine Rolle spielt, wird uns auch hier interessant als letzter Aufenthalt des oben schon erwähnten Tempelordensmeisters Wildgrafen Friedrich.“[1]

„1310 verteidigte er [gemeint ist Fridericus Silvester, Meister des deutschen Templerordens, Anm. d. Verf.] vor dem Erzbischof von Mainz die Unschuld des Ordens, nachdem er sich schon im Jahr zuvor, ohne das Ordenskleid abgelegt zu haben, auf die Burg Throneck an der Thron östlich von Trier auf dem Hunsrück zurückgezogen hatte.[26]

26 Sein Neffe Friedrich hatte ihm, fratri Friderico Wildegrauio, am 12. Juni 1309 die Hälfte der Burg Throneck auf Lebenszeit zur Verfügung gestellt, K.G. Anton, Versuch einer Geschichte des Tempelherrenordens, Leipzig [2]1781, S. 327.“[2]

1 *Ledebur, Leopold von: Die Tempelherren und ihre Besitzungen im Preußischen Staate. Ein Beitrag zur Geschichte und Statistik des Ordens. In: Allgemeines Archiv für die Geschichte des Preußischen Staates. 16, 1835, S. 97-120, S. 242-268, S. 289-336, hier S. 109. Burg Throneck war nie im Besitz der Templer, soll aber als Zufluchtsort des letzten Meisters der deutschen Templer in dieser Aufstellung eine historische Würdigung erfahren.*

2 *Bulst-Thiele, Marie-Luise: Sacrae Domus Militiae Templi Hierosolymitani Magistri. Untersuchungen zur Geschichte des Templerordens 1118/19-1314. (=Abhandlungen der Akademie der Wissenschaften in Göttingen. Philologisch-Historische Klasse. Dritte Folge Nr. 86). Göttingen 1974, S. 374f.*

64807 Dieburg[1]

1 *Wagner, Georg Wilhelm Justin: Templer-Orden: Die Kommende zu Dieburg. Die Kommende zu Erbach. Die Kommende zu Großenlinden. Die Kommende zu Heppenheim. Die Kommende zu Homberg a.d.Ohm. In: Die vormaligen geistlichen Stifte im Großherzogtum Hessen. Bd. 1: Pro-*

vinzen Starkenburg und Oberhessen. Darmstadt 1873, S. 415-417, hier S. 415. Wagner wie ebenfalls Schüpferling, Michael: Der Tempelherren-Orden in Deutschland. Ph.D.diss. Freiburg im Üchtland. Bamberg 1915, S. 43, führen als Beleg ein ‚T' auf dem Weihwasserbecken an, das angeblich auf ‚Templarii' hinweisen soll. Hier fehlen jegliche Belege.

06198 Döblitz[1]

1 *Vgl. Schultze-Galléra, Siegmar von: Wanderungen durch den Saalkreis. Halle 2006, Nachdruck der Originalausgabe von 1914, S. 33 und Zitat Nr. 4 unter Mücheln.*

55444 Dörrebach

„Das tragische Ende des einst so hochberühmten Ordens, und der Schleier des Geheimnisses, das seinen Untergang verhüllte, bewirkten, daß der Volksmund sich viel mit ihm beschäftigte und nachträglich noch mit Recht oder Unrecht Gebäulichkeiten und wirkliche oder sagenhafte Begebenheiten mit ihnen in Zusammenhang brachte ... Im Wald von Dörrebach (Kr. Kreuznach) liegt eine römische Ruine, die in der Umgebung als Tempelherrenkloster gilt, von dem aber sonst nichts überliefert ist.[3]

3 Erläuterungen zum gesch. Atlas. V, 416"[1]

1 *Michel, Fritz: Der Templerorden am Mittelrhein und die Templer von Waldeck. In: Rheinische Heimatblätter. 1, 1924, S. 56ff, hier S. 57.*

04880 Dommitzsch[1]

1 *Schüpferling, Michael: Der Tempelherren-Orden in Deutschland. Ph.D.diss. Freiburg im Üchtland. Bamberg 1915. S. 104, geht für Dommitzsch von Besitzungen aus, während Wilcke, Ferdinand: Geschichte des Ordens der Tempelherren. 2. Bd. Halle 1860, S. 26, eine Komturei vermutet.*

92266 Dornberg

„Berngau und Horburg, Templerbesitzungen? Nach Aufhebung des Ordens hat, wie uns berichtet wird, Kaiser Ludwig der Bayer diese Güter auf inständiges Bitten des Abtes Johannes III. von Waldsassen den dortigen Zisterziensern übergeben, um sie schadlos zu halten für die Verwüstungen, welche ihnen der Burggraf Friedrich von Nürnberg, der Freund Ludwigs in der Schlacht bei Mühldorf, zugefügt hatte. Es ist eine nicht feststehende Tatsache, die uns hier mitgeteilt wird, sondern nur eine auf der Überlieferung beruhende Annahme. Zudem ist der berichtende Prior Otto von Waldsassen eine Persönlichkeit, die volle 200 Jahre nach Aufhebung des Templerordens ihre Notizen niedergeschrieben hat.“[1]

1 *Schüpferling, Michael: Der Tempelherren-Orden in Deutschland. Ph.D.diss. Freiburg im Üchtland. Bamberg 1915, S. 68.*

33154 Dreckburg

„Eben so wenig kann die Behauptung, daß zu Dreckburg bei Salzkotten früher Tempelherren gewohnt haben, erwiesen werden.“[1]

1 *Ledebur, Leopold von: Die Tempelherren und ihre Besitzungen im Preußischen Staate. Ein Beitrag zur Geschichte und Statistik des Ordens. In: Allgemeines Archiv für die Geschichte des Preußischen Staates. 16, 1835, S. 97-120, S. 242-268, S. 289-336, hier S. 118.*
Vgl. Schüpferling, Michael: Der Tempelherren-Orden in Deutschland. Ph.D.diss. Freiburg im Üchtland. Bamberg 1915, S. 84.

06722 Droyßig

„Dagegen finden wir in dem Naumburger Sprengel bei Droisig, zwischen Weißenfels und Zeitz, den sogenannten Tempelhof. Man hat dies für ein altes Besitztum der Johanniter, auch wohl der Marianer gehalten und könnte es noch eher für einen Tempelherren-Sitz nehmen; allein eine Urkunde Kaiser Friedrichs II. aus Nürnberg vom 16ten März 1214, der diese Stiftung des Edlen Albert von Droisigk, aus dem Geschlechte der Grafen von Orlamünde, in seinen Schutz nimmt, und ihr die Kirche daselbst bestätigt, nennt das Haus dem heiligen Grabe geweiht; es hat also wohl nicht den Tempelherren, sondern den mit diesem häufiger verwechselten Rittern des heiligen Grabes zu Jerusalem gehört."[1]

„Nach Urkunde vom 26. Februar 1478 läßt Margareta, Markgräfin von Meißen, durch ihren Kanzler und ihre Räte zwischen Probst und Brüdern des Klosters zu Grymme einerseits und dem Probst der Tempelherren zu Droißk anderseits Entscheidung dahin treffen, daß gewisse strittige Güter, darunter ‚eyns holtz in der Undorff gelegen,' dem Kloster Grimma, den ‚Tempelherrn' zu Droyßig dagegen eine jährliche Abfindungssumme von 41 Groschen zugesprochen wurde. …

Es besteht nebenher die Ansicht, daß der Hof zu Droyßig ursprünglicher Sitz des Johanniterordens gewesen sei. Dem ist jedoch entgegenzuhalten, daß eine Johanniterniederlassung in Droyßig vor Aufhebung des Templerordens keinesfalls nachweisbar ist, wohl aber nach der Templerkatastrophe."[2]

1 *Ledebur, Leopold von: Die Tempelherren und ihre Besitzungen im Preußischen Staate. Ein Beitrag zur Geschichte und Statistik des Ordens. In: Allgemeines Archiv für die Geschichte des Preußischen Staates. 16, 1835, S. 97-120, S. 242-268, S. 289-336, hier S. 267.*

2 *Schüpferling, Michael: Der Tempelherren-Orden in Deutschland. Ph.D.diss. Freiburg im Üchtland. Bamberg 1915, S. 112ff.*
Ob in Droyßig der Templerorden Besitz gehabt hat oder nicht, muss demnach offen bleiben.
Siehe Urkunde Nr. 156.

56814 Ediger (Ediger-Eller)

Der sogenannte Templerhof in Ediger, der aufgrund einer dendrochronologischen Untersuchung auf das Jahr 1424 datiert wurde, ist wahrscheinlich als Besitz des Templerordens anzusehen. Auch die Nähe zu Fankel deutet darauf hin.

39326 Ellersell[1]

1 *Siehe Urkunde Nr. 80.*

86899 Ellighofen

„1289 kauft Steingaden von Friedrich Wildegrave, Meister des Tempels durch Alemannien und Slavenland mehrere Güter wie 1 Hof, 1/2 Hube im Stadtgebiet von Schongau, 2 Höfe in Warenberg, 2 Höfe in Brugge, 1 Hof in Dietlind samt Patronatsrecht, 2 Höfe in Kutzenhofen, 3 Höfe in Ellemhoven usw. Es waren Güter der Tempelherren in Altenstadt bei Schongau. Ein Steg über die Illach bei Jagdberg führt noch heute den Namen ‚Tempelsteg'." [1]

„Abgesehen davon, daß die Johanniterurkunden vom 29. März und 14. Juni 1322 Mosbrunnen einen Ort nennen, der seit Alters den Templern gehörte, erwähnt schon eine Urkunde vom 7. Dezember 1289 die Templerbrüder in Mosbrunnen. Nach dieser Urkunde verkauft der Wildgraf Friedrich, Präzeptor von Deutschland und Slavien, in Gegenwart des Vizepräzeptors Dietrich von Morsbach einen Hof und eine halbe Hufe in Altenstadt bei Schongau, einen in Diethilrieth (Dietelried) samt dem Patronatsrecht über die Kirche daselbst, zwei Höfe zu Warenberg, zwei in Brugge (Burggen), zwei in Chuzenchoven, drei in Ellenchoven (Elligkofen bei Landsberg) um 225 Pfund Augsburger Heller an das Prämonstratenserkloster in Steingaden, wobei ausdrücklich hervorgehoben ist, daß dieser Verkauf der Güter am Lechraine mit Zustimmung der Brüder von Mosbrunnen geschah."[2]

1 *Graf, Matthäus: Geschichte der Prämonstratenserabtei Steingaden (Oberbayern) 1147-1803. II. Teil. In: Sulzbacher Kalender für katholische Christen. 67, 1907, S. 48-76, hier S. 52f.*

2 *Schüpferling, Michael: Der Tempelherren-Orden in Deutschland. Ph.D.diss. Freiburg im Üchtland. Bamberg 1915, S. 58.*
Vgl. auch Layer, Adolf: Der Templerorden in Schwaben. In: Schwäbische Blätter für Heimatpflege und Volksbildung. 21, 1970, S. 70f, hier S. 71.
Siehe Urkunde Nr. 69.

53567 Elsaff

„Die Zehntbegehung Neustadt 1789 nennt in der Hunschaft Elsaff ein Tempelgut. Seine Lage wird aus den angrenzenden Flurnamen deutlich: ‚In der Ober Elsaff ein Orth genannt in der Rahmbecken, gibt Churf. Rottzehnen bis ahn das Tempelsguth, alwo ein neuer Zehnstein der Straßen zu gesetzt worden, welchen Tempelguth so unterhalb den gesetzten Steinen lieget: gibt Heisterbacher Zehnten.' Oberhalb des Tempelgutes ‚voraun nechst den Häusern in der Ober Elsaff' liegt das Seelbachs Feld. Das Tempelgut lag also von Mittel Elsaff auf Oberelsaff zu. Die örtliche Überlieferung weiß neben dem Namen Tempelgut zu berichten, daß Mittel Elsaff früher zu einem Kloster gehört und der Hof auf dem Backesfeld dicht bei Mittelelsaff gelegen habe.

In den Kellereirechnungen des Amtes Altenwied 1418/20 werden zwei Dienstmannsgüter in der Elsaff genannt: eins ‚zo Eylsaffen' und eins ‚Werners Goed (Gut) zo Eylsaffen'. Nun sind zwei Werner bekannt, von denen einer Inhaber des genannten Gutes ist. 1324 wird Werner Kaliche mit seiner Frau Frideruna genannt, die uns noch in Kalscheid begegnen werden. Auf ihn könnte die aus dem Prümer Besitz herkommende Asbacher Elsaff bezogen werden. Der Flurname ‚auf dem Kalbrich', der 1666ff. Kalscheider Zehnt im Großen Rücken gibt, erweist den Zusammenhang mit der Sippe Kaliche-Kalscheid. In einer undatierten Kellereirechnung um 1430 (Kobl. 2/1680) wird Werner Stuppelrueden im Dienst des Amtes genannt. Sein Name weist ihn in die Sippe der Steprode. Werner Kaliche lebte 100 Jahre vor der Nennung des Werners Gut, Werner Stuppelrueden ist Zeigenosse. In der Asbacher Elsaff geben nur der Flurname ‚auf dem Kalbrich' und der ‚Kalscheider Zehnt' Auskunft über eine Verflechtung des Ütgenbacher Besitzes in der Elsaff mit den Kalscheid. Wir möchten das ‚Werners

Gut' in der Elsaff auf die Neustadter Elsaff beziehen. Damit begegnete uns der dritte Steprode in Templerbesitzungen.

Die Verbindung der Neustadter Elsaff mit Altenwied und seiner der hl. Gertrud geweihten Schlosskapelle macht die Beziehung zu Rheinbrohl wahrscheinlich. Die im Volke stets lebendige Überlieferung der Gertrudiskapelle auf Schloß Altenwied wird in den Kellereirechnungen 1430/32 bestätigt, in denen neben dem Schloßkaplan auch Gertrudiskirchweih (Drutziendmissen) erwähnt wird. Die sich immer aufs neue erweisende Genauigkeit in der Verwaltung der Heisterbacher Mönche zu Neustadt dürfte auch das Tempelgut in der Zehntbegehung als tatsächliches Gut des Templerordens ausweisen. Soweit Vergleichsmöglichkeiten mit früheren Zehntbegehungen besteht, ergibt sich der gleiche Wortlaut, nur Rodung und Besitzwechsel wird neu gefasst. So wird auch die Neustadter Zehntbegehung auf eine Zeit zurückgehen, die den Templerbesitz noch als geschichtliche Tatsache kannte. Die örtliche Überlieferung bietet nur eine Stütze. Das früher gewiß zum Tempelgut gehörende Seelbachs Feld zeigt, wer nach der Auflösung des Ordens sich hier eingenistet hat."[1]

1 *Schäfer, J.: Tempelgüter. In: Heimatkalender für den Kreis Neuwied 1960. S. 70-74, hier S. 71f.*

Emmeringen (Wüstung)

„Der Flurname ,Auf der Wuhne' ist freilich heute in der Oscherslebер Flur unbekannt, wohl aber weist der Breitenname ,Am Seehäuser Wege' nach der Flur unseres ,Emmeringfeldes'. Wir müssen also auch den Flurnamen ,Hinter dem Tempelhofe' im Emmeringer Flurteil unserer Feldmark suchen, vielleicht auch in Emmeringen selber, denn die damals schon wüste Dorfstätte bildete ja in jener Zeit tatsächlich einen Teil des ,Oschersleber Feldes'.

Nun wissen wir aber aus einer anderen, weit späteren Urkunde, daß in Emmeringen tatsächlich ein Tempelhof war. Als nämlich im Jahre 1721 vom König Friedrich Wilhelm I. die Familie von Bennigsen mit Emmeringen belehnt wird, werden die einzelnen Lehnsteile folgendermaßen aufgeführt: ‚Das Dorf Emmeringen mit der Vogtei Gerichte Wasser, Äcker, Grase, Gerichte und Ungerichte und allen Rechten und Zubehörungen. Die Lehne über St. Andreas Altar in der Kirche zu Oschersleben. Vier Hufen Landes auf dem Felde zu Emmeringen. Der Tempelhof mit viertehalb Hufen Landes daselbst. Ein Holzbleck, geheissen der Tempelberg.[38] u.s.w.

Es ist demnach zum mindesten sehr wahrscheinlich, daß die ‚Templerkomturei Oschersleben', und der Emmeringer Tempelhof ein und dasselbe ist.

Noch heute erinnert in Emmeringen eine unmittelbar an das Dorf anstoßende Ackerbreite an die Templerniederlassung. Sie heißt auf den Flurkarten ‚Die Tempelworth', im Volksmunde aber ‚Die Tempelbohrt'. Die erstere Bezeichnung ist die richtige, und wir haben in diesem Stück demnach eine ehemals den Templern gehörige Wort zu erkennen, denn daß der alte Name eine Entstellung von ‚Tempelburg' sein könnte, ist (auch der örtlichen Lage nach) ganz unwahrscheinlich. Übrigens sind auf dem genannten Flurstücke alte Fundamente - vom ehemaligen Dorf Emmeringen stammend! - so massenhaft gefunden worden, daß man im Dorfe von einer untergegangenen Stadt ‚mit einem Tempel' erzählt, offenbar zugleich in der Absicht, den unverstandenen Flurnamen zu erklären.'

38 Die Urkunde ist abgedruckt von Setzepfand in Geschichtsbl. für Stadt und Land Magdeburg. 1899 S. 52."[1]

1 *Breddin, G.: Flurnamen und Flurgeschichte, ein Beitrag zur Heimatkunde der Oschersleber Umgegend. Oschersleben 1908, S. 26f.*

38350 Emmerstedt

„In einer Urkunde vom Jahre 1304 gibt er [gemeint ist der Herzog Otto von Braunschweig. Anm. d. Verf.] bekannt, daß der Streit zwischen den Templern in Süpplingenburg und in Emmerstadt einerseits und dem Kloster Marienthal anderseits unter Vermittlung der Brüder Friedrich von Alvensleben und Bertram von Feldheim gütlich beigelegt worden ist."[1]

1 *Schüpferling, Michael: Der Tempelherren-Orden in Deutschland. Ph.D.diss. Freiburg im Üchtland. Bamberg 1915, S. 92. In Emmerstedt war eine von Süpplingenburg aus verwaltete Hofstelle der Templer. Diese wurde durch Landerwerb schließlich zur eigenständigen Komturei. Ein Johannes von Bornstede war 1304 hier Komtur. Siehe Urkunde Nr. 84.*

52457 Engelsdorf[1]

1 *Der Templerorden soll hier über Einkünfte verfügt haben, die dem Templerhaus in Aachen zu Gute kamen. Hierfür finden sich keinerlei Belege. Erwähung findet der Ort nur bei Alpen, van: Die Tempelherren in Aachen. In: Franz Ahn: Jahrbuch für den Regierungsbezirk Aachen 1824. S. 128-139, hier S. 134.*

64711 Erbach

„Immer wieder wurden der Templerorden und die Johanniter mit dem Bau des Hauses in Verbindung gebracht, obwohl sich die erste schriftliche Nennung des Erbacher Gebäudes als ‚Tempelhaus' erst im 18. Jahrhundert findet."[1]

1 *Beckmann, Lutz: Das „Tempelhaus" in Erbach. In: Denkmalpflege in Hessen. 1990, 1, S. 43-47, hier S. 43. Vgl. auch: Wagner, Georg Wilhelm Justin: Templer-Orden: Die Kommende zu Dieburg. Die Kommende zu Erbach. Die Kommende zu Großenlinden. Die Kommende zu Heppenheim. Die Kommende zu Homberg a.d.Ohm. In: die vormaligen geistlichen Stifte im Großherzogtum Hessen. Bd. 1: Provinzen Starkenburg und Oberhessen. Darmstadt 1873, S. 415-417. Urkunden oder Hinweise kann Wagner keine geben. Auch Schüpferling, Michael: Der Tempelherren-Orden in Deutschland. Ph.D.diss. Freiburg im Üchtland. Bamberg 1915, S. 43 führt Erbach zwar als mögliches Templergut an, allerdings ohne jeden Beleg.*

99084 Erfurt[1]

1 *In einer Urkunde vom 16. Dezember 1317 wird ein Paul von Mutina als Komtur von Erfurt und Topfstedt genannt.*
Vgl. Schüpferling, Michael: Der Tempelherren-Orden in Deutschland. Ph.D.diss. Freiburg im Üchtland. Bamberg 1915, S. 110f.
Siehe Urkunde Nr. 131.

Ergstedt (Wüstung bei 38895 Langenstein)

„Einen warmen Gönner fand derselbe [gemeint ist der Templerorden, Anm. d. Verf.] auch an Bischof von Halberstadt 1201-1208, sodaß im Laufe der Jahre die Templer reiche Güter und Zehnten in Klein-Quenstedt, Ergstedt, Niendorf, Wehrstede, Widecke erlangten.“[1]

„Eine Hufe und Hofstätte in Ergstedt hatte der Präzeptor Bertram von Esebeck von den Gebrüdern Betemann, Siegfried, Gebhard und Heinrich von Hoym, die sie von dem Grafen Heinrich von Regenstein zu Lehen trugen und an Johann von Kreyendorp weiter vergeben hatten, am 10. Februar 1297 käuflich erworben, eine Gutsänderung, welcher der gräfliche Lehensherr mit Urkunde vom folgenden Tage die Genehmigung erteilte.“[2]

1 *Hirschmann: Die Tempelherren in Deutschland. In: Historisch-politische Blätter für das katholische Deutschland. 159, 1917, S. 131-135, hier S. 133.*
2 *Schüpferling, Michael: Der Tempelherren-Orden in Deutschland. Ph.D.diss. Freiburg im Üchtland. Bamberg 1915, S. 97.*
Siehe Urkunde Nr. 87.

06463 Ermsleben

„Als weitere Niederlassungen bzw. Güter in der näheren oder entfernteren Umgebung von Halberstadt werden, jedoch ohne hinreichende

Begründung, noch die Orte genannt: Quedlinburg bei der St. Aegidikirche, Schadeleben, Ermsleben und Konradsburg, ferner Ruetenberg (Kuckenburg?) sowie das Bergschloß Lohra (südwestlich von Nordhausen)."[1]

1 *Schüpferling, Michael: Der Tempelherren-Orden in Deutschland. Ph.D.diss. Freiburg im Üchtland. Bamberg 1915, S. 102.*

31008 Esbeck[1]

1 *Siehe erstes Zitat unter Quanthof.*

Everdagessen (Wüstung)[1]

1 *Siehe erstes Zitat unter Quanthof.*

92727 Fahrenberg (Waldthurn)

„Fahrenberg - Wallfahrtskirche in der Pfarrei Waldthurn

Im Jahre 1204 bauten die Templer an eine Burg, die schon früher hier stand und nach dem Tode des Ritters Hans von Pressath auf sie gekommen war, eine Kapelle an und stellten darin ein Marienbild auf. Da begann also jene Prozession vertrauender Pilgerschaft zu Unserer Lieben Frau vom Fahrenberg, die im auf und ab der jahrhundertelangen Geschichte zwar verschieden stark war, gelegentlich sogar zu stocken schien, aber doch in der Kraft unzerstörbarer Gläubigkeit immer wieder weiterzog. Nach Auflösung des Templerordens im Jahre 1312 ging der Fahrenberg in den Besitz des Klosters Waldsassen über. Durch die Zisterzienser von Waldsassen wurde die Burg zu einem Kloster umgebaut. Die Marienverehrung blühte auf."[1]

1 *Sawall, Edmund: Der Tempelritterorden in Deutschland. Versuch einer Bestandsaufnahme. In: Non nobis. 38, 2000, S. 14-19, hier S. 18.*

15306 Falkenhagen

„Ja, einige Ordensbrüder verkauften unter Zustimmung des Großpräzeptors Ordensgüter an ihre Familienangehörigen, so dass diese Ordensgüter in den Besitz von Adligen übergingen; so erwarben die Jagows Aulosen, die Schulenburgs Angern, die Pfuhls Garzin und die Hohendorfs Falkenhagen."[1]

1 *Schultze-Galléra, Siegmar von: Wanderungen durch den Saalkreis. Halle 2006, Nachdruck der Originalausgabe von 1914, S. 35f. Alle anderen Autoren gehen nicht von Templerbesitz in Falkenhagen aus.*

06463 Falkenstein (Harz) Konradsburg

„Als weitere Niederlassungen bzw. Güter in der näheren oder entfernteren Umgebung von Halberstadt werden, jedoch ohne hinreichende Begründung, noch die Orte genannt: Quedlinburg bei der St. Aegidikirche, Schadeleben, Ermsleben und Konradsburg, ferner Ruetenberg (Kuckenburg?) sowie das Bergschloß Lohra (südwestlich von Nordhausen)."[1]

1 *Schüpferling, Michael: Der Tempelherren-Orden in Deutschland. Ph.D.diss. Freiburg im Üchtland. Bamberg 1915, S. 102. Die Konradsburg liegt 2 km südlich von Ermsleben.*

56814 Fankel (Bruttig-Fankel)

„Zu Fankel an der Mosel im Kreise Zell soll ums Jahr 1275 eines Tempelhauses gedacht sein."[1]

„Da die rheinischen Templerniederlassungen fast alle in der ersten Hälfte des 13. Jh. entstanden sind (Niederbreisach 1227, Roth 1228, Trier 1228, Köln 1237, Hönningen 1252, Frankel [sic] 1275), kann man annehmen, daß Wilhelm IV. entweder allein oder mit den Herren von Nierstein und Hasenfeld die Gründung der Kommende..."[2]

„Fankel a.d. Mosel im Kreise Zell, Kommende. Um das Jahr 1275 wird daselbst ‚eyn Tempelhus' erwähnt, über welches jedoch keine weiteren Nachrichten vorhanden sind[4].

4 Klein, Joahnn August: Das Moseltal zwischen Koblenz und Zell. Koblenz 1831 S. 224: Fankel: Vankele. Engelport hatte 1275 einen Hof daselbst, welchen Erzbischof Heinrich mit des Klosters übrigen Gütern in Schutz nahm. Gleichzeit kömmt ‚eyn Tempelhus' dort vor, über das aber weitere Nachrichten fehlen. – Klein gibt zwar keinen weiteren Beleg an, stützt sich aber hier offenbar auf eine urkundliche Quelle; denn er sagt in seinem Vorwort ganz allgemein, daß er für seine festen Angaben stets urkundliches Material vor sich hatte, dagegen alle Nachrichten, die nur auf mündlicher Ueberlieferung beruhten, nur als Sagen behandelt habe."[3]

1 *Ledebur, Leopold von: Die Tempelherren und ihre Besitzungen im Preußischen Staate. Ein Beitrag zur Geschichte und Statistik des Ordens. In: Allgemeines Archiv für die Geschichtskunde des Preußischen Staates. 16, 1835, S. 97-120, S. 242-268, S. 289-336, hier S. 108.*

2 *Bers, Günter: Die Geschichte der Johanniter-Kommende St. Johannes in Kiringen bei Jülich. In: Beiträge zur Jülicher Geschichte. Jülicher Heimatblätter. Mitteilungen des Jülicher Geschichtsvereins. 4, 1959, S. 6-18, hier S. 10.*

3 *Schüpferling, Michael: Der Tempelherren-Orden in Deutschland. Ph.D.diss. Freiburg im Üchtland. Bamberg 1915, S. 76.*

39345 Flechtingen

„Daß die Tempelherren, um mit dem nördlichen Theile der Provinz Sachsen zu beginnen, in der Altmark, und zwar wie behauptet wird zu Salzwedel, Werben, Aulosen und Flechtingen[81], Sitze gehabt haben, muß als unerwiesene, zum Theil grundlose Tradition betrachtet werden.

81 Abels Stifts-, Stadt- und Land-Chronik von Halberstadt. S. 78."[1]

1 *Ledebur, Leopold von: Die Tempelherren und ihre Besitzungen im Preußischen Staate. Ein Beitrag zur Geschichte und Statistik des Ordens. In: Allgemeines Archiv für die Geschichtskunde des Preußischen Staates. 16, 1835, S. 97-120, S. 242-268, S. 289-336, hier S. 242f.*
Vgl. Wilcke, Ferdinand: Die Geschichte des Ordens der Tempelherren. Wiesbaden 2005, nach der 2. Auflage von Halle 1860, S. 385.

65439 Flörsheim am Main

„Am 20ten Juli 1302 verkauften ‚frater Otto de Alzeia commendator et fratres de Muhlen ordinis militie Templi' Güter zu Flersheim (Flörsheim zwischen Alzei und Worms), die ihnen der Johanniter Ritter Johann von Morsbach zu seinem und seiner Aelteren Seelenheil geschenkt hatte, an die Deutsch-Ordens-Commende daselbst..."[1]

„1302 verkaufen Otto von Alzei, Comthur, und die Brüder von Muhlen, Templer-Ordens, 40 Morg. Feldes zu Flörsheim, welche Bruder Johannes von Morsbach, Johanniter-Ordens, zur Haltung eines ständigen Priesters in Muhlen, ihnen übergeben hatte, mit dessen Genehmigung, an den Comthur und die Brüder des Deutschen Hauses zu (Ober-)Flörsheim, um 110 Pfund Heller, und setzen dafür 20 Morg. Ackers, an einem Stücke, zu Osthofen, am Wege gegen den Burgberg, und 20 Morg. Ackers, an einem Stücke, gegen Durineheim am Rhein (Rheindürkheim) gelegen, zum Unterpfande ein;

1302 bestätigt Friedrich, genannt Sylvester (Wildgraf), Präceptor des Templer-Ordens in Deutschen und Slavischen Landen, den Verkauf der Güter zu Flörsheim von Seiten des Comthurs und der Brüder von Muhlen an den Comthur und die Brüder des Deutschen Hauses zu (Ober-)Flörsheim, welche Güter Bruder Johannes von Morsbach, Johanniter-Ordens, vermächtnißweise den Ersteren übergeben hatte."[2]

1 *Ledebur, Leopold von: Die Tempelherren und ihre Besitzungen im Preußischen Staate. Ein Beitrag zur Geschichte und Statistik des Ordens. In: Allgemeines Archiv für die Geschichtskunde des Preußischen Staates. 16, 1835, S. 97-120, S. 242-268, S. 289-336, hier S. 99f.*

2 *Wagner, Wilhelm: Die vormaligen geistlichen Stifte im Großherzogthum Hessen. 2. Bd. Provinz Rheinhessen. Bearbeitet und herausgegeben von Friedrich Schneider. Darmstadt 1878, S. 287. Im zu Flörsheim gehörigen Ortsteil Wicker gibt es noch heute eine Tempelgasse.*
Vgl. Sartorius, Otto: Pfälzische Niederlassungen des Templerordens. In: Pfälzer Heimat. 8, 1957, S. 63f.

91301 Forchheim

„Viel umstritten ist die Frage, ob in Bamberg eine Templerniederlassung bestanden habe; die Orte Herzogenaurach, Forchheim, Wachenroth, Höchstädt und Thurnau in der Diözese Bamberg haben vollständig auszuscheiden."[1]

1 *Hirschmann: Die Tempelherren in Deutschland. In: Historisch-politische Blätter für das katholische Deutschland. 159, 1917, S. 131-135, hier S. 132.*
Vgl. Schüpferling, Michael: Der Tempelherren-Orden in Deutschland. Ph.D.diss. Freiburg im Üchtland. Bamberg 1915, S. 53.

51674 Forst

„Die Sage läßt Forst früher von Tempelherren bewohnen, die Räuberei getrieben hätten. Ihr widersprechen aber die vorhandenen Urkunden. Seine Bewohner waren nämlich Vasallen der Abtei Deutz, welche die Burg von derselben zu Lehn trugen."[1]

1 *Mehring, F.E. von: Geschichte der Burgen, Rittergüter, Abteien und Klöster in den Rheinlanden und den Provinzen Jülich, Cleve, Berg und Westphalen. Bd. 3, Heft 9, Köln 1853, S. 109.*

15345 Garzin

„Ja, einige Ordensbrüder verkauften unter Zustimmung des Großpräzeptors Ordensgüter an ihre Familienangehörigen, so dass diese Ordensgüter in den Besitz von Adligen übergingen; so erwarben die Jagows Aulosen, die Schulenburgs Angern, die Pfuhls Garzin und die Hohendorfs Falkenhagen."[1]

1 *Schultze-Galléra, Siegmar von: Wanderungen durch den Saalkreis. Halle 2006, Nachdruck der Originalausgabe von 1914, S. 35f.*

39365 Gehringsdorf

„Auch in Gehringsdorf - die alten Urkunden nennen es Gerdekesdorp, Jerdekesdorp, Jerdesdorp, auch Gerdinksdorp, im Volksmunde heißt es noch heute Jersdorf -, wo in einem kleinen Quellbecken die Aller ihren Ursprung nimmt, hatten, wie bereits erwähnt, die Templer einen Hof. Das erfahren wir schon aus einer Urkunde vom 9. September 1296, in der sich der Ordensmeister Bertram von Esbeck mit dem Johanniskloster in Halberstadt über die Besetzung der Pfarrstelle ‚in Gerdekestorp' auseinandersetzt.

Am 4. Dezember 1310 schreibt dann der Papst Clemens an die Bischöfe von Brandenburg, Merseburg und Hildesheim, daß auf päpstliches Geheiß der Erzbischof Burchard die Tempelritter in ihren Höfen und festen Häusern zu Wichemannsdorf und Bollstedt, sowie zu Jerdingesdorf (in curiis sive domibus Wichmannsdorp ac Bolstede et Jerdingesdorp) fangen ließ und ihre Güter eingezogen hat."[1]

„Auf gleiche Weise sah sich indessen der Papst am 25sten Juli 1312 abermals genöthigt, eine zweite Excommunications-Sentenz des Bischofs Albert gegen den Erzbischof Burchard zu anulliren, die dieser sich widerum zugezogen hatte, indem er zu gleichem Zwecke wie bei Beyer-Naumburg die Kirche zu Jerdesdorp befestigt hatte.

Jerdesdorp wird in der gedachten Absolutions-Urkunde[135] als Besitzthum der Tempelherren genannt, und ist wohl ohne Zweifel jenes

Gerdekesdorp, über dessen Kirche bereits am 9. Sept. 1296 der Ordensmeister in Deutschland und Wendland, Bertram v. Esbeck, dem Kloster St. Johannis bapt. et evangel. vor Halberstadt das Patronatsrecht überlassen hatte[136]; und aller Wahrscheinlichkeit jenes Gerstendorf, welches als ein eingegangener Ort zwischen Artern und Voigtstädt angegeben wird.[137]

135 Jerdesdorp, quae quondam ordinis militiae templi Jerosolimitani extiterat. - - sub dato: in prioratu de Gransello prope Melarisanam, Vasionensis dioecesis VIII. Kal. Augusti, pontif. anno VII. (nach einer alten im Provinz-Archive zu Magdeburg befindlichen Abschrift.

136 [Ledebur veröffentlicht an dieser Stelle die Urkunde. Siehe Urkunde Nr. 77. Anm. d. Verf.]

137 Förstemann Neue Mittheilungen I. Bd. I. H. 54. [Die Annahme Ledeburs, daß es sich um Gerstendorf handelt ist falsch. Anm. d. Verf.]"[2]

„Doch schon vorher, im Mai 1308, ordnet Burchard als Landesfürst an, an e i n e m Tage alle Templer in den vier Komthureien des Erzstifts gefangen zu setzen, also in Magdeburg (Prälatenstraße), Wichemannsdorf bei Hundisburg, Gehringsdorf (Kreis Wanzleben) und in unserem Mücheln, und ihre Güter in Beschlag zu nehmen."[3]

„Im Magdeburgischen jedoch leistete man dem unbeliebten Erzbischof heftigen Widerstand. Die Templer besetzten ihre Veste Gehringsdorf und verteidigten sich hier tapfer."[4]

1 *Breddin, G.: Flurnamen und Flurgeschichte, ein Beitrag zur Heimatkunde der Oschersleber Umgegend. Oschersleben 1908, S. 31.*

2 *Ledebur, Leopold von: Die Tempelherren und ihre Besitzungen im Preußischen Staate. Ein Beitrag zur Geschichte und Statistik des Ordens. In: Allgemeines Archiv für die Geschichtskunde des Preußischen Staates. 16, 1835, S. 97-120, S. 242-268, S. 289-336, hier S. 264ff. Siehe Urkunde Nr. 77.*

3 *Schultze-Galléra, Siegmar von: Wanderungen durch den Saalkreis. Halle 2006, Nachdruck der Originalausgabe von 1914, S. 34f.*

4 *ebenda S. 35.*
Siehe Urkunde Nr. 110.

63571 Gelnhausen

„In Gelnhausen scheinen schon gegen das Jahr 1200 die Franziskaner in das Erbe der Templer eingetreten zu sein."[1]

„Ein Auszug aus den Annalen des Franziskanerordens lässt ersehen, daß die Templer einen Sitz daselbst auf dem Stephansberge hatten, der nach Auflösung des Ordens an die Franziskaner gelangte und so alle Schicksale dieser letzteren in genannter Stadt teilen musste. Nähere Einzelheiten über dieses Templerhaus berichtet uns Kreuter in seinem ‚Führer durch Gelnhausen'[4]: Neben dem Johanniterhaus befinden sich noch spärliche aber interessante Reste des Templerhauses, Stadtschreiberei 8 (jetziges Landratsamtsgebäude). Diese bestehen in der noch erhalten gebliebenen Toranlage, sowie dem Unterstock des südlichen und nördlichen Flügels mit einem breiten Spitzbogenfenster, das die dahinterliegende Küche erhellte und zur Verabreichung von Speisen an die Armen diente. Der hübsche noch zu Anfang des vorigen Jahrhunderts abgebildete Tempel existiert nicht mehr. Wann die Niederlassung des Ordens in Gelnhausen erfolgte, ist nicht mehr bekannt. Schon um 1300 waren die letzen drei das Haus bewohnenden Templer gestorben, wie es Inschriften der Grabdenkmäler auf dem ehemaligen Totenhofe gegenüber dem Hause bekundeten."

4 J.L. Kreuter, Führer durch die Barbarossastadt Gelnhausen (Gelnhausen 1906) S. 40 Nr. 9 das Templerhaus."[2]

1 *Hirschmann: Die Tempelherren in Deutschland. In: Historisch-politische Blätter für das katholische Deutschland. 159, 1917, S. 131-135, hier S. 133.*

2 *Schüpferling, Michael: Der Tempelherren-Orden in Deutschland. Ph.D.diss. Freiburg im Üchtland. Bamberg 1915, S. 84f.*
Vgl. Kreutzer, J.L.: Die Templer in Gelnhausen. In: Gelnhausen. Aus der Geschichte der Stadt Gelnhausen. Beilage zum Kreisblatt. Amtlicher Anzeiger für die Stadt und den Kreis Gelnhausen. Nr. 13, 1906, S. 55f.

64579 Gernsheim

„In der jetzigen bayerischen Rheinpfalz hatten die Ritter Besitzungen in Sewe (‚zum See, Laach') in Gernsheim und Kirchheim."[1]

„Bruder Friedrich [Fridericus Silvester, deutscher Ordensmeister, Anm. d. Verf.] kaufte am 7. Aug. 1292 von seinem Onkel und Vetter ihren Besitz in Kirchheim und Gernisheim für das Templerhaus von Seve, Acta Academiae Theodoro-Palatinae, Historia et commentationes Academiae electoralis .... Theodoro-Palatinae 1, 1766, S. 67f..."[2]

1 *Wagner, Wilhelm: Die vormaligen geistlichen Stifte im Großherzogthum Hessen. Darmstadt 1878, S. 283, Anm. 1.*

2 *Bulst-Thiele, Marie-Luise: Sacrae Domus Militiae Templi Hierosolymitani Magistri. Untersuchungen zur Geschichte des Templerordens 1118/19-1314. (=Abhandlungen der Akademie der Wissenschaften in Göttingen. Philologisch-Historische Klasse. Dritte Folge Nr. 86). Göttingen 1974, S. 374, Anm. 21.*

02826 Görlitz

„So schenkte 1220 und 1227 der schlesische Piastenherzog Heinrich I. den Templern die unweit Breslau gelegene Burg Oelsnitz mit dem Gut Kleinöls, das zur stärksten Ordenskommende Schlesiens ausgebaut wurde. Das Mutterhaus von Kleinöls war und blieb jedoch Braunschweig. Die in gerader Linie dorthin führenden Etappenstationen waren Görlitz, Mühlberg und Halberstadt."[1]

1 *Sawall, Edmund: Der Tempelritterorden in Deutschland. Versuch einer Bestandsaufnahme. In: Non nobis. Heft 38, 2000, S. 14-19, hier S. 15.*

14828 Görzke[1]

1 *Schüpferling, Michael: Der Tempelherren-Orden in Deutschland. Ph.D.diss. Freiburg im Üchtland. Bamberg 1915, S. 103 vermutet Templerbesitz in Görzke.*

91171 Greding

„Mehr als sechshundert Jahre sind vorübergegangen, seitdem der Tempelherren-Orden ein Opfer französischer Herrschsucht geworden und doch lebt auch hier in dem alteichstättischen Städchen Greding die Überlieferung noch fort, daß einst auf dem sogen. Pfaffenberg dieser Ritterorden des Mittelalters eine Niederlassung besessen habe."[1]

„Greding, welches Kaiser Heinrich IV. dem Bischof Ulrich von Eichstätt 1096 schenkte, gehörte zur Zeit Friedrichs II. der Reichsstadt Nürnberg, welche auf dem sogen. Pfaffenberge daselbst ein ‚Kloster' für Tempelherren errichtet haben soll. Was für diese Annahme, die allerdings durch andere Urkunden nicht bestätigt wird, sprechen könnte, wäre die Tatsache, daß Greding gerade im Jahre 1311 dauernd in den Besitz der Eichstätter Kirche gelangte, dessen Domkapitel 1368 den Großzehnten in der Flur Greding von Burkhard von Seckendorf erkaufte."[2]

1 *Hirschmann: Die Tempelherren in Deutschland. In: Historisch-politische Blätter für das katholische Deutschland. 159, 1917, S. 131-135, hier S. 131.*
2 *Schüpferling, Michael: Der Tempelherren-Orden in Deutschland. Ph.D.diss. Freiburg im Üchtland. Bamberg 1915, S. 65.*

39343 Groppendorf

„Schon im Jahre 1289 gehörte der größte Theil des eine Meile nördlich von Alvensleben gelegenen Dorfes Bülstringen dieser Commenthurei [gemeint ist die Komturei Wichmannsdorf, Anm. d. Ver.]. Ueber andere Theile desselben Dorfes besaß der Graf Conrad von Wernigerode die Lehnsherrlichkeit, die er jedoch den Tempelherren von Wichmansdorf in dem erwähnten Jahre für 10 Mark Silbers überließ, ihnen außerdem noch das Dorf Wolfshausen schenkend. Am 3. März 1295 überließ Erich von Magdeburg eben diesem Tempelhofe die Hohewische und eine halbe Hufe, die Johann v. Grunenborch bis dahin zu Lehn gehabt hatte. Ferner übergab im Jahre 1299 der Ritter Bruno v. Eilsleben, der durch des Grafen Conrad von Wernigerode oben erwähnten Verkauf wegen 5 1/2 Hufen und 5 Höfe in Bülstringen, Lehnmann des Tempelordenshauses geworden war, dem letztern für die Aufnahme seines Sohnes in den Orden, das Nutznießungsrecht an jenen Hufen und Höfen. Als am 15ten Sept. 1307 der Meister des Tempelordens in Deutschland und Wendland Friedrich v. Alvenslebe seinem Bruder, dem Ritter Albert v. Alvensleben für 300 Mark Silber das eben erwähnte, seinen Nachkommen bis auf die neuste Zeit verbliebene Dorf Bülstringen, nebst der jährlichen Hebung von 45 Schillingen aus dem 3/4 Meilen südwestlich von Alvensleben gelegenen Dorfe Groppendorf verkaufte, geschah dies zu Wichmansdorf. Die Bedenklichkeiten, welche diese Handlung wegen der Zeit sowohl, als wegen des Verhältnisses zwischen Käufer und Verkäufer erregen könnte, beschwichtigt der Verfasser der vortrefflichen v. Alvenslebenschen Familiengeschichte damit, daß er aufmerksam darauf macht, wie es erwiesen sey, daß die Provinzial-Ordensmeister der Tempelherren ohne eine höhere Genehmigung oder Bestätigung nach ihrem Gutbefinden über die Ordensgüter zum Vortheil des Ordens zu schalten berechtigt gewesen seyen; ferner als der Verkauf vom 15ten Sept. geschah, die päpstliche Verordnung vom 12ten Aug. desselben Jahres, welche alle fernere Veräußerungen der Güter des in Untersuchung gerathenen Tempelordens untersagte, dem Erzbischof von Magdeburg zur Bekanntmachung in seiner Diöcese wahrscheinlich noch nicht zugekommen sey; und daß überdies nach der päpstlichen Verordnung vom 2ten Mai 1312 nur diejenigen Güter dem Johanniter-Orden eingeräumt werden sollten, die der Tempelorden im Oct. 1308, als dem Zeitpunkte der gefänglichen Einziehung des Großmeisters und der Ritter in Frankreich, wirklich noch besessen hatte."[1]

1 *Ledebur, Leopold von: Die Tempelherren und ihre Besitzungen im Preußischen Staate. Ein Beitrag zur Geschichte und Statistik des Ordens. In: Allgemeines Archiv für die Geschichtskunde des Preußischen Staates. 16, 1835, S. 97-120, S. 242-268, S. 289-336, hier S. 244ff.*
Siehe Urkunden Nr. 88 und 89.

86862 Großkitzighofen[1]

„1289 kauft Steingaden von Friedrich Wildegrave, Meister des Tempels durch Alemannien und Slavenland mehrere Güter wie 1 Hof, 1/2 Hube im Stadtgebiet von Schongau, 2 Höfe in Warenberg, 2 Höfe in Brugge, 1 Hof in Dietlind samt Patronatsrecht, 2 Höfe in Kutzenhofen, 3 Höfe in Ellemhoven usw. Es waren Güter der Tempelherren in Altenstadt bei Schongau. Ein Steg über die Illach bei Jagdberg führt noch heute den Namen ‚Tempelsteg'." [2]

1 *Kurzenhof ist eindeutig zu lokalisieren als heutiger Gemeindeteil von Lechbruck. Kurzenhof besteht aus 4 Häusern.*
2 *Graf, Matthäus: Geschichte der Prämonstratenserabtei Steingaden (Oberbayern) 1147-1803. II. Teil. In: Sulzbacher Kalender für katholische Christen. 67, 1907, S. 48-76, hier S. 52f.*
Vgl. auch Layer, Adolf: Der Templerorden in Schwaben. In: Schwäbische Blätter für Heimatpflege und Volksbildung. 21, 1970, S. 70f, hier S. 71.
Siehe Urkunde Nr. 69.

35440 Großen-Linden

„Großenlinden, südlich von Gießen: Hier wird das Rathaus als ehemaliger Templersitz bezeichnet, indem man von dem hohen Alter dieses Gebäudes, seiner eigentümlichen Bauart, den drei Seitengängen mit zum Teil massigen, doch schönen Formen auf eine frühere Templerkirche schließen will."[1]

1 *Schüpferling, Michael: Der Tempelherren-Orden in Deutschland.*

Ph.D.diss. Freiburg im Üchtland. Bamberg 1915, S. 85.
Vgl. Wagner, Georg Wilhelm Justin: Templer-Orden: Die Kommende zu Dieburg. Die Kommende zu Erbach. Die Kommende zu Großenlinden. Die Kommende zu Heppenheim. Die Kommende zu Homberg a.d.Ohm. In: Die vormaligen geistlichen Stifte im Großherzogtum Hessen. Bd. 1: Provinzen Starkenburg und Oberhessen. Darmstadt 1873, S. 415-417.

38822 Groß-Quenstedt[1]

„Auch die erheblichen Besitzungen der Templer, in Groß-Quenstedt wurden 1306 an die Brüder Vrekeleben mit verkauft, wobei eine Hufe Land, der Zehnt von fünf Hufen, eine Mühle, ein Lehnsgut mit acht Hofstätten und drei Weidengebüsche mit einer Wiese aufgeführt wurden.
Noch in einer Urkunde vom 18.06.1310 wurde ein Gut der Templer in Groß-Quenstedt erwähnt. Bischof Albert von Halberstadt bestätigt in der Urkunde die Schenkung eines neben dem Tempelhof in Groß-Quenstedt gelegenen Gutes.
Der Ritter Konrad von Quenstedt hatte es, dem großen Siechenhof vor Halberstadt geschenkt, damit die Unterhaltskosten seiner dort lebenden ‚krüppelhaften Tochter' gedeckt werden sollten.[2]
Mit dem Verkauf der Mühle von Groß-Quenstedt am 29.06.1329 durch die Brüder Vrekleben, gelangte ehemaliger Templerbesitz in den Bestand des großen Siechenhauses vor Halberstadt.[3]
Weiteres Templereigentum, so der Zehnt von 4 1/2 Hufen Land und fünf Zehnthühner, veräußerten die Brüder Vrekleben am 29.06.1329 an das Kloster Johannes Baptist und St. Johannes Evangelist unter den Mauern von Halberstadt."[4]

1 *Siehe Urkunde Nr. 87.*
2 *Siehe Urkunde Nr. 109.*
3 *Siehe Urkunde Nr. 142.*
4 *Lehmann, Gunther/Patzner, Christian: Die Templer in Mitteldeutschland. Erfurt 2004, S. 51. Siehe Urkunde Nr. 139. In einer Urkunde aus 1347 findet das Templergut in Groß-Quenstedt letztmalig Erwähung. Siehe Urkunde Nr. 148.*

67745 Grumbach

„Ebenfalls zum Mainzer Sprengel gehörte das Schloß und Städtchen Grumbach in dem neu erworbenen Fürstenthum Lichtenbert des Reg.-Bezirks Trier. Es ist dasselbe mit unzureichenden Gründen zu einem Tempelherren-Sitze gemacht worden, tritt jedoch in eine Beziehung zu den Tempelherren, die entscheidend zu nennen ist für das mildere Schicksal, welches in Deutschland diesem Orden zu Theil ward."[1]

„Hugo Wallgraff: Graf; Visitator des Templerordens in Deutschland mit Sitz in Grumbach bei Meisenheim; der drang, nach der Verhaftung vieler Templer in Deutschland (Mai 1308), mit zwanzig schwerbewaffneten Brüdern in die Synode von Mainz ein, versetzte die anwesenden Prälaten in großen Schrecken und versuchte den dort Versammelten, die Unschuld des Ordens und der Ordensbrüder klarzumachen."[2]

„Ob der Wildgraf Hugo, der mit 20 Templen auf dem Konzil [in Mainz, Anm. d. Verf.] den Orden verteidigt haben soll - wenn dem Bericht des Jakob von Mainz überhaupt Glauben geschenkt werden kann -, mit dem Domherrn Hugo, Friedrichs [gemeint ist Fredericus Silvester, Meister des Templerordens in Deutschland, Anm. d. Verf.] Bruder, identisch ist, ist nicht zu entscheiden. Der Domherr Hugo übergab seinem Templerbruder Friedrich am 12. Juni 1288 seine ererbten Güter in Gernsheim und Kirchheim für das Templerhaus Seve ..."[3]

1 *Ledebur, Leopold von: Die Tempelherren und ihre Besitzungen im Preußischen Staate. Ein Beitrag zur Geschichte und Statistik des Ordens. In: Allgemeines Archiv für die Geschichtskunde des Preußischen Staates. 16, 1835, S. 97-120, S. 242-268, S. 289-336, hier S. 101f.*

2 *Wolf, Dieter H.: Internationales Templerlexikon. Innsbruck 2003, S. 155.*

3 *Bulst-Thiele, Marie-Luise: Sacrae Domus Militiae Templi Hierosolymitani Magistri. Untersuchungen zur Geschichte des Templerordens 1118/19-1314. (=Abhandlungen der Akademie der Wissenschaften in Göttingen. Philologisch-Historische Klasse. Dritte Folge Nr. 86). Göttingen 1974, S. 374, Anm. 25.*

31020 Hagen

In Hagen sollen die Templer einen zur Komturei Braunschweig gehörenden Hof besessen haben. Um 1200 gab es dort eine St. Matthäus Kapelle. In mehreren Veröffentlichungen wird hierauf ohne Belege oder Urkunden hingewiesen.

52076 Hahn[1]

1 *Der Templerorden soll hier über Einkünfte verfügt haben, die dem Templerhaus in Aachen zu Gute kamen. Hierfür finden sich keinerlei Belege. Erwähung findet der Ort nur bei Alpen, van: Die Tempelherren in Aachen. In: Franz Ahn: Jahrbuch für den Regierungsbezirk Aachen 1824. S. 128-139, hier S. 134.*

94353 Haibach[1]

1 *In Haibach befindet sich ein sicherlich aus dem Mittelalter stammendes Gehöft mit der Bezeichnung ‚Tempelhof'. Ob es sich um einen ehemaligen Besitz des Templerordens handelt, ist ungewiss.*

38820 Halberstadt

„So schenkte 1220 und 1227 der schlesische Piastenherzog Heinrich I. den Templern die unweit Breslau gelegene Burg Oelsnitz mit dem Gut Kleinöls, das zur stärksten Ordenskommende Schlesiens ausgebaut wurde. Das Mutterhaus von Kleinöls war und blieb jedoch Braunschweig. Die in gerader Linie dorthin führenden Etappenstationen waren Görlitz, Mühlberg und Halberstadt."[1]

„Der Ausgangspunkt war Braunschweig, wo 1129, also kurz nach der Gründung des Ordens, Kaiser Lothar; Herzog von Sachsen, seinen erblichen Besitz, die Grafschaft Suplinburg (Süpplingburg) mit Schloß,

Kirche, Dörfern und Ländereien dem Templerorden schenkte, so daß schon 1131 der Ordenshof Suplinburg Tempel-Achim (bei Helmstedt) als erster Templersitz in Deutschland gegründet werden konnte, wo auch der Großpräzeptor ‚per Alimaniam et Slaviam' residierte. Innerhalb von zwei Jahrzehnten dürfte auch der urkundlich genannte Tempelhof in der Stadt Braunschweig, die dortige Komturei, entstanden sein, die auf dem Gelände des heutigen Schlosses lag und auf eine Schenkung des jungen Herzoges Heinrich des Löwen zurückgehen dürfte. Auch die templerischen Niederlassungen in Loccum, Hildesheim und Halberstadt können, wie sich aus ihrer Lage ergibt, nur zur gleichen Zeit oder kurz danach gegründet worden sein. Deshalb, weil diese Templersitze eine etwa 300 km lang von Norden nach Südosten verlaufende geschlossene Linie erkennen lassen, die zur Absicherung der alten Kaiserstadt Goslar gegen die ständige wendisch-slavische Bedrohung geschaffen wurde."[2]

„Diese Stadt besaß die wahrscheinlich älteste Kommende des Templerordens in Mitteldeutschland. Zu Anfang des 13. Jh. hatten die Templer das Haus des Hl. Burchard vom Bischof Konrad erhalten.[3] Wie so oft erfahren wir aus beurkundeten Besitzveränderungen von den wirklichen Niederlassungen der Templer in der Stadt. So geht aus einer von Bischof Konrad ausgestellten Urkunde des Jahres 1208 hervor, dass es zum Tausch zwischen den Niederlassungen der Zisterzienserinnen und der Templer in Halberstadt kam. Den Zisterzienserinnen waren, als sie 1206 in die Diözese des Bischofs Konrad von Halberstadt eingeführt wurden, das Kloster und die Kirche bei St. Jacobus und der zum Komplex gehörende Wohntrakt (ein ehem. Hospital). Da sie am Osttor der Stadt lagen und dort entsprechend reger Verkehr herrschte, wurde dieser Ort als unpassend für die Unterbringung der Nonnen angesehen. Bei der Beschreibung der zu tauschenden Niederlassungen der Templer wird das Haus des Hl. Burchard als bei der Kirche St. Thomas vor den Stadtmauern beschrieben.[4] Am Platz der heutigen Burchardikirche stand die St. Thomas Kapelle, in der die Gebeine des Bischofs Burchard I. lagen, die sein Amtsnachfolger Burchard II. 1060 vom Dom hatte umbetten lassen.

Die heutige St. Burchardi-Klosterkirche, eine spätromanische Basilika, hatte leider nicht den Templern zur Zeit Ihrer Ortsansässigkeit gedient, da mit dem Bau erst nach dem Besitzwechsel durch die Veranlassung des Probstes Goswin im Jahre 1214 begonnen wurde. Auf Grund des Ortswechsels kam es zwischen den Zisterzienserinnen und den Templern zum Streit um einige Ländereien. Die besagten Ländereien mit einer Hufe auf dem Langensteiner Felde, einer halben Hufe zu Neindorf und einer Wiese an dem Flüßchen Holzemme (Holtemme) sollten den Nonnen des Zisterzienserklosters bleiben. Der Templerorden sollte allerdings zur Entschädigung 20 Mark erhalten. Doch die Streitigkeiten fanden kein Ende, da Goswin, der Probst des Nonnenklosters, die Templer beschuldigte, beim Umzug einige kirchliche und weltliche Dinge (Gerätschaften, Bücher und Urkunden) mitgenommen und verborgen zu haben.

Wie nicht anders zu erwarten, stritten die Templer die Anschuldigungen aufs heftigste ab. Darauf enschied man sich mangels an Beweisen zu einem damals nicht unüblichen Gottesurteil in Form einer Feuerprobe. Hierbei ist allerdings merkwürdig, daß nicht die Beschuldigten zum Beweis ihrer Unschuld die Probe erbringen mußten, sondern der Probst Goswin als Ankläger sogar bereitwillig am 14.07.1214 glühende Eisen vom Altar des Heiligen Stephan durch das Kirchenschiff des Doms zum Marienaltar trug. Natürlich geschah ihm wie durch ein Wunder nichts, und die Templer gestanden ihre Schuld ein.[5]...

Am 26.04.1306 kam es zum Verkauf des Tempelhofes in Halberstadt durch den Präzeptor Friedrich von Alvensleben, wie uns eine Urkunde bestätigt.[6]

... Die Brüder Vrekeleben verkaufen ihrerseits den Hof der Templer (neben dem Breiten Tor) in Halberstadt am 28.05.1337 an den Domkämmerer Themo, den Dekan Albrecht zu Unserer Lieben Frauen und den Kanonikus Johann von Gitterfeld U.L. Frauen. In diesem Kaufvertrag waren ebenfalls einige Besitzungen um Halberstadt ... enthalten.[7]

Der Dekan Albrecht zu U.L.Frauen vermachte am 25.01.1342 seinen Anteil am erworbenen Templergut der Kirche St. Maria. Er bestimmte aus dem Ertrag die Abgabe von jährlich sechs Talenten Pfennige. Davon sollten am Feste der heiligen Mutter Anna zwei Talente an die Kannoniker und Vikare von St. Maria gehen und bei den Seelenmessen an den Gedächtnistagen der Wohltäter und dem Jahrestag des Stifters zwei weitere Talente unter den Anwesenden verteilt werden.[8]

In einer Urkunde vom 04.04.1361 erklärt die Stadt Halberstadt die Freiheit des Templerhofes, der Eigentum des Stiftes U.L.Frauen ist und die des anderen Tempelhofes, der dem Domkapitel gehört [9]

Am 26.01.1442[10] gab das Stift U.L. Frauen, den Tempelhof am Breiten Tor, einem Heinrich Engelbrecht und seiner Frau Hann in Erbzins. Da der Hof in den Unterlagen als ‚großer Tempelhof' bezeichnet wurde, ist anzunehmen, daß dieser durch zwei Drittel des ehemaligen gesamten Tempelhofes gebildet wurde. Daß zwei ‚Tempelhöfe' existiert hatten, von denen der eine dem Stift U.L.Frauen gehörte und der andere dem Domkapitel, haben wir bereits aus der Urkunde vom 04.04.1361 erfahren! Es ist also anzunehmen, daß neben dem Drittel des Dekans Albrecht auch das Drittel des Kanonikus Johann von Gitterfeld an das Stift U.L.Frauen kam.

Der ‚andere Tempelhof' ist demnach das eine Drittel des Domkapitels, das der Domkämmerer Themo erworben hatte.

Zum letzten Mal wurde der Tempelhof am 05.10.1467[11] in einer Urkunde genannt. Darin hatte der Bischof Gerhard zwischen der Stadt Halberstadt und der Kirche vermittelt. Dabei wurde vom einem Drittel des Domkapitels, dem ‚anderen Templerhof' gesprochen."[12]

1 *Sawall, Edmund: Der Tempelritterorden in Deutschland. Versuch einer Bestandsaufnahme. In: Non nobis. Heft 38, 2000, S. 14-19, hier S. 15. Siehe Urkunde Nr. 110.*

2 *ebenda.*

3 *Siehe Urkunde Nr. 4.*

4 *Siehe Urkunde Nr. 5.*

5 *Siehe Urkunde Nr. 8.*

6 *Siehe Urkunde Nr. 87.*

7 *Siehe Urkunde Nr. 144. Ledebur teilt hierzu mit: „Nicht lange blieben letztere [gemeint sind die neuen Eigentümer, Anm. d. Verf.] in dem Besitze dieser Güter, die sie einzeln verkauften. So verkauften die Brüder Ulrich Cantor von Naumburg und Ritter Heinrich von Vrekleben am 26. März 1323 dem Kloster St. Johannis Bapt. et Evangel. bei Halberstadt eine Hufe Landes zu Unter-Ronstedt und den Zehnten von 4 1/2 Hufen zu Groß-Quenstedt nebst 5 Zehnthühnern; [siehe Urkunde Nr. 139, Anm. d. Verf.] desgl. am 25sten Aug. 1327 [siehe Urkunde Nr. 141,*

Anm. d. Verf.] dem Domkapitel zu Halberstadt den früher diesem schon gehörigen Zehnten von 20 Hufen bei Niendorp und der Cantor Ulrich fügte noch das von den Tempelherren erhaltene Eingenthumsrecht als Geschenk hinzu." Ledebur, Leopold von: Die Tempelherren und ihre Besitzungen im Preußischen Staate. Ein Beitrag zur Geschichte und Statistik des Ordens. In: Allgemeines Archiv für die Geschichtskunde des Preußischen Staates. 16, 1835, S. 97-120, S. 242-268, S. 289-336, hier S. 258-261.

8 *Siehe Urkunde Nr. 146.*

9 *Siehe Urkunde Nr. 150.*

10 *Siehe Urkunden Nr. 153 und 154.*

11 *Siehe Urkunde Nr. 155.*

12 *Lehman, Gunther/Patzner, Christian: Die Templer in Mitteldeutschland. Erfurt 2004, S. 44ff. Vgl. hierzu: Schüpferling, Michael: Der Tempelherren-Orden in Deutschland. Freiburg 1915, S. 93ff. Noch viele Jahre nach Aufhebung des Templerordens findet der Hof der Templer in Halberstadt Erwähnung in Namensbezeichnungen. Ein Ulrich vom Tempelhof findet sich in einer Urkunde aus dem Jahre 1329. Siehe Schmidt, Gustav: Urkundenbuch des Hochstifts Halberstadt und seiner Bischöfe. 3. Teil, Halberstadt 1887, Nr. 2216, S. 326. Ein Hans vom Tempelhofe findet Erwähnung in einer Urkunde vom 7. September 1361. Ebenda Nr. 2606, S. 663.*

Zur Baugeschichte der Klosterkirche vgl. Berger, Georg: Zur Baugeschichte der Zisterzienserinnenkirche St. Burchardi in Halberstadt. In: Wissenschaftliche Zeitschrift der Martin-Luther-Universität Halle-Wittenberg. 12, 1963, Heft 9/10, S. 71-78.

53578 Hallerbach[1]

1 *Nach Schäfer hatte die Komturei Hönningen in Hallerbach Besitzungen. Dies ist jedoch urkundlich nicht belegbar. Vgl. Schäfer, J.: Tempelgüter. In: Heimatkalender für den Kreis Neuwied 1960. S. 70-74, hier S. 73f.*

54611 Hallschlag

„Nach dieser quellenmäßigen Auseinandersetzung muß alles in das Reich der Fabel verwiesen werden, was in der Pfarrei Cronenburg und ihrer Umgebung von ‚Tempelherren' und dergl. erzählt wird. Die Templer...verfolgten im Ganzen denselben Zweck wie die Johanniter, wurden aber bereits 1311 aufgehoben, womit sie aus der Geschichte verschwinden; daß also ‚Tempelherren' in Cronenburg, Hallschlag, Scheid usw. gestanden, ist eine Unmöglichkeit."[1]

1 *Becker, Johannes: Geschichte der Pfarreien des Dekanates Blankenheim. (=Geschichte der Pfarreien der Erzdiöcese Köln. Hrsg. v. Karl Theodor Dumont, Bd.4). Köln 1893, S. 319.*

31785 Hameln

„Dagegen wollen wir einer Reihenfolge von Urkunden gedenken, die einem Copiarium des Klosters Marienfeld entnommen sind, und die beweisen, daß in dem Mindenschen Sprengel, und zwar zu Hameln, Tempelherren ihren Sitz gehabt haben. Zuerst leisten nämlich am 25. März 1311 die Ritter Hartmann v.d. Mölen und Wasmod v. Hastenbeck, so wie der Knappe Hugo Post, für sich und ihre Angehörigen Verzicht auf alle Ansprüche an 3 1/2 Hufen, welche die von Emberen einst von den Tempelherren gekauft und jetzt wieder an das Kloster Marienfeld verkauft haben. Demnächst verkauften am folgenden Tage die Gebrüder v. Emberen Bürger zu Hameln dem gedachten Kloster für die Summe von 262 Talenten Pfennige jene 3 1/2 Hufen Landes auf dem Harthemer Felde bei Hameln, welche ihr verstorbener Vater und Vatersbruder für eine gewisse Summe nebst einigen andern Gütern und einem Hofe bei Hameln von den Tempelherren gekauft haben, nebst allen zu diesen Hufen gehörigen Rechten und Zubehörungen, einem Antheil an der gemeinsamen Mark, Echtwort genannt, unter der Verpflichtung der Wiedererstattung dieser Summe, wenn die gedachten Tempelherren diese Güter wieder zu erwerben Willens seien. In diesen Verkauf willigten ferner am 26. März 1311 der Dechant Johann und das Kapitel der Kirche zu Hameln, so wie selbst noch am 2. Sept. 1344 die Knappen Johann und Friedrich Gebrüder Post aller Ansprüche auf die von ihren Oheimen, den Gebrüdern v. Emberne, an das Kloster Marienfeld verkauften Güter verzichteten."[1]

1 *Ledebur, Leopold von: Die Tempelherren und ihre Besitzungen im Preußischen Staate. Ein Beitrag zur Geschichte und Statistik des Ordens. In: Allgemeines Archiv für die Geschichtskunde des Preußischen Staates. 16, 1835, S. 97-120, S. 242-268, S. 289-336, hier S. 118f.*
Vgl. Schüpferling, Michael: Der Tempelherren-Orden in Deutschland. Ph.D.diss. Freiburg im Üchtland. Bamberg 1915, S. 86f.
Siehe Urkunden Nr. 119 und 120.

67580 Hamm am Rhein[1]

„Dem Orden gehörten damals unter anderem der Hof Iben, reiches Grundeigentum in den Gemarkungen Osthofen, Schornsheim und Hamm, sowie ein großer burgähnlicher Hof in Mainz, in dem sich wahrscheinlich der Komtur, Wild- und Rheingraf Friedrich auf Grumbach bei Meisenheim, aufhielt. Den Hof selbst verwalteten ein Mainzer Tempelritter und dessen Angehörige."[1]

1 *Gerlich, Alois: Der Tempelhof zu Mainz. In: Mainzer Almanach. 1960, S. 159-166, hier S. 160.*
Siehe Urkunden Nr. 134 und 140.

38829 Harsleben[1]

1 *Siehe Urkunde Nr. 87.*

38110 Harxbüttel[1]

1 *In Harxbüttel sollen die Templer Besitz gehabt haben. Die einzige Nachricht dazu findet sich bei Hahne, Otto: Ordensritterburgen und Adelssitze am Elm. In: Vaterländische Geschichten und Denkwürdigkeiten der Länder Braunschweig und Hannover. Bd. 1, Braunschweig 1925, S. 233.*

52396 Hausen[1]

1 *Der Templerorden soll hier über Einkünfte verfügt haben, die dem Templerhaus in Aachen zu Gute kamen. Hierfür finden sich keinerlei Belege. Erwähung findet der Ort nur bei Alpen, van: Die Tempelherren in Aachen. In: Franz Ahn: Jahrbuch für den Regierungsbezirk Aachen 1824. S. 128-139, hier S. 134.*

55779 Heimbach

„So bekennt am 27. Oct. 1317 Ritter Johann Boes Weinberg-Güter zu Ober- und Nieder-Heimbach (unterhalb Bingen im Reg. Bez. Koblenz) von dem Johanniter-Ordenscommenthur zu Mainz zu Erblehen empfangen zu haben, und erwähnt hierbei, daß die Güter vormals dem Tempelorden gehört haben, von dem Papste Clemens V jedoch auf dem Concilium zu Vienne den Johannitern geschenkt worden seien."[1]

1 *Ledebur, Leopold von: Die Tempelherren und ihre Besitzungen im Preußischen Staate. Ein Beitrag zur Geschichte und Statistik des Ordens. In: Allgemeines Archiv für die Geschichtskunde des Preußischen Staates. 16, 1835, S. 97-120, S. 242-268, S. 289-336, hier S. 101.*

15518 Heinersdorf[1]

1 *Vgl. Schwarz, E.: Die Templer in der Mark Brandenburg. In: Monatsblätter des Touristenklub für die Mark Brandenburg. Berlin 1902, S. 37-40.*
Siehe Urkunden Nr. 22 und 24.

37351 Helmsdorf

„Im Braunschweigischen überträgt 1283 Graf Albert von Gleichen dem Orden das Patronatsrecht zu Helmeldesdorff und die Ortschaft Wolerameshusen."[1]

1 *Widmer, Georg: Über die Verbreitung und den Untergang des Templerordens in Deutschland und Österreich. In: Jahresbericht der kaiserlich-königlichen Zweiten Deutschen Staats-Realschule in Prag-Kleinseite. 26, 1909, S. 3-17, hier S. 5.*
Die beiden Orte Helmsdorf und Wolkramshausen stehen offenbar in einem Zusammenhang. Luftlinie liegen die Orte 30 km von einander entfernt. Nur 1 km westlich von Helmsdorf liegt die Wolkramshäuser Mühle.

38350 Helmstedt[1]

1 *In Helmstedt soll ein Haus der Templer gewesen sein. Die einzige Nachricht dazu findet sich bei Hahne, Otto: Ordensritterburgen und Adelssitze am Elm. In: Vaterländische Geschichten und Denkwürdigkeiten der Länder Braunschweig und Hannover. Bd. 1, Braunschweig 1925, S. 233.*

41844 Helpenstein

„Alte Dokumente, welche noch existieren, weisen nach, daß zu Helpenstein das erwähnte Ordenshaus der Tempeler gestanden hat, so auch eine Aufzeichnung, welche die letzen Ritter des Ordenshauses namentlich nachweist und Kunde über das Schicksal derselben nach der Aufhebung des Ordens gibt."[1]

1 *Heiden, Franz: Die Ordensburg der Tempelritter zu Helpenstein und die Ritterburg bei Tüschenbroich. In: Erkelenzer Kreisblatt 1864, Nr. 89, 91, 93, hier Nr. 89.*
Vermutungen zu einem Templerhaus in Helpenstein bei Wegberg finden sich auch bei Knapp, Wolfgang: Auf den Spuren eines weiteren Templerhauses am Niederrhein !?! (=Heft 13 der Aufsatzreihe des Templerarchivs). Düsseldorf 1995, Eigendruck.

31020 Hemmendorf[1]

1 *Siehe erstes Zitat unter Quanthof.*

69502 Hemsbach

„Dennoch ist es erstaunlich, in der Umgebung auf weitere ‚Templerhäuser' zu stoßen: Die ehemalige Johanniter-Niederlassung in Neckarelz wird bereits seit dem 16. Jahrhundert als ‚Templerhaus' bezeichnet. In Klein-Wallstadt haben sich neben der Kirche Reste eines ‚Templerhauses' in Gestalt der Giebelwand eines frühgotischen Steinhauses (kein Wohnturm) erhalten. Nach der Volkssage bestanden ‚Tempelhöfe' in Kälberau und auf Burg Alzenau. Auch eines der alten Häuser in der Weinheimer Judengasse wurde noch im 19. Jahrhundert als ‚Templerhaus' bezeichnet. Schließlich wollte man in den Templern sogar die Bauherren der Burg Hemsbach (vermutlich des heute noch erhaltenen ‚Ritterhauses') erkennen. Auch ein gotisches Steinhaus in Bretten nannte der Volksmund ‚Templerhaus'. Die ‚Templerhäuser' sind indessen nicht auf den Odenwald beschränkt, auch erhaltene mittelalterliche Steinhäuser in Hildesheim und Boppard tragen diesen Namen."[1]

1 *Steinmetz, Thomas: Spätmittelalterliche Wohntürme im Odenwaldraum. In: Der Odenwald. 41, 1994, Heft 3, S. 87-102, hier S. 100.*

Henisheim (nicht zu lokalisieren)

Siehe Urkunde Nr. 2.

64646 Heppenheim (Bergstraße)[1]

1 *Vgl. Wagner, Georg Wilhelm Justin: Templer-Orden: Die Kommende zu Dieburg. Die Kommende zu Erbach. Die Kommende zu Großenlinden. Die Kommende zu Heppenheim. Die Kommende zu Homberg a.d. Ohm. In: Die vormaligen geistlichen Stifte im Großherzogtum Hessen. Bd. 1: Provinzen Starkenburg und Oberhessen. Darmstadt 1873, S. 415-417, hier S. 416. Ein Beleg oder Urkunden für eine Anwesenheit der Templer in Heppenheim wird nicht angeführt. Vgl. auch Schüpferling, Michael: Der Tempelherren-Orden in Deutschland. Ph.D.diss. Freiburg im Üchtland. Bamberg 1915, S. 43. Auch hier werden weder Belege noch Urkunden angeführt.*

58313 Herdecke

„Ferner hat in Kniringen (sic) bei Jülich vor 1300 eine Templerkommende bestanden, deren Besitz später an den Johanniterorden fiel. Andere Kommenden, wie Neuß und Herdecke (Ruhr), sind fraglich."[1]

„Herdecke a.d. Ruhr, südlich von Dortmund, will man zu einem Templersitze stempeln aufgrund einer bloßen Benennung ‚Templergarten'."[2]

1 *Haas, Robert: Die Kreuzzugsbewegung und die Ritterorden im Erzbistum Köln während des 13. Jahrhunderts. In: Geschichte und Kunst im Erzbistum Köln. Festschrift für Wilhelm Neuss (=Studien zur Kölner Kirchengeschichte. 5) Düsseldorf 1960, S. 96-101, hier S. 97.*

2 *Schüpferling, Michael: Der Tempelherren-Orden in Deutschland. Ph.D.diss. Freiburg im Üchtland. Bamberg 1915, S. 83.*

91074 Herzogenaurach

„Viel umstritten ist die Frage, ob in Bamberg eine Templerniederlassung bestanden habe; die Orte Herzogenaurach, Forchheim, Wachenroth, Höchstädt und Thurnau in der Diözese Bamberg haben vollständig auszuscheiden."[1]

1 *Hirschmann: Die Tempelherren in Deutschland. In: Historisch-politische Blätter für das katholische Deutschland. 159, 1917, S. 131-135, hier S. 132.*

86633 Hessellohe

„Zu den frühesten Niederlassungen der Tempelherren im südlichen Deutschland gehört unstreitig Mosbrunnen, späterhin Morizbrunn genannt, in der Nähe der ehrwürdigen Bischofsstadt Eichstätt gelegen. Auch im benachbarten Meilenhofen und Pietenfeld, Hessenlohe und Leisacker lagen Güter der Templer."[1]

1 *Hirschmann: Die Tempelherren in Deutschland. In: Historisch-politische Blätter für das katholische Deutschland. 159, 1917, S. 131-135, hier S. 132f. Siehe Urkunde Nr. 132.*

31134 Hildesheim

„Der Ausgangspunkt war Braunschweig, wo 1129, also kurz nach der Gründung des Ordens, Kaiser Lothar; Herzog von Sachsen, seinen erblichen Besitz, die Grafschaft Suplinburg (Süpplingburg) mit Schloß, Kirche, Dörfern und Ländereien dem Tempelherrenorden schenkte, so daß schon 1131 der Ordenshof Suplinburg Tempel-Achim (bei Helmstedt) als erster Templerbesitz in Deutschland gegründet werden konnte, wo auch der erste Großpräzeptor ‚per Alimaniam et Slaviam' residierte. Innerhalb von zwei Jahrzehnten dürfte auch der urkundlich genannte Tempelhof in der Stadt Braunschweig, die dortige Komturei, entstanden sein, die auf dem Gelände des heutigen Schlosses lag und auf eine Schenkung des jungen Herzogs Heinrich des Löwen zurückgehen dürfte. Auch die templerischen Niederlassungen in Loccum, Hildesheim und Halberstadt können, wie sich aus ihrer Lage ergibt, nur zur gleichen Zeit oder kurz danach gegründet worden sein. Deshalb, weil diese Templersitze eine etwa 300 km lang von Norden nach Südosten verlaufende geschlossene Linie erkennen lassen, die zur Absicherung der alten Kaiserstadt Goslar gegen die ständige wendisch-slawische Bedrohung geschaffen wurde."[1]

„Dennoch ist es erstaunlich, in der Umgebung auf weitere ‚Templerhäuser' zu stoßen: Die ehemalige Johanniter-Niederlassung in Neckarelz wird bereits seit dem 16. Jahrhundert als ‚Templerhaus' bezeichnet. In Klein-Wallstadt haben sich neben der Kirche Reste eines ‚Templerhauses' in Gestalt der Giebelwand eines frühgotischen Steinhauses (kein Wohnturm) erhalten. Nach der Volkssage bestanden ‚Tempelhöfe' in Kälberau und auf Burg Alzenau. Auch eines der alten Häuser in der Weinheimer Judengasse wurde noch im 19. Jahrhundert als ‚Templerhaus' bezeichnet. Schließlich wollte man in den Templern sogar die Bauherren der Burg Hemsbach (vermutlich des heute noch erhaltenen ‚Ritterhauses') erkennen. Auch ein gotisches Steinhaus in Bretten nannte der Volksmund ‚Templerhaus'. Die ‚Templerhäuser' sind indessen nicht auf den Odenwald beschränkt, auch erhaltene mittelalterliche Steinhäuser in Hildesheim und Boppard tragen diesen Namen."[2]

1 *Sawall, Edmund: Der Tempelritterorden in Deutschland. Versuch einer Bestandsaufnahme. In: Non nobis. 38, 2000, S. 14-19, hier S. 15.*

2 *Steinmetz, Thomas: Spätmittelalterliche Wohntürme im Odenwaldraum. In: Der Odenwald. 41, 1994, Heft 3, S. 87-102, hier S. 100.*
Vgl. Wilcke, Ferdinand: Geschichte des Ordens der Tempelherren. 2 Bde. Halle 1860, S. 34, teilt mit, daß in Hildesheim eine Kommende gewesen sei. Belege oder Urkunden nennt er nicht. Auch andere Autoren gehen von einer Templerniederlassung in Hildesheim aus. So z. B. Havemann, Wilhelm: Geschichte des Ausgangs des Tempelherrenordens. Stuttgart, Tübingen 1846, S. 161. Kluncker, Karlhans: Die Templer: Geschichte und Geheimnis. In: Zeitschrift für Religions- und Geistesgeschichte. 41, 1989, S. 215-247, hier S. 229 und Falkenstein, Karl: Geschichte des Tempelherren-Ordens. Dresden 1833, S. 140.

56154 Hirzenach

„Wann hier die erste Besiedlung stattfand, ist nicht bekannt. Urkundlich wird Hirzenach zuerst im Jahre 1099 erwähnt unter den Namen Hizenawe und Hirzenau. Beide Namen treten gleichzeitig auf. Über den Ursprung derselben ist näheres nicht bekannt. Gemeint ist mit diesem Namen der Ortsteil Oberhirzenach, da Niederhirzenach noch nicht bestand. Anschließend an diesen Ort zog sich am Rheine vorbei bis zur Gemarkung Tempusort oder Tempesort der kleine Ort Kirbelhausen. Ein Rest hiervon ist noch das Kurpfälzische Gerichtshaus, Tempesort oder Templerhaus genannt, in dem die Dingtage für Holzfeld oder Haißfelden, einer Filiale von Hirzenach, durch die Abtei Marienberg, der Holzfeld unterstand, abgehalten wurden.
Leider ist dieser älteste Zeuge der Geschichte Hirzenachs dem Verfall preisgegeben, wenn es nicht unter Denkmalschutz gestellt wird. Woher der Name Tempesort oder Templerort stammt ist nicht sicher. Sicher ist, daß die Templer in Rheinbay, Weiler, Holzfeld und Werlau begütert waren. Dicht bei Rheinbay in der Richtung Weiler stehen die Mauerreste der früheren Burg Wiesenstein, vielleicht das alte Weißenberg, von welchem Konrad der Älteste von Schöneck 1367 den Titel führte. In einer Urkunde vom Jahre 1380, die Stiftung eines Altares zu Hirzenach betreffend, werden unter den dazu gewidmeten Fällen auch solche, die von der Burg Wiesenstein kommen, genannt. Die Sage erzählt, daß die Templer nach ihrer Ächtung längere Zeit sich in Wiesenstein verteidigten, daß sie aber überwältigt wurden und alle erschlagen wurden bis auf einen, dem es gelang, die Probstei zu erreichen und dort in Frieden sein Leben zu beschließen.
Der untere Teil des sogenannten Templerhauses ist noch ein Rest des ursprünglichen Baues und für die Anfänge rheinischer Baugeschichte von Bedeutung. Auf einem Pfosten im Innern steht die Jahreszahl 1632. Vermutlich wurde das Haus in dieser Zeit einem Umbau unterzogen, so daß also die oberen Fachwerkstockwerke dieser Zeit ihre Entstehung verdanken."[1]

1 *Metzdorf, A.: Ein Idyll am Mittelrhein. In: Koblenzer Heimatblatt v. 26.4.1930.*

89420 Höchstädt

„Viel umstritten ist die Frage, ob in Bamberg eine Templerniederlassung bestanden habe; die Orte Herzogenaurach, Forchheim, Wachenroth, Höchstädt und Thurnau in der Diözese Bamberg haben vollständig auszuscheiden."[1]

1 *Hirschmann: Die Tempelherren in Deutschland. In: Historisch-politische Blätter für das katholische Deutschland. 159, 1917, S. 131-135, hier S. 132.*
Vgl. Schüpferling, Michael: Der Tempelherren-Orden in Deutschland. Ph.D.diss. Freiburg im Üchtland. Bamberg 1915, S. 54.

53506 Hönningen

„Im Jahre 1275 wird Wilhelm IV. von Jülich (1219-78) in einer Urkunde der Templerkommende Hönnigen genannt. Da die rheinischen Templerniederlassungen fast alle in der ersten Hälfte des 13. Jh. entstanden sind (Niederbreisach 1227, Roth 1228, Trier 1228, Köln 1237, Hönningen 1252, Frankel 1275), kann man annehmen, daß Wilhelm IV. entweder allein oder mit den Herren von Nierstein und Hasenfeld die Gründung dieser Kommende maßgeblich beeinflußt hat, besonders wie sowohl sein Vater als auch seine Nachfolger den Ritterorden immer gewogen waren (Gründung der Deutschordenskommende Siersdorf, der Johanniterkommende Niedeggen u. a.)."[1]

„Auch am Rhein waren sie begütert. Am meisten bekannt sind ihre zwischen Bonn und Koblenz auf beiden Ufern des Rheins gelegenen Besitzungen zu Breisig und Hönningen."[2]

„Zum Trierischen Sprengel gehört auch noch das im Kreise Neuwied des Reg.-Bezirks Koblenz gelegene Hönningen, sonst Hoingen genannt. Am 5. Jan. 1252 bekennt Gerlach v. Ysenburg-Ahrenfels zu Gunsten der Tempelherren zu Hoyngen auf sein Lehnrecht an dem letzteren geschekten Weinberge in Bitwinesberch. Im Jahre 1289 finden wir den Bruder Gerlach v. Hammerstein als Meister des Templerhauses hierselbst genannt, aber schon am 16. Dez. 1317 in der päpstlichen Vollmacht für den Johanniter-Orden die ehemaligen Tempelgüter in Besitz zu nehmen einen Gerhard v. Hammerstein als Johanniter-Ordens-Commenthur hierselbst."[3]

„Auch in Trier selbst besaßen die Templer ein Haus, in Köln zwei; eine größere Kommende bestand in Niederbreisig am linken Rheinufer zwischen Neuwied und Bonn, ebenso in Hönningen am rechten Rheinufer, wo 1289 Gerlach von Hammerstein als Comthur tätig war."[4]

„Der älteste Ritterorden, der Templerorden, war hier [gemeint ist Köln, Anm. d. Verf.] allerdings nur durch eine vor 1220 entstandene, späterhin mit einem Haus zu Hönningen verbundene Kommende in Niederbreisig vertreten, die über weit verstreute Besitzungen - u. a. in Köln - verfügte und vielleicht auf eine Stiftung des auf dem fünften Kreuzzug vor Damiette verstorbenen Grafen Wilhelm III. von Jülich zurückging. Es war wohl nicht allein die Aufhebung des Ordens und der 1312 erfolgte Übergang seines Besitzes an die Johanniter, der für die dürftige Quellenlage verantwortlich ist. Vielmehr blieben die Templer im Westen Deutschlands, wo sie den Johannitern den zeitlichen Vortritt lassen mußten, schlichtweg unbedeutend."[5]

„Den vorhandenen Unterlagen folgend, scheint die Hönniger Niederlassung der Templer bereits vor 1225 bestanden zu haben. Sie könnte damit als eine der ältesten im früheren deutschen Reiche gelten. Nur wenige Templerhäuser, wie Metz, Bamberg und Straßburg, reichen mit Sicherheit in das 12. Jahrhundert zurück. Der erste Hinweis auf die hiesigen Templer findet sich aber nicht in einer Urkunde der Templer, sondern in einem Klosterurbar der großen Prämonstratenserabtei St. Pataleon in Köln. ... Im Urbar A des Klosters, das nicht nach 1225 geschrieben wurde, finden sich unter der Überschrift: ‚Über die Erinnerung an die Toten', Angaben über die Templer. Es heißt dort: ‚Folgende sind die Einlöser des Weinzinses zu Hoyngin: Die Herren von Rommersdorf 3 amas, der Hof von Herkinhelde (Arienheller) 17 Viertelmaß, die Gäste vom Tempel 8 Viertelmaß'. ... Das heißt also, daß die

Abtei den Höninger Templern Weingärten verpachtet hatte und dafür 8 Viertelmaß (1 Viertelmaß = ca. 40 Liter) Wein als Pachtpreis erhielt. Bei diesem Pachverhältnis sollte es noch sehr lange bleiben, denn die Verbindlichkeit der Tempelherren (bzw. deren Rechtsnachfolgern) zugunsten von St. Pantaleon wird auch noch in einer Urkunde aus dem Jahre 1335 erwähnt, als die Hönninger Güter der Pantaleonsabtei auf dem Tauschwege in die Verfügungmacht der Prämonstratenserabtei Rommersdorf gelangten... .

Nur kurze Zeit nach der Erwähnung in dem genannten Kölner Urbar, nämlich am 12. März 1227, schenkten der Kreuzfahrer Graf Heinrich von Sayn und seine Gemahlin Mechtilde sowie eine Witwe von Lois (Looz) – Ada mit Vornamen – dem Templerorden ihre ‚Rechte an den Gütern des Ritters von der Mühle (de Molandino), mit Ausnahme jener, die zum Gertrudenhof in Brole (Rheinbrohl) gehören, auf dessen Vogteirechte der Graf Heinrich nicht verzichten will (MRR II, 1748).' Dem Wappen der gesiegelten Urkunde nach, könnte die Gräfin Ada eine Sayner Tochter gewesen sein. Ob die drei Schenker durch Verwandschaft oder Vertrag Rechte an den Gütern des Ritters von der Mühle hatten, ist unbekannt. Im Jahre 1915 wurde der phil. Fakultät in Freiburg/Schweiz eine Dissertation vorgelegt mit dem Titel: ‚Der Templerherren-Orden in Deutschland'. Verfasser war der Pfarrer Michael Schüpferling aus Motschenbach. In dieser Arbeit ... werden die erwähnten Güter des Ritters von der Mühle irrigerweise nach Niederbreisig verlegt, offenbar in der Auffassung, daß es sich bei dem in der vorigen Urkunde genannten ‚Brole' um Brohl und nicht Rheinbrohl handelte. Wenn es auch keinen sicheren Beweis dafür gibt, so sprechen doch die Umstände sehr für die Annahme, daß der Hönninger Besitz des Ritters von der Mühle, nämlich eine Mühle und anderes Grundeigentum, durch die Schenkung ins Eigentum der Templer überging. Bis ins vorige Jahrhundert hinein bestand in Verbindung mit dem Templer- und späteren Johanniter- bzw. Malteserhof eine Mühle, die von einem Bach getrieben wurde, der in der Höhe des jetzigen Gemeindeweinkellers zum Rhein floß. Der Stauweiher dieses Mühlenbaches lag wohl auf dem jetzigen Bahngelände zwischen dem ‚Blauen Stein' und dem nördlichen Teil der Neustraße. Beweis für das frühe Vorhandensein von Mühle und Tempelhof mag eine Deutschherrenurkunde vom

25. März 1305 sein, in der die Vertragspartner von ihrem eigenen Land ‚gelegen an der Erkenbach, dem Hause der Tempelherrn gegenüber' die Rede haben. Da ein Erkenbach identisch ist mit einem Mühlenbach, kann man sich fragen, warum eigentlich nicht der Tempelhof das frühere Besitztum des Ritters von der Mühle gewesen sein sollte.

...

Unter dem 5. Januar 1272 überreichen Gerlach von Isenburg und dessen Gemahlin Elisabeth den Templern einen Schuldschein über 13 Mark Sterling. Gewissermaßen als Zinsen für das erhaltene Geld geben sie dem Orden dafür die Berechtigung, bis zur Rückzahlung der Summe in der Hönninger Gemarkung 400 Schafe – alt und jung – zu halten (MRR III, 2782 St. A. Ko. 55 c 2/2). Wie wenig Eile die Arenfelser es mit der Rückzahlung (oder die Templer mit der Rückforderung) der Schuld hatten, ergibt eine Urkunde (St. A. Ko. 55 c 2/3) vom 26. März 1306, als Johann von Arenfels und seine Gemahlin Katharina – die Nachkommen der genannten Gerlach – die gleiche Schuld und deren Rechtsfolgen gegenüber den Templern bestätigen. Zu den Zeugen dieser letztgenannten Urkunde zählen u. a. der Templergeistliche Theoderich, die (Templer) – Brüder Gerlach von Hersel und Konrad von Breisich sowie Dodo der Schultheiß von Hönningen.

Ein zur Commende Hönningen gehöriger Tempelherrenpriester Ritter Gottfried von Airsceit taucht auch auf in einer Urkunde vom 14. Februar 1296 (St. A. Ko. 96/495), als ein gewisser Friedrich Scudebudil nebst Frau und Kindern beim Hönninger Templerhaus auf seinen Prozeß mit dem Kloster Heminroth (Himmerod) wegen eines Weinberges in Kehrig (Kreis Mayen) verzichtete. Angesichts der auf der Persönlichkeit des hl. Bernhard von Clairvaux beruhenden engen Verbindung von Templern und Cisterciensern, mag die Annahme berechtigt sein, daß die Hönninger Templer den Verzicht angeregt hatten, den die genannte Urkunde zugunsten des von Erzbischof Albero gegründeten Klosters Himmerod festlegt. Albero war ein persönlicher Freund des Heiligen.

Als Meister (auch Commendator oder Comthur) der Commenden Hoyngen und Breisig wird 1289 ein Ritter Gerlach von Hammerstein genannt, der dieses Amt auch 1299 (MRR IV, 2845) noch bekleidet. 1303 wird ein Bruder von Blaw(u)stein als ‚commendater et rector domorum militie templi in Hoynken et Briske' bezeichnet, der also ebenfalls die Commenden in beiden Orten gemeinsam verwaltete, wie aus einem Kölner Schreinsbuch hervorgeht."[6]

1 *Bers, Günter: Die Geschichte der Johanniter-Kommende St. Johannes in Kiringen bei Jülich. In: Beiträge zur Jülicher Geschichte. Jülicher Heimatblätter. Mitteilungen des Jülicher Geschichtsvereins. 4, 1959, S. 6-18, hier S. 10.*

2 *Hennes, Johann Heinrich: Die Tempelherren in Mainz. In: Zeitschrift des Vereins zur Erforschung der Rheinischen Geschichte und Altertümer. 1, 1845, S. 98-104, hier S. 98.*

3 *Ledebur, Leopold von: Die Tempelherren und ihre Besitzungen im Preußischen Staate. Ein Beitrag zur Geschichte und Statistik des Ordens. In: Allgemeines Archiv für die Geschichtskunde des Preußischen Staates. 16, 1835, S. 97-120, S. 242-268, S. 289-336, hier S. 108f.*

4 *Hirschmann: Die Tempelherren in Deutschland. In: Historisch-politische Blätter für das katholische Deutschland. 159, 1917, S. 131-135, hier S. 132.*

5 *Hegel, Eduard (Hrsg.): Geschichte des Erzbistums Köln. Bd. 2 Janssen, Wilhelm: Das Erzbistum Köln im späten Mittelalter 1191-1515. Erster Teil. Köln 1995, S. 573.*

6 *Stadtverwaltung Bad Hönningen (Hrsg.): Bad Hönningen, Chronik einer jungen Stadt 1019-1969. Bad Hönningen 1969, S. 52ff.*

1289 war Gerlach von Hammerstein Meister des Templerhauses in Hönningen. Vgl. hierzu Goerz, Adam: Mittelrheinische Regesten. 4. Teil. Coblenz 1886, Nr. 1715, S. 386 und Ledebur wie unter Anm. 3, S. 108, ‚frater Gerlacus de Hamerstein magister domus militie Templi in Hoyngen. (Allgem. Archiv II. 321.).'
Am 9. März 1299 vidimiert Gerlach v. Hamerstein, Meister des Templerhauses in Hönningen eine Urkunde des Grafen Wilhelm v. Jülich (v. 29. November 1275). Vgl. hierzu Goerz, Adam: Mittelrheinische Regesten. 4. Teil. Coblenz 1886, Nr. 2845, S. 634.
Siehe Urkunde Nr. 131.
Vgl. auch Borchardt, Karl: The Templars in Central Europe. In: Zsolt Hunyadi/József Laszlovszky: The Crusaders and the Military Orders

expanding the medieval latin Christianity. Budapest 2001, S. 233-244, hier S. 236 und 239. Dronke, Ernst/Lassaulx, Johann Claudius von: Die Matthias-Kapelle auf der oberen Burg bei Kobern an der Mosel. Koblenz 1837, S. 31. Dronke/Lassaulx verweisen hierzu auf Joh. Voigt: Geschichte Preußens. II, S. 36 und 56. Michel, Fritz: Der Templerorden am Mittelrhein und die Templer zu Waldeck. In: Rheinische Heimatblätter. 1, 1924, S. 56ff, hier S. 56, nennt das Geschlecht der Grafen von Sayn und Isenburg als Gründer der Komturei Hönningen.
In Urkunde Nr. 63 wird als Zeuge ein Tempelherr genannt.
Siehe Urkunden Nr. 46 und 55.

56154 Holzfeld[1]

1 *Siehe erstes Zitat unter St. Goar und erstes Zitat unter Hirzenach.*

35315 Homberg (Ohm)

„Homberg a.d. Ohm, nordöstlich von Gießen: Die Tempelherren sollen das Schloß innegehabt haben, welcher Sitz aber nach Vertilgung des Ordens aufgehoben worden sei."[1]

1 *Schüpferling, Michael: Der Tempelherren-Orden in Deutschland. Ph.D.diss. Freiburg im Üchtland. Bamberg 1915, S. 85.*
Vgl. Wagner, Georg Wilhelm Justin: Templer-Orden: Die Kommende zu Dieburg. Die Kommende zu Erbach. Die Kommende zu Großenlinden. Die Kommende zu Heppenheim. Die Kommende zu Homberg a.d.Ohm. In: die vormaligen geistlichen Stifte im Großherzogtum Hessen. Bd. 1: Provinzen Starkenburg und Oberhessen. Darmstadt 1873, S. 415-417. Dersch, Wilhelm: Hessisches Klosterburch. Quellenkunde zur Geschichte der im Regierungsbezirk Cassel, der Prov. Oberhessen und dem Fürstentum Waldeck gegründeten Stifte, Klöster und Niederlassungen von geistlichen Genossenschaften. Marburg 1915, S. 86f.

56593 Horhausen (Westerwald)[1]

1 *Hier gibt es einen Tempelberg. Vgl. Schäfer, J.: Tempelgüter. In: Heimatkalender für den Kreis Neuwied 1960. S. 70-74, hier S. 74.*

39343 Hundisburg[1]

1 *Schüpferling, Michael: Der Tempelherren-Orden in Deutschland. Ph.D.diss. Freiburg im Üchtland. Bamberg 1915, S. 103, geht von Besitzungen in Hundisburg aus.*

55546 Iben

In der Literatur finden sich Hinweise, dass die älteste Erwähnung eines Hofes in Iben als Komturei der Templer im Jahr 1240 war. Das Gründungsjahr der Komturei war wohl früher und erfolgte durch die Raugrafen von Altenbaumburg, da nach der Auflösung des Ordens dieses Geschlecht Anspruch auf den Hof erhoben hat. Urkunden lassen sich allerdings nicht beibringen.

„Dem Orden gehörten damals unter anderem der Hof Iben, reiches Grundeigentum in den Gemarkungen Osthofen, Schornsheim und Hamm, sowie ein großer burgähnlicher Hof in Mainz, in dem wahrscheinlich der Komtur, Wild- und Rheingraf Friedrich auf Grumbach bei Meisenheim, aufhielt. Den Hof selbst verwalteten ein Mainzer Tempelritter und dessen Angehörige."[1]

1 *Gerlich, Alois: Der Tempelhof zu Mainz. In: Mainzer Almanach. 1960, S. 159-166, hier S. 160.*
Vgl. auch: Sartorius, Otto: Pfälzische Niederlassungen des Templerordens. In: Pfälzer Heimat. 8, 1957, S. 63f. Bumann-Fürfeld, J.: Hof Iben. In: Rheinhessen in seiner Vergangenheit. Eine Reihe heimatkundlicher Schriften. Hrgs. v. Gustav Behrens. Bd. 2 Der Südwesten Rheinhessens in der geschichtlichen Zeit. Mainz 1923, S. 50-54. Dehio, Georg: Hof Iben. Templerkirche zu Iben.

In: Handbuch der deutschen Kunstdenkmäler: Rheinland-Pfalz und Saarland. Bearb. v. Hans Caspary. München 1984, S. 393. Jung, Wilhelm: Die Kapelle auf dem Hofgut Iben/Rheinhessen. In: Lebendiges Rheinland-Pfalz. 15, Heft 4, 1978, S. 96-99. Roth, P.H.J.: Die ehemalige Templerkirche zu Iben. In: Cistercienser Chronik. Heft 1-2, 1991, S. 38f. Peters, F.: Die Burg-Kapelle zu Iben. Bonn 1869. Brucker, Hermann: Die Kapelle der ehemaligen Burg Iben. In: Nahe-Kalender. Jahrbuch des Kreises Bad Kreuznach 1989, S. 163ff. Hamann-MacLean, Richard: Die Burgkapelle von Iben. Beiträge zum Problem des Naumburger Meisters II. Festschrift für Wolfgang Fritz Volbach. 1966, S. 233-272. Marx, E.: Die Burgkapelle zu Iben in Rheinhessen. Darmstadt 1882. Roth Hermann Josef: Die ehemalige Templerkirche zu Iben. In: Cistercienser Chronik. Forum für Geschichte, Kunst, Literatur und Spiritualität des Mönchtums. 98, 1991, S. 38f. Zillien, Felix: Kapelle Hof Iben: Kleinod im Appelbachtal; Meisterwerk der Frühgotik. In: Heimat-Jahrbuch. Landkreis Alzey-Worms 2002, S. 25ff. Schmidt, Erich: Iben, eine ehemalige Templerkommende im Appeltal. In: Nordpfälzer Geschichtsblätter. Beiträge zur Heimatgeschichte. 82, 2002, S. 1-5. Plützer, Johann: Die ehemalige Templerkapelle auf Hof Iben bei Fürfeld: Finden der Baumaße. Mammendorf 2005. Linck, Klaus: Die Templer und Burg Iben im Appeltal. In: Nordpfälzer Geschichtsblätter. Beiträge zur Heimatgeschichte. 83, 2003, S. 31ff. Bickel, Wolfgang: Templerkapelle Iben. Baukunst und Spiritualität im Orden der Armen Ritter Christi. Worms 2008.
Siehe Urkunden Nr. 29, 134 und 140.

74673 Jagstberg

„Ingstberg im Fürstentum Hohenlohe. Da diese Burg zu rauh lag, verkauften sie die Templer gegen Ende des 13. Jahrhunderts an die Grafen von Hohenlohe[63].

63 Nach dem noch vorhandenen vierhundertjährigen Lagerbuche. – Vgl. Gottschalck Ritterburgen V.128."[1]

„Jagstberg, westlich von Bartenstein, Kommende? Die Tempelherren sollen dieses Schloß erbaut haben das dann nach Auflösung ihres Ordens an das Herzogtum Franken gefallen. Gottschalk, der dieser

Verbindung von Jagstberg mit den Templern Erwähung tut, führt zwar als Beleg hierfür ein 400 Jahre altes ‚Jagstberger Saal-, Amts- und Lehnbuch an, welches auch Wilcke nachschreibt, läßt aber die Sache im Großen und Ganzen unentschieden, indem er zu bedenken gibt, daß eine Urkunde vom Jahre 1266 eine Familie ‚von Jagstberg' kennt und im Jahre 1300 die Familie Hohenlohe-Brauneck als Besitzerin und Verkäuferin erwähnt wird. Die Templer kämen demnach für Jagstberg in Betracht entweder einige Zeit vor 1266 oder vor 1300; doch dürften sowohl für den ersteren wie für den letzteren Zeitraum die Templer auszuschließen sein, da die Hohenlohische Kirchen- und Reformations-Historie, die doch Jagstberg zu verschiedenen Malen in eingehender Weise behandelt, nicht bloß über eine Niederlassung oder Besitzung daselbst sich vollständig ausschweigt, sondern die Familie Hohenlohe bzw. deren Seitenlinie, die Herrn von Jagstberg, als ununterbrochene Besitzer erscheinen läßt, ganz abgesehen davon, daß der zweite Zeitraum ohnehin außer Frage kommen muß, da das erwähnte Lagerbuch von einer ‚Erbauung' dieses Schlosses durch die Templer reden soll."[2]

1 *Wilcke, Ferdinand: Die Geschichte des Ordens der Tempelherren. Wiesbaden 2005, nach der 2. Auflage von Halle 1860, S. 387.*
2 *Schüpferling, Michael: Der Tempelherren-Orden in Deutschland. Ph.D.diss. Freiburg im Üchtland. Bamberg 1915, S. 45ff.*

63755 Kälberau

„Dennoch ist es erstaunlich, in der Umgebung auf weitere ‚Templerhäuser' zu stoßen: Die ehemalige Johanniter-Niederlassung in Neckarelz wird bereits seit dem 16. Jahrhundert als ‚Templerhaus' bezeichnet. In Klein-Wallstadt haben sich neben der Kirche Reste eines ‚Templerhauses' in Gestalt der Giebelwand eines frühgotischen Steinhauses (kein Wohnturm) erhalten. Nach der Volkssage bestanden ‚Tempelhöfe' in Kälberau und auf Burg Alzenau. Auch eines der alten Häuser in der Weinheimer Judengasse wurde noch im 19. Jahrhundert als ‚Templerhaus' bezeichnet. Schließlich wollte man in den Templern sogar die

Bauherren der Burg Hemsbach (vermutlich des heute noch erhaltenen ‚Ritterhauses') erkennen. Auch ein gotisches Steinhaus in Bretten nannte der Volksmund ‚Templerhaus'. Die ‚Templerhäuser' sind indessen nicht auf den Odenwald beschränkt, auch erhaltene mittelalterliche Steinhäuser in Hildesheim und Boppard tragen diesen Namen."[1]

1 *Steinmetz, Thomas: Spätmittelalterliche Wohntürme im Odenwaldraum. In: Der Odenwald. 41, 1994, Heft 3, S. 87-102, hier S. 100.*

53577 Kalscheid

„Im Asbacher Lagerbuch 1715 wird in Kalscheid eine Templerwiese genannt. Bis zur Auflösung 1809 hatte die Deutsch-Ordenskommende Waldbreitbach in Kalscheid einen Hof von 43 Morgen. Dieser Kommende verkauften Werner Kaliche und seine Frau Friderune mit Zustimmung ihrer Tochter, der Begine Elisabeth, am 14. Mai 1324 eine Wiese in der Merenbach, gelegen oberhalb einer Wiese, die vormals dem Theoderich, genannt Crumbach, gehörte. Werner Kaliche und Frideruna halten sich zur Zeit des Verkaufs in Hönningen auf. Nun hat das Asbacher Land zwei Mehrbäche. Einmal den bei Ehrenstein in die Wied mündenden Mehrbach, dann den in der Wichfried-Urkunde von Oberpleis 948 als merbiechi, im Windhagener Lagerbuch als Mierenbach genannten Bach, der auf der Musser Heide entspringt und in den Pfaffenbach mündet. An beiden hatten die Herrn von Ütgenbach Besitz. Am ersteren neben Ehrenstein-Altenburg in Niedermühlen-Altenhofen, am letzteren die Prümer Güter in der Elsaff.

Zu den Ütgenbachern gehörten die Kalscheid. So wie Ütgenbach und Kalscheid unmittelbar nebeneinander liegen, so tauchen auch die Besitzungen der beiden Familien nebeneinander auf. Am Ütgenbacher Besitz in der Elsaff hatten die Kalscheid teil. Auch im Besitz um Kreuzberg an der Ahr sind sie beteiligt. Hier war Bertram von Nesselrode im Besitz des im Gericht von Creutzberg gelegenen Gutes Rymberg (Rimberg, Remberg), das ihm aus dem Besitz des Lutgart Stecke zukam und das vorher dem Roprecht von Calchem gehörte (Strange IX/16). Es war alter Ütgenbacher Besitz, den 1430 Adam von Ütgenbach und seine Frau Maria von Alfter als ihnen von ihren Eltern und Vorfahren überkommen bezeichneten. Auch hier handelte es ich um alten Prümer Besitz wie in der Elsaff. Die Kalscheid sind also ein Zweig der Ütgenbacher ebenso wie die von Ascheid. Der Vorname Rorich – Roprecht war in beiden Familien gebräuchlich.

Entscheidend für die Einordnung der Wiese am Mehrbach ist der Nachbar Theoderich von Crumbach. Alter Krumbacher Besitz ist an beiden Mehrbächen nicht nachgewiesen. Die unmittelbare Nachbarschaft zu Altenhofen-Niedermühlen lässt eher an den großen Mehrbach denken als an den weit abgelegenen kleinen in der Elsaff. Die Wiese wird wohl in der Nachbarschaft von Niedermühlen zu suchen sein, wo der Flurname ‚im Karhohn' vielleicht die Erinnerung an die Kalscheid erhalten hat.

Nun zur Tempelswiese in Kalscheid. Es kann nicht gesagt werden, ob es sich bei der Schenkung um einen gesamten Hofbesitz handelte, der dann später an die Kommende Waldbreitbach kam oder nur um eine Einzelstiftung. Sicher jedoch ist, daß er von den Ütgenbacher oder Kalscheider herkam. Der Aufenthalt von Werner und Frideruna in Hönningen läßt auf eine Abwanderung schließen, vielleicht im Dienste der Hönninger Templerkommende oder ihres Hospitals. Der 1346 in Hönningen genannte Schöffe Johann Kaylche war vielleicht ein Sohn der beiden."[1]

1 *Schäfer, J.: Tempelgüter. In: Heimatkalender für den Kreis Neuwied 1960. S. 70-74, hier S. 72.*

38100 Kattreppeln

Die Kirche St. Johannes der Täufer gehörte wohl zur Komturei Süpplingenburg. Zwar wird in der regionalen Literatur mehrfach auf eine diesbezügliche Urkunde aus dem Jahre 1224 hingewiesen, wo sich aber die Urkunde befindet oder wo sie publiziert wurde, wird nicht erwähnt.

73230 Kirchheim unter Teck

„In der jetzigen bayerischen Rheinpfalz hatten die Ritter Besitzungen in Sewe (‚zum See, Laach') in Gernsheim und Kirchheim."[1]

„Bruder Friedrich [Fridericus Silvester, deutscher Ordensmeister, Anm. d. Verf.] kaufte am 7. Aug. 1292 von seinem Onkel und Vetter ihren Besitz in Kirchheim und Gernisheim für das Templerhaus von Seve, Acta Academiae Theodoro-Palatinae, Historia et commentationes Academiae electoralis .... Theodoro-Palatinae 1, 1766, S. 67f..."[2]

1 *Hirschmann: Die Tempelherren in Deutschland. In: Historisch-politische Blätter für das katholische Deutschland. 159, 1917, S. 131-135, hier S. 132.*
Siehe Urkunde Nr. 56, 67 und 70.

2 *Bulst-Thiele, Marie-Luise: Sacrae Domus Militiae Templi Hierosolymitani Magistri. Untersuchungen zur Geschichte des Templerordens 1118/19-1314. (=Abhandlungen der Akademie der Wissenschaften in Göttingen. Philologisch-Historische Klasse. Dritte Folge Nr. 86). Göttingen 1974, S. 374, Anm. 21.*

Kiringen (Wüstung)[1]

„Ferner hat in Kniringen (sic) bei Jülich vor 1300 eine Templerkommende bestanden, deren Besitz später an den Johanniterorden fiel."[2]

„Wann und von wem Kiringen als Ordensniederlassung gegründet worden ist, läßt sich nicht mehr sicher feststellen. In manchen Werken findet sich die Behauptung, daß Kiringen ursprünglich eine Kommende der Templer gewesen ist, ohne daß aber ein Beweis beigebracht werden kann. 1836 behauptet der Besitzer von Gut Nierstein, das einige hundert Meter von Kiringen entfernt liegt, daß sein Hof ‚der Sage nach' früher der Sitz von Templern gewesen sei. Er beansprucht deshalb die Aufnahme seines Gutes in die Matrikel der landtagsfähigen Rittergüter. 1839 übernimmt Brockmüller diese Behauptung, ebenfalls

1909 Fabricius und ihm folgend 1926 Unkelbach. Nun wurden im Mittelalter die Templer sehr oft mit den Johannitern verwechselt. Im Falle Kiringens ließ sich jedoch aus folgenden Gründen eine Templerkommende vermuten:

1. In den Verzeichnissen der Johanniter taucht der Name Kiringen erstmals um 1330 auf. Eine Gründung Kiringens seitens dieses Ordens nach 1300 erscheint wegen des Verblassens der Kreuzzugsidee und des damit verbundenen Niedergangs des Ordens sehr unwahrscheinlich, zumal Kiringen dann die späteste Kommende im Rheinland wäre.

2. Kiringen als Gründung des Komturs von Nideggen und Velden/Düren, des Docter decretorum Gerardus de Juliaco (etwa 1310-26) ist unwahrscheinlich, da er dann vermutlich auch in Kiringen auch Komtur geworden wäre, er jedoch 1326 nur als Komtur der beiden obengenannten Häuser genannt wird.

3. Kiringen wird in dem bis 1310 reichenden Cartulaire des Johanniterordens nicht erwähnt.

Die Annahme, daß Kiringen ursprünglich den Templern gehörte, sichert folgendes:

Der französische König Philipp IV. der Schöne (1285-1314) wollte den Templerorden vernichten, um sich der bedeutenden Besitzungen des Ordens bemächtigen zu können. Ein Schritt auf dem Wege zur Aufhebung der Templer war ein Brief, den er im September oder Oktober 1307 an sechs westdeutsche Fürsten richtete. Der Brief ist verloren gegangen; es blieben aber die Antworten der Fürsten u. a. die des Jülicher Grafen Gerhard II. (1297-1328).

Er schreibt:

Gerardus comes Juliacen(sis)... Litteras vestre celsitudinis nobis per Johannem dictum de Thenis vestrum clericum ex parte vestra super templariorum factis et processibus destinatas recepimus. Quibus sanius intellectis vestre dignitatis excellentie duximus significandum, quod secundum regale mandatum contra dictor templarios et eorum sectam iuxta posse nostrum, prout nobis subsunt, in locis quibuslibet procedemus.

(ohne Datum; 1307 oder Anfang 1308).

Aus den Worten ‚prout nobis subsunt' darf man wohl schließen, daß es in der Jülicher Grafschaft Templer gegeben haben muß, von denen jedoch (abgesehen von Aldenhoven s.u.) nichts überliefert ist. Es wäre nach allem nicht undenkbar, daß Kiringen tatsächlich Templerbesitz gewesen ist. Nachdem der Templerorden durch die Bulle ,Vox in excelsis' am 3.9.1312 aufgehoben worden ist, treten die Johanniter sein Erbe an. Wie bereits gesagt, lassen sich der oder die Gründer nicht mehr feststellen. Die Kommende ist vermutlich mit Ländereien der Höfe Nierstein und Hasenfeld gegründet worden. Im Jahre 1275 wird Wilhelm IV. von Jülich (1219-78) in einer Urkunde der Templerkommende Hönnigen genannt. Da die rheinischen Templrniederlassungen fast alle in der ersten Hälfte des 13. Jh. entstanden sind (Niederbreisach 1227, Roth 1228, Trier 1228, Köln 1237, Hönningen 1252, Fankel 1275), kann man annehmen, daß Wilhelm IV. entweder allein oder mit den Herren von Nierstein und Hasenfeld die Gründung dieser Kommende maßgeblich beeinflußt hat, besonders wie sowohl sein Vater als auch seine Nachfolger den Ritterorden immer gewogen waren (Gründung der Deutschordenskommende Siersdorf, der Johanniterkommende Niedeggen u. a.)."[3]

1 *Einen Ort Kiringen gibt es heute bei Jülich nicht. Einen solchen hat es auch nie gegeben. Wo die Templerkommende zu lokalisieren ist, ist umstritten. Zu vermuten ist Bourheim. Siehe erstes Zitat Bourheim.*

2 *Haaß, Robert: Die Kreuzzugsbewegung und die Ritterorden im Erzbistum Köln während des 13. Jahrhunderts. In: Geschichte und Kunst im Erzbistum Köln. Festschrift für Wilhelm Neuss (=Studien zur Kölner Kirchengeschichte 5). Düsseldorf 1960, S. 96-101, hier S. 96f.*

3 *Bers, Günter: Die Geschichte der Johanniter-Kommende St. Johannes in Kiringen bei Jülich. In: Beiträge zur Jülicher Geschichte. Jülicher Heimatblätter. Mitteilungen des Jülicher Geschichtsvereins. 4, 1959, S. 6-18, hier S. 9f.*

Siehe Urkunde Nr. 101.

38822 Klein-Quenstedt

„Einen warmen Gönner fand derselbe auch an Bischof von Halberstadt 1201-1208, sodaß im Laufe der Jahre die Templer reiche Güter und Zehnten in Klein-Quenstedt, Ergstedt, Niendorf, Wehrstede, Widecke erlangten."[1]

„Hier wurden von den Ordensbrüdern des Tempels mehrere Güter gekauft.

Für das Jahr 1257 ist urkundlich ein Kauf von zwei Hufen Land, zu 60 Mark von einem Werner von Schermbke belegt. Weiterhin ist 1294 der Erwerb von zwei Höfen durch den Komtur Johann de Cedow angegeben.[2]

Beim großen Güterverkauf von Halberstadt ist allerdings nur noch die Rede von zwei Hufen und einem Hof in Klein-Quenstedt."[3]

1 *Hirschmann: Die Tempelherren in Deutschland. In: Historisch-politische Blätter für das katholische Deutschland. 159, 1917, S. 131-135, hier S. 133.*

2 *Siehe Anm. in Urkunde Nr. 87.*

3 *Lehmann, Gunther/Patzner, Christian: Die Templer in Mitteldeutschland. Erfurt 2004, S. 53.*
Siehe Urkunde Nr. 87.

39167 Klein Rodensleben

„Daß es auch zu Magdeburg einen Tempelhof gegeben habe, dies sehen wir aus einer Urkunde vom 23ten Juni 1304, worin die Gebrüder Heinrich und Friedrich von Alvensleben, genannt Erxleben, dem Tempelhofe daselbst 12 Schillinge jährlicher Hebung aus der Vogtei über 8 Hufen zu Klein-Rodensleben im Kreise Wanzleben, welche sie bis dahin von der Dompropstei zu Magdeburg zu Lehn getragen hatten, schenken. Wahrscheinlich sollte, wie Wohlbrück sagt, Tages darauf am Johannisfeste, einem der vornehmsten Feste der Tempelherren, Gebhard von Alvensleben, ein Sohn Friedrichs, zu Magdeburg in den Orden aufgenommen werden: denn daß derselbe diesem angehört habe, sagt eine Urkunde vom 8ten April 1306, die seiner, jedoch bereits als verstorben, gedenkt."[1]

1 *Ledebur, Leopold von: Die Tempelherren und ihre Besitzungen im Preußischen Staate. Ein Beitrag zur Geschichte und Statistik des Ordens. In: Allgemeines Archiv für die Geschichtskunde des Preußischen Staates. 16, 1835, S. 97-120, S. 242-268, S. 289-336, hier S. 246f.*
Siehe auch Urkunde Nr. 86.

63839 Kleinwallstadt

„Dennoch ist es erstaunlich, in der Umgebung auf weitere ‚Templerhäuser' zu stoßen: Die ehemalige Johanniter-Niederlassung in Neckarelz wird bereits seit dem 16. Jahrhundert als ‚Templerhaus' bezeichnet. In Klein-Wallstadt haben sich neben der Kirche Reste eines ‚Templerhauses' in Gestalt der Giebelwand eines frühgotischen Steinhauses (kein Wohnturm) erhalten. Nach der Volkssage bestanden ‚Tempelhöfe' in Kälberau und auf Burg Alzenau. Auch eines der alten Häuser in der Weinheimer Judengasse wurde noch im 19. Jahrhundert als ‚Templerhaus' bezeichnet. Schließlich wollte man in den Templern sogar die Bauherren der Burg Hemsbach (vermutlich des heute noch erhaltenen ‚Ritterhauses') erkennen. Auch ein gotisches Steinhaus in Bretten nannte der Volksmund ‚Templerhaus'. Die ‚Templerhäuser' sind indessen nicht auf den Odenwald beschränkt, auch erhaltene mittelalterliche Steinhäuser in Hildesheim und Boppard tragen diesen Namen."[1]

1 *Steinmetz, Thomas: Spätmittelalterliche Wohntürme im Odenwaldraum. In: Der Odenwald. 41, 1994, Heft 3, S. 87-102, hier S. 100.*

52134 Klosterath[1]

1 *Der Templerorden soll hier über Einkünfte verfügt haben, die dem Templerhaus in Aachen zu Gute kamen. Hierfür finden sich keinerlei Belege. Erwähung findet der Ort nur bei Alpen, van: Die Tempelherren in Aachen. In: Franz Ahn: Jahrbuch für den Regierungsbezirk Aachen 1824. S. 128-139, hier S. 134.*

56330 Kobern

„Von den Tempelhäusern, welche im Trierschen gewesen sind, ist nur wenig Nachricht zu geben. Es werden hier in einem Werke, welches seine Angaben aus guten Quellen geschöpft hat, Trier, Dietrich, Kobern, Belisch und Rodt genannt.

... Kobern liegt an der Mosel im Kreise Koblenz. Im Munde des Volkes wird die Kirche von Ober- oder Altenburg Kobern die Templerkirche genannt."[1]

„Die Sage, welche sie [gemeint ist die Matthias-Kapelle in Kobern, Anm. d. Verf.] zu einer Templerkapelle macht, haben schon Brower und Masenius erwähnt[63]); aber ein Eigenthum der Tempelherren kann die Kapelle früher nicht gewesen sein. Denn erstens läßt sich nicht wohl einsehen, wie die Tempelherren auf der Burg eine Kapelle allein besessen haben sollen; von anderweitigem Besitze aber ist nicht das Geringste bekannt. Ferner wurden bei der Aufhebung dieses Ordens durch Papst Klemens V. im Jahre 1312 die Güter der Tempelherren dem Johanniter-Orden überwiesen, und dieser Orden würde sich, wenn er ein Recht auf jene Kapelle erhalten hätte, eben so gut in den Besitz derselben gesetzt haben, wie er andere in der Nähe gelegene Güter der Tempelherren einzog[64]).

[63]) Antiq. et Annal. Trevir. II, 91. Nicht ohne große Verwunderung haben wir in der neuen, von Wyttenbach und Müller besorgten Ausgabe der Gesta Trevirorum, I, S. 305. Not. a. gelesen, daß es Geschichtsschreiber gäbe, welche glaubten, Erzbischof Johann I. habe den Rock Christi in Kobern ‚in Templariorum castello' gefunden und von dort nach Trier gebracht. Die Herausgeber sind noch einen Schritt weiter gegangen, als ihr Gewährsmann, und machten das ganze Schloß zu einem Besitzthume der Tempelherrn, was in ihrer Quelle nicht einmal steht. Sie berufen sich nämlich auf die chronologische Geschichtskunde der Erzbischöfe u.f.f. im Churtrier. Staats-Kalender, Trier 1771 (nicht 1772). Der Verfasser dieser Geschichtskunde aber, der damalige churfürstliche Hofrath und Archivar Hammer, hat zwei ganz verschiedene, jedoch zufällig unmittelbar auf einander folgende Begebenheiten in eine Erzählung zusammengeschmolzen und so eine ganz neue Geschichte ersonnen, welche jetzt durch die Verwechselung der Kapelle mit einem Kastell noch überboten wird.

Auch in der Histoire critique et apologétique de l'ordre des Templiers, einem Werke, welches seine Angaben sonst aus guten Quellen geschöpft hat, wird (II,43) unter den vier Tempelhäusern, welche im Trier'schen gewesen sein sollen, Kobern genannt. Leider haben wir dies Werk nicht selbst einsehen können; die uns betreffende Stelle kennen wir nur aus dem Allgem. Archiv für die Geschichtskunde des Preuß. Staates, Bd. 16 S. 107. Der Verfasser des dort befindlichen Aufsatzes: ‚Die Tempelherren und ihre Besitzungen im Preuß. Staate,' Hr. von Ledebur, hat jedoch Kobern auch nur der Volkssage gedacht und dabei eine neuere Schrift (Klein's Moselthal) angeführt, so daß es fast scheint, als habe er in dem französischen Werke nichts weiter gefunden, als die Berufung auf jene Sage, welche durch die Trierer Annalen wohl zuerst verbreitet worden ist.

Man hat in der Matthias-Kapelle auch das Zeichen des Bafomets finden wollen; aber die Templer haben sich eines solchen gnostischen Emblems nie bedient und es genügt in dieser Beziehung auf die Bemerkungen Raynouard's gegen Hammer's Mysterium Baphometi revelatum etc. zu verweisen, in Michaud's Geschichte der Kreuzzüge, übers. v. Förster, Bd. 6 Beil. VI. S. 379 u.f. und auf Max. Millauer, Böhmens Denkmale der Tempelherren. Prag, 1822. §9.

[64]) Z. B. in Nieder- und Ober-Heimbach; s. Günther III. N° 83. In Klein's Moselthal, I S. 90 wird zwar erzählt, daß auch nach Aufhebung des Templerordens mehrere Jahre hindurch Ritter desselben aus den verwandten Geschlechtern Isenburg, Sayn und Waldeck sich auf dem Schlosse in Kobern aufgehalten hätten; bis jetzt aber ist es uns nicht geglückt die Quelle dieser Nachricht aufzufinden."[2]

„Wenn im Volksmunde die Kapelle von jeher als Templerkirche bezeichnet wurde, so mag dazu Veranlassung gegeben haben einerseits die Bauweise derselben und andererseits der Umstand, ‚daß nach Aufhebung des Templerordens mehrere Jahre hindurch sich Ritter desselben aus den verwandten Geschlechtern Isenburg, Sayn und Waldeck auf der Altenburg aufhielten'."[3]

1 *Ledebur, Leopold von: Die Tempelherren und ihre Besitzungen im Preußischen Staate. Ein Beitrag zur Geschichte und Statistik des Ordens. In: Allgemeines Archiv für die Geschichtskunde des Preußischen Staates. 16, 1835, S. 97-120, S. 242-268, S. 289-336, hier S. 107.*

2 *Dronke, Ernst/Lassaulx, Johann Claudius von: Die Matthias-Kapelle auf der oberen Burg bei Kobern an der Mosel. Koblenz 1837, S. 12ff, sowie zwei Abbildungen.*

3 *Schüpferling, Michael: Der Tempelherren-Orden in Deutschland. Ph.D.diss. Freiburg im Üchtland. Bamberg 1915, S. 76f.*
Vgl. zur kunstgeschichtlichen Bedeutung der Kapelle Zänker-Lehfeld, Ursula: Die Matthiaskapelle auf der Altenburg über Kobern-Gondorf. Diss., Bonn 1970. Schäfer, Josef: Tempelgüter. In: Heimatkalender für den Kreis Neuwied 1960. S. 70-74, erwähnt auf S. 70 die Templerkapelle in Kobern.

56068 Koblenz

„In Coblenz nannte man seit der 2. Hälfte des 18. Jahrunderts die alte Propstei von St. Castor plötzlich ‚Tempel'[5], ohne daß irgendwelche Beziehungen zu jenem Orden diese Bezeichnung begründen könnten.

5 Vgl. Zeitschrift für Heimatkunde des Reg.-Bez. Coblenz. 1921, Heft 16, S. 111, Anm. 56."[1]

„Es geht die Sage, daß hier jenseits des Rheins an der Stelle, wo zuletzt das Frauenkloster Besselich sich erhob, vordem ein Templerhof gestanden, der die in alten Zeiten daselbst befindliche Einsiedlerklause in Besitz genommen habe."[2]

1 *Michel, Fritz: Der Templerorden am Mittelrhein und die Templer von Waldeck. In: Rheinische Heimatblätter. 1, 1924, S. 56ff, hier S. 57.*
2 *Schüpferling, Michael: Der Tempelherren-Orden in Deutschland. Ph.D.diss. Freiburg im Üchtland. Bamberg 1915, S. 77.*

50667 Köln

„Der älteste Ritterorden, der Templerorden, war hier [gemeint ist Köln] allerdings nur durch eine vor 1220 entstandene, späterhin mit einem Haus zu Hönningen verbundene Kommende in Niederbreisig vertreten, die über weit verstreute Besitzungen - u. a. in Köln - verfügte und vielleicht auf eine Stiftung des auf dem fünften Kreuzzug vor Damiette verstorbenen Grafen Wilhelm III. von Jülich zurückging. Es war wohl nicht allein die Aufhebung des Ordens und der 1312 erfolgte Übergang seines Besitzes an die Johanniter, der für die dürftige Quellenlage verantwortlich ist. Vielmehr blieben die Templer im Westen Deutschlands, wo sie den Johannitern den zeitlichen Vortritt lassen mußten, schlichtweg unbedeutend."[1]

„Der älteste Ritterorden, der Templerorden, dessen Regel durch den hl. Bernhard von Clairvaux redigiert worden war (1128) und der sich durch den Einfluß des Heiligen, bald auch durch päpstliche Privilegien außerordentlich begünstigt (1139 und später), sehr stark ausbreitete, hat im Erzbistum Köln, wie es scheint, erst im 13. Jahrhundert Niederlassungen gründen können. Die Nachrichten darüber sind allerdings sehr dürftig und mehr zufälliger Art, was mit dem unglücklichen Schicksal des Ordens und seiner frühen Aufhebung (1312) zusammenhängt. Es bestand ja für die spätere Zeit kein Interesse daran, die Urkunden und sonstigen Zeugnisse über die Ordenshäuser und ihren Besitz an Gütern und Rechten weiterzugeben...

Auch in der Stadt Köln besaßen die Templer 1237 ein Haus und konnten einige Zeit später noch ein zweites erwerben, aber zur Errichtung einer Kommende ist es, soweit Nachrichten vorliegen, nicht gekommen."[2]

„In Cöln selbst soll ebenfalls ein Tempelhaus gewesen sein, und zwar rechnet man dieses nebst zwei andern zu Rom und Tirnau zu denjenigen, woselbst sich die Tempelherren in ihrer alten Wohnung und ursprünglichen Ordenstracht noch bis zu Anfang des vorigen Jahrhunderts erhalten haben. Es wird hinzugefügt, daß sich die Conventualen in ihrem Ordenskleide nicht über eine Viertel-Meile von der Stadt haben entfernen dürfen, wenn sie nicht für vogelfrei haben gehalten sein wollen. Über die Traditionen und den Ungrund der Fortdauer des Ordens, so wie über die Fortpflanzung der Geheimnisse der Templerei ist anderwärts Befriedigung zu finden."[3]

„Auch in Trier selbst besaßen die Templer ein Haus, in Köln zwei; ..."[4]

„Auch der Tempelherrnbesitz in Köln gehörte ehedem zur Komturei Breisig. 1237 hatte der ‚magister Brisike qui subjectus est domui in

Templo trans mare' von einem Gerhardus Haus und Hof in der Drankgasse gekauft. 1291 gab sein Amtsnachfolger dieses Haus, gen. ‚Zum alten Tempel', in Erbleihe aus. 1330 verkaufte der Johanniterkomtur zu Breisig das Haus ‚von deym Temple' in der Drankgasse dem Domkapitel. Es gab scheint's damals ein Haus zum alten und zum neuen Tempel daselbst. Auch in der Plankgasse gab es einen Hof ‚Zum Tempel'.[1]

1 Keussen, Topographie der Stadt Köln im Mittelalter, II, 2, 159, 161, 258."[5]

„In Köln erinnert an den Orden noch heute die Tempelstraße in Deutz. In ihrer Nähe, dort wo sich die Pfarrkirche St. Heribert erhebt, befand sich einst der Tempelhof."[6]

„Während Günther [gemeint ist Günther: Codex diplomaticus Rheno-Mosellanus, Anm. d. Verf.] keine weiteren Besitzungen der Kommende Niederbreisig zu nennen weiß, ist Widmer in der Lage, aufgrund bisher ungedruckter Urkunden vom Jahre 1237 [siehe Urkunde Nr. 20, Anm. d. Verf.], vom 18. März 1304 [siehe Urkunde Nr. 85, Anm. d. Verf.] und vom 17. September 1330 [siehe Urkunde Nr. 143, Anm. d. Verf.] festzustellen, daß dieselbe zwei Häuser zu Köln in der Trankgasse besessen hat, die später noch durch ihre Namen ‚zum alten' und ‚zum neuen Tempel' an ihre ehemaligen Besitzer erinnerten.

Die erste dieser Urkunden lässt den Ankauf durch die Templer, die zweite den Erbpacht sowie schließlichen Erwerb des Hauses ‚zum alten Tempel' durch die Familien von Nivenheim und die dritte den Übergang des andern Hauses ‚zum neuen Tempel' an die Johanniter ersehen, die es an das Kapitel zu Köln veräußerten. Aus dieser Urkunde, die einen Gerard von Hammerstein als Johanniterkomthur von Breisig erwähnt, geht hervor, daß nicht nur der Kölner Restbesitz des Breisiger Templerhauses, sondern dieses selbst an die Johanniter gelangt ist."[7]

1 *Hegel, Eduard (Hrsg.): Geschichte des Erzbistums Köln. Bd. 2 Janssen, Wilhelm: Das Erzbistum Köln im späten Mittelalter 1191-1515. Erster Teil. Köln 1995, S. 573.*

2 *Haaß, Robert: Die Kreuzzugsbewegung und die Ritterorden im Erzbistum Köln während des 13. Jahrhunderts. In: Geschichte und Kunst im Erzbistum Köln. Festschrift für Wilhelm Neuss (=Studien zur Kölner Kirchengeschichte 5). Düsseldorf 1960, S. 96-101, hier S. 96f.*

3 *Ledebur, Leopold von: Die Tempelherren und ihre Besitzungen im Preußischen Staate. Ein Beitrag zur Geschichte und Statistik des Ordens. In: Allgemeines Archiv für die Geschichtskunde des Preußischen Staates. 16, 1835, S. 97-120, S. 242-268, S. 289-336, hier S. 113.*

4 *Hirschmann: Die Tempelherren in Deutschland. In: Historisch-politische Blätter für das katholische Deutschland. 159, 1917, S. 131-135, hier S. 133.*

5 *Michel, Fritz: Der Templerorden am Mittelrhein und die Templer in Waldeck. In: Rheinische Heimatblätter. 1, 1924, S. 56ff, hier S. 56f.*

6 *Neuss-Grevenbroicher Zeitung v. 13.10.2007.*

7 *Schüpferling, Michael: Der Tempelherren-Orden in Deutschland. Ph.D.diss. Freiburg im Üchtland. Bamberg 1915, S. 79f.*
Vgl. auch Borchardt, Karl: The Templars in Central Europe. In: Zsolt Hunyadi/József Laszlovszky: The Crusaders and the Military Orders expanding the medieval latin Christianity. Budapest 2001, S. 233-244, hier S. 236. Neu, Heinrich: Die Ritterorden in Köln. In: Das Heilige Land. Wissenschaftliches Organ des Deutschen Vereins vom Hl. Land. 78, 1934, S. 114-118. Bers, Günter: Die Geschichte der Johanniter-Kommende St. Johannes in Kiringen bei Jülich. In: Beiträge zur Jülicher Geschichte. Jülicher Heimatblätter. Mitteilungen des Jülicher Geschichtsvereins. 4, 1959, S. 6-18, hier S. 10.
Siehe Urkunde Nr. 20, 85, 105, 107 und 143.

16909 Königsberg in der Neumark[1]

1 *Siehe Urkunde Nr. 54.*

54675 Körperich[1]

1 *NN: Geschichte der Kommende, Komturei oder Kommanderie der kirchlich-militärischen Ritterorden der Tempelherren und der Johanniter zu Roth bei Vianden. In: Ons Hémecht. 1914, S. 86-90, 153-159, 319-333, 414-426, 449-458. Der Autor teilt auf S. 154 mit, dass die Komturei Roth an der Our in Körperich den Zehnt erhoben hat.*

Körterich bei Jülich[1] (durch Tagebau Inden nicht mehr existent)

1 *Der Templerorden soll hier über Einkünfte verfügt haben, die dem Templerhaus in Aachen zu Gute kamen. Hierfür finden sich keinerlei Belege. Erwähung findet der Ort nur bei Alpen, van: Die Tempelherren in Aachen. In: Franz Ahn: Jahrbuch für den Regierungsbezirk Aachen 1824. S. 128-139, hier S. 134.*

56736 Kottenheim

„Zu ihnen [gemeint sind die Häuser in Hönningen und Niederbreisig, Anm. d. Verf.] mag auch jener Tempelherrnsitz bei Mayen und zu Kottenheim gehört haben, den die Inkorporationsurkunde für das Kloster Lonnig vom 1.9.1379 nennt.[4]

4 St. A. Coblenz, Mayen, Kollegiatsstift St. Clemens."[1]

1 *Michel, Fritz: Der Templerorden am Mittelrhein und die Templer zu Waldeck. In: Rheinische Heimatblätter. 1, 1924, S. 56ff, hier S. 56. Siehe Anm. 1 zu Mayen und Urkunde Nr. 152.*

97323 Krautheim[1]

1 *Vgl. Albert, Peter Paul: Das ‚Templerhaus' zu Neckarelz. Eine geschichtliche Untersuchung. In: Freiburger Diözesanarchiv. Zeitschrift des Kirchengeschichtlichen Vereins für Geschichte, christliche Kunst, Altertums- und*

Literaturkunde des Erzbistums Freiburg. NF 33, 1932, S. 1-28. Albert kann bei Bestenheid keinen Templerbesitz erkennen. Nach Schüpferling, Michael: Der Tempelherren-Orden in Deutschland. Ph.D.diss. Freiburg im Üchtland. Bamberg 1915, S. 44, hatte in Krautheim nur der Johanniterorden seit 1200 eine Kommende. Das Herrenhaus gegenüber der Kirche wird im Volksmund ‚Templerhaus' genannt. Einen Beleg für die Anwesenheit von Templern gibt Schüpferling nicht.

53949 Kronenburg

„Nach dieser quellenmäßigen Auseinandersetzung muß alles in das Reich der Fabel verwiesen werden, was in der Pfarrei Cronenburg und ihrer Umgebung von ‚Tempelherren' und dergl. erzählt wird. Die Templer...verfolgten im Ganzen denselben Zweck wie die Johanniter, wurden aber bereits 1311 aufgehoben, womit sie aus der Geschichte verschwinden; daß also ‚Tempelherren' in Cronenburg, Hallschlag, Scheid usw. gestanden, ist eine Unmöglichkeit."[1]

1 *Becker, Johannes: Geschichte der Pfarreien des Dekanates Blankenheim. (=Geschichte der Pfarreien der Erzdiöcese Köln. Hrsg. v. Karl Theodor Dumont, Bd.4). Köln 1893, S. 319.*

06268 Kuckenburg

„Als weitere Niederlassungen bzw. Güter in der näheren oder entfernteren Umgebung von Halberstadt werden, jedoch ohne hinreichende Begründung, noch die Orte genannt: Quedlinburg bei der St. Aegidikirche, Schadeleben, Ermsleben und Konradsburg, ferner Ruetenberg (Kuckenburg?) sowie das Bergschloß Lohra (südwestlich von Nordhausen)."[1]

„Endlich wird noch zwischen Querfurt und Schraplau ein Ort, der den Tempelherren gehört haben soll, Namens Ruetenberg, aufgeführt; worunter vielleicht die Kuckenburg gemeint ist."[2]

1 *Schüpferling, Michael: Der Tempelherren-Orden in Deutschland. Ph.D.diss. Freiburg im Üchtland. Bamberg 1915, S. 102.*

2 *Ledebur, Leopold von: Die Tempelherren und ihre Besitzungen im Preußischen Staate. Ein Beitrag zur Geschichte und Statistik des Ordens. In: Allgemeines Archiv für die Geschichte des Preußischen Staates. 16, 1835, S. 97-120, S. 242-268, S. 289-336, hier S. 266. Hier entsteht der Eindruck, als handele es sich um eine Burg namens Kuckenburg. Eine solche ist aber nicht ausfindig zu machen, wohl aber ein Ort dieses Namens.*

97900 Külsheim[1]

1 *Vgl. Steinmetz, Thomas: Spätmittelalterliche Wohntürme im Odenwaldraum. In: Der Odenwald. 41, 1994, Heft 3, S. 87-102, hier S. 95.*

86983 Kurzenhof

„Abgesehen davon, daß die Johanniterurkunden vom 29. März und 14. Juni 1322 Mosbrunnen einen Ort nennen, der seit Alters den Templern gehörte, erwähnt schon eine Urkunde vom 7. Dezember 1289 die Templerbrüder in Mosbrunnen. Nach dieser Urkunde verkauft der Wildgraf Friedrich, Präzeptor von Deutschland und Slavien, in Gegenwart des Vizepräzeptors Dietrich von Morsbach einen Hof und eine halbe Hufe in Altenstadt bei Schongau, einen in Diethilrieth (Dietelried) samt dem Patronatsrecht über die Kirche daselbst, zwei Höfe zu Warenberg, zwei in Brugge (Burggen), zwei in Chuzenchoven, drei in Ellenchoven (Elligkofen bei Landsberg) um 225 Pfund Augsburger Heller an das Prämonstratenserkloster in Steingaden, wobei ausdrücklich hervorgehoben ist, daß dieser Verkauf der Güter am Lechraine mit Zustimmung der Brüder von Mosbrunnen geschah."[1]

1 *Schüpferling, Michael: Der Tempelherren-Orden in Deutschland. Ph.D.diss. Freiburg im Üchtland. Bamberg 1915, S. 58.*
Siehe Urkunde Nr. 69.

56112 Lahnstein (Burg Lahneck)

Hier weist nur eine Sage auf einen möglichen Ort der Templer hin. Wie bei Dhronecken handelt es sich nicht um Besitztümer des Ordens, sondern lediglich um einen Aufenthaltsort. Im Falle Burg Lahneck sollen hier die letzten deutschen Templer erschlagen worden sein.

„Aus unserer näheren Heimat berichtet die Überlieferung, daß sich ein Rest von zwölf Templern hinter den Mauern der Burg Lahneck (bei Oberlahnstein) gegen die Truppen des Erzbischofs von Mainz, Peter von Aspelt, verteidigte, wobei alle den Tod fanden.“[1]

1 *Heckel, Lorenz: Tempelritter am Rhein. In: Heimat am Mittelrhein. Nr. 3, 1960.*
Vgl. Schlundt, Rainer (Hrsg.): Die zwölf Templer auf Lahneck. In: Sagen aus Rheinland-Pfalz. Reinbek bei Hamburg 1995, S. 157ff.

86633 Laisacker

„Zu den frühesten Niederlassungen der Tempelherren im südlichen Deutschland gehört unstreitig Mosbrunnen ... Auch im benachbarten Meilenhofen und Pietenfeld, Hessenlohe und Leisacker lagen Güter der Templer.“[1]

1 *Hirschmann: Die Tempelherren in Deutschland. In: Historisch-politische Blätter für das katholische Deutschland. 159, 1917, S 131-135, hier S. 133.*
Siehe Urkunde Nr. 132.

39171 Langenweddingen

„Doch kaum ein Vierteljahrhundert behielten die Templer dieses Patronat von Wettin; denn nach Urkunde vom 3. März 1295 tauschen sie vom Erzbischof Erich das Patronat von Groß-Weddingen gegen jenes ein, der ihnen außerdem zum Ersatz für den ihnen von seinen Männern zugefügten Schaden auch noch ein Allodialgut zu Lobitz und Deutleben überweist."[1]

1 *Schüpferling, Michael: Der Tempelherren-Orden in Deutschland. Ph.D.diss. Freiburg im Üchtland. Bamberg 1915, S. 104.*
Vgl. Schultze-Galléra, Siegmar von: Wanderungen durch den Saalkreis. Halle 2006, Nachdruck der Originalausgabe von 1914, S. 33 und Zitat Nr. 4 unter Mücheln. Groß-Weddingen wurde von der Komturei Wichmannsdorf verwaltet. 1307 fiel nach der Auflösung des Ordens die Kirche St. Georg wieder an den Erzbischof in Magdeburg.
Siehe Urkunden Nr. 73 und 74.

61229 Laumersheim[1]

1 *Siehe Urkunde Nr. 64.*

15326 Lebus

„Es läßt sich auf der Landkarte das Vordringen des Ordens nach Osten erkennen. Und zwar durch eine zweite Linie templerischer Niederlassungen, die ungefähr 250 km nordöstlich parallel zu der Branschweiger Riegelstellung verläuft. Der nordöstliche Stützpunkt bei Mirow, dem dann in kurzen, räumlich gleichmäßigen Abständen in Templin, Wildenbruch, Küstrin mit Münchenberg und Lebus sowie Zielenzig und Lagow folgen. Mit dieser Sperrkette war das Gebiet zwischen Elbe und Oder nach Osten hin abgesichert."[1]

„Am 3. Mai 1253 fand unter Vermittlung des Bischofs Conrad von Meißen zwischen dem Erzbischof Rudolph von Magdeburg und den Tempelherren im Lande Lebus diesseits der Oder, ein Vergleich statt, dessen Inhalt nicht näher bekannt geworden ist.[166]
Von den Tempelherren, die diesem Ordenshofe vorstanden, sind uns Gerkinus 1262,[167] Jordan von Esebeck 1288[168] und Bertram von

Veltheim 1303[169] bekannt geworden; aus der Zeit, wo Johanniter-Ordens-Comthure der Commenthurei vorstanden, wollen wir nur 1321 Johan von Sandow[170] und 1345 Ulrich von Königsmark[171] nennen.

166 ibid. [gemeint ist Wohlbrück Gesch. von Lebus, Anm. d. Verf.] I. 180. Es werden in der Urkunde folgende Tempelherren als Zeugen genannt: Magister Heinricus, frater Johannes de Zopolowe, frater Tidericus, frater Widekinus [sic], frater Sifridus de Anvorde et frater Gerardus.

167 Frater Gerkinus prouisor domus in Leznize. (Gercken cod. dipl. Brandb. I. 212)

168 Frater Jordanus dictus de Esbekke, commendator in Lizeniz prefate domus milicie Templi per Alemanniam et Slaviam vicepreceptor (v. Hormayr Archiv für Geographie u. Historie 1822. XIII. 778.).

169 Frater Bertram de Velthim magister curie in Licenizze (Wohlbrück Gesch. v. Lebus I. 417.).

170 Wohlbrück I. c. I. 592.

171 Allgem. Archiv I. 243."[2]

1 *Sawall, Edmund: Der Tempelritterorden in Deutschland. Versuch einer Bestandsaufnahme. In: Non nobis. 38, 2000, S. 14-19, hier S. 15.*

2 *Ledebur, Leopold von: Die Tempelherren und ihre Besitzungen im Preußischen Staate. Ein Beitrag zur Geschichte und Statistik des Ordens. In: Allgemeines Archiv für die Geschichtskunde des Preußischen Staates. 16, 1835, S. 97-120, S. 242-268, S. 289-336, hier S. 293f.*
Vlg. auch Bulst-Thiele, Marie Luise: Sacrae Domus Militiae Templi Hierosolymitani Magistri. Untersuchungen zur Geschichte des Templerordens 1118/19-1314 (=Abhandlungen der Akademie der Wissenschaften in Göttingen. Philologisch-Historische Klasse. Dritte Folge Nr. 86.) Göttingen 1974, S. 373, Anm. 15.
Siehe Urkunde Nr. 25.

01778 Liebenau[1]

1 *Das in Urkunde Nr. 81 genannte Liebenow (Livenovvhe) ist als Liebenau bei Kamenz zu lokalisieren.*

15306 Lietzen

„Der Kommende Lietzen geschieht schon Erwähung in einer Urkunde vom 18. Januar 1247, worin Papst Innocenz IV. dem Orden alle seine Güter und Rechte in der Mark und in Pommern bestätigte."[1]

„Ein Jordanus de Esbeke war 1288 Komtur von Lietzen und per Alemanniam et Slauiam vicepeceptor, Reg. z. schles. Gesch. ... nr. 2073; 1296 Komtur in Röhrig, Pomm. UB. 3, nr. 1758."[2]

„Den Grund zu dieser Niederlassung hat wohl Bischof Laurentius von Lebus gelegt, indem er 1229 den Templern den Zehnt von 250 Hufen Landes überweist. Hatte sich Bischof Laurentius schon als Templerfreund erwiesen, so noch mehr Bischof Heinrich, der im Jahre 1233 sein Nachfolger wurde. So bestätigt er im Jahre 1244 den Zehnten von den 250 Hufen, welchen eben dieser sein Vorgänger den Templern überlassen, dazu selbst noch den Zehnten von 50 Hufen hinzufügend, was demnach im Ganzen einen Zehnten von 300 Hufen ausmacht. Einen Teil dieses Zehnten in den Dörfern Lietzen, Heinersdorf, Tempelberg und Marxdorf verwenden die Templer zur Stiftung einer Kanonikatspfründe an der Kathedralkirche zu Lebus, deren Besetzungsrecht vom Bischofe dem Präzeptor von Deutschland Gebhard und seinen Nachfolgern übertragen wurde und deren Inhaber die Seelsorge in den genannten Orten, besonders an der Kapelle in Lietzen zu versehen hatte. Zugleich erfahren wir den Namen des ersten Besitzers dieser Pfründe, Hermann, der den Titel Kanoniker der Templer führt...und zugleich Pfarrer von Lietzen war. Um das Maß seiner Gewogenheit gegen die Templer voll zu machen, schenkt ihnen Bischof Heinrich noch den Zehnten vom Dorfe Werbig sowie von weiteren 50 Hufen, die als ‚feudale' bezeichnet werden."[3]

„Am 3. Mai 1253 wird zwischen dem Erzbischof Rudolf von Magdeburg und den Templern bezüglich ihrer Lande Lebus diesseits der Oder gelegenen Güter ein Vergleich abgeschlossen, welchen Bischof Konrad von Meißen vermittelt hatte."[4]

„Von einem anderen Würdenträger dieser Kommende wie des Ordens überhaupt berichtet die Urkunde vom 21. Dezember 1262, indem sie einen Bruder Gerkin als Provisor des Hauses zu Lietzen namhaft macht,..."[5]

„Besondere Bedeutung erhält die Kommende Lietzen durch den Umstand, daß am 21. April 1303 durch den Ordenspräzeptor Friedrich von Alvensleben daselbst ein Kapitel abgehalten wurde, auf welchem die erbliche Belehnung von Tempelgütern in Liebenow an ein Gebrüderpaar Eilard und Johann stattfand und an der sich eine Reihe zum Teil hervorragender Ordenspersönlichkeiten sowie Ordensvasallen beteiligte, deren Gast- und Quartiergeber selbstredend der damalige Comthur von Lietzen Bertram von Veltheim war."[6]

1 *Hirschmann: Die Tempelherren in Deutschland. In: Historisch-politische Blätter für das katholische Deutschland. 159, 1917, S. 131-135, hier S. 134.*
Siehe Urkunde Nr. 22.
2 *Bulst-Thiele, Marie-Luise: Sacrae Domus Militiae Templi Hierosolymitani Magistri. Untersuchungen zur Geschichte des Templerordens 1118/19-1314. (=Abhandlungen der Akademie der Wissenschaften in Göttingen. Philologisch-Historische Klasse. Dritte Folge Nr. 86). Göttingen 1974, S. 375, Anm. 28.*
3 *Schüpferling, Michael: Der Tempelherren-Orden in Deutschland. Ph.D.diss. Freiburg im Üchtland. Bamberg 1915, S. 117f. S. Urkunde Nr. 19*
4 *Ebenda S. 119. Siehe Urkunde Nr. 25.*
5 *Ebenda S. 119. Siehe Urkunde Nr. 32.*
6 *Ebenda S. 120. Siehe Urkunde Nr. 81.*

Lindau[1]

„Am 22. Febr. 1285 verkauften der Commenthur Conrad und die übrigen Tempelordensbrüder zu Briseche den Klöstern Thron und Marienborn einen Fruchtzins zu Erlebach und Melindehe..."[2]

1 *„Bei Lindau handelt es sich um einen früheren, dann gerodeten Reichswald bei Frankfurt. Er kommt in den Frankfurter Quellen vielfach vor: Vgl. Böhmer/Lau: Urkundenbuch der Reichsstadt Frankfurt Band 1, Frankfurt 1901, Register S. 539. Straßennahmen wie ‚Oberlindau' erinnern heute noch daran." Schriftliche Mitteilung von Dr. Hartmut Heinemann vom Hessischen Haupstaatsarchiv in Wiesbaden vom 21.2.2005.*

2 *Mehring, F. E. von: Geschichte der Burgen, Rittergüter, Abteien und Klöster in den Rheinlanden und den Provinzen Jülich, Cleve, Berg und Westphalen. Bd. 3, Heft 9, Köln 1853, S. 113f.*
Siehe Urkunde Nr. 59 und 62.

Linderburg (nicht zu lokalisieren)[1]

1 *Schüpferling, Michael: Der Tempelherren-Orden in Deutschland. Ph.D.diss. Freiburg im Üchtland. Bamberg 1915, S. 103 geht von Besitzungen der Templer in Linderburg aus.*

52441 Linnich[1]

1 *Der Templerorden soll hier über Einkünfte verfügt haben, die dem Templerhaus in Aachen zu Gute kamen. Hierfür finden sich keinerlei Belege. Erwähung findet der Ort nur bei Alpen, van: Die Tempelherren in Aachen. In: Franz Ahn: Jahrbuch für den Regierungsbezirk Aachen 1824. S. 128-139, hier S. 134.*

33175 Lippspringe

„Schaten, der sonst aus Urkunden zu schöpfen pflegt, berichtet zwar zu Lippspringe und zu Rheda, beides im Reg.-Bez. Minden, haben die Tempelherren Sitze gehabt, und daß erstern die Edlen von der Lippe, letztern die Grafen von Tecklenburg eingezogen haben. Zur Bestätigung für Lippspringe hätte der gelehrte Bischof von Paderborn, Ferdinand v. Fürstenberg, indem er die Denkwürdigkeiten dieses Ortes besingt, Gelegenheit der Tempelherren zu erwähnen, allein er gedenkt einer solchen Tradition nicht."[1]

1 *Ledebur, Leopold von: Die Tempelherren und ihre Besitzungen im Preußischen Staate. Ein Beitrag zur Geschichte und Statistik des Ordens. In: Allgemeines Archiv für die Geschichtskunde des Preußischen Staates. 16, 1835, S. 97-120, S. 242-268, S. 289-336 hier S. 116.*
Vgl. Schüpferling, Michael: Der Tempelherren-Orden in Deutschland. Ph.D.diss. Freiburg im Üchtland. Bamberg 1915. S. 84.

31547 Loccum

„Auch die templerischen Niederlassungen in Loccum, Hildesheim und Halberstadt können, wie sich aus ihrer Lage ergibt, nur zur gleichen Zeit oder kurz danach gegründet worden sein [um 1130, Anm. d. Verf.]. Deshalb, weil diese Templersitze eine etwa 300 km lang von Norden nach Südosten verlaufende geschlossene Linie erkennen lassen, die zur Absicherung der alten Kaiserstadt Goslar gegen die ständige wendisch-slavische Bedrohung geschaffen wurde."[1]

1 *Sawall, Edmund: Der Tempelritterorden in Deutschland. Versuch einer Bestandsaufnahme. In: Non nobis. 38, 2000, S. 14-19, hier S. 15.*
Vgl. auch Horst, R.W.: Die Komturei Tempelhof-Berlin und ihre Bedeutung im 12. und 13. Jahrhundert. In: Baeuseant, Rundbrief des Tempelherrenordens deutscher Observanz, Folge 17, VI/1966, S. 7-12, hier S. 8.
Wilcke, Ferdinand: Geschichte des Ordens der Tempelherren. 2 Bde. Halle 1860, S. 34, teilt mit, dass in Loccum eine Kommende gewesen sei. Belege oder Urkunden nennt er nicht. Auch Falkenstein, Karl: Geschichte des Tempelherren-Ordens. Dresden 1833, S. 140, geht von einem Templerhaus in Loccum aus.

06193 Löbitz[1]

„Doch kaum ein Vierteljahrhundert behielten die Templer dieses Patronat von Wettin; denn nach Urkunde vom 3. März 1295 tauschen sie vom Erzbischof Erich das Patronat von Groß-Weddingen gegen jenes ein, der ihnen außerdem zum Ersatz für den ihnen von seinen Männern zugefügten Schaden auch noch ein Allodialgut zu Lobitz und Deutleben überweist."[1]

1 *Schüpferling, Michael: Der Tempelherren-Orden in Deutschland. Ph.D.diss. Freiburg im Üchtland. Bamberg 1915, S. 104. Schüpferling schreibt ‚Lobitz besteht nicht mehr'. Dies ist falsch. Lobitz, heute das Dorf Löbitz, befindet sich ca. 25 km südlich von Mücheln.*
Vgl. Schultze-Galléra, Siegmar von: Wanderungen durch den Saalkreis. Halle 2006, Nachdruck der Originalausgabe von 1914, S. 34 und Zitat Nr. 4 unter Mücheln.
Siehe Urkunden Nr. 73 und 74.

35102 Lohra

„Als weitere Niederlassungen bzw. Güter in der näheren oder entfernteren Umgebung von Halberstadt werden, jedoch ohne hinreichende Begründung, noch die Orte genannt: Quedlinburg bei der St. Aegidikirche, Schadeleben, Ermsleben und Konradsburg, ferner Ruetenberg (Kuckenburg?) sowie das Bergschloß Lohra (südwestlich von Nordhausen)."[1]

„tous les fonds qu'ils possédoient … dans Lora … passèrent … une partie à l'hôpital et l'autre à diverses églises."[2]

1 *Schüpferling, Michael: Der Tempelherren-Orden in Deutschland. Ph.D.diss. Freiburg im Üchtland. Bamberg 1915, S. 102.*
2 *Lejeune: Histoire critique et apologétique de l'ordre des Templiers. 2 Bde. Paris 1789, hier Bd. 2, S. 304 und zitiert nach Ledebur, Leopold von: Die Tempelherren und ihre Besitzungen im Preußischen Staate. Ein Bei-*

trag zur Geschichte und Statistik des Ordens. In: Allgemeines Archiv für die Geschichte des Preußischen Staates. 16, 1835, S. 97-120, S. 242-268, S. 289-336, hier S. 102f.

65391 Lorch am Rhein

„Fr. [gemeint ist Fridricus Silvester, Meister des Templerordens in Deutschland, Anm. d. Verf.] verpachtete 1303 einen Templerhof in Lorch am Rhein ..."[1]

1 *Bulst-Thiele, Marie-Luise: Sacrae Domus Militiae Templi Hierosolymitani Magistri. Untersuchungen zur Geschichte des Templerordens 1118/19-1314. (=Abhandlungen der Akademie der Wissenschaften in Göttingen. Philologisch-Historische Klasse. Dritte Folge Nr. 86). Göttingen 1974, S. 374, Anm. 21.*
Vgl. Gerlich, Alois: Der Tempelhof zu Mainz. In: Mainzer Almanach 1960, S. 159-166. Hennes, Johann Heinrich: De Tempelherren in Mainz. In: Zeitschrift des Vereins zur Erforschung der Rheinischen Geschichte und Altertümer in Mainz. Bd. 1, 1845, S. 98-104.
Siehe Urkunde Nr. 82.

39104 Magdeburg

„Über einen Tempelhof in der Stadt Magdeburg selbst, erfahren wir erst aus einer Urkunde vom 31.12.1262. In dieser wird im Rahmen eines Güteraustausches der Kommende Quartschen mit den Markgrafen Johann und Otto von Brandenburg, ein Bruder Goswin de Magdeburg als Zeuge genannt. Es ist allerdings auch möglich, daß die Bezeichnung ‚de Magdeburg' nicht die Herkunft des Ordenshauses, sondern seinen Namen oder auch die Abstammung seiner Person angibt.

Eindeutig ist jedoch die Erwähnung des Tempelhofes in Magdeburg in der Urkunde vom 23.06.1304. Darin überließen Heinrich und Friedrich von Alvensleben zu Erxleben, dem Templerorden den Zins von acht Hufen in Klein-Rodensleben. Dabei wurde auch an einen Magedeburger Tempelhof erinnert, der das genannte Land besaß. Die Schenkung des Zinses sollte den Eintritt des Sohnes Friedrichs von Alvensleben, mit Namen Gebhard in den Orden ermöglichen. ... Als Standordt des Tempelhofes in Magdeburg gab Friedrich Wilhelm Hoffmann in seiner Geschichte der Stadt Magdeburg die Prälatenstraße 35 an.

Allerdings wurden in einem Artikel der Magdeburger Zeitung vom 07.04.1929 über diesen Standort des Tempelhofes Nachforschungen angestellt, wobei der damalig städtische Archivdirektor befragt wurde. Nach dessen Recherchen ließ sich ermitteln, daß auf dem Gebiet des Tempelhofes zuvor der ehemalige Kreuzhof stand, der sich aus einer Johanniter Ordenskommende und der Kreuzkapelle zusammensetzte. Natürlich kann man sich auch hier wieder bestätigt fühlen, zumal die Johanniter, wie wir bereits wissen, vielerorts das Erbe der Templer antraten und häufig deren Güter nach der Auflösung des Templerordens durch Papst Clemens V. übernahmen.

Der Bereich der Prälatenstraße 35 lag 1668 wüst und wurde 1680 von brandenburgischen Offizieren, die sich dort in Magdeburg niedergelassen hatten, genutzt. Im Jahre 1701 erwarb der Generalmajor von Börstek das Gelände, und seine Erben veräußerten es weiter. Einige Besitzerwechsel später gelangte es an die katholischen Schwestern, die dort eine katholische Buchhandlung und Devotionalienhandlung betrieben."[1]

„Einen wahren Gönner fand derselbe [gemeint ist der Templerorden, Anm. d. Verf.] auch an Bischof von Halberstadt 1201-1208, sodaß im Laufe der Jahre die Templer reiche Güter und Zehnten in Klein-Quenstedt, Ergstedt, Niendorf, Wehrstede, Widecke erlangten. Auch in Magdeburg, Mücheln, Wichmannsdorf und Trodesdorf entstanden Comthureien."[2]

„Magdeburg. In einer von dem damaligen Großmeister des Ordens in Deutschland, Widekinus, ausgestellten Urkunde vom 12ten Jan 1262 wird unter den Zeugen frater Gozwinus de Madeburg genannt.[94] Daß es auch zu Magdeburg einen Tempelhof gegeben habe, dies sehen wir aus einer Urkunde vom 23ten Juni 1304, worin die Gebrüder Heinrich und Friedrich von Alvensleben, genannt Erxleben, dem Tempelhofe daselbst[95] 12 Schillinge jährlicher Hebung aus der Vogtei über 8 Hufen zu Klein-Rodensleben im Kreise Wanzleben, welche sie bis dahin von der Dompropstei zu Magdeburg zu Lehn getragen hatten, schenken. Wahrscheinlich sollte, wie Wohlbrück sagt,[96] Tages darauf am Johannisfeste, einem der vornehmsten Feste der Tempelherren, Gebhard von Alvensleben, ein Sohn Friedrichs, zu Magdeburg in den Orden aufgenommen werden: denn daß derselbe diesem angehört habe, sagt eine Urkunde vom 8ten April 1306, die seiner, jedoch bereits als verstorben, gedenkt.[98]

94 Gercken cod. dipl. I. 213.
95 Ad curiam dominorum templariorum in Magdeburg (Wohlbrück a.a.O. I. 135).
96 Wohlbrück a.a.O. I. 180. ...
98 Dominus Gh. qui fuit Templarius (Wohlbrück a.a.O. I. 126)."[3]

„Doch die Templer ergaben sich nicht kampflos in ihr Schicksal. Sie besetzten das Schloß des Erzbischofs Beyernaumburg bei Sangerhausen und verschantzten sich dort. Beyernaumburg zählte zum Besitz, und war Tafelgut des Erzbischofs von Magdeburg. In den Maßnahmen zur Belagerung des Schlosses war Burchard III. nicht gerade zimperlich. Er ließ eine nahegelegene Kirche befestigen, und funktionierte sie zu Belagerungszwecken, in einen profanen Militärbau um.

Doch damit nicht genug, denn auch die Kirche in Gerdekesdorf ließ Burchard III. befestigen, um sich gegen die Templer des Ortes zu behaupten.

Politisch zählten diese Bereiche zwar zu seinem Einflussgebiet, aber von kirchlicher Seite her, war der Bischof von Halberstadt hier zuständig, sodaß die Zweckentfremdung der Kirche und die Weigerung der Herausgabe der Templergüter in der Diözese des Bischofs Albert von Halberstadt eine Reaktion zur Folge haben mußte. Deshalb belegte Albert, Burchard III. mit dem Bann, und exkommunizierte ihn, obwohl der Erzbischof die Kirche in Beyernaumburg, nach der Belagerung des Schosses auf eigene Kosten wieder in Stand setzen ließ.

Die Auflösung, der für den Mißbrauch der Kirche in Beyernaumburg, verhängten Exkommunikation erhielt Burchard gemäß der päpstlichen Verfügung am 04.12.1310, durch die Bischöfe Friedrich von Brandenburg, Heinrich von Merseburg, und Heinrich von Hildesheim. Die

Aufhebung des Banns für den Kirchenmißbrauch in Beyernaumburg sollte er erst am 23.01.1312 erhalten, wogegen der Bann für Gerdekesdorf aber erst am 25.07.1312 aufgehoben wurde.

Am 19.11.1308 wurde ein Vertrag zwischen den Templern und dem Erzbischof Burchard ausgehandelt. Warum wurden noch Kapitulationsbedingungen gestellt? War die Belagerung des Erzbischofs nicht so erfolgreich, oder brachte der Zwist Burchards mit dem Bischof von Halberstadt den Templern einen Vorteil?

Nicht nur, denn auch die weltlichen Fürsten wie Waldemar von Brandenburg, Magnus von Braunschweig und Ottokar II. von Böhmen empörten sich über das Vorgehen des Magdeburger Erzbischofs. Das lag sicher nicht zuletzt daran, daß Friedrich von Alvensleben als Großpräzeptor von Alamannien und Slawien bei allen weltlichen und geistlichen Fürsten protestiert hatte. Nachdem selbst die Ritterschaft des eigenen Erzstiftes, und sogar Peter von Aspelt, der Primas des Deutschen Reiches und Erzbischof von Mainz, für den Templerorden eintraten, konnte Burchard gar nicht mehr anders, als die Templer zu entlassen.

Der Vertrag gewährleistete den Templern jedenfalls ihre volle Sicherheit. Der Erzbischof versprach jegliches Vorgehen zu unterlassen, bis der Papst dies erneut befehlen sollte. Für diesen Fall vereinbarte Burchard mit den Templern, sie vierzehn Tage vor Wiederaufnahme der Fehde zu informieren. Natürlich sicherte sich der Erzbischof ab, bevor er die Templer frei ließ. Der stellvertretende Ordensmeister, Günther von Köhten und die Komture der vier Kommenden des Erzstiftes, Bertram von Greifenberg, Heinrich von Bardeleben, Nicolaus von Andersleben und Thielecke von Warmsdorf, mußten mit fünf Bürgen das schriftliche Versprechen abgeben, weder den Erzbischof noch seine Freunde zu schädigen."[4]

„Doch schon vorher, im Mai 1308, ordnet Burchard als Landesfürst an, an e i n e m Tage alle Templer in den vier Komthureien des Erzstifts gefangen zu setzen, also in Magdeburg (Prälatenstraße), Wichemannsdorf bei Hundisburg, Gehringsdorf (Kreis Wanzleben) und in unserem Mücheln, und ihre Güter in Beschlag zu nehmen."[5]

1 *Lehmann, Gunther/Patzner, Christian: Die Templer in Mitteldeutschland. Erfurt 2004, S. 57. Die Urkunde vom 23. Juni 1304 findet sich unter Urkunde Nr. 86.*
2 *Hirschmann: Die Tempelherren in Deutschland. In: Historisch-politische Blätter für das katholische Deutschland. 159, 1917, S. 131-135, hier S. 133.*
3 *Ledebur, Leopold von: Die Tempelherren und ihre Besitzungen im Preußischen Staate. Ein Beitrag zur Geschichte und Statistik des Ordens. In: Allgemeines Archiv für die Geschichtskunde des Preußischen Staates. 16, 1835, S. 97-120, S. 242-268, S. 289-336, hier S. 246f. Zur Urkunde vom 23.6.1304 siehe Urkunde Nr. 86.*
4 *Lehmann, Gunther/Patzner, Christian: Die Templer in Mitteldeutschland. Erfurt 2004, S. 109f. Zum Vertrag zwischen dem Erzbischof und den Templern siehe Urkunde Nr. 100. - In zwei Templerurkunden wird der Erzbischof von Magdeburg als Zeuge genannt. Diese finden sich unter Nr. 11 und 13.*
5 *Schultze-Galléra, Siegmar von: Wanderungen durch den Saalkreis. Halle 2006, Nachdruck der Originalausgabe von 1914, S. 34f.*

55116 Mainz[1]

„Der Untergang des Ordens läßt sich anhand der Überlieferung für die Kommenden Mainz und Moritzbrunn verfolgen: drei Tempelritter, Jakob, Konrad und Gerlach (von Bingen) übergeben im Jahre 1314 ehemalige Güter des Templerordens in Mainz an den Johanniterorden, und noch aus dem Jahre 1315 liegt eine Verkaufsurkunde über einen Hof in Pietenfeld (LK Eichstätt) vor, in der die Bedingung steht, daß der Hof nach Ableben des Käufers und seiner Ehefrau an die Templer von Moritzbrunn zurückfallen solle. Hier ist das Datum zu beachten: drei Jahre nach der offiziellen Aufhebung des Ordens scheint man in der Kommende Moritzbrunn noch auf ihr Fortbestehen gehofft zu haben. Im Jahre 1322 jedoch ist die Kommende im Besitz der Johanniter: sie verkaufen den ehemaligen Templerbesitz an den Bischof von Eichstätt."[2]

„Die zu Mainz gelegenen Ordensgüter übergab 1314 die Witwe des dortigen Bürgers Emilrich v. Pingen samt ihren Söhnen, die dem Orden angehört hatten, dem dortigen Johanniterhaus, welches sie wiederum am 17.9.1316 dem Grafen Katzenelnbogen verkaufte."[3]

1 *Vgl. Hennes, Johann Heinrich: Die Tempelherren in Mainz. In: Zeitschrift des Vereins zur Erforschung der Rheinischen Geschichte und Altertümer. 1, 1845, S. 98-104. Das ehemalige Templerhaus befindet sich in der Kapuzinerstraße 29.*

2 *Mistele, Karl-Heinz: Zur Geschichte des Templerordens in Süddeutschland. In: Mitteilungen für die Archivpflege in Bayern. Sonderheft 5, 1967, S. 18-24, hier S. 19.*

3 *Michel, Fritz: Der Templerorden am Mittelrhein und die Templer zu Waldeck. In: Rheinische Heimatblätter. 1, 1924, S. 56ff, hier S. 56.*
Vgl. auch Borchardt, Karl: The Templars in Central Europe. In: Zsolt Hunyadi/József Laszlovszky: The Crusaders and the Military Orders expanding the medieval latin Christianity. Budapest 2001, S. 233-244, hier S. 239. Sartorius, Otto: Pfälzische Niederlassungen des Templerordens. In: Pfälzer Heimat. 8, 1957, S. 63f. Gerlich, Alois: Der Tempelhof zu Mainz. In: Mainzer Almanach 1960, S. 159-166. Schüpferling, Michael: Der Tempelherren-Orden in Deutschland. Ph.D.diss. Freiburg im Üchtland. Bamberg 1915, S. 37-43.
Siehe Urkunden Nr. 12, 15, 82, 97, 99 und 127.

54531 Manderscheid[1]

1 *Wilhelm Herr v. Manderscheid war Mitglied des Templerordens.*
Siehe Urkunde Nr. 50.

12209 Mariendorf

„Unter den in das heutige Groß-Berlin einbezogenen alten ländlichen Siedlungen bilden die Orte Tempelhof, Mariendorf, Marienfelde, Rixdorf eine alte Einheit. Sie erweist sich durch die Namen der ersten drei

Orte eindeutig als Gründung und einstmaliger Besitz des Ritterordens der Tempelherren.
Diese Ortsnamen sind nicht nur das älteste, sondern auch das einzige unmittelbare Zeugnis der Existenz dieses geistlichen Ordens in dieser Gegend."[1]

1 *Schultze, Johannes: Das Alter des Tempelhofs. In: Der Bär von Berlin. 4, 1954, S. 89-99, hier S. 89.*

12277 Marienfelde

„Unter den in das heutige Groß-Berlin einbezogenen alten ländlichen Siedlungen bilden die Orte Tempelhof, Mariendorf, Marienfelde, Rixdorf eine alte Einheit. Sie erweist sich durch die Namen der ersten drei Orte eindeutig als Gründung und einstmaliger Besitz des Ritterordens der Tempelherren.

Diese Ortsnamen sind nicht nur das älteste, sondern auch das einzige unmittelbare Zeugnis der Existenz dieses geistlichen Ordens in dieser Gegend."[1]

1 *Schultze, Johannes: Das Alter des Tempelhofs. In: Der Bär von Berlin. 4, 1954, S. 89-99, hier S. 89.*

15306 Marxdorf[1]

1 *Zur Lokalisierung von ‚Marquardstorpe' gab das Stadtarchiv Frankurt (Oder) mit freundlichem Schreiben vom 19.11.2008 zwei Möglichkeiten an. Möglicherweise handelt es sich um 15320 Neuhardenberg oder um 14476 Marquardt bei Potsdam. Mir scheint die Lokalisierung bei 15306 Marxdorf aus der Quellenlage die sinnvollere zu sein.*
Vgl. Schwarz, E.: Die Templer in der Mark Brandenburg. In: Monatsblätter des Touristenklub für die Mark Brandenburg. Berlin 1902, S. 37-40.
Siehe Urkunden Nr. 22 und 24.

56727 Mayen

„Zu ihnen [gemeint sind die Häuser in Hönningen und Niederbreisig, Anm. d. Verf.] mag auch jener Tempelherrnsitz bei Mayen und zu Kottenheim gehört haben, den die Inkorporationsurkunde für das Kloster Lonnig vom 1.9.1379 nennt.[4]

4 St. A. Coblenz, Mayen, Kollegiatsstift St. Clemens."[1]

1 *Michel, Fritz: Der Templerorden am Mittelrhein und die Templer zu Waldeck. In: Rheinische Heimatblätter. 1, 1924, S. 56ff, hier S. 56. Die Urkunde befindet sich heute im Landeshauptarchiv in Koblenz unter der Signatur 140 Nr. 14. Mit Datum vom 31.1.2007 teilte Frau Dr. Ostrowitzki vom Landeshauptarchiv folgendes mit: „Es handelt sich um die sehr umfangreiche Urkunde Bestand 140 Nr. 14: ‚Erzbischof Kuno inkorporiert dem Kloster Lonnig die St. Mariakapelle auf der Burg zu Mayen mit ihren sämtlichen Einkünften und ordnet an, dass der Gottesdienst wegen Geisteskrankheit des Burgkaplans Johann Wickenheuwer täglich von einem Geistlichen des Klosters gehalten werde.' Die Niederlassung der Templer dürfte im Zusammenhang mit den Einkünften erwähnt sein. Meines Wissens gibt es bisher keine Edition des Urkundentextes."*
Siehe Urkunde Nr. 152.

85128 Meilenhofen

„Die Rhein-Main- und Donau Schiene

Neben der Darstellung der Norddeutschen Templerkommenden gibt es eine parallele Entwicklung, die allerdings in der Regel jüngeren Datums ist, entlang der Rhein-Main-Donau-Linie. Ihre Entstehung verdanken sie wohl primär der notwendigen Absicherung und Unterstützung der von Frankreich bzw. Deutschland augehenden mitteleuropäischen Kreuzzüge ins Heilige Land. Hönningen (1225) und Niederbreisig rheinabwärts und an der Donau Altmünster (bereits 1155) mit einem Schwerpunkt um Eichstädt mit den Kommenden Meilenhofen, Moritzbrunn, Pietenfeld und Tempelhof. Aber auch etwas südlicher Augsburg. Alle diese Templerstätten nebst vielen anderen bedürfen der geschichtlichen Aufarbeitung und ihrer Einordnung in ihrer historischen Zeit."[1]

„Zu den frühesten Niederlassungen der Tempelherren im südlichen Deutschland gehört unstreitig Mosbrunnen, späterhin Moritzbrunn genannt, in der Nähe der ehrwürdigen Bischofsstadt Eichstätt gelegen. Auch im benachbarten Meilenhofen und Pietenfeld, Hessenlohe [sic, Anm. d. Verf.] und Leisacker lagen Güter der Templer."[2]

„Von den Gütern, welche die Kommende Mosbrunnen in Wippenfeld und Meilenhofen besessen hat, erhalten wir Nachricht durch eine Urkunde vom 6. Juni 1305 (?). Diese Urkunde berichtet, dass die Templerschwester Adelheid von Wellnheim, ehedem Gemahlin des nunmehringen Templers Rudiger von Wellnheim, mit Zustimmung des Templercomthurs Johannes von Mosbrunnen und des Bischofs Philipp von Eichstätt aus Gesundheitsrücksichten den Orden verlässt und nicht bloß jene Güter bei Wippenfeld wieder zurückerhält, die sie einstens bei ihrem Anschluß an den Orden diesem zugewendet hatte, sondern zu diesem sogar noch eine Mühle in Meilenhofen empfängt. Nach ihrem Tode sollten jedoch diese Güter an den Orden wieder zurückkommen und, wenn derselbe nicht mehr bestünde, je zur Hälfte der bischöflichen mensa in Eichstätt und dem St. Willibaldsaltare der Kathedralkirche daselbst zufallen. Unzweifelhaft sollte angesichts der dem Orden drohenden Gefahr genannte Vereinbarung nur eine Sicherstellung dieser Güter bezwecken und musste die schwache Gesundheit der Schwester Adelheid nur den Vorwand bilden, um nach Auflösung des Ordens den Templern auf diese Weise eine Zufluchtsstätte zu gewähren. In dieser Ansicht bestärkt einerseits der Ausdruck der Urkunde ‚Gemäß unserer und der Schwester vorsorglich getroffenen Anordnung' und andererseits der Umstand, daß ihr zu jenen Gütern in Wippenfeld, die sie dem Orden zugebracht, noch die Mühle in Meilenhofen hinzugefügt wurde, die, wie aus dem Zusammenhang der Urkunde hervorgeht, offensichtlich nicht von der Familie Wellnheim stammte."[3]

1 *Sawall, Edmund: Der Tempelritterorden in Deutschland. Versuch einer Bestandsaufnahme. In: Non nobis. 38, 2000, S. 14-19, hier S. 18.*

2 *Hirschmann: Die Tempelherren in Deutschland. In: Historisch-politische Blätter für das katholische Deutschland. 159, 1917, S. 131-135, hier S. 132f.*

3 *Schüpferling, Michael: Der Tempelherren-Orden in Deutschland. Ph.D.diss. Freiburg im Üchtland. Bamberg 1915, S. 61. Siehe Urkunde Nr. 108.*

97980 Mergentheim[1]

1 *In einer Urkunde aus 1268 betreffend den Deutschen Orden in Bad Mergentheim wird unter den Zeugen ein ‚Herman Templer' genannt. Die Urkunde findet sich in Württembergisches Urkundenbuch. Bd. VI, Stuttgart 1894, Nr. 1964, S. 356f.*

52428 Merzenhausen[1]

1 *Der Templerorden soll hier über Einkünfte verfügt haben, die dem Templerhaus in Aachen zu Gute kamen. Hierfür finden sich keinerlei Belege. Erwähung findet der Ort nur bei Alpen, van: Die Tempelherren in Aachen. In: Franz Ahn: Jahrbuch für den Regierungsbezirk Aachen 1824. S. 128-139, hier S. 134.*

17252 Mirow

„Es läßt sich auf der Landkarte das Vordringen des Ordens nach Osten erkennen. Und zwar durch eine zweite Linie templerischer Niederlassungen, die ungefähr 250 km nordöstlich parallel zu der Braunschweiger Riegelstellung verläuft. Der nordöstliche Stützpunkt bei Mirow, dem dann in kurzen, räumlich gleichmäßigen Abständen in Templin, Wildenbruch, Küstrin mit Münchenberg und Lebus sowie Zielenzig und Lagow folgen. Mit dieser Sperrkette war das Gebiet zwischen Elbe und Oder nach Osten hin abgesichert."[1]

1 *Sawall, Edmund: Der Tempelritterorden in Deutschland. Versuch einer Bestandsaufnahme. In: Non nobis. 38, 2000, S. 14-19, hier S. 15.*

55120 Mombach[1]

1 *Eine Erwähnung findet sich bei Wagner, Georg Wilhelm Justin: Templer-Orden: Die Kommende zu Mainz. Die Kommende zu Mühlen (Mühlheimer Hof) bei Osthofen. In: Die vormaligen geistlichen Stifte im Großherzogtum Hessen. Bd. 2: Rheinhessen. Darmstadt 1878, S. 280-288 und 565.*
Siehe Urkunde Nr. 12.

85111 Moritzbrunn

„Der Nachweis der einzelnen Templerniederlassungen ist noch immer weitgehend vom Zufall der Überlieferung abhängig, so daß ein Überblick über den Besitzstand des Ordens erst nach Durcharbeitung umfangreicher Archivbestände möglich sein wird. Im rechtsrheinischen Raum hebt sich in der Überlieferung die Kommende Moritzbrunn (*Musbrunnen*, LK Eichstätt) heraus, die Güter im näheren und weiteren Umkreis hatte. ... Der Untergang des Ordens läßt sich anhand der Überlieferung für die Kommenden Mainz und Moritzbrunn verfolgen: drei Tempelritter, Jakob, Konrad und Gerlach (von Bingen) übergeben im Jahre 1314 ehemalige Güter des Templerordens in Mainz an den Johanniterorden, und noch aus dem Jahre 1315 liegt eine Verkaufsurkunde über einen Hof in Pietenfeld (LK Eichstätt) vor, in der die Bedingung steht, daß der Hof nach Ableben des Käufers und seiner Ehefrau an die Templer von Moritzbrunn zurückfallen solle. Hier ist das Datum zu beachten: drei Jahre nach der offiziellen Aufhebung des Ordens scheint man in der Kommende Moritzbrunn noch auf ihr Fortbestehen gehofft zu haben. Im Jahre 1322 jedoch ist die Kommende im Besitz der Johanniter: sie verkaufen den ehemaligen Templerbesitz an den Bischof von Eichstätt.“[1]

„Zu den frühesten Niederlassungen der Tempelherren im südlichen Deutschland gehört unstreitig Mosbrunnen, späterhin Moritzbrunn genannt, in der Nähe der ehrwürdigen Bischofsstadt Eichstätt gelegen. Auch im benachbarten Meilenhofen und Pietenfeld, Hessenlohe [sic, Anm. d. Verf.] und Leisacker lagen Güter der Templer."[2]

„Die Rhein-Main- und Donau Schiene

Neben der Darstellung der Norddeutschen Templerkommenden gibt es eine parallele Entwicklung, die allerdings in der Regel jüngeren Datums ist, entlang der Rhein-Main-Donau-Linie. Ihre Entstehung verdanken sie wohl primär der notwendigen Absicherung und Unterstützung der von Frankreich bzw. Deutschland ausgehenden mitteleuropäischen Kreuzzüge ins Heilige Land. Hönningen (1225) und Niederbreisig rheinabwärts und an der Donau Altmünster (bereits 1155) mit einem Schwerpunkt um Eichstädt mit den Kommenden Meilenhofen, Moritzbrunn, Pietenfeld und Tempelhof. Aber auch etwas südlicher Augsburg. Alle diese Templerstätten nebst vielen anderen bedürfen der geschichtlichen Aufarbeitung und ihrer Einordnung in ihrer historischen Zeit."[3]

„Moosbrunn[61] in der Diözese Eichstädt fiel den Johannitern anheim und diese verkauften es zwischen 1312-24 an den Bischof Marquard von Eichstädt für 200 Pfund Silber[62].

61 Frater Heinricus, Commendator domus in Mosbrunn. Magn. Bullar. VI. 549.
62 Falckenstein Antiqq. Nordg. I. 175."[4]

„Abgesehen davon, daß die Johanniterurkunden vom 29. März und 14. Juni 1322 Mosbrunnen einen Ort nennen, der seit Alters den Templern gehörte, erwähnt schon eine Urkunde vom 7. Dezember 1289 die Templerbrüder in Mosbrunnen. Nach dieser Urkunde verkauft der Wildgraf Friedrich, Präzeptor von Deutschland und Slavien, in Gegenwart des Vizepräzeptors Dietrich von Morsbach einen Hof und eine halbe Hufe in Altenstadt bei Schongau, einen in Diethilrieth (Dietelried) samt dem Patronatsrecht über die Kirche daselbst, zwei Höfe zu Warenberg, zwei in Brugge (Burggen), zwei in Chuzenchoven, drei in Ellenchoven (Elligkofen bei Landsberg) um 225 Pfund Augsburger

Heller an das Prämonstratenserkloster in Steingaden, wobei ausdrücklich hervorgehoben ist, daß dieser Verkauf der Güter am Lechraine mit Zustimmung der Brüder von Mosbrunnen geschah."[5]

1 *Mistele, Karl-Heinz: Zur Geschichte des Templerordens in Süddeutschland. In: Mitteilungen für die Archivpflege in Bayern. Sonderheft 5, 1967, S. 18-24, hier S. 19.*

2 *Hirschmann: Die Tempelherren in Deutschland. In: Historisch-politische Blätter für das katholische Deutschland. 159, 1917, S. 131-135, hier S. 132f.*

3 *Sawall, Edmund: Der Tempelritterorden in Deutschland. Versuch einer Bestandsaufnahme. In: Non nobis. 38, 2000, S. 14-19, hier S. 18.*

4 *Wilcke, Ferdinand: Die Geschichte des Ordens der Tempelherren. Wiesbaden 2005, nach der 2. Auflage von Halle 1860, S. 387.*

5 *Schüpferling, Michael: Der Tempelherren-Orden in Deutschland. Ph.D.diss. Freiburg im Üchtland. Bamberg 1915, S. 58.*
Vgl. Popp, Theodor David von: Urkunden, den vormaligen Templerhof zu Moosbrunn betreffend. In: Archiv des Historischen Vereins von Unterfranken und Aschaffenburg. 2/3, 1852, S. 243-248.
Ca. 3 km nordwestlich von Moritzbrunn befindet sich noch heute ein Weiler mit der Bezeichnung Tempelhof.
Vgl. auch Layer, Adolf: Der Templerorden in Schwaben. In: Schwäbische Blätter für Heimatpflege und Volksbildung. 21, 1970, S. 70f, hier S. 71.
Siehe Urkunden Nr. 69, 108, 128 und 132.

74821 Mosbach

„Dennoch ist es erstaunlich, in der Umgebung auf weitere ‚Templerhäuser' zu stoßen: Die ehemalige Johanniter-Niederlassung in Neckarelz wird bereits seit dem 16. Jahrhundert als ‚Templerhaus' bezeichnet. In Klein-Wallstadt haben sich neben der Kirche Reste eines ‚Templerhauses' in Gestalt der Giebelwand eines frühgotischen Steinhauses (kein Wohnturm) erhalten. Nach der Volkssage bestanden ‚Tempelhöfe' in Kälberau und auf Burg Alzenau. Auch eines der alten Häuser in der Weinheimer Judengasse wurde noch im 19. Jahrhundert als ‚Templerhaus' bezeichnet. Schließlich wollte man in den Templern sogar die Bauherren der Burg Hemsbach (vermutlich des heute noch erhaltenen ‚Ritterhauses') erkennen. Auch ein gotisches Steinhaus in Bretten nannte der Volksmund ‚Templerhaus'. Die ‚Templerhäuser' sind indessen nicht auf den Odenwald beschränkt, auch erhaltene mittelalterliche Steinhäuser in Hildesheim und Boppard tragen diesen Namen."[1]

1 *Steinmetz, Thomas: Spätmittelalterliche Wohntürme im Odenwaldraum. In: Der Odenwald. 41, 1994, Heft 3, S. 87-102, hier S. 100.*

06249 Mücheln

„Einen warmen Gönner fand derselbe [gemeint ist der Templerorden, Anm. d. Verf.] auch an Bischof von Halberstadt 1201-1208, sodaß im Laufe der Jahre die Templer reiche Güter und Zehnten in Klein-Quenstedt, Ergstedt, Niendorf, Wehrstede, Widecke erlangten."[1]

„Nordwestlich der Stadt Halle liegt am Ostufer der Saale, etwa einen Kilometer vor der Stadt Wettin und heute dorthin eingemeindet, das alte Dorf Mücheln, auf dem sich westlich der Lettewitzer Straße zur Saale hin erstreckenden Gutshof, um den sich Wohn- und Wirtschaftsgebäude des 17. bis 19. Jahrhunderts gruppieren, steht eine gotische Kapelle - einst Zentrum einer Kommende des einflußreichen Templerordens.

Über Jahrhunderte als Speicher für landwirtschaftliche Erzeugnisse profan genutzt und kaum beachtet, ist die Kapelle, die in den Jahrzehnten nach dem Zweiten Weltkrieg immer mehr verfiel, neben den Resten der Wehrmauer der einstigen Kommende und einem runden südöstlichen Eckturm mit Schießscharte an der Hofeinfahrt, heute, nach erster denkmalpflegerischer Instandsetzung, eines der wenigen noch existierenden baulichen Zeugnisse des Wirkens des Templerordens in Deutschland."[2]

„Der Hof Mücheln findet als Kommende des Ordens jedenfalls erstmals in einer erzbischöflichen Urkunde aus dem Jahre 1270 dadurch

Erwähnung, daß Gero, Komtur des Ordenshofes in Mücheln, als Zeuge benannt wird.[1]

Die Grafen von Brehna-Wettin fühlten sich dem Ritterorden offensichtlich sehr verbunden, denn Conrad I., Bruder von Dietrich II., schenkte 1269 zum Besten des heil. Landes dem Meister des Templerordens und der Gemeinschaft'[2] das Patronatsrecht der St. Petrikirche in Wettin ... Das Patronatsrecht der Wettiner Kirche, das Erzbischof Konrad II. von Magdeburg 1273 und Papst Coelestin V. 1294 bestätigt hatten, führte zwischen Erzbischo Erich von Magdeburg und dem Präzeptor des Templerordens in Deutschland zu Streitigkeiten. Der letzte Graf von Brehna-Wettin, Otto IV., veräußerte laut Urkunde vom 14. November 1288 Schloß, Stadt und Grafschaft Wettin mit allen Gütern und Rechten an das Erzbistum Magdeburg; Erzbischof Erich übernahm die Besitzungen nach dem Tod Ottos IV. am 28. Juni 1290. Da die Kirche in Wettin nun von erzbischöflichen Vasallen genutzt wurde, entstanden sehr bald Zwistigkeiten mit den Patronatsherren, die durch den Tausch des Patronatsrechts von Wettin mit dem Patronatsrecht von Gr. Weddingen mit Vertrag vom 3. März 1295 ihr Ende fanden. Als Entschädigung erhielt der Ordenshof in Mücheln durch den gleichen Vertrag 3,5 Hufe Land in Dudeleben und Liobesitz und jährlich 8 Wispel Getreidepacht (je 2 Wispel Weizen, Roggen, Gerste und Hafer).

1 Siehe Urkunde Nr. 52. 2 Siehe Urkunde Nr. 59."[3]

„Wann dieser alte Rittersitz Besitz der deutschen Tempelherren wurde, ist ungewiß, sicherlich um oder bald nach 1240. In diesem Jahre schenkte Dietrich I, Graf von Brehna-Wettin, seinem Sohn Dietrich II., der Templer war, das Gut Mücheln nebst Döblitz. Die wettinischen Grafen von Brehna hatten eine Vorliebe für den Orden, war doch schon Friedrich II., der Vater Dietrichs I., Templer gewesen und als solcher am 16. Oktober 1221 vor Accon geblieben, auch wurde Dietrichs II. Neffe, Dietrich III., der Sohn Conrads I. von Brehna-Wettin († 1278) wiederum Templer (1278). Die Schenkung Mücheln an Dietrich II. war wohl ursprünglich Privatschenkung gewesen, ist aber wohl bald Kommende des Ordens geworden. 1269 verlieh Conrad I. von Brehna-Wettin dem Präzeptor und den Brüdern vom domus militiae

Templi das Patronat an der Kirche zu Wettin. Und 1270 trat als Zeuge Gero, commendator curiae in Muchele, auf: das Gut ist in dieser Urkunde (Staatsarchiv Magdeburg sub. Gerbstedt 4) zum ersten Male als Kommende des Ordens erwähnt. 1272 ist Geringus provisor in Mugeln curiae. 1295 vertauschen Magister et fratres de curia Müchele den Patronat zu Wettin gegen den zu Groß-Weddingen, werden obendrein vom Erzbischof Erich durch 3 ½ Hufen in Liobesiz und Dudeleben, die bisher der Kirche zu Wettin gehörten, entschädigt."[4]

„Doch schon vorher, im Mai 1308, ordnet Burchard als Landesfürst an, an e i n e m Tage alle Templer in den vier Komthureien des Erzstifts gefangen zu setzen, also in Magdeburg (Prälatenstraße), Wichemannsdorf bei Hundisburg, Gehringsdorf (Kreis Wanzleben) und in unserem Mücheln, und ihre Güter in Beschlag zu nehmen. Es sollte ihm das aber nicht so leicht gelingen. Die Templer widerstanden dem Befehl, sie und ihre Verbündeten aus der Ritterschaft nahmen sogar das feste Schloß des Erzbischofs Beyernaumburg bei Sangerhausen und kämpften hier auf das Tapferste gegen den Erzbischof. Noch heute sieht man im Parke des Schlosses die Rittergräber, welche die Leichen der gefallenen Templer decken."[5]

„Im Magdeburgischen jedoch leistete man dem unbeliebten Erzbischof heftigen Widerstand. Die Templer besetzten ihre Veste Gehringsdorf und verteidigten sich hier tapfer. Zuletzt (1312) erreichten sie, dass sie teils als Johanniter aufgenommen wurden, teils als Privatleute reich dotiert weiterleben konnten, so dass sie den Neid der Johanniter erregten. Es wurde daher 1318 durch die Dominikaner auf Befehl des Papstes eine genaue Revision der Einkünfte der Extempler vorgenommen. Ja, einige Ordensbrüder verkauften unter Zustimmung des Großpräzeptors Ordensgüter an ihre Familienangehörigen, so dass diese Ordensgüter in den Besitz von Adligen übergingen; so erwarben die Jagows Aulosen, die Schulenburgs Angern, die Pfuhls Garzin und die Hohendorfs Falkenhagen."[6]

„Das Gut macht heute noch durchaus den Eindruck eines alten Klosterhofes: ein mächtiges Quadrat, von alten Mauern mit Ecktürmen bzw. von Ställen und Gehöften umgrenzt. In den Türmen, nördlich wie südlich, sieht man noch Schießscharten, die jedoch nicht echt zu sein scheinen, wohl spätere Spielereien sind. Der Gutshof dehnt sich von der Wettiner Straße nach der Saale zu hin. Tritt man hinein, steht links das nicht weiter bemerkenswerte Gutswohnhaus, geradeaus in der Mitte des Hofes, vollkommen isoliert, die alten Tempelherrenkirche Unser Lieben Frauen. Sie ist in hellem Sandstein erbaut, das Dach ist jedoch mit späteren Backsteingiebeln verziert. Die stattliche Kirche gehört der Frühgotik an, ist etwa um 1250 erbaut, da die Templer hier ihre Kommende errichteten. Der Bau ist ein einziges Schiff mit dreiseitig schließendem Chor. Ein Turm fehlt, doch ist an der Nordwestecke ein rundes Türmchen angebracht, dessen Wendeltreppe zu der Empore der Westwand führt. Diese Empore ruht auf zwei einfachen Kreuzgewölben, die durch einen Gurtbogen voneinander getrennt werden. Die Kirche war reich bemalt, bei feuchter Luft lassen sich Pflanzenornamente, gelblich-grüne Blätter auf den ehemals gelblich-weißen Kappen erkennen. Auch Gurten und Grate waren mit Gelb, Schwarz und Rot bemalt gewesen. Die Konsolen hatten goldene Blätter auf blauem und rotem Grunde. Neun Strebepfeiler umstanden die Außenwände der Kirche, nur an der Südwestecke fehlt diese Stütze. Zwischen je zweien befindet sich ein spitzbogiges hohes Fenster, zweiteilig, jetzt teilweise vermauert. Auf der Südseite führt eine Haupttür, auf der Nordseite eine kleine in das Innere. – Diese Tempelherrenkirche stellt sich als ein Werk ersten Ranges der Frühgotik dar. Die Zierate, Bogen, Konsols sind durchweg edel und einfach, ihre Farben sind vornehm und harmonisch. Es ist doppelt traurig, dass dieser edle Bau noch immer als Rübenstall oder Kornboden dient, dass seine hohen Fenster vermauert sind, seine Farben und Skupturen nur kläglich Trümmerreste bedeuten und sein hoher alter Adel in dem Schmutz des Alltags untergeht. Übrigens muß der Kirchbau ehemals noch imposanter gewirkt haben, herausragende Steine der Ostseite deuten auf einen erheblichen Anbau, wohl auf das anstehende Kloster hin."[7]

1 *Hirschmann: Die Tempelherren in Deutschland. In: Historisch-politische Blätter für das katholische Deutschland. 159, 1917, S. 131-135, hier S. 132f.*

2 *Baron, Edmund/Hebestedt, Jörg: Die Templerkirche Unser Lieben Frauen in Mücheln bei Wettin. Halle 2000, S. 2.*

3 *ebenda S. 8f. Vgl. auch Lehmann, Gunther/Patzner, Christian: Die Templer in Mitteldeutschland. Erfurt 2004, S. 70.*

4 *Schultze-Galléra, Siegmar von: Wanderungen durch den Saalkreis. Halle 2006, Nachdruck der Originalausgabe von 1914, S. 33f.*

5 *ebenda S. 34f.*

6 *ebenda S. 35f.*

7 *ebenda S. 39f.*

Vgl. auch Borchardt, Karl: The Templars in Central Europe. In: Zsolt Hunyadi/József Laszlovszky: The Crusaders and the Military Orders expanding the medieval latin Christianity. Budapest 2001, S. 233-244, hier S. 236 und 239. Affeld, Rolf/Heinrich, Frank: Die Templer-Kapelle von Mücheln. Leipzig 1996. - In einer Urkunde findet sich der Komtur von Mücheln als Zeuge. Diese Urkunde findet sich unter Nr. 45. Zum Zustand der Kapelle vgl. Ludwig, Bert: Templer-Kirche Wettin, Ortsteil Mücheln denkmalpflegerische Zielstellung. Halle 1992. Mitteldeutsche Zeitung v. 11.7.2006.

Siehe Urkunde Nr. 131.

04931 Mühlberg (Elbe)

„So schenkte 1220 und 1227 der schlesische Piastenherzog Heinrich I. den Templern die unweit Breslau gelegene Burg Oelsnitz mit dem Gut Kleinöls, das zur stärksten Ordenskommende Schlesiens ausgebaut wurde. Das Mutterhaus von Kleinöls war und blieb jedoch Braunschweig. Die in gerader Linie dorthin führenden Etappenstationen waren Görlitz, Mühlberg und Halberstadt."[1]

1 *Sawall, Edmund: Der Tempelritterorden in Deutschland. Versuch einer Bestandsaufnahme. In: Non nobis. 38, 2000, S. 14-19, hier S. 15.*

67591 Mühlen (bei Wachenheim)

„Am 11. November 1270 genehmigen Werner und Philipp von Bolanden, daß der Ritter Helmann von Wachenheim die jährlichen Erträgnisse zu 6 Malter Korn in Mühlen, die er von ihnen zu Lehen hatte, um 21 Pfunde Heller an die Tempelbrüder verkaufen darf, und geben sogar ihre Zustimmung, daß diese Einkünfte in das freie Eigentum derselben übergehen sollen."[1]

1 *Schüpferling, Michael: Der Tempelherren-Orden in Deutschland. Ph.D.diss. Freiburg im Üchtland. Bamberg 1915, S. 34f.*
Siehe Urkunden Nr. 42 und 140.

67283 Mühlheim an der Eis

„Templer konnten auch aus der Verwaltung eines Klosters eines anderen Ortes Nutzen ziehen. So ist eine auf den 28. September 1272 datierte Urkunde des Bischofs Eberhard von Worms erhalten, in der er den Rittermöchen der Kommende Mühlen in Rheinhessen [gemeint ist Mühlheim, Anm. d. Verf.] die Klostergüter des dortigen Frauenkonvents (es handelte sich um Augustinerchorfrauen oder Zisterzienserinnen) überträgt. Alle Besitzungen und Rechte (z. B. über dort ansässige Bauern), die den Nonnen gehörten, gehen auf die Templer über; beide sollen (natürlich getrennt) dieselben Speisen zu den Mahlzeiten erhalten; die Brüder wählen sogar die Nachfolgerinnen für verstorbene Schwestern aus. Dafür wirken sie als Vögte, d.h. schützen und verteidigen die Klosterfrauen z. B. bei Rechtsstreitigkeiten. Die Urkunde ist mit dem Siegel des Bischofs, der Nonnen, der Zeugen und des Templermeisters versehen; letzteres ist dreieckig und zeigt ein Kreuz in der Mitte."[1]

„Eine der ältesten bekannten Nachrichten von einem Besitzthume des Tempelordens in den Rheinlanden gibt uns die Urkunde vom 12. März 1226, worin Graf Heinrich von Sayn, dessen Gemalin Mechtildis und eine Gräfin Ada von Lors den Tempelherren alle ihre Rechte, die sie an den Gütern des Ritters Conrad de Molendino haben, schenken. Die Güter dieses Ritters von der Mühlen werden nicht näher bezeichnet; doch ist es nicht unwahrscheinlich, daß dieses dieselben sind, aus denen das in mehreren Urkunden vorkommende Tempelhaus in Mühlen oder Mylen in der Gegend von Alzei seinen Ursprung hat."[2]

„Der jetzige Mühlheimer Hof, früher Mühlen, Mullen, Mulnen genannt, wo ein Templer-Haus und ein Cisterzienser-Frauenkloster sich befanden, liegt westlich von Osthofen und in dessen Gemarkung, am Seebach, sowie rechts der Chaussee von Osthofen nach Westhofen. Der Weg von Abenheim nach Bechtheim führt von Süden nach Norden mitten durch diesen Hof, welcher hier die Schleisgasse genannt wird.

Betreten wir diese Schleisgasse von der Südseite aus und gehen in nördlicher Richtung fort bis an den Punkt, wo der Seebach, von Westen herkommend, fast im rechten Winkel bis an die Schleisgasse zieht, welchen Punkt wir mit x bezeichnen wollen, so sind wir so ziemlich in der Mitte dieser Gasse angekommen, von welchem Punkte aus wir ein möglichst klares Bild von der jetzigen und früheren Oertlichkeit entwerfen wollen. Wir kehren uns zur linken Seite der Schleisgasse und bezeichnen die bis x durchschrittene Linie, an deren linken Seite der Seebach von Norden nach Süden fließt, mit a, so wie den Seebach, der von Westen nach x läuft, mit b; wir bezeichnen weiter die der Linie a diagonal gegenüberliegende mit e, und die der Linie b entsprechende mit d. Diese 4 Linien begrenzen eine Fläche, die so ziemlich die Form eines länglichen Rechtecks hat, und an welchem Rechtecke (Parallelogramm) die Linien b und d die längeren Seiten bilden.

Der frühere Lauf des Seebachs war nicht in a und b, sondern in c und d, wo derselbe in d einen Teich bildete, Verlängern wir die Linie a, in welcher eine Hofraithe liegt, nach Norden hin und nennen diese Verlängerung aa. Längs der Linien a und aa lag die Ordensburg, oder das Commendehaus der Templer, so, daß die eine Hälfte derselben in den unteren Theil der Linie a und die andere Hälfte in den oberen Theil der Linie aa fiel, und daß die Ordensburg von der Linie b quer in zwei ziemlich gleich Theile getheilt worden wäre. Nach den theilweise noch vorhandenen Grundmauern der Ordensburg hatte diese eine Länge von 114 und eine Breite von 66 Fußen. Die Grundmauern, die zum Theil auf hölzernen Rosten standen, waren 5 Fuß dick und 7-8 Fuß tief. Dieser Ordensburg nordwestlich war der Begräbnisplatz der Templer und diesem Begräbnisplatze westlich, und der gegen Norden verlängerten Linie c, die wir cc nennen, neben welcher der Seebach von Norden nach Süden fließt, östlich, befindet sich eine Hofraithe. Der Linie cc westlich, am westlichen Ufer des Seebachs, steht noch der Rest einer sehr dicken Mauer.

Wir kommen nun an die rechte Seite der Schleisgasse, wobei wir unseren Standpunkt bei x festhalten und die mit a und aa bezeichneten Linien auf diese Seite übertragen. Neben den untern Theile der Linie a liegt eine Hofraithe, welcher nördlich eine andere angrenzt und die neben der Linie aa hinzieht. Der letzteren Hofraithe östlich lagen das Cisterzienser Frauenkloster, dessen Grundmauern, sowie des Hofes der Templer in den 1830er Jahren ausgebrochen worden sind.

Im Jahr 1269 setzen Ritter Eberhard von Ehrenburg, Sohn weil. Ritter Gerhards von Worms, dessen Gattin Jutta und deren Sohn Conrad und Eidam Johann von Randeck dem Dekan und Kapitel zu Worms, dem Abte zu Hornbach, dem Dekan und Kapitel zu St. Maria zu den Staffeln in Mainz, dem Meister des Templerhauses, den Frauen und Mullen und den Einwohnern in Osthofen, wegen eines mit denselben eingegangenen Vertrags, bis sie zu diesem von den Grafen von Leiningen, von welchen sie die Vogtei zu Lehen tragen, die Genehmigung erhalten haben, ihre 2 Höfe zu Worms in der wathegazen und den Zehnten, womit sie zu Osthofen vom Abte in Hornbach belehnt sind, zum Unterpfande[3]; 1269 beurkundet Bischof Eberhard I. von Worms, daß Ritter Eberhard von Ehrenburg, Sohn weil. Ritter Gerhards von Worms, und dessen Sohn Conrad von dem Dekan und Kapitel seiner Kirche, vom Abte zu Hornbach, von dem Dekan und Kapitel zu St. Maria zu den Staffeln in Mainz, vom Meister des Templer-Hauses, den Frauen in Mullen und den Einwohnern zu Osthofen in seiner Gegenwart, die Summe von 450 Pfund Heller erhalten zu haben[4]; 1269 beurkundet Bischof Eberhard I. von Worms, daß Ritter Eberhard von Ehrenburg, Sohn weil. Ritter Gerhards von Worms, Vogt zu Osthofen, der, sowie andere seiner Vorgänger, den Wegeschnitt sich angemaßt, auf die Klage des Dekans und Kapitels seiner Kirche, des Abtes zu Hornbach, des Dekans und Kapitels der Kirche zu St. Maria zu den Staffeln in Mainz, des Ordensmeisters der Tempelherren, der Frauen zu Mullen, so wie der Einwohner zu Osthofen, mit seinem Sohne Conrad und seinem Eidam Johann von Randeck, ihm eidlich gelobt habe, denselben zurückgeben und von allen angemaßten Erpressungen abstehen zu wollen; 1272 bestätigt Bischof Eberhard von Worms, daß die Grafen Emich IV. und Friedrich III. von Leiningen, als Lehensherren, und Ritter Eberhard von Ehrenburg, als Lehensträger, auf die Vogtei des in seiner Diöcese gelegenen Klosters Mullen Verzicht geleistet haben, und trifft in Beziehung auf die dortigen Templer und Klosterfrauen die Anordnung, daß jene das Eigenthum und die Verwaltung der Klostergüter, so wie die Besetzung der Stellen, deren Zahl auf 20 bestimmt wird, haben, sowie für Nahrung und Unterhalt für die Frauen und die außerhalb lebenden Ritter besorgt sein sollen; 1280 genehmigen die Grafen Friedrich III. und Emich IV. von Leiningen (Gebrüder) den Verkaufs des Wegeschnitts, den Eberhard von Ehrenburg, ihr Kastellan, Sohn weil. Gerhards von Worms, dessen Gattin Jutta, deren Sohn Conrad, sowie deren Eidam Johann von Randeck in der Gemarkung des Dorfes Osthofen an Dekan und Kapitel zu Worms, Dekan und Kapitel zu St. Maria zu den Staffeln in Mainz, Abt zu Hornbach, Meister des Templerhauses, die Frauen in Mullen und die Einwohner zu Osthofen gemacht haben[5]; 1283 vermacht Hezelo, Cantor der Kirche zu St. Martin in Worms, seiner Kirche unter Anderem 2 Morg. in gwanda libenberch, gelegen gegen Osthofen, begrenzt domini de templo[6]; im Jahre 1293 werden Güter zu Osthofen wie folgt bezeichnet: retro mullen super vallem fontium consulc. templarii, apud claustrum tendens sub arbores consulc. templarii, wingartden hinder mullen consulc. templarii; 1293 beurkunden die Richter zu Worms, daß die dasigen Bürger und Eheleute Wernher Amelle und Lucia an die St. Martinskirche daselbst 30 Mltr. Korns, jährlicher Gülte, auf ihren Gütern zu Osthofen verkauft haben, und sind die Güter unter Anderem 1/2 Morg. an der Mainzer Straße, begrenzt domini de templo[7]; 1302 verkaufen Otto von Alzei, Comthur, und die Brüder von Muhlen, Templer-Ordens, 40 Morg. Feldes zu Flörsheim, welche Bruder Johannes von Morsbach, Johanniter-Ordens, zur Haltung eines ständigen Priesters in Muhlen, ihnen übergeben hatte, mit dessen Genehmigung, an den Comthur und die Brüder des Deutschen Hauses zu (Ober-) Flörsheim, um 110 Pfund Heller, und setzen dafür 20 Morg.

Ackers, an einem Stücke, zu Osthofen, am Wege gegen den Burgberg, und 20 Morg. Ackers, an einem Stücke, gegen Durineheim am Rhein (Rheindürkheim) gelegen, zum Unterpfande ein; 1302 bestätigt Friedrich, genannt Sylvester (Wildgraf), Präceptor des Templer-Ordens in Deutschen und Slavischen Landen, den Verkauf der Güter zu Flörsheim von Seiten des Comthurs und der Brüder von Muhlen an den Comthur und die Brüder des Deutschen Hauses zu (Ober-) Flörsheim, welche Güter Bruder Johannes von Morsbach, Johanniter-Ordens, vermächtnißweise den Ersteren übergeben hatte. Im Jahre 1317 wird der Johanniter-Bruder Jacobus de Hanheim als Commendator in Mulin erwähnt, es steht aber bis jetzt nicht fest, wie lange dieser, wahrscheinlich später an die Wormser Commende übergegangene Ordensitz gedauert hat. *Sch.* 1321 übergiebt Hiltegard, genannt zu Passineckelmanne, dem St. Agnesen-Altare in der Kirche zu St. Andreas (in Worms) die benannten Güter zu Westhofen, welche den Herren von Mulin einst gehörten, ferner dem St. Thomas-Altare in derselben Kirche unter Anderem 5 Pfund Heller, die sie auf dem Hofe der Templer[8] hat."[9]

„1316 beurkundet Helfrich von Rüdigheim, Meister des Johanniter-Ordens in Deutschland, daß wegen Güter, die einst dem Templer-Orden gehörten, zwischen seinem Orden und der Elisabethe, Wittwe Emelrichs von Bingen, Bürgers zu Mainz, und dem Priester Conrad und dessen Brüder, Söhne der genannten Elisabethe, eine Uebereinkunft getroffen worden sei ..."[10]

„Besondere Bedeutung erlangte Mühlheim, als der Großräzeptor des Templer-Ordens seine Burg in dem kleinen Weiler errichten ließ. Der Orden schluckte auch den reichen Besitz eines benachbarten Zisterzienser-Nonnenklosters und hielt seine Gottesdienste in der St. Marienkapelle zu Osthofen, die bald ‚Der Tempel' genannt wurde und später der nahen Templergasse ihren Namen lieh."[11]

1 *Dinzelbacher, Peter: Die Templer. Ein geheimnisumwitterter Orden? Freiburg im Breisgau 2002, S. 48f.*

2 *Ledebur, Leopold von: Die Tempelherren und ihre Besitzungen im Preußischen Staate. Ein Beitrag zur Geschichte und Statistik des Ordens. In:*

Allgemeines Archiv für die Geschichtskunde des Preußischen Staates. 16, 1835, S. 97-120, S. 242-268, S. 289-336, hier S. 98f.

3 *Siehe Urkunde Nr. 38.*

4 *Siehe Urkunde Nr. 39.*

5 *Siehe Urkunde Nr. 53.*

6 *Siehe Urkunde Nr. 57.*

7 *Siehe Urkunde Nr. 71.*

8 *Siehe Urkunde Nr. 138.*

9 *Wagner, Wilhelm: Die vormaligen geistlichen Stifte im Großherzogthum Hessen. 2. Bd. Provinz Rheinhessen. Bearbeitet und herausgegeben von Friedrich Schneider. Darmstadt 1878, S. 283-288.*

10 *ebenda S. 282.*

11 *Beckenbach, H.: Osthofen – Schicksalsweg einer Dorfgemeinschaft. Ein Blick in die Vergangenheit. Festschrift zur Einweihung der Goldbergschule in Osthofen. Osthofen 1956, S. 8f.*
Vgl. Borchardt, Karl: The Templars in Central Europe. In: Zsolt Hunyadi/ József Laszlovszky: The Crusaders and the Military Orders expanding the medieval latin Christianity. Budapest 2001, S. 233-244, hier S. 237 und 239. Sartorius, Otto: Pfälzische Niederlassungen des Templerordens. In: Pfälzer Heimat. 8, 1957, S. 63f. Nowak, Ludwig: Die Templer in Osthofen. In Mühlheim Ordensburg und Großkommende. In: Heimatjahrbuch 1996. Landkreis Alzey-Worms. Hrsg. v. Kreisvolkshochschule Alzey-Worms, S. 43-49.
Siehe Urkunde Nr. 130.

15374 Müncheberg[1]

1 *Nach Anton: Versuch einer Geschichte des Tempelherrenordens. Leipzig 1781, S. 24 soll Müncheberg von den Templern gegründet worden sein. Hingegen behauptet Schwarz, E.: Die Templer in der Mark Brandenburg. In: Monatsblätter des Touristenklub für die Mark Brandenburg. Berlin 1902, S. 37-40, hier S. 39 'ohne allen Grund in Beziehung zu den Templern gebracht'. Auch Schüpferling, Michael: Der Tempelherren-Orden in Deutschland. Ph.D.diss. Freiburg im Üchtland. Bamberg 1915, S. 123, verneint eine Beziehung der Templer zu Müncheberg und schreibt ‚Nach*

diesen urkundlichen Feststellungen ist es daher ausgeschlossen, daß die Templer in Müncheberg jemals ansässig oder begütert waren.'.

67435 Mußbach an der Weinstraße[1]

1 *Vgl. Heckel, Friedrich: Der Orden der Tempelherren und seine pfälzischen Niederlassungen. In: Pfälzer Land. Beiträge der unabhängigen Pfälzer Heimatpresse. 10.3.1951, Nr. 10, S. 5f. Heckel nennt hier Mußbach als Templerbesitz, allerdings ohne jeden Beleg. 1610 (!) wird ein Ordensbesitz von ,1200 Morgen' angeführt. Sartorius, Otto: Pfälzische Niederlassungen des Templerordens. In: Pfälzer Heimat. 8, 1957, S. 63f.*

74821 Neckarelz

„Neckarelz - Das Templerhaus

Ein bauliches und geschichtliches Kuriosum stellt das fälschlich so genannte Templerhaus vor dem Ort Neckarelz dar. Auf ebenem Gelände zwischen dem Neckar und den ersten Häusern des Ortes gelegen, erweckt es Neugier: ein barocker Turm über eigentümlich hoch liegenden gotischen Maßwerkfenstern auf einem abweisend kahlen Unterbau. Merkwürdig auch die erkennbar großen Mauermassen und der an eine Kirchenapsis erinnernde vielwinklige Gebäudeabschluß im Osten.

In der Tat trügt der äußere Eindruck nicht, es handelt sich um eine Kirche, zumindest seit 1707. Doch auch in seiner früheren Funktion stand das Gebäude der Kirche nahe: gegen 1300 übernahm der Johanniterorden eine hier bereits vorhandene kleine Burg und baute sie für seine Zwecke um.

Der Orden wurde um 1050 in Jerusalem zur Unterhaltung und Pflege eines Hospitals für Jerusalem-Pilger gegründet. Im 13. Jahrhundert erscheint er auch im Reich mit eigenen Niederlassungen. Seine Mitglieder - meist aus dem Niederadel und der Ministerialität stammend - widmeten sich der Seelsorge, der Landwirtschaft und besonderen sozialen Aufgaben. Dazu wurden mustergültige Spitäler angelegt.

Die Aufgaben des Ordens erforderte eine bestimmte bauliche Anlage, und das Templerhaus in Neckarelz weist diese Strukturen heute noch auf. Das wehrhafte Erdgeschoß mit den schmalen, schießschartenartigen Fenstern diente als Wirtschafts- und Vorratsgebäude. Das darüberliegende Stockwerk ist über eine schmale Wendeltreppe unterhalb des Turmaufsatzes zu erreichen. Im hinteren, östlichen Teil des Obergeschosses befand sich der ursprünglich kleine Kirchenraum, erkennbar an den schmalen und hohen Maßwerkfenstern. Der davor liegende Raum mit den jeweils drei kleineren Fenstern auf jeder Seite dürfte das ehemalige Hospital beherbergt haben. Über den Kirchenraum erhebt sich ein weiterer gewölbter Raum, in dem sich Kapitelsaal und Refektorium der Ordensbrüder befanden (Versammlungsraum und Speisesaal). Im selben Stockwerk, über dem eigentlichen Hospital, lag das Dormitorium (Schlafsaal) der Ordensbrüder.

Rund um das kompakte Gebäude finden sich heute noch Reste eines einstigen Wassergrabens, der aus dem nah vorbeifließenden Elzbach gespeist wurde. Zudem ist der gesamte Komplex mit Resten einer Mauer umgeben. Tatsächlich eine bemerkenswerte Anlage, in der säuberlich übereinandergeschichtet die verschiedenen funktionalen Bereiche der Johanniterniederlassung untergebracht waren.

Wie es aber nun zu der volkstümlichen und falschen Bezeichnung Templerhaus kam, ist kaum noch zu klären. Die Templer waren ein Orden mit ähnlicher Zielsetzung wie die Johanniter, doch wurden sie zu Beginn des 14. Jahrhunderts grausam verfolgt und ausgerottet.

Die weitere Geschichte des Johanniterhauses ist nicht ganz eindeutig geklärt. Als sicher kann jedoch gelten, daß die Pfalzgrafen 1377 in den Besitz von Ort und Burg kamen, wobei die Herren von Hirschhorn noch anteilige Besitzrechte an der Burg hatten. 1707 wurde das Gebäude der katholischen Gemeinde in Neckarelz als Pfarrkirche zur Verfügung gestellt, die 1731 den Glockenturm über der Wendeltreppe errichtete und das frühere Spital und das Dormitorium mit in den Kirchenraum einbezog."[1]

„Dennoch ist es erstaunlich, in der Umgebung [gemeint ist die Umgebung von Mosbach, Anm. d. Verf.] auf weitere ‚Templerhäuser' zu stoßen: Die ehemalige Johanniter-Niederlassung in Neckarelz wird bereits seit dem 16. Jahrhundert als ,Templerhaus' bezeichnet. In Klein-Wallstadt haben sich neben der Kirche Reste eines ,Templerhauses' in Gestalt der Giebelwand eines frühgotischen Steinhauses (kein Wohnturm) erhalten. Nach der Volkssage bestanden ,Tempelhöfe' in Kälberau und auf Burg Alzenau. Auch eines der alten Häuser in der Weinheimer Judengasse wurde noch im 19. Jahrhundert als ,Templerhaus' bezeichnet. Schließlich wollte man in den Templern sogar die Bauherren der Burg Hemsbach (vermutlich des heute noch erhaltenen ,Ritterhauses') erkennen. Auch ein gotisches Steinhaus in Bretten nannte der Volksmund ,Templerhaus'. Die ,Templerhäuser' sind indessen nicht auf den Odenwald beschränkt, auch erhaltene mittelalterliche Steinhäuser in Hildesheim und Boppard tragen diesen Namen."[2]

1 *Goetze, Jochen. Burgen im Neckartal. Heidelberg 1989, S. 37f.*
Der Autor bleibt den Beweis für das ,fälschlich' so genannte Templerhaus schuldig. Er schreibt, dass um 1300 die Johanniter die Burg übernahmen, wem sie vorher gehörte, wird nicht erwähnt. So darf vermutet werden, dass es sich auch um eine Templerburg gehandelt haben könnte.

2 *Steinmetz, Thomas: Spätmittelalterliche Wohntürme im Odenwaldraum. In: Der Odenwald. 41, 1994, Heft 3, S. 87-102, hier S. 100.*
Vgl. Albert, Peter Paul: Das ,Templerhaus' zu Neckarelz. Eine geschichtliche Untersuchung. In: Freiburger Diözesanarchiv. Zeitschrift des Kirchengeschichtlichen Vereins für Geschichte, christliche Kunst, Altertums- und Literaturkunde des Erzbistums Freiburg. NF 33, 1932, S. 1-28. Vischer, Hermann: Das Tempelhaus in Neckarelz (Baden). In: Oberdeutsche Zeitschrift für Volkskunde. 4, 1930, S. 67ff, geht nicht von der Anwesenheit von Templern in Neckarelz aus. Dies gilt auch für Sartorius, Otto: Pfälzische Niederlassungen des Templerordens. In: Pfälzer Heimat. 8, 1957, S. 63f.

15306 Neuentempel[1]

1 *Vgl. Lüpke, Helmut: Die Templerkommende Tempelhof. Ein Beitrag zur Geschichte des Templerordens in Ostdeutschland. In: Teltower Kreis-Kalender 1933, S. 21-34. Schwarz, E.: Die Templer in der Mark Brandenburg. In: Monatsblätter des Touristenklub für die Mark Brandenburg.*

Berlin 1902, S. 37-40.
Siehe Urkunde Nr. 24.

38822 Neu-Runstedt[1]

1 *Siehe Urkunden Nr. 87 und 141. Die Urkunden nennen ein Ober- und ein Unter-Runstedt.*

41460 Neuss[1]

„Andere Kommenden, wie Neuß und Herdecke (Ruhr), sind fraglich."[2]

„Auch zu Neuss soll ein Tempelhaus gewesen sein, das nach Aufhebung des Ordens den Minoriter-Conventualen eingeräumt worden sein soll."[3]

„Nachdem der Orden der Tempelherren im J. 1311 durch Pabst Clemens V. aufgehoben worden, wurde die Kirche und das Haus derselben in Neuß[v] den Minoriten vom Orden des h. Franziskus, die schon seit dem J. 1234 hier Aufnahme gefunden hatten, vom Magistrate überlassen. Diese blieben im Besitze davon bis zum Jahre 1615, in welchem sie nach einer Verfügung des damaligen Kurfürsten Ferdinand nach Köln in das Minoriten-Kloster versetzt wurden und ihr Kloster in Neuß den Jesuiten eingeräumt wurde.

v Wern. Tit. Ann. Nov. - Chorographie de Neuss. Es war ebenfalls auf der Oberstraße, von dem jetzigen Hause B. 26 bis B. 30 einschließlich, nach hinten bis in die Mühlenstraße."[4]

1 *Ist auch ein Nachweis einer Kommende in Neuss nicht durch Urkunden zu belegen, so gibt es deutliche Indizien für eine enge Beziehung des Templerordens zu Neuss. Das älteste Siegel der Stadt Neuss zeigt die schematische Darstellung der Grabeskirche. Vgl.: Stadt Neuss (Hrsg.): Neuss im Wandel der Zeiten. Neuss 1969, Abb. 44.*

2 *Haas, Robert: Die Kreuzzugsbewegung und die Ritterorden im Erzbistum Köln während des 13. Jahrhunderts. In: Geschichte und Kunst im Erzbistum Köln. Festschrift für Wilhelm Neuss. (=Studien zur Kölner Kirchengeschichte 5. Düsseldorf 1960, S. 96-101, hier S. 97.*

3 *Ledebur, Leopold von: Die Tempelherren und ihre Besitzungen im Preußischen Staate. Ein Beitrag zur Geschichte und Statistik des Ordens. In: Allgemeines Archiv für die Geschichtskunde des Preußischen Staates. 16, 1835, S. 97-120, S. 242-268, S. 289-336 hier S. 115.*

4 *Löhrer, Fr. J.: Geschichte der Stadt Neuß von ihrer Gründung an bis jetzt. Neuß 1840, S. 96.*
Vgl. Neuss-Grevenbroicher Zeitung v. 13.10.2007. Münter, Friedrich D.: Statutenbuch des Ordens der Tempelherren. Berlin 1794, Reprint Sinzheim 2002, S. 403, Anm. 249, nennt ausdrücklich ,Neuß bey Kölln' als Templerstandort.

67433 Neustadt an der Weinstraße[1]

1 *Nach Sartorius sollen hier die Templer einen großen Hof mit Betsaal und einer Kapelle besessen haben. Allerdings gibt Sartorius weder eine Urkunde noch einen Hinweis auf andere Quellen an. Sartorius, Otto: Pfälzische Niederlassungen des Templerordens. In: Pfälzer Heimat. 8, 1957, S. 63f.*

53498 Niederbreisig

„Dann erwarb es [gemeint ist das Johanniter Hospital in Burg an der Wupper, Anm. d. Verf.] 1278 durch Kauf von den Tempelherren zu Nieder-Breisig eine Rente von einem Gute zu Buschhausen bei Wermelskirchen.“ [1]

„Auch am Rhein waren sie begütert. Am meisten bekannt sind ihre zwischen Bonn und Koblenz auf beiden Ufern des Rheins gelegenen Besitzungen zu Breisig und Hönningen.“[2]

„Der älteste Ritterorden der Tempelherrn, dessen Regel durch den hl. Bernhard von Clairvaux redigiert worden war (1128) und der sich durch den Einfluß des Heiligen, bald auch durch päpstliche Privilegien außerordentlich begünstigt (1139 und später), sehr stark ausbreitete, hat im Erzbistum Köln, wie es scheint, erst im 13. Jahrhundert Niederlassungen gründen können. Die Nachrichten darüber sind allerdings sehr dürftig und mehr zufälliger Art, was mit dem unglücklichen Schicksal des Ordens und seiner frühen Aufhebung (1312) zusammenhängt. Es bestand ja für die spätere Zeit kein Interesse daran, die Urkunden und sonstigen Zeugnisse über die Ordenshäuser und ihren Besitz an Gütern und Rechten weiterzugeben.

Einigermaßen erfaßbar ist die Kommende Niederbreisig am Rhein. Sie ist wohl 1227 zuerst urkundlich erwähnt und besaß 1245 eine Donatuskirche. Komtur(magister) war damals Otfried. Weitere Komture waren Hildebrand (1268), Gerlach (1278) und Konrad (1284). Nach Aufhebung des Ordens kam die Kommende an den Johanniterorden.“[3]

„Es wird in diesem Zusammenhang daran erinnert, daß es im heutigen Bad Breisig noch ein beachtenswertes geschichtliches Denkmal gibt: Den Templerhof. Es liegt direkt an der Bundesstraße durch Niederbreisig und beherbergt als guterhaltenes Zeitdokument, heute ein Weinlokal.“[4]

„Die Rhein-Main- und Donau Schiene

Neben der Darstellung der Norddeutschen Templerkommenden gibt es eine parallele Entwicklung, die allerdings in der Regel jüngeren Datums ist, entlang der Rhein-Main-Donau-Linie. Ihre Entstehung verdanken wir wohl primär der notwendigen Absicherung und Unterstützung der von Frankreich bzw. Deutschland ausgehenden mitteleuropäischen Kreuzzüge ins Heilige Land. Hönningen (1225) und Niederbreisig rheinabwärts und an der Donau Altmünster (bereits 1155) mit einem Schwerpunkt um Eichstädt mit den Kommenden Meilenhofen, Moritzbrunn, Pietenfeld und Tempelhof. Aber auch etwas südlicher Augsburg. Alle diese Templerstätten nebst vielen anderen bedürfen der geschichtlichen Aufarbeitung und ihrer Einordnung in ihrer historischen Zeit.“[5]

„In dem Sprengel des Erzbischofs von Cöln finden wir dem Tempelherrn-Sitze Hönningen gegenüber im Regierungsbezirke Koblenz den noch jetzt also benannten Tempelhof zu Nieder-Breisig. Hier wird schon im Jahre 1245 ein gewisser Godfried Ordensmeister genannt. Ebenso scheint es auf urkundlichen Quellen zu beruhen, wenn gesagt wird, daß Hugo v. Merl als Mitglied des Templerhauses zu Breisig 1258 in Aufträgen des Ordens nach S. Jean d'Acre geschickt und daselbst angelangt sei, als eben die dortigen Tempelherren und Johanniter, statt gegen die Sarazenen zu kämpfen, einander selbst in blutigem Streite aufzureiben suchten. Am 22. Febr. 1285 verkauften der Commenthur Conrad und die übrigen Tempelordensbrüder zu Briseche den Klöstern Thron und Marienborn einen Fruchtzins zu Erlebach und Melindehe; und am 22. Dechr. 1287 bezeugt der Tempelordensmeister ebendaselbst, daß Heinrich Vogt von Breisich dem St. Florinstifte in Koblenz einen Zins von Gütern zu Breisich verkauft habe."[6]

„Der älteste Ritterorden, der Templerorden, war hier [gemeint ist Köln, Anm. d. Verf.] allerdings nur durch eine vor 1220 entstandene, späterhin mit einem Haus zu Hönningen verbundene Kommende in Niederbreisig vertreten, die über weit verstreute Besitzungen - u. a. in Köln - verfügte und vielleicht auf eine Stiftung des auf dem fünften Kreuzzug vor Damiette verstorbenen Grafen Wilhelm III. von Jülich zurückging. Es war wohl nicht allein die Aufhebung des Ordens und der 1312 erfolgte Übergang seines Besitzes an die Johanniter, der für die dürftige Quellenlage verantwortlich ist. Vielmehr blieben die Templer im Westen Deutschlands, wo sie den Johannitern den zeitlichen Vortritt lassen mußten, schlichtweg unbedeutend."[7]

„Nicht weit entfernt liegt das Templerhaus, ein ursprünglich wohl verputzer Bruchsteinbau, den zur Bauzeit 1657 allerdings nicht der 1312 aufgehobene Templer-Orden errichtete, sondern dessen Nachfolger am Ort, die Johanniter."[8]

„Als Meister (auch Commendator oder Comthur) der Commenden Hoyngen und Breisig wird 1289 ein Ritter Gerlach von Hammerstein genannt, der dieses Amt auch 1299 (MRR IV, 2845) noch bekleidet.

1303 wird ein Bruder von Blaw(u)stein als ‚commendater et rector domorum militie templi in Hoynken et Briske' bezeichnet, der also ebenfalls die Commenden in beiden Orten gemeinsam verwaltete, wie aus einem Kölner Schreinsbuch hervorgeht."[9]

„Von der ursprünglich weitläufigen Anlage mit Gotteshaus und Wirtschaftsgebäuden ist nur das hochgiebelige Komtureigebäude übriggeblieben. Es steht in der Nähe des Bahnhofs und des Thermalbades. Ein stark verwittertes Wappen mit einem Kreuz ist über der Haustür noch zu erkennen, dessen Umschrift lautet: ‚H.M.V.W.R.M.O.R.C.Z.T.A.B.S. S.V.W.', das heißt vermutlich: ‚Henricus Miles von Warsberg-Rheineck, Militaris Ordinis Crucis ‚Zum Tempel' ad Briseche, Sancti Sepulcri, von Warsberg.' – Darunter die Jahreszahln 1657. In seiner heutigen Gestalt stammt das Haus aus diesem Jahre; denn das ursprüngliche Gebäude wurde im Dreißigjährigen Kriege teilweise durch Brand zerstört. Das war umso eher möglich, weil die Templer-Niederlassung außerhalb des einst durch Wall und Graben, Türme und Tore befestigten Städtchens Niederbreisig lag. …

Die eigentliche Kirche der Kommende war die … Donatuskapelle. Sie stand unmittelbar südlich dem Templerhaus. In ihr wurde eine Partikel des Heiligen Kreuzes, dessen bestellte Hüter die Templeisen waren, bewahrt. … Das Baujahr von St. Donatus ist 1245. Die Kapelle wird als ein bauliches Kleinod mit ‚meisterhaftem gotischen Laubwerk' gerühmt…

1940 und 1955 stieß man bei Bauarbeiten neben dem Tempelhof auf die Fundamente der Donatuskapelle. Im letztgenannten Jahre legte man zahlreiche Gräber frei. Wie mir die Arbeiter berichteten, hätten die Toten mit erdwärts gewandten Gesichtern in den Grüften gelegen."[10]

„Die Kommende der Templer in Niederbreisig wurde hundert Jahre nach dem Entstehen des Ordens mitten in der Zeit der 1096 begonnenen Palästina-Kreuzzüge gegründet. Das genaue Jahr ist nicht bekannt. Jedoch spricht der Cisterzienser-Mönch Caesarius von Heisterbach in seinem um 1222 verfaßten Dialogus miraculorum von einem Priester, der sein Gesprächspartner war, daß dieser in ‚Briseke villa Dioecesis

Coloniensis' verstorben sei. Heinrich Neu (in: Rheinische Vierteljahrsblätter Bd. 32/1968) nimmt deshalb an, daß die Templer sich bereits vor 1222 in Breisig ansiedelten. Möglicherweise sei sie eine Gründung des Grafen von Jülich – er war selbst Kreuzfahrer und fand 1219 vor Damiette den Tod – oder auf dessen Veranlassung an diesem südlichsten Punkt seiner Herrschaft als Obervogt des Essener Stiftes im Breisiger Ländchen entstanden. Zur Breisiger Kommende gehörte jenseits des Rheins in Hönnigen eine Komturei, die mit ihrer Erzeugung von Wein und Wolle von wirtschaftlicher Bedeutung war. 1237 kaufte der Breisiger Ordensmeister in Köln ein Haus in der Trankgasse und erhielt so einen wichtigen Stützpunkt in der Metropole des Bistums, zu dem auch Breisig noch gehörte. Aber auch das Trierer Bistum lag mit seiner Grenze am Vinxtbach unmittelbar vor der Breisiger Niederlassung. Ihre wirtschaftliche und politische Bedeutung für das ,Ländchen' sieht H. Neu vor allem darin, daß die Kommende der Templer ein gewisses ,städtisches Element' nach Niederbreisig brachte und dadurch mit zu jener Entwicklung beitrug, welche die Gemeinde schließlich zu einem der sogenannten Stadtrechtsorte werden ließ."[11]

1 *Mehring, F.E. von: Geschichte der Burgen, Rittergüter, Abteien und Klöster in den Rheinlanden und den Provinzen Jülich, Cleve, Berg und Westphalen. Bd. 3, Heft 9, Köln 1853, S. 59.*

2 *Hennes, Johann Heinrich: Die Tempelherren in Mainz. In: Zeitschrift des Vereins zur Erforschung der Rheinischen Geschichte und Altertümer. 1, 1845, S. 98-104, hier S. 98.*

3 *Haas, Robert: Die Kreuzzugsbewegung und die Ritterorden im Erzbistum Köln während des 13. Jahrhunderts. In: Geschichte und Kunst im Erzbistum Köln. Festschrift für Wilhelm Neuss (=Studien zur Kölner Kirchengeschichte. 5, Düsseldorf 1960, S. 96-101, hier S. 96f.*

4 *Kramberg, Heinz G.: Der Auftrag des geistlichen Ritterordens der Tempelherren. Non nobis Dokumentation Heft 11. o. O. 1995, S. 46f (Photo S. 47).*

5 *Sawall, Edmund: Der Tempelritterorden in Deutschland. Versuch einer Bestandsaufnahme. In: Non nobis. 38, 2000, S. 14-19, hier S. 18.*

6 *Ledebur, Leopold von: Die Tempelherren und ihre Besitzungen im Preußischen Staate. Ein Beitrag zur Geschichte und Statistik des Ordens. In:*

Allgemeines Archiv für die Geschichtskunde des Preußischen Staates. 16, 1835, S. 97-120, S.242-268, S. 289-336, hier S. 113f.

7 *Hegel, Eduard (Hrsg.): Geschichte des Erzbistums Köln. Bd. 2 Janssen, Wilhelm: Das Erzbistum Köln im späten Mittelalter 1191-1515. Erster Teil. Köln 1995, S. 573.*

8 *Schäfke, Werner: Der Rhein von Mainz bis Köln. Eine Reise durch das romantische Rheintal. Ostfildern 2005, 3. Auflage, S. 159f.*

9 *Stadtverwaltung Bad Hönningen (Hrsg.): Bad Hönningen, Chronik einer jungen Stadt 1019-1969. Bad Hönningen 1969, S. 54.*

10 *Stausberg, Leo: Der Tempelhof in Niederbreisig. In: Heimatjahrbuch des Kreises Ahrweiler. 1958, S. 120ff, hier S. 121f.*

11 *200 Jahre Pfarrei Mariä Himmelfahrt Bad Breisig (1786-1986. Hrsg. v. Pfarrgemeinde St. Marien 1986, S. 26 Anm. 3.*
Vgl. auch: Neu, Heinrich: Die Ritterorden in Köln. In: Das Heilige Land. Wissenschaftliches Organ des Deutschen Vereins vom Hl. Land. 78, 1934, S. 114-118, insbesondere S. 118. Bers, Günter: Die Geschichte der Johanniter-Kommende St. Johannes in Kiringen bei Jülich. In: Beiträge zur Jülicher Geschichte. Jülicher Heimatblätter. Mitteilungen des Jülicher Geschichtsvereins. 4, 1959, S. 6-18, insbesondere S. 10. Dronke, Ernst/Lassaulx, Johann Claudius von: Die Matthias-Kapelle auf der oberen Burg bei Kobern an der Mosel. Koblenz 1837, S. 31. Hirschmann: Die Tempelherren in Deutschland. In: Historisch-politische Blätter für das katholische Deutschland. 159, 1917, S. 131-135, insbesondere S. 133. Michel, Fritz: Der Templerorden am Mittelrhein und die Templer zu Waldeck. In: Rheinische Heimatblätter. 1, 1924, S. 56ff, hier S. 56. Gerhardt, Joachim/Neu, Heinrich u. a.: Ehemalige Templer-, später Johanniter- bzw. Malteserkommende in Niederbreisig. In: Die Kunstdenkmäler des Kreises Ahrweiler. (=Die Kunstdenkmäler der Rheinprovinz. XVII, 1). Düsseldorf 1938, S. 434f. Schug, Peter: Ehemalige Templer-, später Johanniterordenskommende in Niederbreisig. In: Geschichte der zum ehemaligen kölnischen Ahrgaudekanat gehörenden Pfarreien der Dekanate Adenau, Ahrweiler und Remagen. Hrsg. v. Matthias Schuber. Trier 1952, S. 311-322.
Siehe Urkunden Nr. 3, 23, 28, 35, 51, 58, 59, 61, 62, 78, 85 und 143.

55413 Niederheimbach[1]

1 *Ein Erwähnung findet sich bei Wagner, Georg Wilhelm Justin: Templer-Orden: Die Kommende zu Mainz. Die Kommende zu Mühlen (Mühlheimer Hof) bei Osthofen. In: Die vormaligen geistlichen Stifte im Großherzogtum Hessen. Bd. 2: Rheinhessen. Darmstadt 1878, S. 280-288 und 565. Widmer, Georg: Über die Verbreitung und den Untergang des Templerordens in Deutschland und Österreich. In: Jahresbericht der kaiserlich-königlichen Zweiten Deutschen Staats-Realschule in Prag-Kleinseite. 26, 1909, S. 3-17, hier S. 5. Wilcke, Ferdinand: Geschichte des Ordens der Tempelherren. 2. Bd. Halle 1860, S. 30.*

53567 Niedermühlen

„Das letzte, vor 25 Jahren abgebrochene Gebäude, das aus dem Hofkomplex des ehemalig freiadeligen Holdinghausischen Hofs Niedermühlen stammte, hieß in der örtlichen Überlieferung ‚der Tempel'. Es diente im vorigen Jahrhundert als Wohnhaus der Familien Schumann und Tilgen, die durch Einheirat in die Familie Ditscheid nach Niedermühlen kamen. Am 25. April 1686 kauften Mattheis Ditscheid aus Mendt und seine Frau Johanna Katharina von Damian von Holdinghausen, früher Lützelau, jetzt zu Bruchsal in der Mark Brandenburg, und seinem Bruder Friedrich Schweikhardt, Mönch der Abtei Siegburg, den freiadeligen Hof Niedermühlen für eine Summe von 950 Reichtaler. In den Kauf eingeschlossen war auch der Hof Lohr, 1414 als Hof zum Laich genannt, um 1450 heiratete Girtgyn zum Laich aus dem Kirchspiel Asbach den Peter von Neustadt, genannt Munt. Der Hof lag unterhalb der Krumbachsmühle und war wohl der Vorläufer des späteren Thelenberger Hofes in Krumscheid. Nachdem der Vater Wilhelm Gottfried von Holdinghausen den Hof Wallau und den halben Hof Löhe am 1. Juni 1666 verkauft hatte, ging nun der Rest des stark verschuldeten Besitzes in andere Hände. Auf Niedermühlen lastete eine Hypothek von 500 Reichstalern.

Urkundlich läßt sich ‚der Tempel' und damit der gesamte Hof nicht als Tempelgut ausweisen. Die von Holdinghausen und ihre Besitzungen zu Rheinbreitbach sind neben der örtlichen Überlieferung die einzigen Stützen. Der dort genannte Heinrich v. H., Amtmann zu Siegen und Nassau, war der Urgroßonkel des Wilh. Gottfr. v. H., der als erster Besitzer von Niedermühlen nachgewiesen ist. ...

An der Leonhardikapelle in Rheinbreitbach hatte der Vater Wilhelm Gottfried eine Stiftung gemacht, die noch nicht völlig eingezahlt war. Beim Verkauf von Niedermühlen wird dem Käufer Matheis Ditscheid aufgelegt, die fehlende Summe (wahrscheinlich 15 Gulden) nach Rheinbreitbach abzulegen.

Als freiadeliges Gut war Niedermühlen zehnt- und abgabenfrei. In der Zehntbegehung Asbach 1668 wird die Größe von Niedermühlen und Hof Lohr mit 70 Morgen Land, 11 Morgen Baumgarten und Wiesen, 2 Morgen Haus, Hof und Garten angegeben. Im Hofland von Niedermühlen erinnert der Flurname ‚Irster Hohn' an die frühere Zugehörigkeit zu Ehrenstein-Ütgenbach. Von dort aus kam Niedermühlen an den Templerorden."[1]

1 *Schäfer, J.: Tempelgüter. In: Heimatkalender für den Kreis Neuwied 1960. S. 70-74, hier S. 72f.*

39646 Niendorf

„Einen warmen Gönner fand derselbe [gemeint ist der Templerorden, Anm. d. Verf.] auch an Bischof von Halberstadt 1201-1208, sodaß im Laufe der Jahre die Templer reiche Güter und Zehnten in Klein-Quenstedt, Ergstedt, Niendorf, Wehrstede, Widecke erlangten."[1]

„Eine Urkunde vom 21.04.1303 beschreibt die Belehnung der Brüder Eilhard und Johann mit den Gütern des Tempels in Liebenow durch den Präzeptor des Ordens Friedrich von Alvensleben. Bei der Aufzählung der dem Ereignis beiwohnenden Vasallen, wird auch einer aus Niendorf erwähnt. Daraus läßt sich schließen, daß der Tempel Besitzungen in Niendorf hatte, die durch einen Mann des Templerordens verwaltet wurden. Nochmals genauer ist die Angabe beim großen Güterverkauf [Siehe Urkunde Nr. 87, Anm. d. Verf.] der Templerbesitzungen in und um Halberstadt, bei dem der Zehnt von zwanzig Hufen in Niendorf genannt wird. Doch die neuen Besitzer, verkauften den Zehnt von zwanzig Hufen am 25.08.1327 Güterverkauf [Siehe Urkunde Nr. 141, Anm. d. Verf.] an das Domkapitel in Halberstadt. Wir erfahren weiterhin, das dieser, dem Kapitel bereits früher schon einmal gehörte und das Eigentumsrecht an den Hufen tatsächlich einmal bei den Templern lag."[2]

1 *Hirschmann: Die Tempelherren in Deutschland. In: Historisch-politische Blätter für das katholische Deutschland. 159, 1917, S. 131-135, hier S. 133.*

2 *Lehmann, Gunther/Patzner, Christian: Die Templer in Mitteldeutschland. Erfurt 2004, S. 54.*
Siehe Urkunden Nr. 87 und 141.

38272 Nordassel[1]

1 *In Nordassel sollen die Templer Besitz gehabt haben. Diese Nachricht findet sich bei Hahne, Otto: Ordensritterburgen und Adelssitze am Elm. In: Vaterländische Geschichten und Denkwürdigkeiten der Länder Braunschweig und Hannover. Bd. 1, Braunschweig 1925, S. 233.*

99734 Nordhausen

In Nordhausen stand ‚vor dem Hagen' ein Hof, der den Tempelherren gehörte. Diesem Hof war das Gut in Utterode bei Rehungen zugeordnet.[1]

„Nach der Auflösung des Templerordens durch Clemens V. ... traten die Hospitaliter ... vielerorts das Erbe der Templer an und so kam der Hof in Nordhausen und das Gut Utterode in ihren Besitz. Wie bereits ... beschrieben, verkaufte der Johanniterkonvent in Weißensee am 24.12.1316, den ehemaligen Templerhof in Nordhausen und das angegliederte Gut ‚Huthenrode' an den Grafen Heinrich IV. und Dietrich IV. von Hohnstein.

Nach einer Schenkung am 05.08.1321 durch die Gebrüder Heinrich, Dietrich und Albert, Grafen von Hohnstein an das Kloster Ilfeld wurde der Hof in die Güter des Ilfelder Hofes eingegliedert. Albert von Hohnstein war Ordensbruder der Templer und wohnte auch nach der Auflösung des Ordens noch 1321 auf dem ehemaligen Templergut in Utterode, das er sich angeeignet hatte.

Der Nordhäuser Templerhof wurde bei der Erweiterung des Ilfelder Hofes mit einbezogen, der auf der Stätte mehrerer Höfe stand und sich von der Ecke ‚Pferdemarkt' bis ‚vor dem Hagen' erstreckte. Den ältesten Hofteil machte der ‚vor dem Hagen' oder Hayne aus. Er gehörte dem Grafen Friedrich von Clettenberg in Röblingen bei Sangerhausen, der ihn den Nordhäuser Bürgern Lupolfus und seinem Bruder Sigfridus zum Lehen gab.

Das massive Erdgeschoß bestand aus großen Dolomitquadern und war nicht gewölbt. Hölzerne gedrehte Säulen trugen eine Balkendecke aus dem 17. Jh. Während der Keller aus einem kleinen Tonnengewölbe bestand, waren die oberen Stockwerke aus Fachwerk gefertigt.

Der Name Ilfelder Hof geht auf das Kloster Ilfeld zurück, in dessen Besitz der Hof 1277 durch die Schenkung des Grafen Friedrich kam.

Noch nach der Umwandlung des Klosters Ilfeld zur Stiftsschule, blieb ihm der Ilfelder Hof als Einnahmequelle für Zinsgetreide erhalten.

Nach der Säkularisierung des Klosters Ilfeld büßten seine Bewohner nicht nur die Befreiung von bürgerlichen Pflichten und Abgaben ein, sondern im 17. Jh. auch die Gerichtsbarkeit des Hofes.

Vom ersten Viertel des 18. Jh. bis zum ersten Viertel des 19. Jh. war eine kurhannoversche Postanstalt in dem Gebäude untergebracht.

Im Jahre 1853 wurde der Ilfelder Hof vom Stiftsamt an einen Privatmann verkauft. Die wechselhafte Geschichte des Gebäudes wurde leider mit seiner Zerstörung 1945 abgeschlossen."[2]

1 *Siehe Urkunde Nr. 137.*

2 *Lehmann, Gunther/Patzner, Christian: Die Templer in Mitteldeutschland. Erfurt 2004, S. 34f.*

53639 Oberdollendorf

In Oberdollendorf besaß die Komturei Niederbreisig einen Weinberg, der am 2. Oktober 1298 an den Frauenkonvent in Merten verkauft wird.[1]

1 *Siehe Urkunde Nr. 78.*

61352 Ober-Erlenbach[1]

„Am 22. Febr. 1285 verkauften der Commenthur Conrad und die übrigen Tempelordensbrüder zu Briseche den Klöstern Thron und Marienborn einen Fruchtzins zu Erlebach und Melindehe..."[2]

1 *„Bei dem Dorf Erlenbach handelt es sich um Ober-Erlenbach, heute ein Stadtteil von Bad Homburg vor der Höhe. Kloster Thron verfügte dort über umfangreichen Besitz: vgl. Ulrich Simon, Das Zisterzienserkloster Thron bei Wehrheim im Taunus, Wiesbaden 1986, S. 224f." Schriftliche Mitteilung von Dr. Hartmut Heinemann vom Hessischen Haupstaatsarchiv in Wiesbaden vom 21.2.2005.*

2 *Mehring, F.E. von: Geschichte der Burgen, Rittergüter, Abteien und Klöster in den Rheinlanden und den Provinzen Jülich, Cleve, Berg und Westphalen. Bd. 3, Heft 9, Köln 1853, S. 113f.*
Siehe Urkunden Nr. 35, 59 und 62.

55413 Oberheimbach[1]

1 *Ein Erwähnung findet sich bei Wagner, Georg Wilhelm Justin: Templer-Orden: Die Kommende zu Mainz. Die Kommende zu Mühlen (Mühlheimer Hof) bei Osthofen. In: Die vormaligen geistlichen Stifte im Großherzogtum Hessen. Bd. 2: Rheinhessen. Darmstadt 1878, S. 280-288 und 565. Widmer, Georg: Über die Verbreitung und den Untergang des Templerordens in Deutschland und Österreich. In: Jahresbericht der kaiserlich-königlichen Zweiten Deutschen Staats-Realschule in Prag-*

Kleinseite. 26, 1909, S. 3-17, hier S. 5. Wilcke, Ferdinand: Geschichte des Ordens der Tempelherren. 2. Bd. Halle 1860, S. 30.

99718 Obertopfstedt

„Das heutige Ober- und Niedertopfstedt bei Greußen hieß früher, wie alte Urkunden belegen, Topfstete, Tophestete aber unter anderen auch Topstede. Erst ab 1333 ist die Ortsbezeichnung Obertopfstedt gebräuchlich. ...
So gehörte z. B. Niedertopfstedt zur Erblehnschaft des Klosters Reinhardsbrunn, bis im Jahre 1521 das letzte Vorwerk und Gut durch den Abt Heinrich an Georg Streybel in Greußen verkauft wurde. ...

Die Kommende der Templer in Obertopfstedt ist unter anderem durch einige Urkunden belegbar. Nach der Aufhebung des Templerordens durch Papst Clemens V. traten vielerorts die Johanniter, nach päpstlicher Verfügung vom 02.05.1312 die Nachfolge der Templergüter an. So kann eine Urkunde vom 02.08.1312 aus den Regesten der Erzbischöfe von Mainz belegen, daß der Johanniterorden den Tempelhof in Topfstedt mit allen dazugehörigen Gütern vom Erzbischof Peter von Mainz erhalten habe, gegen das Versprechen der Rückgabe, falls der Papst eine andere Verfügung über die Güter treffen würde.[1] Weiterhin geht aus einer Urkunde vom 16.12.1317 hervor, daß der Stellvertreter des Johanniter Generalvisitators Paul von Mutina, als Komtur von Erfurt und Topfstedt bezeichnet wurde. Außerdem nennt Paulus de Mutina sich und seine Brüder, am 16.03.1320 in einer Urkunde des Diplomatarium Ilfeldense, aufgrund des Einflusses des päpstlichen Stuhls als Nachfolger und rechtmäßige Besitzer von vier Hufen Land in Trebra, in der Nähe der Templer-Kommende Topfstedt, zu der sie früher gehört hätten.[2]

Eine weitere Urkunde gibt in Form eines Vertrages von 1469, Auskunft über ein in Obertopfstedt gelegenes Vorwerk des Johanniterordenshofes zu Weissensee, das vorher sicher im Besitz der Templer war. Noch bis 1747 gehörte dem Johanniterordenshof in Weissensee das Vorwerk in Obertopfstedt.

Der Fund von Fragmenten einer Grabplatte in Obertopfstedt durch Herrn Ulrich Müller und Herrn Otto Landgraf im Jahre 1982 warf einige Fragen auf, und schürte zugleich Hoffnung, einen Beleg für die Templerkomturei Topstedt [sic] gefunden zu haben.

Bei der Erneuerung der Treppenstufen zur Tür des Kirchhofes erkannte man in den alten Stufen die besagten Teile des Grabsteins. Nachdem die vier Teile wieder zusammengefügt waren, zeigte sich eine stilistisch abgebildete Figur.

Die Inschrift der Grabplatte ist leider wegen der Zerstückelung und Verwitterung nicht vollständig lesbar. Schon damals versuchten Mitarbeiter des Institutes für Denkmalpflege in Erfurt und der Friedrich-Schiller-Universität in Jena den Grabstein zu analysieren. Sie fanden heraus, daß dieser nach 1300 einzuordnen wäre und die altlateinische Schrift ANNO DI an der Oberkante, nach Prof. Simon (Friedrich-Schiller-Universität Jena) für Anno Domini steht. Das Jahrhundert ist nicht mehr zu erkennen, aber die Jahreszahl auf der rechten Seite könnte für 59 oder 52 stehen. Daraus ergäbe sich 1352 ider 1359 als vermutliches Jahr des Todes.

An der Fundstelle der Grabplatte lag im 15. und 16. Jh. das schon benannte Vorwerk des Johanniterordens zu Weißensee, welches zuvor den Templern gehörte. Es wird daher vermutet, daß auf dem Grabstein der Tempelritter Bertholdus von Topffstete abgebildet wurde. Er fand zweimal urkundliche Erwähnung, allerdings als commendator des Deutschen Ordens in der Ballei Thüringen."[3]

„Topstädt bei Weißensee, jetzt Ober- und Unter-Topstädt: Daß dieses eine Kommende der Templer war, die schließlich in die Hände der Johanniter gelangte, erfahren wir aus mehreren Urkunden der Johanniter. In Urkunde vom 2. August 1312 macht Helferich, Prior der deutschen Johanniter-Ordensprovinz, bekannt, daß ihnen Erzbischof Peter von Mainz den Tempelhof zu Topstädt samt allen dazu gehörigen Gütern überwiesen habe gegen das Versprechen, diesen Hof an den Erzbischof wieder zurückzustellen, wenn der Papst eine andere Verfügung über diese Güter treffen würde, während Urkunde vom 16. Dezember 1317 den Stellvertreter des Johanniter-Generalvisitators Paul von Mutina als Comthur von Erfurt und Topstädt bezeichnet."[4]

1 *Siehe Urkunde Nr. 126.*
2 *Siehe Urkunde Nr. 136.*
3 *Lehmann, Gunther/Patzner, Christian: Die Templer in Mitteldeutschland. Erfurt 2004, S. 24f.*
4 *Schüpferling, Michael: Der Tempelherren-Orden in Deutschland. Ph.D.diss. Freiburg im Üchtland. Bamberg 1915, S. 110f.*
Siehe Urkunde Nr. 131.

54636 Oberweis

„Eine neuere Einzelhofsiedlung bei Oberweis ... trägt den Namen Tempelhof; sie liegt hart nördlich einer ‚römischen Villa', die man als einstiges Tempelherrenschloß deutet."[1]

1 *Steinhausen, Josef: Die Flurnamen im Dienste der Bodenforschung. In: Rheinische Vierteljahrsblätter. 3, 1933, S. 192-204, hier S. 197 Anm. 12.*

Oberweiting (nicht zu lokalisieren)

„Es werden auch noch andere Orte in der Diözese Eichstätt aufgeführt, an welchen unser Ritterorden Besitzungen gehabt haben soll, wie z. B. Berching, Berngau, Oberweiting, Thannbrunn, aber ein sicherer Beweis kann nicht geführt werden … "[1]

1 *Hirschmann: Die Tempelherren in Deutschland. In: Historisch-politische Blätter für das katholische Deutschland. 159, 1917, S. 131-135, hier S. 133.*

52499 Oidtweiler

„Im Jahre 1275 verkauften die Tempelherren zu Aldenhoven und die Familie von Hompesch ihre Güter zu Oidtweiler an das Domkapitel zu Köln."[1]

1 *Offermanns, Jakob: Geschichte der Städte, Flecken Dörfer, Burgen und Klöster in den Kreises Jülich, Düren, Erkelenz, Geilenkirchen und Heinsberg nebst statistischen Angaben. Linnich 1854, S. 169.*

39387 Oschersleben (Bode)

„Von einer Kommende der Templer in diesem Ort erfahren wir durch die Erwähnung des commendators von Oschersleben. In der Urkunde wurde frater Ulricus namentlich als Zeuge im großen Güterverkauf vom 26.04.1306 aufgeführt."[1]

„Wo lag nun dieser Oschersleber Tempelhof? Eine Antwort läßt sich vielleicht aus einer Urkunde von 1362 entnehmen. Darin übereignet der Bischof Ludwig von Halberstadt den Asseburgern eine halbe Hufe im Oschersleber Felde (6 Morgen hinter dem Tempelhofe, 6 Morgen ‚uppe der bune', 4 Morgen am Wege nach Seehausen). Offensichtlich handelt es sich um eine Halbhufe von 16 Morgen, die in den angegebenen Zahlenverhältnissen in den ‚drei Feldern' einer der Oscherleber Teilmarken (Emmeringfeld, Stadtfeld, Brandsleber Feld) lag. Der Flurname ‚Auf der Wuhne' ist freilich heute in der Oschersleber Flur unbekannt, wohl aber weist der Breitenname ‚Am Seehäuser Wege' nach der Flur unseres ‚Emmeringfeldes'. Wir müssen also auch den Flurnamen ‚Hinter dem Tempelhofe' im Emmeringer Flurteil unserer Feldmark suchen, vielleicht auch in Emmeringen selber, denn die damals schon wüste Dorfstätte bildete ja in jener Zeit tatsächlich einen Teil des ‚Oschersleber Feldes'."[2]

1 *Lehmann, Gunther/Patzner, Christian: Die Templer in Mitteldeutschland. Erfurt 2004, S. 55. Siehe Urkunde Nr. 87 und 104. Siehe auch Breddin, G.: Flurnamen und Flurgeschichte, ein Beitrag zur Heimatkunde der Oschersleber Umgegend. Oschersleben 1908, S. 26.*

2 *Breddin, G.: Flurnamen und Flurgeschichte, ein Beitrag zur Heimatkunde der Oschersleber Umgegend. Oschersleben 1908, S. 26f.*
In Urkunde Nr. 87 wird ein Ulrich von Oschersleben als Komtur genannt ‚frater Ulricus, commendator in Oschersleve'.
Siehe Urkunde Nr. 151.

Oster-Achim (nicht zu lokalisieren)[1]

1 *Siehe Urkunde Nr. 31. Dieser Ort ist heute nicht mehr nachweisbar. Vermutlich lag er in der Nähe des heutigen Achim im Kr. Wolfenbüttel (PLZ 38312) oder ist sogar mit ihm identisch.*

35510 Ostheim[1]

1 *Siehe Urkunde Nr. 61.*

67574 Osthofen[1]

„Dem Orden gehörten damals unter anderem der Hof Iben, reiches Grundeigentum in den Gemarkungen Osthofen, Schornsheim und Hamm, sowie ein großer burgähnlicher Hof in Mainz, in dem sich wahrscheinlich der Komtur, Wild- und Rheingraf Friedrich auf Grumbach bei Meisenheim, aufhielt. Den Hof selbst verwalteten ein Mainzer Tempelritter und dessen Angehörige."[1]

1 *Gerlich, Alois: Der Tempelhof zu Mainz. In: Mainzer Almanach. 1960, S. 159-166, hier S. 160.*
Vgl. Beckenbach, H.: Osthofen – Schicksalsweg einer Dorfgemeinschaft. Ein Blick in die Vergangenheit. Festschrift zur Einweihung der Goldbergschule in Osthofen. Osthofen 1956, S. 8f. Nowak, Ludwig: Die Templer in Osthofen. In Mühlheim Ordensburg und Großkommende. In: Heimatjahrbuch 1996. Landkreis Alzey-Worms. Hrsg. v. Kreisvolkshochschule Alzey-Worms, S. 43-49.
Siehe Urkunden Nr. 134 und 140.

85229 Ottmarshart

„Ottmarshart und Leukental, Templerbesitzungen, jenes im Bezirk Dachau, dieses ein Tal bei St. Johann in Tirol, das von der großen, später in den Chiemsee fließenden Ache durchzogen wird. Bertrand, der Großmeister des Templerordens, übergibt am 27. April 1168 mit Zustimmung des Ordenskapitels Besitzungen in Ottmarshart und Liuchental dem Pfalzgrafen Friedrich als Vertreter seines Bruders, des Pfalzgrafen Otto von Wittelsbach. Von besonderem Interesse ist es, daß diese Übergabe wahrscheinlich im heiligen Lande selbst stattgefunden, dass der Großmeister des Gesamtordens Bertrand de Blanquefort selbst amtierend auftritt und der Präzeptor von Lombardien, Bruder Bonifatius, im Auftrag eben dieses Großmeisters und des Kapitels den Verkauf besorgt."[1]

1 *Schüpferling, Michael: Der Tempelherren-Orden in Deutschland. Ph.D.diss. Freiburg im Üchtland. Bamberg 1915, S. 69.*
Vgl. Hormayr, Josef Freiherr von: Bruchstücke zur Geschichte des Tempelordens, zumal in Österreich. In: Archiv für Geographie, Historie, Staats- und Kriegskunst. 13, 1822, S. 753ff, 777ff, 787ff, hier S. 753.
Siehe Urkunde Nr. 1.

56291 Pfalzfeld[1]

1 *Siehe erstes Zitat unter St. Goar.*

85111 Pietenfeld

„Der Untergang des Ordens läßt sich anhand der Überlieferung für die Kommenden Mainz und Moritzbrunn verfolgen: drei Tempelritter, Jakob, Konrad und Gerlach (von Bingen) übergeben im Jahre 1314 ehemalige Güter des Templerordens in Mainz an den Johanniterorden, und noch aus dem Jahre 1315 liegt eine Verkaufsurkunde über einen Hof in Pietenfeld (LK Eichstätt) vor, in der die Bedingung steht, daß der Hof nach Ableben des Käufers und seiner Ehefrau an die Templer von Moritzbrunn zurückfallen solle. Hier ist das Datum zu beachten: drei Jahre nach der offiziellen Aufhebung des Ordens scheint man in der Kommende Moritzbrunn noch auf ihr Fortbestehen gehofft zu haben. Im Jahre 1322 jedoch ist die Kommende im Besitz der Johanniter:

sie verkaufen den ehemaligen Templerbesitz an den Bischof von Eichstätt."[1]

„Die Rhein-Main- und Donau Schiene

Neben der Darstellung der Norddeutschen Templerkommenden gibt es eine parallele Entwicklung, die allerdings in der Regel jüngeren Datums ist, entlang der Rhein-Main-Donau-Linie. Ihre Entstehung verdanken sie wohl primär der notwendigen Absicherung und Unterstützung der von Frankreich bzw. Deutschland augehenden mitteleuropäischen Kreuzzüge ins Heilige Land. Hönningen (1225) und Niederbreisig rheinabwärts und an der Donau Altmünster (bereits 1155) mit einem Schwerpunkt um Eichstädt mit den Kommenden Meilenhofen, Moritzbrunn, Pietenfeld und Tempelhof. Aber auch etwas südlicher Augsburg."[2]

„Zu den frühesten Niederlassungen der Tempelherren im südlichen Deutschland gehört unstreitig Mosbrunnen, späterhin Moritzbrunn genannt, in der Nähe der ehrwürdigen Bischofsstadt Eichstätt gelegen. Auch im benachbarten Meilenhofen und Pietenfeld, Hessenlohe und Leisacker lagen Güter der Templer."[3]

1 *Mistele, Karl-Heinz: Zur Geschichte des Templerordens in Süddeutschland. In: Mitteilungen für die Archivpflege in Bayern. Sonderheft 5, 1967, S. 18-24, hier S. 19.*

2 *Sawall, Edmund: Der Tempelritterorden in Deutschland. Versuch einer Bestandsaufnahme. In: Non nobis. 38, 2000, S. 14-19, hier S. 18.*

3 *Hirschmann: Die Tempelherren in Deutschland. In: Historisch-politische Blätter für das katholische Deutschland. 159, 1917, S. 131-135, hier S. 132f. Siehe Urkunde Nr. 128.*

31020 Quanthof

„Nach dem Hamelner Urkundenbuch I, 161 geht aus späteren Weiterverkäufen hervor, daß die Tempelherren zwischen Osterwald und dem Thüster Berg einen ganzen Güterkomplex im 13. Jahrhundert besessen haben, von denen der Quanthof anscheinend der Verwaltungsmittelpunkt, der Zehnthof, gewesen ist. So gehörten den ‚Gottesrittern zum Quanthof' auch sieben Hufe zu Sehlde auf dem Felde zu Reinlevessen (wüst), dreieinhalb Hufen zu Dedelmissen (Deilmissen), drei Hufen zu Everdagessen (wüst), der Zehnt zu Esbeke (Esbeck) und 60 Sack Salz auf dem Salzwerke zu Hemmendorf. 1360 verkauft der Herr von Homburg die sieben Hufen zu Sehlde und zwei Meierhöfe daselbst, die er von den Gottesrittern zum Quanthofe gekauft habe, an das Kloster Wülfinghausen und dessen treuer Hand, dem Ritter Ordenberg, sowie dessen Bruder, dem Knappen Siegfried Bock, unter Vorbehalt des Wiederkaufs (Homburger und Wülfinghauser Regesten). Im Jahre 1425 wurde dann auch der Quanthof an das Kloster Wülfinghausen verkauft, wo dann die jeweiligen Klostervögte es als Vorwerk haben verwalten lassen. Es soll dort neben den Vorwerksgebäuden eine Wohnung und eine Kapelle gegeben haben. Als in den Fehden später alles verwüstet wurde, hat das Kloster die Ländereien, die Mühle und die Schäferei 1512 an einige Leute pachtweise ausgetan. Seitdem hatte der Quanthof außer der älteren Mühle dort drei Meier- und zwei Kothöfe."[1]

1 *Ostermeyer, Annemarie: ‚Die Gottesritter' zum Quanthof. Salzhemmendorf 2008.*

06484 Quedlinburg

„Daher werden viele Orte genannt, wo die Templer gehaust haben sollen und die Sage ihrer gedenkt, während sie daselbst nur Rechte, Zinsen, bald größere, bald kleine Besitzungen hatten, wie z. B. im Erzstift Magdeburg, zu Salzwedel, Werben, Aulosen, Flechtingen, Acken, Angern, Brumby bei Calbe, Quedlinburg, Bernburg und so in allen Ordensprovinzen."[1]

1 *Wilcke, Ferdinand: Die Geschichte des Ordens der Tempelherren. Wiesbaden 2005, nach der 2. Auflage von Halle 1860, S. 385.*
Vgl.Schüpferling, Michael: Der Tempelherren-Orden in Deutschland. Ph.D.diss. Freiburg im Üchtland. Bamberg 1915, S. 102.

15749 Ragow

Es gibt vage Anzeichen, die für Templer in Ragow sprechen.[1]

1 *Vgl. den Artikel von Oliver Fischer ‚Auf den Spuren der Tempelritter. Historische Ordenszeichen in Kirche entdeckt/Restaurierung fraglich'. In: Märkische Allgemeine Zeitung (Dahme Kurier) vom 3.6.2005.*

52525 Randerath

„Nordöstlich der Straße ‚Am Hellenkamp' liegt die Parzelle mit der Flurbezeichnung ‚Im Astert'. In diesem Bereich soll früher das Kloster der Tempelherren gestanden haben. Es war ein geistlicher Ritterorden, der 1119 ursprünglich zum Schutz der nach Jerusalem wallfahrenden Pilger gestiftet wurde. ... Nach einer alten Randerather Sage liefen nachts die Tempelherren ohne Kopf umher."[1]

1 *Franken, Heinz: Ortsgeschichtlicher Rundgang durch Randerath. Heinsberg 2006, 2. Auflage, S. 28.*

93047 Regensburg

„Es werden auch noch andere Orte in der Diözese Eichstätt aufgeführt, an welchen unser Ritterorden Besitzungen gehabt haben soll, wie z. B. ...., aber ein sicherer Beweis kann nicht geführt werden, ebensowenig für Niederlassungen in Altmühlmünster, St. Leonhard in Regensburg, Vilseck in der Diözese Regensburg."[1]

„Es handelt sich um meine Annahme, dass sich in Regensburg in der Kirche der irischen Benediktiner und schottischen Wanderprediger das Grab David Setons befinden muß. Diese Kirche steht in engem Zusammenhang mit dem Wiener Schottenkloster (St. Marien) und der Nürnberger St. Jacobskirche sowie der Burgkapelle. David Seton war der letzte schottische Großprior der Templer, und mit seinem Namen verliert sich die Templergeschichte in Deutschland an der wir wieder anknüpfen sollten."[2]

„In Baiern findet sich eine Komturei in Augsburg, vom Grafen Hartmann von Dillingen gegründet, die Dominikaner erhielten sie 1312. Eine andere war zu Deißing bei Altmühlmünster. Altmühlmünster selbst, eine ansehnliche Komturei, urprünglich zu Regensburg von den dortigen Burggrafen, Heinrich und Otto von Riedenburg, bei St. Leonhard im Jahre 1158 gestiftet, später nach Altmühlmünster verlegt, wurde nachher eine Johanniterkommende."[3]

1 *Hirschmann: Die Tempelherren in Deutschland. In: Historisch-politische Blätter für das katholische Deutschland. 159, 1917, S. 131-135, hier S. 133.*
2 *Schreiben des Historikers F. Rainer Wiese v. 20.8.2000 im Archiv des Verfassers.*
3 *Wilcke, Ferdinand: Die Geschichte des Ordens der Tempelherren. Wiesbaden 2005, nach der 2. Auflage von Halle 1860, S. 387.*

53424 Remagen[1]

1 *Vermutlich hatte die Komturei Hönningen in Remagen Besitzungen. Vgl. 1 Schäfer, J.: Tempelgüter. In: Heimatkalender für den Kreis Neuwied 1960. S. 70-74, hier S. 73.*

33378 Rheda(-Wiedenbrück)

„Schaten, der sonst aus Urkunden zu schöpfen plegt, berichtet zwar zu Lippspringe und zu Rheda, beides im Reg.-Bez. Minden, haben die Tempelherren Sitze gehabt, und daß erstern die Edlen von der Lippe, letztern die Grafen von Tecklenburg eingezogen haben. Zur Bestätigung für Lippspringe hätte der gelehrte Bischof von Paderborn, Ferdinand v. Fürstenberg, indem er die Denkwürdigkeiten dieses Ortes besingt, Gelegenheit der Tempelherren zu erwähnen, allein er gedenkt einer solchen Tradition nicht.

Für Rheda wird indessen zur Bestätigung jener Sage auf ein noch jetzt in dem fürstlichen Schlosse befindliches 2 1/2 Fuß langes und eben so breites Gemälde Bezug genommen, worauf ein Tempelherr in vollem Ornate abgebildet sich befindet, mit einer lateinischen Aufschrift ,Von den Tempelherren, den Erbauern des viereckigen Thurmes auf dem Schlosse zu Rheda, deren traurigem Untergange und gänzlicher Vertilgung.' Der Abfasser dieser Inschrift schenkt alle den Gräueln, deren die Tempelherren beschuldigt worden, Glauben, und fügt hinzu: ,es haben ihnen ihre Schlösser und Zufluchtsörter nichts geholfen, auch nicht dieser von Quadersteinen aufgeführte Thurm.' Ferner bemerkt der Verfasser, daß man in Deutschland milder gegen sie verfahren, daß sie hier nicht ermordet, sondern ihre Statuten nur verändert, und Personen und Einkünfte an andere geistliche Orden vertheilt worden seien.[71] Keine einzige der vielen bekannten Urkunden gerade dieser Gegend, weiß etwas von Tempelherren zu Rheda.

71) War an dem Orte, wo sich jetzt das Schloß zu Rheda befindet, in Vorzeiten eine Tempelherren-Wohnung? von Hübner in den Allgem. Unterhaltungsblättern. Münster und Hamm. 1829, 6. B. Nro. 21. - Der Verfasser liefert hier eine genaue Beschreibung des angeblich von den Tempelherren gebauten Thurmes und der darin befindlichen Kapelle."[1]

„Ernstzunehmende Quellenhinweise für die Anwesenheit von Tempelritter auf Rheda liegen nicht vor. Es gibt jedoch Anhaltspunkte, welche auf ein zeitbedingtes Entstehen einer Geschichtslegende schließen lassen. Die Deutung des Kapellenturmes als ein Bauwerk der Tempelherren taucht wohl zuerst auf der hölzernen Schrifttafel auf, die das Inventar von 1623/24 nachweist und welche Leo Zellner in die erste Hälfte des 16. Jahrhunderts datierte. Ferner nennt die Bauinschrift von 1604 den Turm Tempelherrenturm. Nicolaus Schaten folgte dann in seinen um 1650 verfaßten ,Annales Paderbornenses' dieser Version ebenso wie Moritz Meier um 1685. Zuletzt findet sich die Bezeichnung in der Brandnotiz des Rhedaer Ratsprotokolls von 1718. In den recht zahlreichen Baurechnungen des 17. und 18. Jahrhunderts, in welchen die Rhedaer Türme Erwähnung finden, tauchte bisher die Bezeichnung ,Tempelherrenturm' nicht auf... Der Sprachgebrauch ,Tempelherrenturm' entstammte demnach kaum dem Handwerkerstand. Es handelte sich wohl um eine Sprachregelung der literarisch gebildeten Schicht. Auf einen literarischen Bildungsstreit verweist auch der Text auf der obigen Holztafel. Es handelt sich um einen in lateinischen Hexametern abgefassten Pasquill. Der Tenor des Textes ist eindeutig reformatorisch. Dem Bau des Rhedaer Kapellenturms durch die Tempelherren wurde der Topos des Turmbaus zu Babel zugrunde gelegt. Die Tempelherren erscheinen als ‚secta invisa deo', als gottverfluchte Sekte, welche die gottgewollte Obrigkeit zu stürzen trachtete. ... Die Rhedaer Tempelherrenlegende ist somit ein Produkt der Reformationszeit."[2]

1 *Ledebur, Leopold von: Die Tempelherren und ihre Besitzungen im Preußischen Staate. Ein Beitrag zur Geschichte und Statistik des Ordens. In: Allgemeines Archiv für die Geschichtskunde des Preußischen Staates. 16, 1835, S. 97-120, S. 242-268, S. 289-336 hier S. 117f.*

2 *Conrad, Horst: Bemerkungen zur Baugeschichte des Schlosses Rheda. In: Westfälische Zeitschrift. 139, 1989, S. 239-273, hier S. 257 und 259. Vgl .Schüpferling, Michael: Der Tempelherren-Orden in Deutschland. Ph.D.diss. Freiburg im Üchtland. Bamberg 1915, S. 83.*

53359 Rheinbach

„Römische Straßenbefestigungen waren in Rheinbach (Burg), auf dem Tomberge, am Speckelstein [specula=Warte; in der Nähe Reste eines römischen Gebäudes (nicht Tempelherrenkloster, wie der Volksmund erzählt)],..."[1]

1 *Heusgen, Paul: Die Pfarreien der Dekanate Meckenheim und Rheinbach. (=Geschichte der Pfarreien der Erzdiözese Köln. Köln 1926). Köln 1926, S. 12. Heusgen verweist in diesem Zusammenhang auf eine Stelle bei Claer, Eberhard von: Rheinische Geschlechter und ihre Sitze in den Kreisen Bonn und Rheinbach. In: Annalen des historischen Vereins für den Niederrhein. 45, 1886, S. 53-116, hier S. 92f.* „Das Volk pflegt in solchen über sein Gedenken hinausreichenden Bauwerken [gemeint sind Reste römischer Bauten, Anm. d. Verf.] mit Vorliebe die eines

Klosters zu erkennen; besonders auffallen muß der meines Wissens noch nicht aufgeklärte Umstand erscheinen, dass die Sage öfters Tempelherrenklöster an die Stelle römischer Gebäude treten läßt. Mehrere Fälle dieser Art finden sich in Gegenden des Regierungsbezirks Aachen, ein uns näher liegender Fall kommt im Flamersheimer Wald, Distrikt Schorn, unterhalb des Speckelsteins (specula) vor. Der Tradition nach soll hier ein Tempelherrenkloster gestanden haben, während die Untersuchung nur Beweise für ein anscheinend bedeutendes römisches Gebäude ergab. Man könnte daher eher vermuthen, dass an solchen Stellen einst in heidnischer Zeit Tempel standen, die dann der Volksmund irrig in Klöster des Templerordens umschuf. Ein heidnischer Tempel soll der Sage nach in dem zur Burg Vettelhoven (Kreis Ahrweiler) gehörigen Wald zwischen Holzweiler und der Ahr oberhalb des ehemaligen Klosters Marienthal gestanden haben. Starke Mauerfundamente werden dort noch aufgedeckt und ein in der Nähe befindlicher Weg wird vom Volke ‚der Tempelspfad' genannt. Zu Aachen gibt es einen Templergraben und Templerbend und in Zülpich eine Templergasse, die einst zu einer Kultstätte der Aufanischen Matronen geführt haben soll."

56154 Rheinbay

„Auch in der ehemaligen, bei dem Dorfe Rheinbay (über Hirzenach) gelegenen Burg Wiesenstein soll sich ähnliches [wie auf Burg Lahneck, Anm. d. Verf.] abgespielt haben, als dort ebenfalls einige Templer sich gegen die Feinde verteidigten und bis auf einen Mann umkamen. Diesem gelang es, sich nach der Propstei Hirzenach zu retten, wo er sein Leben beschließen durfte. An diese Templer in Hirzenach erinnert noch der ‚Tempusbach', und bis vor kurzem führte das vom Winzerverein bis zum Bahnhof reichende Gelände den Namen ‚Tempusort'."[1]

1 *Heckel, Lorenz: Tempelritter am Rhein. In: Heimat am Mittelrhein. Nr. 3, 1960. Siehe auch erstes Zitat unter Hirzenach.*

53619 Rheinbreitbach

„In der Geschichte Rheinbreitbachs (1952) wird S. 60 vermerkt, daß Wilhelm von Breitbach 1571 die sog. Tempelgüter zu Breitbach gekauft habe, für die sein Sohn Johann Jakob 1579 dem Heinrich von Holdinghausen, Amtmann zu Siegen und Nassau, noch 200 Taler schuldig war. S. 154: daß der Tempelhof bei der Kirche vor 1655 zum Kirchhof gezogen worden sei. Weiter kaufte Wilhelm von Breitbach 1569 von Konrad von Steprode zu Raurenbach und seinem Bruder Wilhelm die Hälfte der Seelbacher Güter zu Breitbach, so wie sie 1526 geteilt worden waren (S. 60). Hier ist festzuhalten, daß die Breitbacher die Tempelgüter von den Holdinghausen kaufen mussten, daß sie also nicht einen Rechtsanspruch geltend machen konnten, und daß neben Holdinghausen die von Seelbach und von Steprode genannt werden. Mit dem Tempelhof hatte – vielleicht als Pächter – auch Adam Tempel, alias Adam Heckener zu tun, einer der reichsten damaligen Eingesessenen (1597 Kirchmeister). Ein Namensvetter, Heinrich Heckener (Vater des Adam?), wird 1550-71 genannt. Er hatte im Kirchspiel Windhagen Hausbesitz, für den er 1572 ans Kapitel von St. Maria ad Gradus in Köln 5 Mulfaß Hafer als ‚Söchthaberen im Waldt' abzugeben hatte. Die Soekhafer war die Entschädigung an den Zehntherrn für Gebäudlichkeiten, die auf bisher zehntbarem Land errichtet wurden und so dessen Ertrag minderten. Hr. Prof. Vogts, Unkel-Scheuren, fand im Unkeler Schöffenbuch Bl. 5 a eine Grundstückverpfändung. Unterm 10. August 1330 kauft Gude, genannt von Gelinhusen, die sich in Köln aufhält, von dem in Breytbag weilenden Jakob von Treys eine lebenslängliche Rente von 4 Mark. Für das Aufkommen dieser Rente setzt Jakob von Treys 4 Wiesengrundstücke zum Pfand. Eines 1 Viertel groß apud Templarios (bei den Templern), ein anderes anderthalb Morgen groß quondam Templariorum (ehemals den Templern gehörig). Bei den andern Wiesen werden als Grundstücksname genannt: Mar, Ruschewege, auf dem Ufer zu Splenter und an der Helten. Mit der doppelten Nennung der Templer ist gesichert, daß der Tempelhof in Rheinbreitbach wirklich Eigentum des Templerordens war. Jakob von Treys stellt sich kurz nach der Auflösung des Ordens als Besitzer und Anrainer von ehemaligem Templergut vor."[1]

1 *Schäfer, J.: Tempelgüter. In: Heimatkalender für den Kreis Neuwied 1960. S. 70-74, hier S. 71.*

37547 Rimmerode[1]

1 *In Rimmerode sollen die Templer Besitz gehabt haben. Die einzige Nachricht dazu findet sich bei Hahne, Otto: Ordensritterburgen und Adelssitze am Elm. In: Vaterländische Geschichten und Denkwürdigkeiten der Länder Braunschweig und Hannover. Bd. 1, Braunschweig 1925, S. 233.*

12043 Rixdorf

„Unter den in das heutige Groß-Berlin einbezogenen alten ländlichen Siedlungen bilden die Orte Tempelhof, Mariendorf, Marienfelde, Rixdorf eine alte Einheit. Sie erweist sich durch die Namen der ersten drei Orte eindeutig als Gründung und einstmaliger Besitz des Ritterordens der Tempelherren.

Diese Ortsnamen sind nicht nur das älteste, sondern auch das einzige unmittelbare Zeugnis der Existenz dieses geistlichen Ordens in dieser Gegend."[1]

1 *Schultze, Johannes: Das Alter des Tempelhofs. In: Der Bär von Berlin. 4, 1954, S. 89-99, hier S. 89.*

54675 Roth an der Our

„Für den engeren Trierer Bezirk kennen wir nur den Templerhof an der alten Moselbrücke zu Trier und die Kommende Roth an der Our."[1]

„Von den Tempelhäusern, welche im Trierschen gewesen sind, ist nur wenig Nachricht zu geben. Es werden hier in einem Werke, welches seine Angaben aus guten Quellen geschöpft hat, Trier, Dietrich, Kobern, Belisch und Rodt genannt. ... Rodt oder Roth liegt an der Our im

Kreise Bittburg. Es soll diese Commenthurei die Stiftung eines Grafen Philipp v. Vianden sein. Im April des Jahres 1256 theilte Erzbischof Arnold von Trier die große Parochie daselbst in der Art, daß das rechte Ufer der Our der Mutterkirche verbleiben, und daß das Patronatsrecht den daselbst wohnenden Tempelherren gehören solle; dagegen erhob er die bisherige Capelle in Vianden am linken Ufer der our gleichfalls zu einer Pfarrkirche, und ließ daselbst den Tempelherren den Genuß des kleinen Zehnten, wie bisher."[2]

„In den preußischen Rheinlanden übergab Graf Philipp von Vianden den Tempelherren einen Hof zu Roth an der Ur nebst dem Besetzungsrecht der dortigen Pfarrei im Jahre 1228, was zu Mißhelligkeiten mit dem Domkapitel zu Trier und den Trinitätiern führte, welche 1262 beigelegt wurden."[3]

„Gewöhnlich nennt man die Zeit von 1254 bis 1256 und als Stifter derselben den Grafen Philipp I. von Vianden. Es ist jedoch ein Irrtum, denn eine Urkunde vom Mai 1248 und eine andere vom 17. März 1249, zu welcher Zeit Philipps Vater, Heinrich I., regierender Graf von Vianden war, belehren uns, daß die Templer schon früher da wohnten."[4]

1 *Steinhausen, Josef: Tempelherrn und Siebenschläfer in der Eifel. Sage und Legende bei römischen Siedlungen auf dem Lande. In: Festgabe für Geheimrat Prof. Dr. Peter Meyer. Münstereifel 1933, S. 41-54, hier S. 43f. Siehe hierzu Kelkel, Franz: „Tempelhäuser" in der Westeifel. In: Zwischen Venn und Schneifel. 28, 1992, Nr. 4, S. 55-57.*

2 *Ledebur, Leopold von: Die Tempelherren und ihre Besitzungen im Preußischen Staate. Ein Beitrag zur Geschichte und Statistik des Ordens. In: Allgemeines Archiv für die Geschichtskunde des Preußischen Staates. 16, 1835, S. 97-120, S. 242-268, S. 289-336 hier S. 107f.*

3 *Hirschmann: Die Tempelherren in Deutschland. In: Historisch-politische Blätter für das katholische Deutschland. 159, 1917, S. 131-135, hier S. 133.*

4 *NN: Geschichte der Kommende, Komturei oder Kommanderie der kirchlich-militärischen Ritterorden der Tempelherren und der Johanniter zu*

Roth bei Vianden. In: Ons Hémecht. 1914, S. 86-90, 153-159, 319-333, 414-426, 449-458, hier S. 153. Der Autor gibt aber keinerlei Hinweise auf die genannten Urkunden.

Vgl. Borchardt, Karl: The Templars in Central Europe. In: Zsolt Hunyadi/ József Laszlovszky: The Crusaders and the Military Orders expanding the medieval latin Christianity. Budapest 2001, S. 233-244, hier S. 237 und 239. Bers, Günter: Die Geschichte der Johanniter-Kommende St. Johannes in Kiringen bei Jülich. In: Beiträge zur Jülicher Geschichte. Jülicher Heimatblätter. Mitteilungen des Jülicher Geschichtsvereins. 4, 1959, S. 6-18, hier S. 10. Michel, Fritz: Der Templerorden am Mittelrhein und die Templer zu Waldeck. In: Rheinische Heimatblätter. 1, 1924, S. 56ff, hier S. 56. Bormann, Michael: Über die Tempelhäuser. In: Beiträge zur Geschichte der Ardennen. 2. Teil. Trier 1842, S. 63-66. Jacoby, A.: Von Templern und Templersagen. In: Les Cahiers Luxembourgeois. Freie Rundschau für Kunst und Wissenschaft. Nr. 8, 1931, S. 227-237. Jacoby erwähnt die zu Roth gehörenden Güter Gilsdorf und Vichten, die heute in Luxemburg liegen. Schannat, Friedrich: Comthurei des Ordens der Tempelherren zu Roth. In: Eiflia illustrata oder geographische und historische Beschreibung der Eifel. 1. Bd., 2. Abteilung, Aachen und Leipzig 1825, S. 965 und 3. Bd. 1. Abteilung, Aachen und Leipzig, S. 563. Im 3. Bd. findet sich eine ausführliche Beschreibung der Templerkapelle. Schorn, Karl (Hrsg.): Roth. Kommende des Templerordens. In: EIFLIA SACRA oder Geschichte der Klöster und geistlichen Stiftungen der Eifel. Bd. 2, Aachen 1889, S. 495-497.

Siehe Urkunde Nr. 30 und 34.

38302 Salzdahlum[1]

1 *Siehe Urkunde Nr. 92.*

29410 Salzwedel

„Daß die Tempelherren, um mit dem nördlichen Theile der Provinz Sachsen zu beginnen, in der Altmark, und zwar wie behauptet wird zu Salzwedel[78], Werben[79], Aulosen[80] und Flechtingen[81] Sitze gehabt haben, muß als unerwiesene, zum Theil grundlose Tradition betrachtet werden.

78 Erhardt neue diplom. Beitr. I. 18. Im Jahre 1262 wird zwar ein Frater Fridericus de Soltwedel als Tempelherr genannt (Gercken cod. dipl. Brandenb. I. 212); doch hat dieser aller Wahrscheinlichkeit nach zu dem adeligen Geschlechte v. Soltwedel gehört."[1]

1 *Ledebur, Leopold von: Die Tempelherren und ihre Besitzungen im Preußischen Staate. Ein Beitrag zur Geschichte und Statistik des Ordens. In: Allgemeines Archiv für die Geschichtskunde des Preußischen Staates. 16, 1835, S. 97-120, S. 242-268, S. 289-336 hier S. 242f. Vgl. hierzu Wilke, Ferdinand: Die Geschichte des Ordens der Tempelherren. Wiesbaden 2005, nach der 2. Auflage von Halle 1860, S. 385.*

06456 Sandersleben (Anhalt)

„Santersleben. Von diesem, im heutigen Neu-Haldenslebenschen Kreise gelegenen Orte, schenkte Herzog Otto von Lüneburg im Jahre 1215 dem Orden vom Tempel zu Jerusalem ‚fundum et jus patronatus' nebst allem Zubehör und 8 1/2 Hufen Landes, die ein gewisser Tidericus Tute zu Lehn trug, auf Bitten dieses unter der Bedingung, daß seine Mutter Helena und sein Vater in der Fraternität der dasigen Ritter aufgenommen würden;[82] denn die Statuten der Tempelherren gestatteten dergleichen Aufnahmen von verheiratheten Brüdern und auch von Schwestern. Doch nur kurze Zeit blieb der Orden in dem Besitze von Santersleben; wie wir aus einer Urkunde vom 20. Sept. 1221 ersehen, worin Erzbischof Albert von Magdeburg dem neu gestifteten Kloster St. Laurentii in der Neustadt Magdeburg alle seine einzeln aufgeführten Güter bestätigt, unter denen auch das den Templern abgekaufte Santersleben sich befindet.[84]

82 Mader antiq. Brunswic. p. 248. Rethmeyer chronic. Brunsw. p. 462. Scheidt orig. Guelph. IV. p. 97. Gercken cod. dipl. Brandb. V. 364.

84 Ecclesia de Santersleue cum quatuor mansis et allodium ibidem cum septem mansis et quinque areis, qui a Templariis sund redempti. (Die Urkunde befindet sich im Provinzial-Archive zu Magdeburg.)"[1]

„Zwischen Halle und Halberstadt, liegt Sandersleben an dem der Orden die Kirche und das dazugehörige Patronatsrecht besessen hatte. Beides war den Templern schon 1215 durch den Herzog von Lüneburg geschenkt worden.

Weitere 8 1/2 Hufe Land kamen dazu, mit der Bitte des vorherigen Lehnsträgers Tidericus Tude, daß seine Eltern in die Fraternität des Ordens aufgenommen werden sollten.[2]

Allerdings verkauften die Templer ihren Besitz Sandersleben recht bald wieder, so daß bereits in einer Urkunde des Erzbischofs Albert von Magdeburg am 20.09.1221 die Übertragung des Besitzes an das Kloster St. Laurentii möglich wurde."[3]

1 *Ledebur, Leopold von: Die Tempelherren und ihre Besitzungen im Preußischen Staate. Ein Beitrag zur Geschichte und Statistik des Ordens. In: Allgemeines Archiv für die Geschichtskunde des Preußischen Staates. 16, 1835, S. 97-120, S. 242-268, S. 289-336 hier S. 243f. Der heutige Aufbewahrungsort der Urkunde vom 20. September 1221 ist nicht zu klären.*

2 *Siehe Urkunde Nr. 9.*

3 *Siehe Anm. 1.*
Vgl. Grauert, Hermann: Eine Tempelherren-Urkunde von 1167. In: Archivalische Zeitschrift. 3, 1878, S. 294-309.

06449 Schadeleben

„Als weitere Niederlassungen bzw. Güter in der näheren oder entfernteren Umgebung von Halberstadt werden, jedoch ohne hinreichende Begründung, noch die Orte genannt: Quedlinburg bei der St. Aegidikirche, Schadeleben, Ermsleben und Konradsburg, ferner Ruetenberg (Kuckenburg?) sowie das Bergschloß Lohra (südwestlich von Nordhausen)."[1]

1 *Schüpferling, Michael: Der Tempelherren-Orden in Deutschland. Ph.D.diss. Freiburg im Üchtland. Bamberg 1915, S. 102.*

54611 Scheid

„Nach dieser quellenmäßigen Auseinandersetzung muß alles in das Reich der Fabel verwiesen werden, was in der Pfarrei Cronenburg und ihrer Umgebung von ‚Tempelherren' und dergl. erzählt wird. Die Templer...verfolgten im Ganzen denselben Zweck wie die Johanniter, wurden aber bereits 1311 aufgehoben, womit sie aus der Geschichte verschwinden; daß also ‚Tempelherren' in Cronenburg, Hallschlag, Scheid usw. gestanden, ist eine Unmöglichkeit."[1]

1 *Becker, Johannes: Geschichte der Pfarreien des Dekanates Blankenheim. (=Geschichte der Pfarreien der Erzdiöcese Köln. Hrsg. v. Karl Theodor Dumont, Bd.4). Köln 1893, S. 319.*

38838 Schlanstedt

„16 Kilometer nördlich von Halberstadt liegt Schlanstedt aus dessen Vergangenheit sich folgende Sage erhalten hat.

Im Jahre 1311 erhielt Graf Heinrich von Regenstein den Befehl alle Templer in seinem Einflussgebiet (Gerichtsbezirk) zu vernichten. Zu diesem Zweck lud der Graf zwölf Tempelherren auf ein Festmahl zur Burg Schlanstedt. Die Tischordnung war so arrangiert, daß je ein Tempelherr zwischen zwei Rittern des Grafen saß. Neben diesen sollten auch seine Knappen und Diener auf eine günstige Gelegenheit, nach dem Mahl warten.

Die Chronik weis zu berichten, daß neben dem Grafen seine Tochter Mechtild saß und auf der anderen Seite der Ritter Bruno von Gustedt, Johann Schenk, Lodolf der Reiche, Jordan von Neindorp, Johann und Ludolf von Jerksen, die Gebrüder Albert und Rudolg Spiegel, Adrianus von Aderstede, Heinrich von Schowen, Heinrich von Thyllinge, Johann von Herkesem, Friedrich von Schlanstedt, sowie die vier Söhne des Grafen, Heinrich, Olrik, Sigfried und Gerhard aber auch andere, die namentlich nicht erwähnt werden.

Als das Mahl beendet war, gab der Graf seiner Tochter Mechtild ein Zeichen, die darauf ahnungslos den Raum verließ. Gleich darauf soll sich ein dicker Tempelherr abfällig über Mechtild geäußert haben, worauf sich Ritter, Knappen und Diener erhoben und alle Templer töteten, so daß der Raum ,schwimmt vom rauchenden Blute, wie ein Teich im herbstlichen Morgen.'

Seit dieser Zeit heißt dieses Zimmer, die rote Tempelherren-Stube."[1]

1 *Lehmann, Gunther/Patzner, Christian: Die Tempelherren in Mitteldeutschland. Erfurt 2004, S. 55f.*

39218 Schönebeck (Elbe)[1]

1 *Schüpferling, Michael: Der Tempelherren-Orden in Deutschland. Ph.D.diss. Freiburg im Üchtland. Bamberg 1915, S. 103 geht von Templerbesitz in Schönebeck aus.*

55288 Schornsheim

„Dem Orden gehörten damals unter anderem der Hof Iben, reiches Grundeigentum in den Gemarkungen Osthofen, Schornsheim und Hamm, sowie ein großer burgähnlicher Hof in Mainz, in dem sich wahrscheinlich der Komtur, Wild- und Rheingraf Friedrich auf Grumbach bei Meisenheim, aufhielt. Den Hof selbst verwalteten ein Mainzer Tempelritter und dessen Angehörige."[1]

1 *Gerlich, Alois: Der Tempelhof zu Mainz. In: Mainzer Almanach. 1960, S. 159-166, hier S. 160.*
Siehe Urkunden Nr. 134 und 140.

74575 Schrozberg

„Schrozberg, westlich von Rothenburg o.T., und Blaufelden, südöstlich von Bartenstein, auf der Hohenloher Ebene: An diesen Orten sollen die Templer verschiedene Güter besessen haben."[1]

1 *Schüpferling, Michael: Der Tempelherren-Orden in Deutschland. Ph.D.diss. Freiburg im Üchtland. Bamberg 1915, S. 47.*

74523 Schwäbisch Hall

„In Schwaben befand sich ein Haus zu Hall, welches der Orden im J. 1237 den Franziskanern als St. Jakobskloster überließ; dann eins zu Denkendorf, später ein Kloster; zu Altenstadt bei Schöngau, ein baierischer Erwerb von den Gütern Konradins von Schwaben."[1]

„Schwäbisch-Hall, Kommende? Dieselbe wird von dem Chronisten Herolt erwähnt. Sie hätte ihren Sitz im nachmaligen Barfüßer-Kloster gehabt, das auch ‚zu St. Jakob' genannt wird, sei von den Herren von Kochen ins Leben gerufen worden und nach Auflösung des Ordens an die Barfüßer-Mönche übergegangen. Herolt weiß jedoch weder die Zeit anzugeben, zu welcher diese Gründung des Templer-Ordens stattgefunden, noch auch die Ursachen, warum diese Niederlassung nicht an die Johanniter gelangte. ... Daß aber in Schwäbisch-Hall jemals eine Templerniederlassung bestanden, muß nicht bloß bezweifelt, sondern geradezu verneint werden. ...

Daß die Templer in der fraglichen Zeit bei St. Jakob vollständig auszuschalten sind, wird noch deutlicher ersichtlich durch die Ausführung des Franziskaners P. Konrad Eubel, der in seiner Geschichte der oberdeutschen Minoritenprovinz feststellt, daß der Abt Konrad II. von Komburg am 7. April 1236 den Franziskanern die zum Widdum des Klosters Komburg gehörige St. Jakobskapelle übergeben hat.

Was besonders gegen eine Templerniederlassung in Schwäbisch-Hall spricht, ist der Umstand, daß verschiedene Autoren, welche die Geschichte von Schwäbisch-Hall behandeln, hievon nichts zu berichten wissen."[2]

1 *Wilcke, Ferdinand: Die Geschichte des Ordens der Tempelherren. Wiesbaden 2005, nach der 2. Auflage von Halle 1860, S. 387.*

2 *Schüpferling, Michael: Der Tempelherren-Orden in Deutschland. Ph.D.diss. Freiburg im Üchtland. Bamberg 1915, S. 47f.*

Vgl. Reuß, Friedrich Anton: Über einen vormaligen Templerhof zu Würzburg. In: Archiv des Historischen Vereines von Unterfranken und Aschaffenburg. 12.2-3, 1853, S. 236-246, der auf S. 237 ein Templerhaus erwähnt. Bei Falkenstein, Karl: Geschichte des Tempelherren-Ordens. Dresden 1833, wird auf S. 141 ein ‚wichtiges Templerhaus' aufgeführt. Havemann, Wilhelm: Geschichte des Ausgangs des Tempelherrenordens. Stuttgart, Tübingen 1846, S. 161, erwähnt ein ‚Haus' der Templer. Klunkker, Karlhans: Die Templer. Geschichte und Geheimnis. In: Zeitschrift für Religions- und Geistesgeschichte. 41, 1989, S. 215-247, hier S. 229, spricht von einer ‚Templerniederlassung'.

38279 Sehlde[1]

1 *Siehe erstes Zitat unter Quanthof.*

55116 Selenhofen[1]

„1319 verpfändet Graf Wilhelm I. von Katzenelnbogen seinen Hof, genannt Tempelhof in Selhofen zu Mainz an die Brüder zu Eberbach, um 1000 Mark Pfennige."[2]

1 *„... bei Selenhofen handelt es sich um eine ursprünglich vor der Stadt Mainz gelegene Siedlung rund um die auch heute noch existierende Pfarrkirche St. Ignaz. Sie wurde im 13. Jahrhundert in die Stadtmauer einbezogen." Schreiben der Stadt Mainz v. 1.2.2005.*

2 *Wagner, Wilhelm: Die vormaligen geistlichen Stifte im Großherzogthum Hessen. Darmstadt 1878, S. 282.*
Siehe Urkunde Nr. 135.

63500 Seligenstadt

„Das kaiserliche Palatium zu Seligenstadt war ebenfalls ein Aufenthaltsort für Tempelherren; auch soll ein uraltes steinernes Gebäude in der Stadt, welches mit dem Schloß durch einen unterirdischen Gang verbunden ist, von Tempelherren erbaut worden seyn. Ein anderes, neben dem Palatium gelegene uralte Haus, ähnlich jenem in der Stadt gebaut, möchte ebenfalls aus der Tempelherrenzeit stammen, und es ist besonders darin ein französischer Camin auffallend."[1]

1 *Steiner, Johann Wilhelm Christian: Tempelherrn im Freigerichte, eine Volkssage. In: Geschichte und Topographie des Freigerichts Wilmudsheim vor dem Berge oder Freigerichte Alzenau und Beschreibung der Schlacht bei Dettingen des 27. Juni 1743. Aschaffenburg 1820,05-108, hier S. 107.*

Seve, Sewe, lacu, zum See, Laach[1]

„In der jetzigen bayerischen Rheinpfalz hatten die Ritter Besitzungen in Sewe (‚zum See, Laach') in Gernsheim und Kirchheim."[2]

„Bruder Friedrich [Fridericus Silvester, deutscher Ordensmeister, Anm. d. Verf.] kaufte am 7. Aug. 1292 von seinem Onkel und Vetter ihren Besitz in Kirchheim und Gernisheim für das Templerhaus von Seve, Acta Academiae Theodoro-Palatinae, Historia et commentationes Academiae electoralis .... Theodoro-Palatinae 1, 1766, S. 67f..."[3]

1 *Sowohl in der Literatur als auch in den Urkunden finden sich für dieses Templerhaus unterschiedliche Bezeichnungen. Die Besitzung ‚zum See' befand sich in der Nähe von Kirchheim. Die letzte Spur dieser Besitzung scheint eine Johanniter-Kapelle in der Nähe von Kirchheim zu sein. Vgl. hierzu Wagner, Wilhelm: Die vormaligen geistlichen Stifte im Großherzogthum Hessen. Darmstadt 1878, S. 283, Anm. 1.*
2 *Hirschmann: Die Tempelherren in Deutschland. In: Historisch-politische Blätter für das katholische Deutschland. 159, 1917, S. 131-135, hier S. 132.*
3 *Bulst-Thiele, Marie-Luise: Sacrae Domus Militiae Templi Hierosolymitani Magistri. Untersuchungen zur Geschichte des Templerordens 1118/19-1314. (=Abhandlungen der Akademie der Wissenschaften in Göttingen.*

Philologisch-Historische Klasse. Dritte Folge Nr. 86). Göttingen 1974, S. 374, Anm. 21.
Vgl. Keller, Heinrich Julius: Eine Ordensniederlassung in Kirchheim a.d. Eck. (Das Haus im See – Domus de lacu.). Die Gründung durch die Tempelherren. In: Mein Heimatbuch. Aus vergangenen und gegenwärtigen Tagen von Kirchheim a.d. Eck. Hrsg. v. Gemeinde Kirchheim a.d. Eck. 1941, S. 177-190.
Vgl. auch Heckel, Friedrich: Der Orden der Tempelherren und seine pfälzischen Niederlassungen. In: Pfälzer Land. Beiträge der unabhängigen Pfälzer Heimatpresse. 10.3.1951, Nr. 10, S. 5f.
Siehe Urkunde Nr. 64.

52457 Siersdorf[1]

1 *Der Templerorden soll hier über Einkünfte verfügt haben, die dem Templerhaus in Aachen zu Gute kamen. Hierfür finden sich keinerlei Belege. Erwähung findet der Ort nur bei Alpen, van: Die Tempelherren in Aachen. In: Franz Ahn: Jahrbuch für den Regierungsbezirk Aachen 1824. S. 128-139, hier S. 134.*

56332 Sterneburg bei Löf

„Sternburg bei Löf a.d. Mosel: Im Munde des Volkes wird dieses Burghaus auch ‚Tempelhof' und ‚Tempelherrnburg' genannt, Bezeichnungen, zu welchen die Bauart des Gebäudes mit seinen Spitzbögen und der dadurch bedingten Kirchenähnlichkeit veranlaßt haben mag."[1]

1 *Schüpferling, Michael: Der Tempelherren-Orden in Deutschland. Ph.D.diss. Freiburg im Üchtland. Bamberg 1915, S. 76.*
Vgl. Klein, Johann August: Das Moseltal zwischen Koblenz und Zell. Koblenz 1831, S. 103 und S. 120.

56329 St. Goar

„Tragen jene Erwähnungen [gemeint sind die Orte Wüstenbach, Wetzlar, Dörrebach und Coblenz in seinem Artikel, Anm. d. Verf.] mehr oder weniger den Stempel offensichtlicher späteren Erfindung an sich, so scheint das nicht der Fall bei dem Tempelhof zu St. Goar und Werlau. Denn der im übrigen recht zuverlässige Geschichtsschreiber seiner Vaterstadt A. Grebel stellt es als sicher hin, daß die Tempelherren eine Residenz in St. Goar hatten, und Güter zu Werlau, Pfalzfeld, Holzfeld und Weiler besessen haben, war nicht nur durch Schöffenweistümer aus Werlau von 1408 und 1422 bewiesen werde, sondern auch durch einen Vermerk, wonach das St. Goarer Stift noch 1503 einen Grundzins von dem alten Bau der Tempelherren bezogen habe[6]. Dieser Bau trage heute noch den Namen ‚Templerhof' und nahm nach einem alten Stadtplan den Raum ein zwischen Hauptstraße und altem Kirchhof, da, wo heute das Haus des Kaufmanns F. Schild steht[7]. In seiner Geschichte des Schlosses Rheinfels betont Grebel nochmals, daß bisher kein Schriftsteller erwähnt habe, daß in St. Goar eine Niederlassung der Tempelherren bestanden hat, wiewohl dies aus einigen Urkunden klar hervorgehe[8].

Es erschien mir daher geboten, jene Beweise Grebels nachzuprüfen. Auffalenderweise fanden sich jene genannten Weistümer nicht, wohl aber ein Aktenbündel über den ‚Tempelhof' in Werlau[9]. Danach bestanden zu Ende des 16. Jahrhunderts in jenem bei St. Goar gelegenen Dorfe zwei Höfe, der des Castorstiftes in Coblenz, das dort seit mindestens 400 Jahren Grundherren war und auch den Zehnten besaß[1], und der sogenannte Tempelhof. Diesen letzteren hatte der hessische Rentmeister zu Rottenburg, Conrad Aittinger, von dem Junker v. Arscheid erworben und 1588, 1.9., einem Junker Wilh. v. Pulheim zu Camp, der die Veronika v. Arscheid zur Frau hatte, um 1600 fl. wieder verkauft. Schon im nächsten Jahr veräußerten die letzteren dem St. Goarer Bürger Nikolaus von Bingen um 2200 fl. ‚den Tempelhoff bey der Kirchen gelegen zu Werlau'[2]. 1640 besaßen ihn dessen Erben als ‚unser frey adelich Ritter Gut'[3]. Doch ruhte auf dem Hof nach einem landgräfl. Erlaß vom 24./14.3.1653 die Verpflichtung, mit 1 Wagen und 3 Pferden in und außerhalb des Landes zu dienen.

Auch in einem Gemeinde- und Pfarrweistum von Werlau aus dem Jahre 1540[4] ist außer vom Hofgut des Castorstifts noch die Rede von der Ritterschaft des ,Tempulus'.
Urkunden des 16. Jahrhunderts nennen außerdem noch einen ,Sturm'schen Hof', der vor Zeiten Hennen von Allendorf, dann Emmerich von Hasselbach gewesen sei, der ihn 1544 an Döniges von Langenberg vererbte, welcher ihn dem Christoffel verkauft. 1657 besaß als Erbteil seiner Frau der hessische Kanzleidirektor Joh. Herm. Nordeck eine Hälfte des Sturmschen Hofes, die er damals an Peter und Hartmann Michel verpachtete. 1767 verkauften ihn um 10000 fl. der Frhr. Carl v. Rodernhausen, Feldmarschall-Leutnant und Oberstinhaber eines Regiments zu Fuß und Frau Sophia von Juliat geb. v. Dollkopf mehreren Einwohnern zu Werlau, Phil. Trunk, Reinhard Michel u. a. Der Hof hatte nur Vogthaber zu liefern, war aber sonst von allen herrschaftlichen Lasten befreit. Es ist darum von Interesse, die Vorbesitzer jener Werlauer Höfe festzustellen. Da erfahren wir aus einer Originalurkunde vom 4.4.1554, daß die Eheleute Heinrich v. d. Walde, genannt Brant v. Rhens, und Lieffmundt zu Covelenze dem Castorstift daselbst ihre Güter in Werler Marken verkaufen, nämlich den Hof gen. Bocksberg ,buyssen Werle gelegen' und Haus und Hof binnen dem Dorf Werle bei dem Hofe des Stifts[5], ihren Wald, Weigerte, Aekker, Garten, Wiese, Häuser und Höfe, Rente und Zinsen daselbst[6]. Den Hof Bocksberg übergab das Stift noch in demselben Jahre dem Grafen Philipp v. Katzenelnbogen als Lehen für den jeweiligen Kellner zu Rheinfels[7]. 1718 ist die Hälfte des Boxberg'schen Hofes an den Förster Peter Schecken, dann an Franz Daum, später Joh. Schunk und 1792 an Peter Schunk seitens der Herrschaft in Erbleihe vergeben[1]. Die andere Hälfte mag jener 1767 vom Landgrafen Constantin dem Georg Caspar Michel und Lorenz Brück in Erbleihe gegebene halbe herrschaftliche Hof gewesen sein[2]. Dieses von Heinrich Brant gekaufte Gut war aber nur ein Teil des Besitzes, den die Brant v. Boxberg zu Werlau besaßen, da sie vom Stift St. Castor den Zehnten daselbst schon 1361 zu Lehen trugen[3]. Von ihnen hatten 1408 Hildebrant Brand von Buxberg, ein Neffe des Coblenzer Bürgers Heinrich v. d. Walde, gen. Brand v. Rhens, ihre Zehntanteile dem Stift verkauft. Ferner 1403 Lucia, die Witwe weil Diederichs Templer v. Waldeck und 1370 die Eheleute Brant

v. Buxberg, Wepeling und Adelheid, welch letztere ihr Teil mit Dietrich Templer v. Waldeck gemeinsam besaßen. Ebenso wie die Herren v. d. Walde, gen. Brant v. Buxberg, erschienen auch die Gemeiner von Waldeck auf dem Hunsrück als Burgmannen zu Rheinfels[4] und unter ihnen 1383 ein Dierich Templer mit einem Burgsitz in der Neustand zu St. Goar. Der Ahnherr dieses Dieter gehörte aber zu den Rittern des aufgehobenen Templerordens. ‚Theodorich v. Waldeck quondam Tempelarius' nennt ihn eine Verkaufsurkunde des Ritters Hertwin v. Waldeck vom 29.2.1336[1]. 1356 ist er noch am leben (Cod. dipl. 3, 620). Sein Enkel Dyderich v. Waldecke, gen. Templere, wurde 1389, 9.1. Edelbürger zu Coblenz[2] ebenso wie schon vorher sein Vater Johann und 1400 Dietrichs Sohn Paul[3]. Nach einem Lehnbrief des Erzbischofs Friedrich von Köln für die v. Waldecke vom Jahre 1398, 6.2. gehört jener Dietrich der noch heute blühenden Linie der Boos v. Waldeck an, weswegen er auch 1381, 2.5. wie jene mit den bekannten drei Schnallen siegelte[4]. Mit jenem Paul erlosch scheint's diese Linie des Waldecker Hauses.
Es liegt nun sehr nahe, jene ‚Tempelhöfe' zu St. Goar und Werlau von dem Beinamen dieser Adelsfamilien herzuleiten, da die doch ziemlich zahlreichen Urkunden des 14. Jahrhunderts niemals Templer- oder Johanniterbesitz daselbst erwähnen. Wir hätten somit für die spätere Bezeichnung ‚Tempelhof' eine sehr plausible Erklärung.

6 Vgl. sein Gesch. d. Stadt St. Goar, 1848, S. 373.

7 Dieses Haus ist von dem jetzigen Eigentümer errichtet. Im Hinterhaus ist ein alter Wappenstein eingemauert, der in einem Renaissanceschild einen rechtsschreitenden Löwen zeigt.

8 A. Grebel, Das Schloß und die Festung Rheinfels. St. Goar 1844.

9 St. A. Coblenz 27/5651. Auch im Stadtarchiv St. Goar und im St. A. Wiesbaden waren jene Urkunden nicht aufzufinden.

1 Vgl. Mittelrh. Urkundenbuch 2, 355.

2 Der St. Castor Hof lag ‚bey der portzen'. (Vgl. das Verzeichnis der 20 hufen zu Werlau, die zum Castorhof gehören. Orig. Perg. St. A. Coblenz, St. Castor.)

3 1700, 14.6. verkaufen ihn Ott. Jak. Schellen seel. Kinder dem Ratsverwandten Joh. Jost Schunken, Gastwirt Zum grünen Wald in St. Goar um 650 r., 1760 besitzt ihn des Kapitän Seidels Witwe (ebd.).

4 St. A. Coblenz 27/161.

5 Das Hofhaus des St. Castorstiftes wurde 1603 gelegentlich eines großen Brandes eingeäschert. Der Sohn des früheren Hofmannes Georg Michel Drechsler baute es wieder auf und erhielt es in Erbpacht. Joh. Jak. Breder besaß dieses sodann von 1736-1771. (Stadtarchiv St. Goar, Fach 16.).

6 Archiv Coblenz, Stift St. Castor.
7 Die Vogtei des Dorfes Werlau gehörte ursprünglich ebenso wie die zu St. Goar den Arsteiner Grafen, nach deren Aussterben sie die Grafen v. Isenburg erbten. Die eine Hälfte des Dorfes gab Ludwig v. Isenburg-Büdingen u. A. 1277 als Aussteuer seiner Tochter Irmengard bei deren Verlöbnis mit Wilhelm, dem Sohne der Gräfin Margarete v. Katzenelnbogen (Gedr. Sauer, Nass. U. B. 1, 542 Nr. 914.) Mit der anderen Hälfte waren schon 1256 die Herren v. Schoeneck belehnt (M. U. B. 3, 976), von denen Conrad der Schwarze sie am 15.8. 1381 mit Bewilligung des Lehnsherrn Johann Herrn zu Isenburg-Limburg dem Grafen Wilh. v. Katzenelnbogen verkaufte. (Katzenelnbogener Mannbuch St. A. Coblenz.) - Seitdem sind die Grafen v. K. in Werlau ‚oberste Vögte, Hoch- und Gerichtsherrn'. (Weistum 1394. Gedr. Grimm, Weistümer I 586.).
1 Städt. Archiv, St. Goar, Fach 16.
2 Ebenda.
3 Vgl. die Orig.-Urkunde im St. A. Coblenz, St. Castor.
4 Vgl. Grebel, Das Schloß und Festung Rheinfels. 31f.
1 Or.-Pgt.- St. A. Coblenz, Stadtarchiv (Dep.).
2 Ebenda.
3 St. A. Coblenz, Ortsch. Coblenz.
4 St. A. Coblenz, Adel v. Waldeck."[1]

1 *Michel, Fritz: Der Templerorden am Mittelrhein und die Templer von Waldeck. In: Rheinische Heimatblätter. 1, 1924, S. 56ff, hier S. 57f.*

38822 Ströbeck[1]

1 *Siehe Urkunde Nr. 87.*

38376 Süpplingenburg

„Der Ausgangspunkt war Braunschweig, wo 1129, also kurz nach der Gründung des Ordens Kaiser Lothar; Herzog von Sachsen, seinen erblichen Besitz, die Grafschaft Suplinburg (Süpplingburg) mit Schloß, Kirche, Dörfern und Ländereien dem Tempelherrenorden schenkte, so daß schon 1131 der Ordenshof Suplinburg Tempel-Achim (bei Helmstedt) als erster Templersitz in Deutschland gegründet werden konnte, wo auch der Großpräzeptor ‚per Alimaniam et Slaviam' residierte."[1]

„In Braunschweig und Süpplingenburg bei Helmstedt räumte Heinrich der Löwe nach seiner Rückkehr aus dem hl. Lande 1173 dem Orden eine Stätte ein.“[2]

„Meibom ist der erste, der die allgemein geglaubte, aber einer urkundlichen Bestätigung ermangelnde Angabe hat, dass Kaiser Lothar auf dieser seiner Stammburg im J. 1130 eine Comthurei des Templerordens gegründet habe. In 2 Urkunden vor, bzw. um 1150 (Prutz, Heinrich d. L. S. 471; v. Mülverstedt, Regesten des Erzbisthums Magdeburg I Nr. 1246), in denen von Verhandlungen *in pago Suppelinge* die Rede ist, wird jedoch ein *Henricus praepositus de Suplinburg* nebst einem Vogt Edeler, der *familia* der Kirche von *Sopelingeburg*, dem Dekan, den Presbytern, dem Propst Ludolf, dem Küster Ludwig und anderen *canonici* von *Sopelingeburg* genannt, und darnach bestand in S. ursprünglich ein Collegialstift unter einem Propst, das erst später, vermuthlich aber noch unter Heinrich d. L. (vgl. Gebhard a.a.O. S. 43) aufgehoben und in eine Comturei der Templer verwandelt worden ist. Ausdrücklich wird uns das Vorhandensein der Letzteren erst in der zweiten Hälfte des XIII. Jahrh. bezeugt, doch wird man schon in Graf Friedrich v. Kirchberg, der 1245 als *provisor domus Supplingeburch* bezeugt ist, einen Templercomtur zu erkennen haben. ... Die Templercomturei S., die die älteste im Norden von Deutschland war und zur Provinz Niederdeutschland gehörte, erlosch aber officiell in Folge der Aufhebung des Ordens und Einziehung seiner Güter 1312 durch Papst Clemens V. Indessen wurde es dem damaligen Comtur Herzog Otto gestattet, bis an sein Lebensende die Einkünfte von S. und dem Templerhof in Braunschweig zu beziehen; auch ist dieser noch bis 1318 in S. selbst urkundlich nachweisbar. Ja, selbst nach Herzog Ottos Tod dachte sein Neffe, Herzog Magnus I., nicht daran, die Comturei an den Johanniterorden auszuliefern, dem sie seitens des Papstes zugesagt war. Vielmehr verpfänden beide Herzöge Magnus nebst Bahrdorf auch S. 1347 an ihre Vettern Otto und Wilhelm von Lüneburg auf 5 Jahre, 1349 erhalten die v. Heimburg ein herzogl. Burglehn daselbst, und 1355 wird im Ehevertrag zwischen Mechthild, Herzog Wilhelms Tochter, und Ludwig, Herzog Magnus’ Sohn, S. nebst Bahrdorf und Campen Ersterer zur Mitgift bestimmt. Erst am 28. Dec. 1357 wird S., nachdem der Johanniterorden die Pfandsumme von 500 Mk. an den Pfandinhaber Herzog Wilhelm und weitere 500 Mk. an Herzog Magnus bezahlt hatte, nebst den anderen ehemaligen Besitzungen der Templer im Herzogthum an den Johanniter-Landmeister Hermann v. Warberg und die Comture Rupert v. Mansfeld in Goslar, Rudolf Sassenberg in Supplingenburg und Albrecht v. Dannenberg zu Werben überliefert, jedoch unter der Bedingung, dem Herzoge mit S. stets beizustehen. ... An der Westseite der Kirche hat sich ein unterirdischer Gang (vermuthlich ein Grabgewölbe) vorgefunden, der, wiewohl verschüttet, noch bestehen soll. Von dieser ganzen Anlage ... hat sich ausser der Kirche nichts mehr erhalten.

Die im Laufe der Zeit vielfach veränderte Stifts- oder Templerkirche, ... die als letztere S. Johannes gewidmet war, ist, wie sich sich jetzt zeigt, eine durchweg gewölbte, aus Bruchsteinmauerwerk (mit Kalksteinquadern an den Ecken) gebaute romanische Pfeilerbasilika mit Querhaus, Apsiden an dessen Ostseite und 3 Jochen oder 6 Arkaden im Langhaus, aber ohne Thurmbau im W und ohne Chorapsis.

Inneres. Das langgestreckte Chorviereck zeigt rippenloses Kreuzgewölbe auf Kämpferkonsolen (Platte mit Viertelstab, sich dreimal wiederholend), von denen die im W zur Ausgleichung des ungleichseitigen Vierecks breiter sind. Das Gewölbe ist im Diagonaldurchschnitt halbkreisförmig, hat aber an den Schildbögen einen kleinen Einknick. In der inneren Ostwand eine viereckige Nische, deren halbkreisförmiges Tympanon von einem halbem [sic] Achtpass eingefasst wird, und eine doppelte, aus einem viereckigen und einem muschelförmig geschlossenen Theil bestehende, ähnlich, wie die andere, umrahmte Nische, um die sich noch ein mehrfach im Winkel gebrochenes Gesims legt. Die Formen beider Nischen beweisen das Bestehen des geraden Chorschlusses wenigstens für die Zeit um 1250. - Die Vierung war durch eine hohe Steinbrüstung (aus der Zeit um 1250), deren Ansätze unterhalb der hoch über dem Fussboden befindlichen Basen der quergurttragenden Säulen erhalten sind, nach dem Mittelschiff und den Kreuzflügeln abgeschlossen und mit dem niedriger gelegten Chor zu einem Ganzen verbunden. Die Brüstung war, wie es scheint, in Felder eingetheilt, deren in Ansätzen noch erhaltene Einrahmung eine Kehle zwischen zwei Wülsten als Profil zeigte. 1838 waren noch die

Konsolen erhalten, die an der Westseite die Thürstürze trugen. Ueber die Gewölbe der Vierung und der Kreuzflügel, sowie ihre Stützen. ... - Die Achsen der Apsiden des Querhauses liegen in der Mitte der betr. Aussenwand; die Pfosten sind getreppt und mit Säulen eingefasst, die als Sockel einen dicken Wulst unter zwei dünnen Leisten und - in Uebereinstimmung mit den Wandsäulen des Aeusseren, ... - am Kapitäl schmale, hochstehende Blätter zeigen; der Kämpfer besteht aus Platte, Wulst und Kehle.

Zwischen Chor und Querhausapsiden gehen schmale, in besonderen kleinen Anbauten befindliche Treppen zur einstigen dreischiffigen Krypta hinab, die schon früh außer Gebrauch gekommen und verschüttet worden sein muss, da der Scheitel ihres jetzt fehlenden Gewölbes oberhalb des spätestens um 1250 vertieften Chor-Fussbodens zu liegen käme. Man hat sich bei Auffindung der Krypta deshalb damit begnügen müssen, einen Gang an den Mauern entlang freizulegen, in dem die westl. Ecksäulen, sowie nach O zu je 3 Wandsäulen sichtbar sind, während der östl. Abschluss eine durchgreifende, auch im Aeusseren wahrnehmbare Aenderung erfahren hat. Doch wäre die Annahme, dass erst hierbei unter Beseitigung einer Chorapsis die östl. Mauer weiter hinausgerückt worden sei, irrig, da die an der ursprünglichen Stelle befindlichen Konsolen des früheren Rundbogenfrieses und ein romanischer Gesimsstein an der Aussenwand des Chors ... beweisen, dass wir es mit einer Mauer der ersten Bauzeit zu thun haben. Die Vermuthung liegt nahe, dass eine Apsis wegen des gerade im O beengten Raumes der Insel überhaupt nicht geplant gewesen sei, dass dieser jedoch ausgereicht hätte, um Krypta und Chorviereck wenigstens etwas über das übliche Quadrat hinaus zu erweitern, was um so erwünschter war, als nicht allein die Krypta, sondern ursprünglich auch der Chor nur das eigentliche Chorviereck umfasste. Aber es wäre auch nicht unmöglich, dass die Krypta, wie die von S. Ludgeri, ursprünglich als selbständige Hallenkirche gedacht war ... Die Erneuerung der östl. Chormauer, die zugleich die letzten Reste der Krypta an dieser Stelle beseitigte, ist wohl lediglich durch eine mangelhafte Untermauerung veranlasst gewesen und auf den untersten Theil beschränkt geblieben. Sehr wahrscheinlich besass aber die Krypta bei geradem äusserem Abschluss ähnlich, wie die von S. Ludgeri, Wandnischen im O und dann 12 Gewölbefelder. Die Wandsäulen der Krypta haben eine gedrückte Würfelform, so dass die Vorderseite Raum für 2 Halbkreise gewährt, ferner reich profilierte Kämpfer (Platte, Wulst und Kehle nebst kleineren Zwischengliedern) und als Sockel drei sich verengende, flache, unter einander unverbundene Wülste mit unförmigen Eckknollen. Eine Lichtöffnung mit Kleeblattbogen befindet sich an jeder Längsseite.

Die profillosen spitzbogigen Arkaden des Mittelschiffs ruhen auf schlichten Pfeilern, deren Sockel aus steiler Kehle, Wulst und Platte, deren Kämpfer aus Platte, Kehle und Wulst zusammengesetzt sind. Die Kämpfer der westl. und östl., übrigens sockellosen Abschlussbögen der Seitenschiffe dagegen ordnen Kehle und Wulst unter der Platte in umgekehrter Folge und stimmen hierin mit den Kämpfern über den 4 Ecksäulen der Querhausapsiden ..., denen über den Ecksäulen des nördl. Eingangs ... und denen der Pfeiler in den westl. Winkeln des Mittelschiffs überein, die sämmtlich der ältesten Bauzeit der Oberkirche angehören. An der letztgenannten Stelle sind die Pfeiler doppelt getreppt und treten einige Fuss in das Mittelschiff vor; die inneren tragen den etwas gedrückten, auch an der Aussenwand sichtbaren Bogen, der in das mittlere Untergeschoss des einstigen Thurmgebäudes führte, die äusseren, die über den Kämpfern als Stumpfe endigen, bzw. in die flacheren, für die (späteren) Diagonalrippen bestimmten Eckpfeiler übergehen, trugen ursprünglich den Schildbogen. Wahrscheinlich befand sich hier an Stelle des Fensters eine Empore, von der vielleicht Reste ... erhalten sind. Der obere Theil des letzten westl. Ganzpfeilerpaares nebst Kämpfer ist vorgekragt. ...

Die Gewölbe, sowie deren Stützen sind im Quer- und Langhause sehr reich gestaltet. Die Winkel der kreuzförmigen Vierungspfeiler, deren Sockel fehlen oder im Boden stecken, und deren Kämpfer durch Verkröpfung der Kämpfer über den vorgesetzten Säulen ... gebildet werden, sind von schlanken Säulen eingenommen, die in Verbindung mit denen in den äusseren Winkeln der Kreuzflügel die spitzbogigen Diagonalrippen ... tragen, während die im Halbkreis geschwungenen Quergurte ... auf besonderen, den Pfeilern vorgesetzten Dreiviertelsäulen liegen. Auf ähnlichen Säulen sitzen die ebenfalls halbkreisförmigen Quergurte ... der 3 Gewölbejoche des Langschiffs, für die rundgeschnittenen Diagonalrippen, die sich im Spitzbogen schneiden, dienen dagegen kleine Eckkonsolen, die dem jedesmal anschliessenden Säulenkapitäl nachgebildet sind; nur in den westl. Winkeln ruhen die Rippen auf Wandpfeilern. Die niedrigen Kapitäle sind sämmtlich verschieden gestaltet, meist mit reichem, z. Th. aber auch schlichtem Blattwerk im Uebergangstil um 1250, einmal auch mit einem Adler versehen. Der Kämpfer über den Kapitellen und Konsolen, sowie über den Eckpfeilern im W besteht aus Platte, Hohlkehle und Wulst, die mit Eckblättern versehene attische Basis ist sehr niedrig. Die Diagonalrippen sind nun nicht immer schlicht bis zum Schnittpunkt durchgeführt, sondern sie bilden verschiedene eigenartige Figuren ... In der Vierung ist dem grossen Quadrat ein kleineres, gleichfalls mit Diagonalen versehenes übereck eingestellt, im südl. Querflügel jede Rippe von drei quergelegten kurzen Stäben durchschnitten, im mittleren Joch des Langhauses bilden die 4 Rippen einen lang herabhängenden Schlussstein.

Die Kreuzgewölbe der Seitenschiffe sind rippenlos, wie das im Chorquadrat, und durch breite Quergurte von einander geschieden. Zur Aufnahme der Letzteren dienen besondere Vorlagen, deren Kämpfer mit denen der Arkadenpfeiler übereinstimmen, die aber nur an den Wänden, sowie an den Hauptpfeilern bis unten geführt, an den Zwischenpfeilern dagegen abgekragt sind. Nur an den Wänden auch dienen zur Aufnahme der Diagonalgrate besondere Konsolen, an den Pfeilerseiten reicht dazu der Arkadenpfeiler aus. Im nördl. Seitenschiff und in der Westecke des südl. haben übrigens die gurttragenden Pfeilervorlagen eine andere Basis, als die Arkadenpfeiler, nämlich eine Hohlkehle zwischen zwei Wülsten und eine Platte. Aber auch sonst sind die Halbpfeiler ebensowenig, wie die aus hohen Trommeln bestehenden Dreiviertelsäulen im Mittelschiff in die Arkadenpfeiler eingebunden, die Säulen sogar aus Helmstedter Sandstein gearbeitet, während die Pfeiler aus Elmkalkstein bestehen, ein deutliches Zeichen der späteren Hinzufügung der Säulen. In den inneren östl. Winkeln beider Abseiten stehen Säulen aus der Mitte des XIII. Jahrh., deren spätere Einfügung durch die unharmonische Form des Gewölbegrates über ihnen ersichtlich wird.

Fenster. In der Ostwand des Chors ein grosses rundbogiges, an den

Seitenwänden einst je 2, jetzt nur 1 Fenster, die jedoch sämmtlich erst im XIII. Jahrh. vergrössert sein werden. Sie sind an der Aussenseite von einem concentrischen Gesims eingerahmt und haben zwischen der schrägen Innen- und Aussenlaibung ein Rundstabprofil. Je 1 Fenster in den Nebenapsiden, den Stirnseiten (hier sehr gross und aus späterer Zeit) und den westl. Wänden des Querhauses, sowie in der jetzigen Westfront des Langhauses. In jedem Joch des Mittelschiffs und der Abseiten je 2, bzw. 1 rundbogiges Fenster, die des südl. Seitenschiffs sind jedoch neu.

Eingänge. 1. Hauptportal ... im nördl. Seitenschiff, eingefasst von je einem Paar Eckpfeilern und Rundsäulen, die beide einen halbkreisförmigen Rundbogen tragen. Die Pfeiler sind mit Ecksäulen, die Blätterkapitäle und attische Eckblattbasen zeigen, die Säulen, von denen die eine ganz, die andere im Kapitäl nach den Resten des alten erneuert ist, mit steifem, aber reichem Ranken- und Blattwerk am Schaft und Kapitäl geziert, am attischen Sockel mit Eckblättern versehen. Die Kämpfer ... Vom alten Tympanon haben sich nur 3 Bruchstücke, darunter die beiden Eckstücke, mit romanischem Rankenwerk und Trauben in Relief, erhalten. - 2. Thür im nördl. Querhaus jetzt wieder geöffnet; die reich profilierte romanische Einfassung ist nur unten erhalten. Oben sind neben der Thür stark verwitterte Reliefs, die kauernde Thiere (Löwen?) darstellen, eingemauert. - 3. Spitzbogenthür in der Westfront des nördl. Seitenschiffs mit sich durchschneidendem Stabwerk, jetzt verblendet; am Schlussstein das Wappen des Comturs Manke v.d. Schulenburg (1480-1509 nachweisbar): 1-3. Feld mit Greifenklaue, 4. mit Johanniterkreuz. Diese Thür musste die Hauptpforte ersetzen, nachdem der Bau eines dicht an das nördl. Seitenschiff herantretenden Beamtenhauses ... nöthig geworden war. ... - 4. und 5. Aehnliche Thüren in der südl. Chorwand und im südl. Querhaus (gleichfalls vermauert).

Aeusseres. Nördl. Seitenschiff, unter Benutzung der alten Werkstükke völlig neu aufgebaut, mit reich gegliedertem Sockel (Hohlkehle zwischen Wülsten, darunter Schräge und Platte). Von diesem gehen bis zum Dachgesims acht schlanke, in ihren oberen Theilen ergänzte Dreiviertelsäulen mit Eckknollen an der attischen Basis, die bald ungegliedert, bald blattförmig geriefelt sind, und mit Blätterkapitälen; der

Abstand zwischen ihnen ist stets derselbe, nur an der Stelle der Thür ist er grösser. Mit der ursprünglichen Eintheilung trat aber die spätere Einwölbung in Widerspruch; in einem Fall unterbricht das Fenster sogar die Säule. - An der Stirnseite des nördl. Querhauses zu beiden Seiten der Thür, bzw. des Fensters in 2 Stockwerken je 2 Dreiviertelsäulen (wie oben), die in Verbindung mit Konsolen (meist in Gestalt von Menschen- oder Thierköpfen) in jedem Stockwerk einen profillosen Rundbogenfries ... tragen. Die Weite des Bogens schwankt zwischen 50 und 67 cm. Die Wandsäulen setzen sich in beiden Stockwerken, der Rundbogenfries nur im unteren auf den Seitenwänden fort. Jedoch hat bei der Einwölbung des Querhauses und der dadurch nöthig gewordenen Aufhöhung der Mauer eine Versetzung des oberen Frieses nebst Konsolen und Kapitälen um einige Fuss höher stattgefunden; die an ihren Stellen belassenen Säulen gehen daher nicht mehr bis oben durch und sitzen auch nicht senkrecht unter den Kapitälen. Ecklisenen fehlen. Der untere Rundbogenfries zeigt eine schräge Abdeckung, auf der die Sockel der oberen Säulen unmittelbar sitzen.

Der oben erwähnte Sockel geht auch am Querhaus, an dessen Apsiden, ein mit Pultdach bedeckten Ausbauten für die Kryptatreppen und dem Chorhaus entlang, wird aber an der Ostwand und z. Th. an den Seitenwänden des Chorhauses von einer mehrere Fuß höher sitzenden gothischen Wasserschräge unterbrochen, bei deren Anlage zugleich eine Verstärkung des unteren Mauerwerks stattfand ... An der nördl. Apside Halbsäulen, an den Seitenwänden des Chors unten der Anfang je einer unvollendeten, in dieser Form aber vielleicht beabsichtigten Lisene, oben Konsolen, die bei der Erhöhung der Mauer im allgemeinen an ihrer Stelle belassen wurden; erhalten hat sich an der Südostecke des Chors - desgl. an der Westecke des südl. Querhauses - auch der romanische Gesimsstein. Da dieser mit den Konsolen in gleicher Höhe sitzt, so muss ein Rundbogenfries hier gefehlt haben. Derartige Konsolen sind vereinzelt auch anderwärts eingemauert, sowohl im Innern, wie am Aeusseren, oder auch sonst erhalten. Im S, wo der Wirthschaftshof lag, ist das Querhaus mit seiner Apside, sowie das Seitenschiff ganz schlicht gehalten; es fehlt hier selbst der Sockel.

Das Mittelschiff des Langhauses ist im N und S nicht allein zwischen den Fenstergruppen, sondern auch zwischen den einzelnen Fenstern jeder Gruppe, wie es ähnlich am Braunschweiger Dom der Fall ist, durch Lisenen belebt, die wohl ursprünglich mit einem Rundbogenfries verbunden waren. Doch ist der ganze Obertheil der Mauer in roher Weise erneuert worden, nicht etwa der Einwölbung wegen nur aufgehöht, da schon die Anlage der Fenster zeigt, dass beide Mittelschiffsmauern nicht dem ersten flach gedeckten Bau angehören, sondern von vornherein auf Einwölbung berechnet waren. Das Gesims ist am ganzen Bau, mit Ausnahme der Seitenschiffe, in gothischer Zeit erneuert worden, desgleichen auch, wie es scheint, die Querhausgiebel. ... Dass sich in W ursprünglich ein Thurmgebäude befand, kann schon angesichts des früher erwähnten Bogens in der Westmauer nicht zweifelhaft sein. Wenn aber die oben geäusserte Annahme, dass sich über dem Bogen eine Empore befand, und erst an deren Stelle das noch vorhandene Rundbogenfenster trat, richtig ist, so muss der Thurm spätestens im XIII. Jahrh., wenn nicht früher, abgebrochen worden sein, und dazu stimmt auch die Aenderung der hier befindlichen Eckpfeiler ... Um nun auch ohne ihn die Dachboden zu erreichen, wurde eine Oeffnung in jede Mittelschiffswand eingebrochen, die im N mit geradem, von Viertelstabkonsolen gestütztem Sturz versehen ist, während bei der im S der Sturz selbst noch halbkreisförmig ausgeschnitten ist. Von der südlichen Oeffnung aus führte innerhalb der hier verstärkten Mittelschiffs- und Westfrontmauer eine schmale Treppe zum oberen Dachboden, eine Anlage, die schon aus spätromanischer Zeit zu stammen scheint.

Baugeschichte. Da urkundliche Nachrichten über die Entstehung der Templerkirche nicht erhalten sind, so bleiben wir lediglich auf die geschilderten architektonischen Kennzeichen angewiesen, um die Baugeschichte festzustellen. Darnach ist es nicht zweifelhaft, dass die Kirche ursprünglich durchgehends flaches Gewölbe besaß und - worauf Kapitäl und Basis der äusseren Wandsäulen hinweisen - im 2. Viertel des XII. Jahrh. erbaut worden war. Aus dieser Periode stammen, mit Ausnahme der Mittelschiffswände, der Westfront und der Giebel des Kreuzschiffs, sämmtliche Außenmauern, sowie die Vierungspfeiler und die Sockel der Arkadenpfeiler. Es war ohne Zweifel ein Brand, der vor allem das Mittelschiff, das Dach bis einschl. zum Chor hin, vielleicht auch die Thürme ... zerstörte. Wenigstens erkannte man gelegentlich der Herstellungsarbeiten an den aus dem alten Bau herrührenden Vierungspfeilern deutlich die Spuren des Feuers, das nach dem Einsturz der brennenden Balkendecke am Boden noch reichlich Nahrung gefunden und daher je mehr nach unten, desto tiefer den Kalkstein zerfressen hatte, während der unversehrte Zustand der vorgelegten Säulen deren spätere Hinzufügung bewies. Aus dem gleichen Grunde ist auch anzunehmen, dass nicht allein die Arkadenbogen, sondern auch deren Pfeiler, jedoch ausschliesslich ihrer Sockel, erst der zweiten Bauzeit angehören. Die Krypta, deren Gewölbe wohl bei derselben Gelegenheit durchgeschlagen wurde, ohne später wiederhergestellt zu werden, scheint um einige Jahrzehnte älter zu sein, da die Basis der Säulen in der Profilirung sowohl, als in den Eckknollen nur wenig entwickelte Formen zeigt. Der zeitliche Abstand zwischen ihr und der eigentlichen Kirche unterstützt die S. 278 erwähnte Annahme, dass jene ursprünglich als selbständige Hallenkirche beabsichtigt war.

Bei der Erneuerung der Kirche war man auf ihre vollständige Einwölbung bedacht; Brand und Aufbau werden also gegen 1200 stattgefunden haben. Die schlichten Gewölbe des Chors und der Seitenschiffe sind hiervon noch erhalten; dass vor allem durch die Letzteren nicht erst der Bauzeit um 1250 angehören, zeigt die ersichtlich spätere Einfügung von Säulen dieser Zeit in den inneren östl. Winkeln der Abseiten ... Dann aber ist es sehr wahrscheinlich, dass gegen 1200 auch das Mittelschiff und das Querhaus, vielleicht lediglich unter Verwendung von Kämperkonsolen als Gewölbeträger wie im Chor, eingewölbt wurden. Aber noch einmal muss ein Brand das Kirchendach eingeäschert und die Gewölbe, mit Ausnahme derer im Chor und in den Abseiten, vernichtet haben. Dieser Umstand zwingt zugleich zu der Annahme, dass damals auch die Kämpfer der Arkaden und diese selbst trotz ihres spitzen Bogens, dann aber auch die Mittelschiffswände erhalten blieben. Bei der Neueinwölbung benutzte man den reichen Uebergangsstil, der in den benachbarten Städten Braunschweig und Helmstedt um 1250 blühte, legte Säulen vor die älteren Pfeiler und Wände und verwandte für das Gewölbe das S. 279 beschriebene reiche Rippensystem ...

Die Kirche befand sich anfangs des XIX. Jahrh. in einem derartig bedenklichen Zustand, dass 1812 und 1836 der Abbruch ernstlich ins Auge gefasst wurde. Eine ‚Restauration' im J. 1838, die nöthig war, da man trotzdem beschlossen hatte, mit Aufgeben der Peterskirche die Ordenskirche zum Gemeindegotteshaus einzurichten, scheint sich auch mehr auf Entfernung der noch erhaltenen inneren Ausstattung erstreckt zu haben, so dass 1878 die Möglichkeit der Erhaltung und Herstellung der Kirche wiederum sehr fraglich erschien. Doch gelang beides nach äusserst schwierigen, bis 1883 währenden Arbeiten, die auch z. B. in der völligen Erneuerung des nördl. Seitenschiffs bestanden, vollkommen. Interessant ist, dass, wie die Herstellungsarbeiten ergaben, die dem ältesten Bau angehörenden Umfassungsmauern der beiden Seitenschiffe unmittelbar auf Pfähle von Erlen- oder Pappelholz ... gesetzt waren, die mit der schlanken Spitze im tragfähigen Sandboden, oben dagegen im Triebsande standen und einer Horizontalverbindung von Holz ermangelten."[3]

1 *Sawall, Edmund: Der Tempelritterorden in Deutschland. Versuch einer Bestandsaufnahme. In: Non nobis. 38, 2000, S. 14-19, hier S. 15.*

2 *Hirschmann: Die Tempelherren in Deutschland. In: Historisch-politische Blätter für das katholische Deutschland. 159, 1917, S. 131-135, hier S. 133.*

3 *Meier, P.J.: Die Bau- und Kunstdenkmäler des Kreises Helmstedt. (=Die Bau- und Kunstdenkmäler des Herzogthums Braunschweig. Bd. 1). Wolfenbüttel 1896, S. 274-286. Die ausführliche Beschreibung der Kirche von Süpplingenburg sei hier erlaubt, da sie viele Merkmale und typische Details von Templerkirchen aufweist.*
Vgl. auch Kramberg, Heinz G.: Der Auftrag des geistlichen Ritterordens der Tempelherren. Non nobis Dokumentation Heft 11. o. O. 1995, S. 37. Meibomii, Henr.: Bericht von der Comturei zu S.. In: Letzneri, Joh.: Beschreibung des Stifts Königslutter. Hrsg. v. Joh. Fabricius. Wolfenbüttel 1715. Gebhard, Julius Justus: Historische Nachricht von dem Stifte St. Matthäi in Braunschweig. Braunschweig 1739, S. 43ff. Falkenstein, Karl: Geschichte des Tempelherren-Ordens. Dresden 1833.
Friedrich von Alvensleben war 1301 Komtur in Supplinburg. Vgl. hierzu Bulst-Thiele, Marie-Luise: Sacrae Domus Militiae Templi Hierosolymitani Magistri. Untersuchungen zur Geschichte des Templerordens 1118/19-

1314. (=Abhandlungen der Akademie der Wissenschaften in Göttingen. Philologisch-Historische Klasse. Dritte Folge Nr. 86). Göttingen 1974, S. 376, Anm. 29.
Die Übergabe des Templerhofes in Braunschweig und des Schlosses in Süpplingenburg an die Johanniter gestaltete sich schwierig. Erst am 28. Dezember 1357 kam es zu einer Übereinkunft zwischen Herzog Magnus und den Johannitern. Siehe Urkunde Nr. 149.
Siehe Urkunden Nr. 52, 65, 80, 84 und 129.

84576 Teising

„Einen anderen Hof besaßen die Templer von Mosbrunnen in Teising, das auch unter dem Namen: Teuzingen, Tevssing, Tauzssingen, Thesching und Tissia vorkommt. In den Annalen Aventins wird berichtet, daß die Gebrüder Heinrich und Otto, Grafen von Riedenburg, Teising und Altmühlmünster den Templer verliehen haben. Es ist aber ein Irrtum, daß diese Grafen von Riedenburg es waren, welche den Templern Teising übergeben haben. Nach einer Urkunde vom 6. Oktober 1295[1] haben Otto und Ulrich von Stein den Templern in Mosbrunnen ihren Hof zu Teising als Äquivalent verschiedener Schäden, die sie den Templern zugefügt hatten, geschenkt. Aus dieser Schadloshaltung der Templer dürfte der Schluß nicht so unberechtigt sein, daß sie schon vor Erwerb dieses Hofes Eigentum in der dortigen Gegend besessen haben müssen.

An dieser Schenkung fand freilich Ulrich von Stein, der Sohn bzw. Neffe der vorgenannten Brüder, kein sonderliches Wohlgefallen; der Hof bildete, wie in der Urkunde hervorgehoben wird, eine ständige Quelle von Zwistigkeiten, die endlich ein durch Vermittlung angesehener Männer herbeigeführter Vergleich beendigte. Nach diesem entrichteten die Templer an Ulrich eine bestimmte Geldsumme, wogegen dieser nicht nur auf alle seine vermeintlichen Rechte am Hofe verzichtete, sondern auch jedem seinen Schutz nach Kräften zusicherte. Unter den Zeugen ist ein Meister Konrad von Teuzingen als Arzt genannt. Letzterer ist wahrscheinlich derselbe wie der in der Urkunde von Schongau aufgeführte Meister Konrad Physikus; wenigstens ist diese Identität hinsichtlich der Zeit und der räumlichen Entfernung nicht ausgeschlossen.

Mit diesem Templergute macht noch eine weitere Urkunde vom 11. November 1303[2] bekannt, welche die Veräußerung desselben zum Gegenstande hat. Der Comthur Johannes von Löwenstein und der Templerkonvent zu Mosbrunnen verkaufen unter obigem Datum ihren Hof zu Teising ‚den fromen Leuten den Brudern von den spital ze Regensburch' um 26 Pfund Regenburger Pfennige und gegen alljährliche Lieferung von je sieben Scheffel Korn (Roggen) und Haber, vier Gänsen und acht Hühnern. …

Was die Templer zum Verkaufe des Hofes in Teising bewogen hat, geben sie selbst an mit den Worten: niht durch vnser nötichait wan daz er vns niht gelegen waz. Wenn auch der erste Teil dieser Worte fast wie eine Entschuldigung klingt und den wahren Grund des Verkaufes scheinbar zu verheimlichen trachtet, so wäre doch die Annahme völlig ohne Berechtigung, als hätte jetzt schon eine gewisse Vorahnung der kommenden Ereignisse sie zu diesem Schritte veranlaßt; noch saßen sie ja damals, selbst bei König Philipp, fest im Sattel und wurden seitens dieses Fürsten mit Gunstbezeugungen überhäuft, nichts deutete auch nur annähernd auf das kommende Unwetter hin – der Hof war eben zu entfernt von Mosbrunnen."[3]

1 *Siehe Urkunde Nr. 75.*

2 *Siehe Urkunde Nr. 83.*

3 *Schüpferling, Michael: Der Tempelherren-Orden in Deutschland. Ph.D.diss. Freiburg im Üchtland. Bamberg 1915, S. 59ff.*
Vgl. Reuß, Friedrich Anton: Über einen vormaligen Templerhof zu Würzburg. In: Archiv des Historischen Vereines von Unterfranken und Aschaffenburg. 12.2-3, 1853, S. 236-246, hier S. 237.

18311 Tempel

„Wie der Name schon sagt, handelt es sich bei Tempelhof um eine Gründung des Ordens der Tempelherren, auf den ja eine ganze Reihe von Orten im ähnlichen Namen zurückgeht, wie z. B. Tempelberg und Tempelburg, Tempel und Neuentempel."[1]

1 *Lüpke, Helmut: Die Templerkommende Tempelhof. Ein Beitrag zur Geschichte des Templerordens in Ostdeutschland. In: Teltower Kreis-Kalender 1933, S. 21-34, hier S. 21.*
Durch den Ort Tempel fließt der 'Templer-Bach'.

15518 Tempelberg

„Der Piastenherzog Heinrich I. von Schlesien suchte seinen vorgeschobenen Besitz durch Landesausbau nach progressivem deutschen Recht zu sichern, wozu er sich auch der Hilfe verschiedener geistlicher Orden bediente. So überlegte er wohl noch vor 1229 dem *Orden der Tempelritter* westlich der Oder 300 Hufen Land, dessen Mittelpunkt die Ordenskomturei Lietzen wurde. Die Templer begannen eine rege Kolonisationstätigkeit und gründeten auf diesem Land mehrere Dörfer, unter denen anläßlich der Besitzbestätigung des Ordens durch Bischof Heinrich von Lebus im Jahre 1244 auch Tempelberg erstmals urkundlich erwähnt wird. ... Aus der Templer- bzw. Johanniterzeit stammen noch zwei Glocken (aus dem 14. Jahrhundert)."[1]

1 *Maschinengeschriebenes Manuskript von Dr. Peter Schmidt zur Geschichte von Lebus. Im Archiv des Verfassers.*
Vgl. Die Kunstdenkmäler des Kreises Lebus. Berlin 1909, S. 278. Schwarz, E.: Die Templer in der Mark Brandenburg. In: Monatsblätter des Touristenklub für die Mark Brandenburg. Berlin 1902, S. 37-40.
Siehe Urkunden Nr. 22 und 24.

12099 Tempelhof

„Wenn sich anhand der kartographischen Fixierung die durch die politische Situation bedingten strategischen Maßnahmen des Ordens erkennen lassen, so ergibt sich daraus, daß Tempelhof nicht in der Mitte des 13. Jahrhunderts, sondern schon im Zuge der Kolonisation und Christianisierung der Mark Brandenburg, also um etwa 1170 gegründet worden sein muß."[1]

„Des weiteren ergibt sich aus der örtlichen Lage der Komturei Tempelhof, daß sie bei der Kolonisation der Nordmark als erster zentraler Stützpunkt und zugleich als Basis für den Aufbau der nach Osten vorgeschobenen Schutzlinie kurz nach 1170 gegründet worden sein muß. Sie war die Verbindungs- und Etappenstation zwischen der Braunschweiger Riegelstellung und der parallel zu ihr verlaufenden vorgeschobenen Front. Gegenüber dem militärischen Charakter der vorgeschobenen Grenzschutzstationen dürfte sich die Aufgabe der Komutrei Tempelhof auf die Kultivierung des Landes, die Versorgung der Truppe und die Aufrechterhaltung von Ruhe und Ordnung in der Mark beschränkt haben. Da die Existenz der einstiegen Fischerdörfer Cölln und Berlin vor 1170 nicht nachgewiesen ist, läßt dies mit Wahrscheinlichkeit darauf schließen, daß sie erst unter dem Schutz der Komturei Tempelhof entstanden."[2]

„Das Schicksal der alten Tempelhofer Ordenskirche. Die alte Ordenskirche, die jetzt durch Erbauung einer zweiten protestantischen Kirche fast überflüssig geworden ist, soll als geschichtliches Bauwerk erhalten bleiben. Das kleine Gotteshaus, das so idyllisch inmitten des alten Kirchofs in einem Kranz alter mächtiger Bäume liegt, kann sich eines Alters von mehr als 600 Jahren rühmen. Saßen doch bereits 1247 die Tempelritter in Tempelhof, (‚Templo') und werden auch hier als geistlicher Ritterorden eine Kirche aufgeführt haben. Aus behauenen Feldsteinen aufgeführt, hat sich der alte Bau, vom Thurm abgesehen, bis zu dem Jahre im 1848 erfolgten Umbau in seiner ursprünglichen Form erhalten. 1847 beschloß, wie Dr. E. Kolbe in den ‚Monatsblättern des Touristenklubs' für die Mark Brandenburg erzählt, die Gemeinde einen vollständigen inneren und äußeren Umbau des Gotteshauses vornehmen zu lassen. Leider ließ dabei der mit der Ausführung beauftragte Maurermeister, um der Kirche mehr Licht zu geben, die alten Umfassungsmauern teilweise einreißen und die schmalen Fenster der Kirche ungebührlich erweitern, wodurch der altertümliche Charakter des Gebäudes wesentlich beeinträchtigt wurde."[3]

„Mit Interesse verfolgen wir die Entwicklung ähnlicher Niederlassungen in der Markgrafschaft Brandenburg, wo die Gebrüder Otto V. und Albert als Landesherren den Rittern den ‚Tempelhof' zu Berlin und Patronatsrechte an Kirchen einräumten 1288."[4]

„Unter den in das heutige Groß-Berlin einbezogenen alten ländlichen Siedlungen bilden die Orte Tempelhof, Mariendorf, Marienfelde, Rixdorf eine alte Einheit. Sie erweist sich durch die Namen der ersten drei Orte eindeutig als Gründung und einstmaliger Besitz des Ritterordens der Tempelherren.
Diese Ortsnamen sind nicht nur das älteste, sondern auch das einzige unmittelbare Zeugnis der Existenz dieses geistlichen Ordens in dieser Gegend."[5]

1 *Sawall, Edmund: Der Tempelritterorden in Deutschland. Versuch einer Bestandsaufnahme. In: Non nobis. 38, 2000, S. 14-19, hier S. 18.*
2 *ebenda S. 15.*
3 *Heimatschutz in Brandenburg. Mitteilungen des Vereins Heimatschutz in Brandenburg. Nr. 4, 1918, S. 150f.*
4 *Hirschmann: Die Tempelherren in Deutschland. In: Historisch-politische Blätter für das katholische Deutschland. 159, 1917, S. 131-135, hier S. 133f.*
5 *Schultze, Johannes: Das Alter des Tempelhofs. In: Der Bär von Berlin. 4, 1954, S. 89-99, hier S. 89.*
Vgl. Borchardt, Karl: The Templars in Central Europe. In: Zsolt Hunyadi/József Laszlovszky: The Crusaders and the Military Orders expanding the medieval latin Christianity. Budapest 2001, S. 233-244, hier S. 237 und 236. Mistele, Karl-Heinz: Zur Geschichte des Templerordens in Süddeutschland. In: Mitteilungen für die Archivpflege in Bayern. Sonderheft 5, 1967, S. 18-24, hier S. 18. Verein für die Wiederherstellung der alten Dorfkirche in Berlin-Tempelhof (Hrsg.): Die Dorfkirche in Tempelhof - gestern - heute - morgen. Berlin 1951. Heinrich, Ernst: Die Dorfkirche in Tempelhof. Eine baugeschichtliche Untersuchung. In:

Der Bär von Berlin. Nr. 4, 1954, S. 45-88. Lüpke, Helmut: Die Templerkommende Tempelhof. Ein Beitrag zur Geschichte des Templerordens in Ostdeutschland. In: Teltower Kreis-Kalender 1933, S. 21-34. Der bei Lüpke erwähnte Ort Tempelburg liegt im heutigen Polen. Abb, Gustav/ Wentz, Gottfried: Die Johanniter-Komturei Tempelhof. In: Das Bistum Brandenburg. Berlin 1929, S. 412-416. Kitzler, Georg Eugen: Die alte Templerkirche in Tempelhof. In: Die Mark. 11. Jg. Nr. 22 v. 15.4.1915, S. 206f.

38315 Tempelhof

„Achim…ist Kommende, da anlässlich eines nach Urkunde vom 26. April 1306 [siehe Urkunde Nr. 34, Anm. d. Verf.] getätigten Güterverkaufs zu Halberstadt unter den Zeugen ein frater Hinricus de Benstede, commendator in Achim aufgeführt wird. Dieser Comthur wird wahrscheinlich seinen Sitz zu Tempelhof gehabt haben, einem Vorwerke, das zwischen Achim und Hornburg gelegen.“[1]

1 *Schüpferling, Michael: Der Tempelherren-Orden in Deutschland. Ph.D.diss. Freiburg im Üchtland. Bamberg 1915, S. 93.*
Vgl. Lüpke, Helmut: Die Templerkommende Tempelhof. Ein Beitrag zur Geschichte des Templerordens in Ostdeutschland. In: Teltower Kreis-Kalender 1933, S. 21-34. Heutger, Nicolaus: Die Templer in Niedersachsen. In: Ritterorden im Mittelalter. Greifswald 1996, S. 97-109.

85111 Tempelhof

„Die Rhein-Main- und Donau Schiene

Neben der Darstellung der Norddeutschen Templerkommenden gibt es eine parallele Entwicklung, die allerdings in der Regel jüngeren Datums ist, entlang der Rhein-Main-Donau-Linie. Ihre Entstehung verdanken sie wohl primär der notwendigen Absicherung und Unterstützung der von Frankreich bzw. Deutschland augehenden mitteleuropäischen Kreuzzüge ins Heilige Land. Hönningen (1225) und

Niederbreisig rheinabwärts und an der Donau Altmünster (bereits 1155) mit einem Schwerpunkt um Eichstädt mit den Kommenden Meilenhofen, Moritzbrunn, Pietenfeld und Tempelhof."[1]

1 *Sawall, Edmund: Der Tempelritterorden in Deutschland. Versuch einer Bestandsaufnahme. In: Non nobis. 38, 2000, S. 14-19, hier S. 18.*
Der Ort Tempelhof liegt nur wenige Kilometer von nachgewiesenen Templerbesitzungen wie Moritzbrunn, Adelschlag, Meilenhofen, Pietenfeld und Laisacker entfernt.
Tempelhof ist heute ein allein stehender Bauernhof, der nur drei Kilometer von Moritzbrunn entfernt ist. Das zentrale Gebäude hat einen deutlich erkennbaren mittelalterlichen Charakter.

17268 Templin

„Es läßt sich auf der Landkarte das Vordringen des Ordens nach Osten erkennen. Und zwar durch eine zweite Linie templerischer Niederlassungen, die ungefähr 250 km nordöstlich parallel zu der Braunschweiger Riegelstellung verläuft. Der nordöstliche Stützpunkt bei Mirow, dem dann in kurzen, räumlich gleichmäßigen Abständen Templin, Wildenbruch, Küstrin mit Münchenberg und Lebus sowie Zielenzig und Lagow folgen. Mit dieser Sperrkette war das Gebiet zwischen Elbe und Oder nach Osten hin abgesichert."[1]

1 *Sawall, Edmund: Der Tempelritterorden in Deutschland. Versuch einer Bestandsaufnahme. In: Non nobis. 38, 2000, S. 14-19, hier S. 15. Auch Falkenstein, Karl: Geschichte des Tempelherren-Ordens. Dresden 1833, S. 140, geht bei Templin von einem wichtigen Ordenshaus aus. Andere Autoren halten Templin für keinen Templerbesitz. Urkunden oder Belege können beide Seiten nicht anführen.*

Tentzenhoge (nicht zu lokalisieren)[1]

Siehe Urkunde Nr. 80.

92334 Thannbrunn

„Es werden auch noch andere Orte in der Diözese Eichstätt aufgeführt, an welchen unser Ritterorden Besitzungen gehabt haben soll, wie z. B. Berching, Berngau, Oberweiting, Thannbrunn, aber ein sicherer Beweis kann nicht geführt werden."[1]

1 *Hirschmann: Die Tempelherren in Deutschland. In: Historisch-politische Blätter für das katholische Deutschland. 159, 1917, S. 131-135, hier S. 133.*

95349 Thurnau

„Viel umstritten ist die Frage, ob in Bamberg eine Templerniederlassung bestanden habe; die Orte Herzogenaurach, Forchheim, Wachenroth, Höchstädt und Thurnau in der Diözese Bamberg haben vollständig auszuscheiden."[1]

1 *Hirschmann: Die Tempelherren in Deutschland. In: Historisch-politische Blätter für das katholische Deutschland. 159, 1917, S. 131-135, hier S. 132.*
Vgl. Schüpferling, Michael: Der Tempelherren-Orden in Deutschland. Ph.D.diss. Freiburg im Üchtland. Bamberg 1915, S. 54.

99735 Trebra

„Weiterhin geht aus einer Urkunde vom 16.12.1317 hervor, daß der Stellvertreter des Johanniter Generalvisitators Paul von Mutina, als Komtur von Erfurt und Topfstedt bezeichnet wurde. Außerdem nennt

Paulus de Mutina sich und seine Brüder, am 16.03.1320 in einer Urkunde des Diplomatarium Ilfeldense, aufgrund des Einflusses des päpstlichen Stuhls als Nachfolger und rechtmäßige Besitzer von vier Hufen Land in Trebra, in der Nähe der Templer-Kommende Topfstedt, zu der sie früher gehört hätten."[1]

1 *Lehmann, Gunther/Patzner, Christian: Die Templer in Mitteldeutschland. Erfurt 2004, S. 24. Vgl. auch Obertopfstedt.*

54290 Trier

„Für den engeren Trierer Bezirk kennen wir nur den Templerhof an der alten Moselbrücke zu Trier und die Kommende zu Roth an der Our."[1]

„Die Tempelherren hatten ein Haus zu Trier an der Moselbrücke. In einer Urkunde vom Jahre 1228 erscheint ein Provisor des Tempelhofes zu Trier, der mit dem Domkapitel wegen einer Wiese zu Wawern in Streit geraten war. Als Papst Clemens V. auf Betreiben Philipps des Schönen von Frankreich 1312 den Orden der Templer aufhob, wurden dessen sämtliche Besitzungen den Johannitern übergeben ... Nachdem der Tempelorden aufgelöst und seine Besitzungen den Johannitern überwiesen waren, siedelten diese aus dem bisherigen Hause in den Tempelhof an der Moselbrücke über, der nach den neuen Herren den Namen St. Johann annahm. Noch heute (1915 R.N.) bezeichnet die Stelle eine Johannes-Statue am Giebel des Eckhauses links von der Moselbrücke."[2]

„Unter dem 7. November 1273 bekennt Bruder Martin, Präceptor und Procurator der Tempelherren in Lothringen, daß sich diese mit Schultheiß, Schöffen und Gemeinde der Stadt Trier wegen des durch die Stadtbefestigung im Interesse der Bürger bei der Brücke zu Trier erlittenen Schadens an Wingerten, Bäumen, Hauszinsen und anderen Dingen durch die Zahlung von 40 Turoner Denare gesühnt erklären."[3]

„Von den Tempelhäusern, welche im Trierschen gewesen sind, ist nur wenig Nachricht zu geben. Es werden hier in einem Werke, welches seine Angaben aus guten Quellen geschöpft hat, Trier, Dietrich, Kobern, Belisch und Rodt genannt.
Der Tempelherren zu Trier, deren Güter an die Karthäuser gekommen sein sollen, wird in einer Urkunde vom 27. April 1242, worin sich die 7 Pfarrkirchen der Stadt zu gegenseitigem Schutze verbinden, gedacht."[4]

1 *Steinhausen, Josef: Tempelherren und Siebenschläfer in der Eifel. Sage und Legende bei römischen Siedlungen auf dem Lande. In: Festgabe für Geheimrat Prof. Dr. Peter Meyer. Münstereifel 1933, S. 41-54, hier S. 43f.*

2 *Kentenich, Gottfried: Geschichte der Stadt Trier. Trier 1915, S. 174.*

3 *ebenda S. 197.*

4 *Ledebur, Leopold von: Die Tempelherren und ihre Besitzungen im Preußischen Staate. Ein Beitrag zur Geschichte und Statistik des Ordens. In: Allgemeines Archiv für die Geschichtskunde des Preußischen Staates. 16, 1835, S. 97-120, S. 242-268, S. 289-336, hier S. 107.*

Vgl. Borchardt, Karl: The Templars in Central Europe. In: Zsolt Hunyadi/József Laszlovszky: The Crusaders and the Military Orders expanding the medieval latin Christianity. Budapest 2001, S. 233-244, hier S. 236 und 239. Hirschmann: Die Tempelherren in Deutschland. In: Historisch-politische Blätter für das katholische Deutschland. 159, 1917, S. 131-135, hier S. 133. Michel, Fritz: Der Templerorden am Mittelrhein und die Templer zu Waldeck. In: Rheinische Heimatblätter. 1, 1924, S. 56ff, hier S. 56. Buntjes, Herrmann u. a.: Ehemalige Tempelherrenkommende. In: Die kirchlichen Denkmäler der Stadt Trier mit Ausnahme des Domes. Trier 1938, S. 500f.

Siehe Urkunden Nr. 6, 7, 17, 18, 49 und 60.

Trodesdorf (nicht zu lokalisieren)

„Einen warmen Gönner fand derselbe [gemeint ist der Templerorden, Anm. d. Verf.] auch an Bischof von Halberstadt 1201-1208, sodaß im Laufe der Jahre die Templer reiche Güter und Zehnten in Klein-

Quenstedt, Ergstedt, Niendorf, Wehrstede, Widecke erlangten. Auch in Magdeburg, Mücheln, Wichmannsdorf und Trodesdorf entstanden Comthureien."[1]

1 *Hirschmann: Die Tempelherren in Deutschland. In: Historisch-politische Blätter für das katholische Deutschland. 159, 1917, S. 131-135, hier S. 133. Laut freundlicher Aussage von Herrn Jakob vom Stadtarchiv in Halle ist Trodesdorf nicht zu lokalisieren.*

97900 Uissigheim[1]

1 *Vgl. Albert, Peter Paul: Das ‚Templerhaus' zu Neckarelz. Eine geschichtliche Untersuchung. In: Freiburger Diözesanarchiv. Zeitschrift des Kirchengeschichtlichen Vereins für Geschichte, christliche Kunst, Altertums- und Literaturkunde des Erzbistums Freiburg. NF 33, 1932, S. 1-28. Albert kann bei Uissigheim keinen Templerbesitz erkennen. Nach Schüpferling, Michael: Der Tempelherren-Orden in Deutschland. Ph.D.diss. Freiburg im Üchtland. Bamberg 1915, S. 44, gibt es in der Nähe der Kirche eins sog. ‚Templerhaus'. Einen Beleg für die Anwesenheit der Templer in Uissigheim nennt Schüpferling nicht. Im 16. Jahrhundert waren hier die Deutschherren für eine kurze Zeit ansässig.*

99759 Utterode

„In Nordhausen stand ‚vor dem Hagen' ein Hof, der den Tempelherren gehörte. Diesem Hof war das Gut in Utterode bei Rehungen zugeordnet.

Nach der Auflösung des Templerordens durch Clemens V. ... traten die Hospitaliter ... vielerorts das Erbe der Templer an und so kam der Hof in Nordhausen und das Gut Utterode in ihren Besitz. Wie bereits ... beschrieben, verkaufte der Johanniterkonvent in Weißensee am 24.12.1316, den ehemaligen Templerhof in Nordhausen und das angegliederte Gut ‚Huthenrode' an den Grafen Heinrich IV. und Dietrich IV. von Hohnstein.

Nach einer Schenkung am 05.08.1321 durch die Gebrüder Heinrich, Dietrich und Albert, Grafen von Hohnstein an das Kloster Ilfeld wurde der Hof in die Güter des Ilfelder Hofes eingegliedert. Albert von Hohnstein war Ordensbruder der Templer und wohnte auch nach der Auflösung des Ordens noch 1321 auf dem ehemaligen Templergut in Utterode, das er sich angeeignet hatte."[1]

1 *Lehmann, Gunther/Patzner, Christian: Die Templer in Mitteldeutschland. Erfurt 2004, S. 34.*
Vgl. Schmidt, Julius: Beschreibende Darstellung der älteren Bau- und Kunstdenkmäler des Kreises Grafschaft Hohnstein. 1889, S. 167ff. Eine detaillierte Beschreibung des Hofes findet sich bei Hinsching, Susanne: Das rätselhafte Utterode. In: Beiträge zur Heimatkunde aus Stadt und Kreis Nordhausen. 25, 2000, S. 25-32.

92249 Vilseck

„Es werden auch noch andere Orte in der Diözese Eichstätt angeführt, an welchen unser Ritterorden Besitzungen gehabt haben soll, wie z. B. Berching, Berngau, Oberweiting, Thannbrunn, aber ein sicherer Beweis kann nicht angeführt werden, ebensowenig wie für Niederlassungen in Altmühlmünster, St. Leonhard in Regensburg, Vilseck in der Diözese Regensburg."[1]

1 *Hirschmann: Die Tempelherren in Deutschland. In: Historisch-politische Blätter für das katholische Deutschland. 159, 1917, S. 131-135, hier S. 133.*
Vgl. Schüpferling, Michael: Der Tempelherren-Orden in Deutschland. Ph.D.diss. Freiburg im Üchtland. Bamberg 1915, S. 68f.

96193 Wachenroth

„Viel umstritten ist die Frage, ob in Bamberg eine Templerniederlassung bestanden habe; die Orte Herzogenaurach, Forchheim, Wachenroth, Höchstädt und Thurnau in der Diözese Bamberg haben vollständig auszuscheiden."[1]

1 *Hirschmann: Die Tempelherren in Deutschland. In: Historisch-politische Blätter für das katholische Deutschland. 159, 1917, S. 131-135, hier S. 132. Vgl. Schüpferling, Michael: Der Tempelherren-Orden in Deutschland. Ph.D.diss. Freiburg im Üchtland. Bamberg 1915, S. 54.*

82467 Wamberg

„1289 kauft Steingaden von Friedrich Wildegrave, Meister des Tempels durch Alemannien und Slavenland mehrere Güter wie 1 Hof, 1/2 Hube im Stadtgebiet von Schongau, 2 Höfe in Warenberg, 2 Höfe in Brugge, 1 Hof in Dietlind samt Patronatsrecht, 2 Höfe in Kutzenhofen, 3 Höfe in Ellemhoven u.s.w. Es waren das Güter der Tempelherren in Altenstadt bei Schongau. Ein Steg über die Illach bei Jagdberg führt noch heute den Namen ,Tempelsteg'."[1]

„Abgesehen davon, daß die Johanniterurkunden vom 29. März und 14. Juni 1322 Mosbrunnen einen Ort nennen, der seit Alters den Templern gehörte, erwähnt schon eine Urkunde vom 7. Dezember 1289 die Templerbrüder in Mosbrunnen. Nach dieser Urkunde verkauft der Wildgraf Friedrich, Präzeptor von Deutschland und Slavien, in Gegenwart des Vizepräzeptors Dietrich von Morsbach einen Hof und eine halbe Hufe in Altenstadt bei Schongau, einen in Diethilrieth (Dietelried) samt dem Patronatsrecht über die Kirche daselbst, zwei Höfe zu Warenberg, zwei in Brugge (Burggen), zwei in Chuzenchoven, drei in Ellenchoven (Elligkofen bei Landsberg) um 225 Pfund Augsburger Heller an das Prämonstratenserkloster in Steingaden, wobei ausdrücklich hervorgehoben ist, daß dieser Verkauf der Güter am Lechraine mit Zustimmung der Brüder von Mosbrunnen geschah."[2]

1 *Graf, Matthäus: Geschichte der Prämonstratenserabtei Steingaden (Oberbayern) 1147-1803. II. Teil. In: Sulzbacher Kalender für katholische Christen. 67, 1907, S. 48-76, hier S. 52f.*

2 *Schüpferling, Michael: Der Tempelherren-Orden in Deutschland. Ph.D.diss. Freiburg im Üchtland. Bamberg 1915, S. 58.*
Vgl. Hormayr, Josef Freiherr von: Bruchstücke zur Geschichte des Tempelordens, zumal in Österreich. In: Archiv für Geographie, Historie, Staats- und Kriegskunst. 13, 1822, S. 753ff, 777ff, 787ff, hier S. 778. Mistele, Karl-Heinz: Zur Geschichte des Templerordens in Süddeutschland. In: Mitteilungen für die Archivpflege in Bayern. Sonderheft 5, 1967, S. 18-24, hier S. 21.
Siehe Urkunde Nr. 69.

54612 Wawern[1]

1 *Siehe Urkunden Nr. 17 und 18.*

38820 Wehrstedt

„Einen warmen Gönner fand derselbe auch an Bischof von Halberstadt 1201-1208, sodaß im Laufe der Jahre die Templer reiche Güter und Zehnten in Klein-Quenstedt, Ergstedt, Niendorf, Wehrstede, Widecke erlangten."[1]

1 *Hirschmann: Die Tempelherren in Deutschland. In: Historisch-politische Blätter für das katholische Deutschland. 159, 1917, S. 131-135, hier S. 133.*
Siehe Urkunden Nr. 87 und 144.

56154 Weiler[1]

1 *Siehe erstes Zitat unter St. Goar und erstes Zitat unter Hirzenach.*

69469 Weinheim

„Dennoch ist es erstaunlich, in der Umgebung auf weitere ‚Templerhäuser' zu stoßen: Die ehemalige Johanniter-Niederlassung in Neckarelz wird bereits seit dem 16. Jahrhundert als ‚Templerhaus' bezeichnet. In Klein-Wallstadt haben sich neben der Kirche Reste eines ‚Templerhauses' in Gestalt der Giebelwand eines frühgotischen Steinhauses (kein Wohnturm) erhalten. Nach der Volkssage bestanden ‚Tempelhöfe' in Kälberau und auf Burg Alzenau. Auch eines der alten Häuser in der Weinheimer Judengasse wurde noch im 19. Jahrhundert als ‚Templerhaus' bezeichnet. Schließlich wollte man in den Templern sogar die Bauherren der Burg Hemsbach (vermutlich des heute noch erhaltenen ‚Ritterhauses') erkennen. Auch ein gotisches Steinhaus in Bretten nannte der Volksmund ‚Templerhaus'. Die ‚Templerhäuser' sind indessen nicht auf den Odenwald beschränkt, auch erhaltene mittelalterliche Steinhäuser in Hildesheim und Boppard tragen diesen Namen."[1]

1 *Steinmetz, Thomas: Spätmittelalterliche Wohntürme im Odenwaldraum. In: Der Odenwald. 41, 1994, Heft 3, S. 87-102, hier S. 100.*

39615 Werben (Elbe)

„Daß die Tempelherren, um mit dem nördlichen Theile der Provinz Sachsen zu beginnen, in der Altmark, und zwar wie behauptet wird zu Salzwedel, Werben[79], Aulosen und Flechtingen, Sitze gehabt haben, muß als unerwiesene, zum Theil grundlose Tradition betrachtet werden.

79 Daß hier von Alters her die Johanniter eine Commende gehabt haben, beweisen Urkunden in Menge; u. a. in Riedels diplom. Beitr. z. Gesch. d. Mark Brandenb. I. 143 etc. Nichts desto weniger soll auf einem Altarbilde in der Stadtkirche ein Tempelherr zu sehen seyn (Beckmann hist. Beschr. d. Mark Brandenb. II. Bd. V. p. 8.)."[1]

1 *Ledebur, Leopold von: Die Tempelherren und ihre Besitzungen im Preußischen Staate. Ein Beitrag zur Geschichte und Statistik des Ordens. In:*

Allgemeines Archiv für die Geschichtskunde des Preußischen Staates. 16, 1835, S. 97-120, S. 242-268, S. 289-336, hier S. 242f. Vgl. hierzu Wilkke, Ferdinand: Die Geschichte des Ordens der Tempelherren. Wiesbaden 2005, nach der 2. Auflage von Halle 1860, S. 385.

15306 Werbig[1]

1 *Für die Lokalisierung von Werbig ‚Wirbeke' danke ich Frau Jünger vom Stadtarchiv Frankfurt (Oder) für ihr freundliches Schreiben vom 19.11.2008. Schwarz, E.: Die Templer in der Mark Brandenburg. In: Monatsblätter des Touristenklub für die Mark Brandenburg. Berlin 1902, S. 37-40.*
Siehe Urkunden Nr. 22 und 118.

56329 Werlau[1]

1 *Siehe erstes Zitat unter St. Goar und erstes Zitat unter Hirzenach.*

46483 Wesel[1]

1 *Siehe Kluncker, Karlhans: Die Templer: Geschichte und Geheimnis. In: Zeitschrift für Religions- und Geistesgeschichte. 41, 1989, S. 215-247, der auf S. 229 von einer Templerniederlassung in Wesel schreibt, und Havevann, Wilhelm: Geschichte des Ausgangs des Tempelherrenordens. Stuttgart, Tübingen 1846, S. 161, erwähnt ein Templerhaus.*

06198 Wettin

„Doch kaum ein Vierteljahrhundert behielten die Templer dieses Patronat von Wettin; denn nach Urkunde vom 3. März 1295 tauschen sie vom Erzbischof Erich das Patronat von Groß-Weddingen gegen jenes ein, der ihnen außerdem zum Ersatz für den ihnen von seinen Männern zugefügten Schaden auch noch ein Allodialgut zu Lobitz und Deutleben überweist."[1]

1 *Schüpferling, Michael: Der Tempelherren-Orden in Deutschland. Ph.D.diss. Freiburg im Üchtland. Bamberg 1915, S. 104.*
Vgl. Schultze-Galléra, Siegmar von: Wanderungen durch den Saalkreis. Halle 2006, Nachdruck der Originalausgabe von 1914, S. 33 und Zitat Nr. 4 unter Mücheln.
Siehe Urkunde Nr. 47, 72, 73 und 74.

35576 Wetzlar

„Das tragische Ende des einst so hochberühmten Ordens, und der Schleier des Geheimnisses, das seinen Untergang verhüllte, bewirkten, daß der Volksmund sich viel mit ihm beschäftigte und nachträglich noch mit Recht oder Unrecht Gebäulichkeiten und wirkliche oder sagenhafte Begebenheiten mit ihnen in Zusammenhang brachte. So ‚sollen' nach Fabricius in Wüstenbach bei Hermeskeil und in Wetzlar Templersiedlungen bestanden haben.[2]

2 Erläuterungen zum gesch. Atlas. V, 125, 283"[1]

1 *Michel, Fritz: Der Templerorden am Mittelrhein und die Templer von Waldeck. In: Rheinische Heimatblätter. 1, 1924, S. 56ff, hier S. 57.*

Wiby (Wüstung)[1]

1 *Siehe Urkunde Nr. 87.*

17268 Wichmannsdorf

„Auch in Magdeburg, Mücheln, Wichmannsdorf und Trodesdorf entstanden Comthureien."[1]

„Wichmansdorf. Dieser Ort wird uns im 12ten Jahrhunderte als der Wohnsitz eines erloschenen Dynastengeschlechtes genannt und lag an der im 15ten wüste gewordenen Stätte, die in dem sogenannten Sandholze zwischen Alt-Haldensleben und Süpplingen unweit Hundisburg liegt, und noch gegenwärtig Wierstorf genannt wird. Des Ortes geschieht in mehreren Urkunden als Tempelhof Erwähnung. Schon im Jahre 1289 gehörte der größte Theil des eine Meile nördlich von Alvensleben gelegenen Dorfes Bülstringen dieser Commenthurei. Ueber andere Theile desselben Dorfes besaß der Graf Conrad von Wernigerode die Lehnsherrlichkeit, die er jedoch den Tempelherren von Wichmansdorf in dem erwähnten Jahre für 10 Mark Silbers überließ, ihnen außerdem noch das Dorf Wolfshausen schenkend. Am 3. März 1295 überließ Erich von Magdeburg eben diesem Tempelhofe die Hohewische und eine halbe Hufe, die Johann v. Grunenborch bis dahin zu Lehn gehabt hatte. Ferner übergab im Jahre 1299 der Ritter Bruno v. Eilsleben, der durch des Grafen Conrad von Wernigerode oben erwähnten Verkauf wegen 5 1/2 Hufen und 5 Höfe in Bülstringen, Lehnmann des Tempelordenshauses geworden war, dem letztern für die Aufnahme seines Sohnes in den Orden, das Nutznießungsrecht an jenen Hufen und Höfen."[2]

„Im 13. Jh. soll Wichmannsdorf an den Orden der Templer gegangen sein.

Nahe der Wüstung lag die Wichmannsburg, die eine bedeutende Niederlassung in Mitteldeutschland war. Von hier aus wurden die Kommenden und Besitzungen der gesamten Umgebung geleitet und verwaltet. Dort lag der Sitz Friedrich von Alvenslebens, dem Präzeptor von Alemannien und Slawien. Er war der Komtur von Wichmannsdorf. Beim Vergleich von Wichmannsdorf mit anderen Templerkommenden schlußfolgerte man, daß nicht mehr als vier dienende Brüder hier lebten.

Im Laufe der Zeit kam es zu zahlreichen Neuerwerbungen und Schenkungen um Wichmannsdorf. So übergab Graf Konrad von Wernigerode 1289 einen Teil des Dorfes Bülstringen (noch heute als Ortschaft vorhanden) nordwestlich von Haldensleben den Templern für 10 Mark Silber und schenkte das Dorf Wolfshausen, auch Wolwishusen (heute Wüstung) nördlich von Haldensleben dazu. Einen weiteren Zugewinn erhielt der Orden 1295 durch Erzbischof Erich von Magdeburg mit der Überlassung der hohen Wiese (Hohewisch) und dem dazugehörigen Holze, sowie einer halben Hufe Land in Feld ‚Rod', die ein gewisser Johann v. Grunenborch als Lehen gehabt hat. Außerdem kamen 1299 noch das Nutzungsrecht an fünfeinhalb Hufen Land und fünf Höfen in Bülstringen durch den Ritter Bruno von Eisleben hinzu, der damit die Aufnahme seines Sohnes in den Templerorden unterstützte. Graf Konrad von Wernigerode hatte zuvor die erwähnten Güter an den Templerorden verkauft, so daß der Ritter Bruno bereits Lehnsmann der Templer geworden war.

Die Burganlage war mit einem Durchmesser von ca. 60 Meter von beachtlicher Größe. Ein der Burg vorgelagerter Damm staute einen See an, der die Flanke schützte und den Burghügel wie eine Insel aus dem Wasser ragen ließ. Die andere Richtung sicherte eine doppelte Wall-Grabenanlage. Der Damm wiederum wurde von einem darüber befindlichen Turm gedeckt, der sicher als Bergfried anzusehen ist. Ebenfalls auf der Anhöhe des Turmstandortes befand sich eine Kapelle, die noch 1561 als ledige Kirche zu Wichmannsdorf in den Althaldenslebener Klosterakten Erwähnung findet.

In Urkunden ist im Falle Wichmannsdorf meist von einem Haus oder Hof der Templer die Rede. Vermutlich ist die Wichmannsburg nach dem Burgentypus einer Hochmotte (Turmhügelburg) errichtet worden, also wurde ein turmartiges, festes Haus auf einem angelegten Hügel errichtet, das von darum errichteten Mauern geschützt wurde. ...

Im Jahre 1307 setzte Friedrich von Alvensleben, ein Jahr nach dem großen Güterverkauf von Halberstadt die Veräußerung von Ordensbesitz weiter fort. So verkaufte Friedrich am 15.09.1307 seinem Bruder, Ritter Albert von Alvensleben das Dorf Bülstringen und die jährliche Aushebung von 45 Schillingen des Dorfes Groppendorf (Südwestlich von Alvensleben) für 300 Mark Stendaler Silber.

Weitere Verkäufe sind nicht urkundlich belegt. Dafür ist aber bekannt, daß das Kloster Althaldensleben von Arno von Dreileben 1312 die Hälfte des Waldreviers bei Wichmannsdorf bekam. Interessant ist weiter, 1355 der Verkauf der Ortschaft Wichmannsdorf für 200 Mark von Volrad von Dreileben zu Hundisburg wieder an das Kloster

Althaldensleben. Die Templerkommende Wichmannsburg soll von den Herren von Dreileben zu Hundisburg abgerissen worden sein, und die Steine beim Bau, des noch heute ‚Tempelherrenturm' genannten südlichen Turmes, der Burg Hundisburg wiederverwendet worden sein.

Die Kapelle der Komturei bestand wie bereits zuvor beschrieben noch lange, nachdem der Ort Wichmannsdorf eine Wüstung wurde. Das erklärt sich zum einen, weil die Kirche eines Ortes immer das festeste Bauwerk war und zum anderen selbst im Falle des Gebäudeabrisses zur Baustoffgewinnung keiner die Hand an ein sakrales Bauwerk legen wollte, solange es noch stand."[3]

„Doch schon vorher, im Mai 1308, ordnet Burchard als Landesfürst an, an e i n e m Tage alle Templer in den vier Komthureien des Erzstifts gefangen zu setzen, also in Magdeburg (Prälatenstraße), Wichemannsdorf bei Hundisburg, Gehringsdorf (Kreis Wanzleben) und in unserem Mücheln, und ihre Güter in Beschlag zu nehmen."[4]

1 *Hirschmann: Die Tempelherren in Deutschland. In: Historisch-politische Blätter für das katholische Deutschland. 159, 1917, S. 131-135, hier S. 133.*

2 *Ledebur, Leopold von: Die Tempelherren und ihre Besitzungen im Preußischen Staate. Ein Beitrag zur Geschichte und Statistik des Ordens. In: Allgemeines Archiv für die Geschichtskunde des Preußischen Staates. 16, 1835, S. 97-120, S. 242-268, S. 289-336, hier S. 244f. Die von Ledebur angesprochenen Urkunden zu Wichmannsdorf werden nicht genannt. Siehe Urkunden Nr. 68 und 88.*

3 *Lehmann, Gunther/Patzner, Christian: Die Templer in Mitteldeutschland. Erfurt 2004, S. 61f.*

4 *Schultze-Galléra, Siegmar von: Wanderungen durch den Saalkreis. Halle 2006, Nachdruck der Originalausgabe von 1914, S. 34f.
Siehe auch Urkunden Nr. 74, 79, 89 und 110.*

Widecke (Wüstung)[1]

„Einen warmen Gönner fand derselbe auch an Bischof von Halberstadt 1201-1208, sodaß im Laufe der Jahre die Templer reiche Güter und Zehnten in Klein-Quenstedt, Ergstedt, Niendorf, Wehrstede, Widecke erlangten."[2]

1 *Zur Lokalisierung von Widecke teilte das Historische Stadtarchiv Halberstadt mit freundlichem Schreiben vom 4.2.2005 folgendes mit: „Die Kriege Albrechts des Bären. Lutz Partenheimer. Gedruckt in: Die frühen Askanier. Protokoll der Wissenschaftlichen Konferenzen zur politischen und territorialen Herrschaftsgeschichte sowie (zu) den sozialen und kulturhistorischen Aspekten der frühen Askanierzeit am 19./20. Mai 2000 in Aschersleben/Ballenstedt und am 25. Mai 2002 in Bernburg (Beiträge zur Regional- und Landeskultur Sachsen-Anhalts 28). Halle 2003, S. 35-71. Im Falle Witteckes sind die Angreifer in den Quellen nicht genannt. Sollte diese Burg richtig lokalisiert sein [60 Nach P. GRIMM: Burgwälle (wie EN 57), Nr. 1324, hätte G.H. Pertz Wittecke südwestlich von Groß-Quenstedt lokalisiert. G.H. Pertz (MG SS 16), S. 258, Anm. 72, sagt jedoch nur ‚ad Holtemann'. Die Bestimmung des Standortes auf der Flur ‚Widecke' an der Grenze der Groß-Quenstedter Feldmark am Fuße des Warmholzberges auf einem zur Holtemme schroff abfallenden Hügel ohne Befestigungsreste geht auf Fr. SCHLEMM: Die Obervögte von Halberstadt... In: Leopolf von Ledebur (Hg.): Allgemeines Archiv für die Geschichtskunde des Preußischen Staates 13/1834, S. 108, zurück, s. W. BERNHARDI: Konrad III. (wie EN 44), S. 128f, Anm. 2.], lag sie in der Nähe von Gröningen. Dann kann vermutet werden, daß beide Plätze Ziele eines Feldzuges waren. In dem Fall dürfte Wittecke vom Pfalzgrafen gebrochen worden sein."*

2 *Hirschmann: Die Tempelherren in Deutschland. In: Historisch-politische Blätter für das katholische Deutschland. 159, 1917, S. 131-135, hier S. 133.*

Siehe Urkunden Nr. 48, 87 und 144.

51373 Wiesdorf[1]

„Ein örtliches Lagerbuch läßt dort auch die Tempelherren wohnen [gemeint ist das Hospital der Johanniter in Burg an der Wupper]. Diese Nachricht ist aber irrig. Das Johanniter Hospital empfing aber eine für diese Herren bestimmte Rente. Diese bestand aus 3 Schillingen, die ihnen (den fratribus miliciae templi) von einer Alveradis, der Wittwe des gräflichen Mundschenks Bruno von Bongard, zur Tilgung der Sünden der ihrigen im J. 1231 geschenkt worden waren. Sie wurden aus den Renten ihres benachbarten Gutes Buschhausen jährlich auf Martinstag bezahlt. Die genannten Johanniter kauften diese Rente im J. 1278 von den Tempelherren. Diese besaßen auch den Tempelhof zu Wiesdorf. Als aber ihr Orden (1312) aufgehoben und dessen Güter der Bulle des Papstes Clemens V. gemäß den Brüdern des Hospitals (Johannitern) zugetheilt wurden, mag aus das Hospital zu den dort gelegenen Besitzungen gelangt sein. Diese waren in den dasigen Tempelhof, der dem Düsseldorfer Kapitel gehörte, hofhörig."[2]

1 *Im Mittelalter nannte sich der Ort Westupe.*

2 *Mehring, F.E. von: Geschichte der Burgen, Rittergüter, Abteien und Klöster in den Rheinlanden und den Provinzen Jülich, Cleve, Berg und Westphalen. Bd. 3, Heft 9, Köln 1853, S. 61.*

73349 Wiesensteig

„Das Klösterle

Auf der Alb, nordwestlich von Wiesensteig, auf dem sogenannten Anger, war in früherer Zeit ein Tempelherrenkloster. Man erzählt sich, daß diese Tempelherren den Gottesdienst in Neidlingen versehen haben; sie sollen in einer Nacht ermordet und das Kloster zugleich zerstört worden sein. Auf der Stelle selbst finden sich nur noch Steingerölle, als Reste eines viereckigen Gebäudes, und ein Gewölbe. Auch ist dieser abgelegene Ort der Fundplatz von vielen Hellern.

Aus: Beschreibung des Oberamts Geislingen, Stuttgart 1842

Vergl. hierzu: Burkhardt und Wurm, Das Klösterle bei Wiesensteig, in: Geschichtliche Mitteilungen von Geislingen und Umgebung, Heft 11, Geislingen 1948.
Ein Schreiben des Stadtschultheißenamts Wiesensteig vom 26. April 1856 an das Kath. Stadtpfarramt nimmt Bezug auf das ehemalige Angerkloster. In dem Brief regt das Stadtschultheißenamt an, an der Stelle des auf dem Kreuzfeld gefällten ,Pfaffenbüchles' ein Kreuz zu errichten, weil bis hierher einst die Prozessionen der Tempelherren an den Marienfesten geführt worden sind, zu einem Punkt im Gelände, von dem aus Alt Ave Maria bei Deggingen zu sehen ist."[1]

1 *Kettenmann, Jürgen: Sagen im Kreis Göppingen. Weißenhorn 1976, S. 98.*

14552 Wildenbruch

„Es läßt sich auf der Landkarte das Vordringen des Ordens nach Osten erkennen. Und zwar durch eine zweite Linie templerischer Niederlassungen, die ungefähr 250 km nordöstlich parallel zu der Braunschweiger Riegelstellung verläuft. Der nordöstliche Stützpunkt bei Mirow, dem dann in kurzen, räumlich gleichmäßigen Abständen in Templin, Wildenbruch, Küstrin mit Münchenberg und Lebus sowie Zielenzig und Lagow folgen. Mit dieser Sperrkette war das Gebiet zwischen Elbe und Oder nach Osten hin abgesichert."[1]

1 *Sawall, Edmund: Der Tempelritterorden in Deutschland. Versuch einer Bestandsaufnahme. In: Non nobis. 38, 2000, S. 14-19, hier S. 15.*

Wippenfeld (nicht zu lokalisieren)

„Von den Gütern, welche die Kommende Mosbrunnen in Wippenfeld und Meilenhofen besessen hat, erhalten wir Nachricht durch eine Urkunde vom 6. Juni 1305 (?). Diese Urkunde berichtet, dass die Templerschwester Adelheid von Wellnheim, ehedem Gemahlin des nunmehringen Templers Rudiger von Wellnheim, mit Zustimmung des Templercomthurs Johannes von Mosbrunnen und des Bischofs Philipp von Eichstätt aus Gesundheitsrücksichten den Orden verlässt und nicht bloß jene Güter bei Wippenfeld wieder zurückerhält, die sie einstens bei ihrem Anschluß an den Orden diesem zugewendet hatte, sondern zu diesem sogar noch eine Mühle in Meilenhofen empfängt. Nach ihrem Tode sollten jedoch diese Güter an den Orden wieder zurückkommen und, wenn derselbe nicht mehr bestünde, je zur Hälfte der bischöflichen mensa in Eichstätt und dem St. Willibaldsaltare der Kathedralkirche daselbst zufallen. Unzweifelhaft sollte angesichts der dem Orden drohenden Gefahr genannte Vereinbarung nur eine Sicherstellung dieser Güter bezwecken und musste die schwache Gesundheit der Schwester Adelheid nur den Vorwand bilden, um nach Auflösung des Ordens den Templern auf diese Weise eine Zufluchtsstätte zu gewähren. In dieser Ansicht bestärkt einerseits der Ausdruck der Urkunde ‚Gemäß unserer und der Schwester vorsorglich getroffenen Anordnung' und andererseits der Umstand, daß ihr zu jenen Gütern in Wippenfeld, die sie dem Orden zugebracht, noch die Mühle in Meilenhofen hinzugefügt wurde, die, wie aus dem Zusammenhang der Urkunde hervorgeht, offensichtlich nicht von der Familie Wellnheim stammte."[1]

1 *Schüpferling, Michael: Der Tempelherren-Orden in Deutschland. Ph.D.diss. Freiburg im Üchtland. Bamberg 1915, S. 61.*
Siehe Urkunde Nr. 108.

41812 Wockerath

„Zur Bürgermeisterei Erkelenz gehören noch folgende Ortschaften: Bellinhoven, Buscherhof, Genehen, Mennekrath, Oerath, Tenholt, Terheeg und Wockrath nebst dem Gehöfte Commerden, ein ehemaliges Besitzthum der Tempelherren."[1]

1 *Offermanns, Jacob: Geschichte der Städte, Flecken, Dörfer, Burgen u. Klöster in den Kreisen Jülich, Düren, Erkelenz, Geilenkirchen und Heinsberg nebst statistischen Angaben. Linnich 1854, S. 142.*

97944 Wölchingen

„Die schöne Kreuzkirche zu Wölfingen, einem Dorfe bei Boxberg im Hohenloheschen, soll von den Templern erbaut worden sein[65].

65 Gottschalck a.a.O. 137."[1]

1 *Wilcke, Ferdinand: Die Geschichte des Ordens der Tempelherren. Wiesbaden 2005, nach der 2. Auflage von Halle 1860, S. 387.*
Vgl. Albert, Peter Paul: Das ‚Templerhaus' zu Neckarelz. Eine geschichtliche Untersuchung. In: Freiburger Diözesanarchiv. Zeitschrift des Kirchengeschichtlichen Vereins für Geschichte, christliche Kunst, Altertums- und Literaturkunde des Erzbistums Freiburg. NF 33, 1932, S. 1-28. Albert kann bei Wölchingen keinen Templerbesitz erkennen. Nach Schüpferling, Michael: Der Tempelherren-Orden in Deutschland. Ph.D.diss. Freiburg im Üchtland. Bamberg 1915, S. 44, soll der Ursprung der Kreuzkirche auf die Templer zurückzuführen sein. Einen Beleg hierfür kann er nicht anführen.

35096 Wolfshausen

„Wichmansdorf. Dieser Ort wird uns im 12ten Jahrhunderte als der Wohnsitz eines erloschenen Dynastengeschlechtes genannt und lag an der im 15ten wüste gewordenen Stätte, die in dem sogenannten Sandholze zwischen Alt-Haldensleben und Süpplingen unweit Hundisburg liegt, und noch gegenwärtig Wierstorf genannt wird. Des Ortes geschieht in mehreren Urkunden als Tempelhofes Erwähnung. Schon im Jahre 1289 gehörte der größte Theil des eine Meile nördlich von Alvensleben gelegenen Dorfes Bülstringen dieser Commenthurei. Ueber andere Theile desselben Dorfes besaß der Graf Conrad von Wernigerode die Lehnsherrlichkeit, die er jedoch den Tempelherren von Wichmansdorf in dem erwähnten Jahre für 10 Mark Silbers überließ, ihnen außerdem noch das Dorf Wolfshausen schenkend."[1]

1 *Ledebur, Leopold von: Die Tempelherren und ihre Besitzungen im Preußischen Staate. Ein Beitrag zur Geschichte und Statistik des Ordens. In:*

Allgemeines Archiv für die Geschichtskunde des Preußischen Staates. 16, 1835, S. 97-120, S. 242-268, S. 289-336, hier S. 244.
Siehe Urkunde Nr. 68.

99735 Wolkramshausen

„Im Braunschweigischen überträgt 1283 Graf Albert von Gleichen dem Orden das Patronatsrecht zu Helmeldesdorff und die Ortschaft Wolerameshusen."[1]

1 *Widmer, Georg: Über die Verbreitung und den Untergang des Templerordens in Deutschland und Österreich. In: Jahresbericht der kaiserlich-königlichen Zweiten Deutschen Staats-Realschule in Prag-Kleinseite. 26, 1909, S. 3-17, hier S. 5.*
Die beiden Orte Helmsdorf und Wolkramshausen stehen offenbar in einem Zusammenhang. Luftlinie liegen die Orte 30 km von einander entfernt. Nur 1 km westlich von Helmsdorf liegt die Wolkramshäuser Mühle.

67549 Worms

„Eine Urkunde vom 2. September 1337 berichtet, daß Konrad Bunno, Schatzmeister der Kirche St. Paul zu Worms, einen Teil seiner jährlichen Einkünfte, die auf dem Hofe ‚zum Tempel' in der Stadt Worms ruhten, um den Preis von 100 Pfund Heller an seine Kirche verkauft hat. Ist unter dieser Bezeichnung ‚zum Tempel' der dortige Johanniterhof zu verstehen?"[1]

1 *Schüpferling, Michael: Der Tempelherren-Orden in Deutschland. Ph.D.diss. Freiburg im Üchtland. Bamberg 1915, S. 37.*
Worms als Komturei findet Erwähnung bei Prutz, Hans: Die Geistlichen Ritterorden. Ihre Stellung zur kirchlichen, politischen, gesellschaftlichen Entwicklung des Mittelalters. Berlin 1908, S. 334f.
Siehe Urkunde Nr. 124.

97070 Würzburg

„In dem ganzen weitläufigen Archive [gemeint ist königl. Archiv in Würzburg, Anm. d. Verf.] daselbst findet sich keine einzige Urkunde vor, welche auf die Templer oder deren Besitzungen spricht. Da diese überall dem Johanniter=Orden angewiesen worden sind, so wurden, nach Ableben des lezten Kommenthurs daselbst, alle an das dortige Archiv abgelieferten Urkunden mit gespannter Aufmerksamkeit in dieser Hinsicht durchgegangen; doch ohne den mindesten Erfolg; nicht eine Spur davon war zu entdecken. Hierdurch bestätigt sich auch die Meinung angesehener Männer, daß der Orden der Tempelherren sich niemals bis an das Fürstbisthum Würzburg erstreckt, sondern von dieser Seite den Rhein herauf sich höchstens bis nach Frankfurt ausgedehnt habe."[1]

„In Franken wohnte wie schon bemerkt der Vizemeister zu Würzburg."[2]

„Unter diesen Häusern befindet sich jedoch eines, welches, laut einer alten Inschrift, unbezweifelt ein früheres Besitztum des Templerordens gewesen sein dürfte, nämlich das Haus im 2. Distr. Nro. 351 in der Katzengasse dahier, einst der südliche Flügel des ansehnlichen Hofes zum großen Löwen (jetzt 2. Distr. Nro. 240-241)."[3]

„Der andere Schriftsteller Kaspar Schott weiß sogar den näheren Ort ihrer Niederlassung daselbst zu bestimmen – das novum monasterium und zwar dort, wo der Weinkeller sich befindet[1]. Hier erscheint dieses als Nachfolger der Templer. Dieses novum monasterium tritt uns schon in einer Notiz vom 7. April 1317 entgegen, nach welcher der Kapitelsvikar Goldstein mit Zustimmung des novum monasterium als des Patrons eine Frühmesse konfirmiert, welche ein Berger Templer und ein Konrad Hemme zu Bütthart, einer Filiale von Reytersheim, gestiftet hat. Merkwürdig! Sollte vielleicht der Templerorden von Würzburg aus Patronat und Seelsorge an diesen Kirchen ausgeübt haben und das novum monasterium in den Besitz dieses Patronats gerade als Nachfolger der Templer gelangt sein, worauf auch das Epitheton ‚novum' hinzweisen scheint? Möglich, daß nach Auflösung des Ordens ein Mangel in der Seelsorge sich bemerkbar machte, der diese beiden Männer angetrieben hat, daselbst eine Frühmesserstelle zu errichten.

1 Kaspar, Schott, Physica curiosa, edit. III (Herbipol. 1697), 211: Aliae sunt hic aedes prevetustae. Ad Templarios olim pertinebant, nunc ad novi monasterii hujus urbis canonicos, ubi cellem habent vinariam."[4]

1 *Oesterreicher, Paul: Ueber die vorgebliche Ansiedlung der Tempelherren zu Bamberg und Würzburg. In: Die geöffneten Archive des Königreichs Bayern. 1, Heft 1-4, 1821/22, S. 90-94 und S. 283-285, hier S. 94.*

2 *Wilcke, Ferdinand: Die Geschichte des Ordens der Tempelherren. Wiesbaden 2005, nach der 2. Auflage von Halle 1860, S. 387.*

3 *Reuß, Friedrich Anton: Über einen vormaligen Templerhof zu Würzburg. In: Archiv des Historischen Vereines von Unterfranken und Aschaffenburg. 12.2-3, 1853, S. 236-246, hier S. 240.*

4 *Schüpferling, Michael: Der Tempelherren-Orden in Deutschland. Ph.D.diss. Freiburg im Üchtland. Bamberg 1915, S. 49f.*
Vgl. Borchardt, Karl: The Templars in Central Europe. In: Zsolt Hunyadi/ József Laszlovszky: The Crusaders and the Military Orders expanding the medieval latin Christianity. Budapest 2001, S. 233-244, hier S. 234.

Wüstenbach (bei 54411 Hermeskeil)

„Das tragische Ende des einst so hochberühmten Ordens, und der Schleier des Geheimnisses, das seinen Untergang verhüllte, bewirkten, daß der Volksmund sich viel mit ihm beschäftigte und nachträglich noch mit Recht oder Unrecht Gebäulichkeiten und wirkliche oder sagenhafte Begebenheiten mit ihnen in Zusammenhang brachte. So ‚sollen' nach Fabricius in Wüstenbach bei Hermeskeil und in Wetzlar Templersiedlungen bestanden haben.[2]

2 Erläuterungen zum gesch. Atlas. V, 125, 283"[1]

1 *Michel, Fritz: Der Templerorden am Mittelrhein und die Templer von Waldeck. In: Rheinische Heimatblätter. 1, 1924, S. 56ff, hier S. 57.*
Ein Ort Wüstenbach ist bei Hermeskeil nicht zu lokalisieren.

97705 Zahlbach[1]

1 *Früher Zagelbach. Ein Erwähnung findet sich bei Wagner, Georg Wilhelm Justin: Templer-Orden: Die Kommende zu Mainz. Die Kommende zu Mühlen (Mühlheimer Hof) bei Osthofen. In: Die vormaligen geistlichen Stifte im Großherzogtum Hessen. Bd. 2: Rheinhessen. Darmstadt 1878, S. 280-288 und 565.*
Siehe Urkunde Nr. 12.

16792 Zehdenick[1]

1 *Bei Zehdenick handelt es sich um das in den Urkunden erwähnte Chins. Auf Anfrage teilte allerdings das Stadtarchiv Frankfurt (Oder) mit freundlichem Schreiben vom 19.11.2008 mit, dass eine Zuordnung nicht möglich ist.*
Siehe Urkunde Nr. 24.

41541 Zons

„Aus der zweiten Hälfte des 17. Jh. berichtet der damalige Schultheiß von Zons, Mathias Nolden, mancherlei interessante Einzelheiten. ... Nolden giebt dann geschichtliche Nachrichten über die Stadt; ‚So dienet anfänglich zu wissen, daß das Schloß eine Tempelherren-Wohnung gewesen sei, inmaßen ohne großen Thurm, wie die Schallöcher ein solches ausweisen thuen; Ich auch anno 1650, als die durch das hessische Lager annis 1646 und 1647 geschossenen Breschen an der Schloßmauer rheinwärts wieder ausgebessert worden, die Fundamente des gewesenen Chors mit Verwundern angesehen habe, dabei viele Totenbeine allernächst dem Turm sich gefunden und ausgeworfen worden, als daselbst eine große Kalkkule gemacht worden, wie denn auch noch verschiedene Ländereien im Zonser Feld sich vorfinden, so daß Tempelland genannt werden.'"[1]

1 *Kohl, Claus: Zons am Rhein. Beiträge zur Geschichte der Stadt Zons. Zons 1904, S. 78f. Siehe Urkunde Nr. 147.*

Vgl. auch: Otten, A.: Zons am Rhein. o. O. o. J. S. 36f. Redlich, Otto: Wanderungen an Rhein und Ruhr. In: Beiträge zur Geschichte des Niederrheins. Jahrbuch des Düsseldorfer Geschichtsvereins. 31, 1925, S. 28. Redlich hält die Angaben des Schultheissen Nolden aus dem 17. Jahrhundert für nicht glaubwürdig.

Urkunden und Regesten

Nr. 1

1167 April 27

„Der Großmeister des Templerordens, Bertrand de Blanquefort, übergibt mit Zustimmung des Ordenskapitels Besitzungen in Ottmarshart (LK Dachau) und *Liuchental* (Leukental zwischen Lofer und Wörgl) dem Pfalzgrafen Friedrich in Vertretung seiner Bruders [sic], des Pfalzgrafen Otto. - Diese gelegentlich zu Unrecht für gefälscht gehaltene Urkunde zeigt, daß der Templerorden schon vor seinem Machzuwachs im 13. Jahrhundert Besitz im süddeutschen Raum hatte.

Orig. Perg. mit Bleibulle an Hanfschnur. - AStA München, Kloster Waldsassen U //1."[1]

„In n. s. et i. tr. Patris et filii et sp's sc'i. Amen.

Notum sit universis tam presenti[bu]s quam futuris, quod ego Bertrandus per Dei gratiam milicie templi magister totius capituli communi assensu et approbatione, sine omne contradictione, libere et quiete trado et tradendo confirmo Othoni comiti palatino maiori, et eius heredibus iure perpetuo predium Othmarshart et Liuchenthal cum familia et omnibus pertinentiis suis, et quicquid iuris in eo habere domus templi militum videbatur, ea libertate et integritate, qua prefata domus eum habebat tenendum et possidendum in perpetuum. Et ut hec venditio, et mea et totius capituli concessio rata et illibata permaneat, sigilli mei appositione presentem paginam corroborari iussi; et hoc predium delego in manu et in custodia fratris sui Friderici palatini comitis. Conditione tali, ut ipse fideliter illud servet predicto fratri suo O. Ipso autem non superstite, uxori et filiis suis. Huius rei testes sunt Fr. W. de Guirchia. Fr. Wterius de Berito. Fr. Hugo de Corbuil. Fr. Petrus bellus occl's (oculus?).

Fr. Bonefacius Lonbardie preceptor, qui precepto magistri et totius capituli hanc venditionem fecit. De seculo testes sunt hii: Dux Welpho, de Rabensperch, et Herman de Ramunge, ministerialis suus. Trageboto de Moringen. Perhtolt de Cella. Rudolf Tileman. Rogerius de Ezemansmitte, ioculator. Hii sunt homines supradicti Welphonis, Heinricus Burchgravius Ratisponensis. Rogerius de Chadolstorf. Hartnit de Hergesingen. Wernh'. de Lugeberch. Heinricus Maare. Coonrat Spisarius. Hii sunt homines burchgravii[1]. Hademar de Ahehusen.[2] Remboto de Mosebach. Chuno de Hovedorf. Wilehart de Trune. Rudo[l]f de Milenhoven. Herrant de Ergoltingen, et Walchon Skiche. Hartwicus de Altheim. Perhtolt de Aha. Ugo de Starcholsthoven. Heinricus de Emphembach. Osericus de Valchenberch. et homo suus Heitvolch, de Emmendorf. Heinricus parvus de Phefenhusen. Sifrit de Wartemperch. Godefridus Eitersteun. Ekehart de Lengendorf et frater suus Ulricus. Willibolt de Gisebac. Wernh.' Skerio de Northoven. Meingoz de Cheminaten. Har[t]man de Schillingesvi[r]st. Pernhart de Gredingen. Tageno de Othmarshart. Rogerius de Linthahe iunior. Conrat Athare. Conrat Ploch de Dornberch. Fridericus de Rohelingen. Sagelin ioculator. Ernestus de Lirendorf. Sibant de Arbenhoven. Hartwic Clachel. iunior Gotefrid suevus. Wezilo de Ardingen. Merboto de Ebes. Factum est hoc privilegium Anno incarnationis dominice M^{0}.C^{0}.LX^{0}.VIII^{0}. Mense Aprili. V Kl'. Maij. feria V^{a}. Luna V^{a}. Anno IIII^{to} Amalrici Jerosolimorum Regis. Latinorum vero[3] Amalrico patriarcha in Jherusalem.

Or. im R.A. mit Bleisiegel an rother Seidenschnur: Zwei Reiter mit eingelegten Lanzen auf sprengendem Pferde - Sigillvm militum; rückwärts ein 5 säuliger Tempel - Christi de templo. Reg. B. I. 264. Bei [1] steht bruxgrauii, [2] Ahebusen, [3] gekürzt o über v, wie oft.

Abh. d. III. Cl. d. k. Ak. d. Wiss. XIV. Bd. II. Abth."[2]

1 *Mistele, Karl-Heinz: Zur Geschichte des Templerordens in Süddeutschland. In: Mitteilungen für die Archivpflege in Bayern. Sonderheft 5, 1967, S. 18-24, hier S. 20.*

2 *Hundt, Friedrich Hector: Bayrische Urkunden aus dem XI. und XII. Jahrhundert. (=Abhandlungen der III. Classe der königlichen Akademie der Wissenschaften. Bd.XIV, II. Abtheilung). Nr. 92, S. 97.*

Eine detaillierte Beschreibung und Interpretation sowie die richtige Datierung in das Jahr 1167 findet sich bei Grauert, Hermann: Eine Tempelherrenurkunde von 1167. In: Archivalische Zeitschrift. 3, 1878, S. 294-309. Die Urkunde ist abgebildet im Ausstellungskatalog Liers, Albrecht (Hrsg.): Aus 1200 Jahren. Ausstellung des Bayerischen Hauptstaatsarchives 15.9.-9.11.1986. Neustadt an der Aisch 1986.

Nr. 2

1197 April 18

„Papst Celestin III ertheilt dem Abt Godefrid v. Wadegozen einen Schutz- und Bestätigungsbrief der Rechte und Besitzungen des Klosters. Als letztere werden aufgezählt: der Ort, wo das Kloster gelegen; die Allodien Guntram's zu Wilre, deren zu Havestal, Bredebach, Rinderbure, das dem Grafen Friderich gehörig gewesen, das der Brüder vom h. Grabe, das Ditmars und andere zu Honisheim, das dem Grafen Sigebert gehörig gewesene und andere zu Wopenswilre, das desselben Grafen zu Curbere; ferner Besitzungen in Trier, Haseningen, Marsela, Rorebach, Brucherbach, Fremersdorf, Boes, Metz, Kempta, Enestorf, Ramspach (darunter deren von den Klöstern Busendorf und Hornbach), Munechwilre, Caldenbach (vom Kl. Herbodesheim), Kirwilre, Wopretaswilre; die Kirchen zu Bukenheim, Ramspach, Villaris und Raldingen, die Celle zu Merzig und andere Besitzungen daselbst, zu Harldenge, Buce, Fremersdorf, Hustad, Bestente und Burgalben, das Herrenland Ceppemberch, die Kirche zu Burgalben, Zehnten zu Furcap, ein Vierel von den Templern gekauftes und andern Allods zu Henisheim, zu Singescheit, ein Viertel Mansus zu None und ein Achtel des ‚Putzerwalt', 1 Mansus zu Spize, Güter zu Sisswilre u. a. m. ‚Religiosam vitam' etc Laterani 14 kal. Maj. 1197 ind. 15 pont. dni.

Celestini ppe. III a. 7. Copie im abt. Chartul. zu Coblenz. Gedr. Hugo. Ann Praem. 2,623. Mttlrh. Ukb. 2,209. Reg. Ibid. 2,759 no. 896. Jaffé 907 no. 10,642. Vgl. 1179 apr. 11 no. 415."[1]

1 *Goerz, Adam: Mittelrheinische Regesten. 2. Teil. Coblenz 1879, Nr. 800, S. 220.*

Nr. 3

12..

„...Die Aebtissin von Essen ist verpflichtet dem Obervogt (archiadvocato) in Briseka jährlich zweimal, auf Weihnachten und Johann Baptistentag, zu geben: 12 Sester Weizen, 4 Malter Hafer, 4 Krüge (urna) dünnes Bier, 1 Ohm Wein, 1 Schwein für 5 leichte Soliten genannt ‚Lichtpenninke', 1 Schwein für 32 Denaren derselben Münze, 1 Schwein für 6 Denaren, 2 Pfund (talenta) Wachs, 2 Pfund Pfeffer, 10 Hühner (pulli), 6 Denaren für Speck um die Hühner zu braten, und eine neue Schüssel, genannte ‚Gestulpie' für 6 Denaren mit Eiern darin. Alle Güter mit Wingerten und Ackerland, welche der Graf v. Nürburg (de Novo castro) vom Stift Essen hatte, sind verkauft, so dass weder die Aebtissin noch Convent aus denselben, wie von andern Sachen, eine Leistung beanspruchen können. Die Aebtissin von Essen erhält folgende Holzlieferungen ‚zum Stein' gehörig (pertinentia ad lapidem): 2 Klafter (plaustra) von den Mönchen im obern Dorfe, und noch 12 Klafter von Thomas aus Wenyche's Gütern, von Joh. In Lenksa (Linza?), Joh. Medebach aus den Gütern ‚Haypin', von Henr. Slusil, Gerhard dem Fischer, von Joh. von der steinernen Brücke (de ponte lapideo), von Nicol. Wextsteyn aus den Gütern des Ritters Conrad und andern. Alle diese Genannten, wie auch die Kinder Henrichs des Vogts und die Templer sind auch zum bebauen der Ackerländereien der Aebtissin verpflichtet. Ohne Datum.

Nach einer Aufzeichnung des 13. Jahrh. Gedr. v. Ledebur, Archiv 2,314-15."[1]

1 *Goerz, Adam: Mittelrheinische Regesten. 4. Teil. Coblenz 1886, Nr. 3121, S. 695.*

Nr. 4

1205

„Ipse autem Conradus ... Et quia domum, que b. Borchardi dicitur, domuj miliciae Templi contulerat, aliquando cum eisdem facta commutatione, collegium iam plantate ecclesie sanctimonialium trastulit ad iam dictam s. Borchardi ecclesiam, sororibus inibi Dno famulantibus pro posse suo necessaria subministrans."[1]

1 *Schüpferling, Michael: Der Tempelherren-Orden in Deutschland. Freiburg 1915, S. 93, Anm. 7. Schüpferling zitiert die Urkunde nach Monumenta Germ. hist. Constitutiones et acta publica impreatorum et regum. 1906, Bd. 23, 121.*

Nr. 5

1208

„Bischof Conrad verlegt das Jacobi-Kloster vom Breitenthore vor das Burchard-Thor, bestätigt seine Besitzungen und macht verschiedene Schenkungen.

In nomine sancte et individue Trinitatis. Conradus divina providentia s. Halberstadensis ecclesie episcopus imperpetuum.* | quecumque ad laudem et gloriam nominis Jesu Christi per nostram sive quorumlibet fidelium ordinationem rationabiliter disponuntur, ne in posterum diductu temporis per malignantium calumpnias convellantur, sed ut potius firmamentum inviolabile sortiantur, nostro ea tutamine taliter duximus communire, ut et facti memoria in longum excrescere valeat et vigere omnisque tergiversatio malignorum, que per bonorum ignorantiam honestis et rationabilibus institutis posset in posterum obviare, perspecta hac pagina veritatis in se plenarie seriem continente, penitus obmutescat. eapropter notum esse volumus universis Christifidelibus tam presentis temporis quam futuri, quod, cum ad eam vocati fuissemus a Domino dignitatem, quam licet indigni ex ipsius providentia possidemus, et ecclesiam b. Jacobi in civitate nostra tenuem invenissemus in rebus, sed magis (unde doluimus) in personis, nos in ipsa ad divini obsequii cultum et s. religionis augmentum conventum sanctimonialium ordinis Cystersiensis, qui usque ad tempora nostra in diocesi nostra exstiterat alienus, instituere proponentes, dilectos in Christo filios decanum et canonicos s. Marie, qui patronatum et fundum ecclesie momorate sibi contra justitiam vendicabant, prorsus nostre contrarios aliquamdiu habuimus voluntati.

unde inter nos et jamdictum decanum et canonicos, quibus instanter jus negavimus memoratum, fuit aliquanto tempore lis suborta: habita tandem consideratione, quod ex debito pacem cum omnibus teneremur habere, licet antedicti canonici in ecclesia b. Jacobi jus penitus non haberent, tamen, ut omnis controversia, que inter nos fuit habita, concorditer sopiretur, ipsam ecclesiam ab ecclesia b. Marie exemptione congrua duximus eximendam, ecclesiam b. Thome prope portam versus septentrionem et infra civitatem, cujus patronatus ad nos specialiter pertinebat, ecclesie b. Marie cum omni jure, quo eam possedimus, in recompensationem congruam conferentes, ecclesie b. Johannis jus suum sanum per omnia relinquentes, que sicut curam prehabite ecclesie actenus sine interruptione tenuit et quiete, ita deinceps absque canonicorum contradictione tenebit. duos preterea mansos, unum in territorio civitatis nostre jacentem et dimidium Werstide, dimidium vero in minori Hersleve, quos ecclesia b. Jacobi quiete possederat, insuper ccl. oves et xx marcas de camera nostra in recompensationem condignam ecclesie contulimus memorate: que singula sepedicti canonici ad nostrarum precum instantiam concorditer acceptarunt. et sic prescriptam ecclesiam ab eorum et omnium inpetitione liberam fecimus et immunem, nostre eam subicientes per omnia potestati. facta ergo legitime, ut dictum est, exemptione premissa, nos desiderium nostrum, quod conceperamus ante pura mente, ad effectum perducere quamplurimum affectantes, personas quasdam sanctiomonialium ordinis premisse, quarum numerum Dominus ampliare dignetur, in ecclesia locavimus sepedicta. cum autem aliqanto tempore residentiam in ea fecissent, nos intelligentes situm loci religioni prehabite minime concordare, cum delectis nostris fratribus Templi, ad quos ecclesia b. Thome extra civitatem ex donatione nostra, consensu capituli nostri per omnia consonante, legitime pertinebat, commutationem duximus faciendam, fratri .W. provisori bonorum Templi citra mare dilectum nostrum fratrem Brunonem, bonorum Theothonie provisorem ad Templum etiam respectum habentium, cum litteris nostris in Franciam destinantes et ejus consensum in hoc facto devotissime postulantes. ipse vero petitioni nostre optatum prebens assensum, litteras consensum suum benivolum exprimentes per fratrem Brunonem nobis in hec verba remisit:

Reverendo patri suo Conrado venerabili Halberstadensi episcopo frater W. Oculis Bovis, pauperis militie Templi citra mare minister humilis, salutem et amorem in Christo. noverit delectio vestra, quod plene litteras vestras intellexerimus, super quibus grates vobis copiosas referimus, ex hoc quod tam dulciter et benigne domos nostras et fratres domorum nostrarum in omnibus confovetis, quod frater Bruno nobis relatione veridica declaravit. ex quo invenitur: orate pro invicem, ut salvemini, procul dubio habeatis nostrum captitulum bonorum suorum et orationum vos facere participem et consortem, idem de vestra charitate nichilominus exspectantes. de commutatione autem, de qua nobis per vestras litteras mentionem fecistis, fratri Brunoni commisimus, quicquid ipse super ea duxerit faciendum, ratum et integrum habituri.

harum igitur litterarum auctoritate receptam, cum fratre Brunone necnon fratribus Templi, quorum copiam habere potuimus, super commutatione premissa convenimus in hunc modum videlicet, ut sanctimoniales et fratres Templi cenobia sua hinc inde consensu unanimi commutarent, ita quod sanctimoniales ad ecclesiam b. Thome transirent cum omnibus bonis, quibus antea apud ecclesiam b. Jacobi fruebantur, tribus tantum areis exceptis, xxx solidos annua pensione solventibus, quas pro agris infra curiam b. Thome comprehensis Templariis dimiserunt, ipsi vero fratres Templi ecclesiam b. Jacobi cum bonis suis, que apud ecclesiam b. Thome contraxerant, optinerent. quod concorditer factum est utrobique. hiis igitur circa conventum predictum rationabiliter ordinatis, dilectum in Christo filium Gozwinum, primum ejusdem loci prepositum, virum utique providum et Deo devotum, nomine legitimi patris personis et loco prefecimus memorato. de ipsius enim conversatione spem talem concepimus et certam habemus, quod per ejus industriam et laborem locus idem tam in interioribus quam etiam in exterioribus crescere fructuosumque sumere debeat incrementum. et nos in quantum possumus ad subsidium personarum inibi Domino famulantium una cum ipso temporibus vite nostre intendere studebimus cum effectu, reverendis dominis universis successoribus nostris, quibus collegium memoratum in Domino commendamus, devotissime supplicantes, quatinus divine retributionis intuitu suam[1] efficaciter circa ipsum devotionem exhibeant et favorem. eorum enim discretioni instituendi prepositum, qui preesse possit in exterioribus et prodesse, preter omnem electionem, prout ecclesie noverint profuturum, duximus relinquendum, sanctimoniales vero loci predicti inter se eligendi deinceps abbatissam, nullius extra conventum requisito consensu, liberam electionem habebunt, illud eis in Domino committentes, ut talem sibi preficiant, quam in interioribus ecclesie noverint profuturam. ceterum ut in ipsa ecclesia nostra nostrorumque successorum et confratrum nostrorum majoris videlicet ecclesie nostre memoria tanto celebrior habeatur, dilecto in Christo filio Gozwino preposito [et] suis successoribus de coniventia capituli nostri eam gratiam duximus conferendam, ut quicquid de bonis, que ministeriales vel vassalli ecclesie nostre de manu nostra tenent, prece vel pretio redimere poterunt ad usus ecclesie sue, auctoritate nostra redimant, et hanc eis presenti pagina licentiam indulgemus. item de consensu capituli nostri permittimus, ut quicumque fidelium in predicta ecclesia locum sibi eligere voluerint sepulture, auctoritate presentium liberam habeant facultatem, salvo tamen per omnia jure suorum parochianorum, quorum jus ab omnibus inibi sepulturam querentibus sanum et inviolabile volumus et precipimus observari. ut igitur ecclesia sepedicta ad honorem Dei et ad commodum collegii inibi Domino famulantis semper vigeat et in Christo jugiter augeatur et crescat, nos eam nostro patrocinio specialiter amplectentes, sub nostra eam protectione suscipimus et quecunque bona jam donatione pontificum vel oblatione fidelium est adepta vel in posterum justo titulo poterit adipisci, nos ea presentis scripti privilegio communimus. bona autem, que industria et labore propositi et fratrum inibi manentium ecclesia conquisivit, ut semper maneant inconvulsa, huic pagine ea dignum duximus annotare. emerunt autem a majore advocato domino Ludolfo videlicet vineam unam cum area adjacente et silvam unam in Aspenstide sitam xij marcis, de quibus ipse vj ecclesie pro anime sue remedio erogavit. ab eodem quoque advocato comparaverunt duos mansos cum area in Quenstide sitos et duo prata Werstide xxx marcis et una, legitimis heredibus suis consentientibus et compromittentibus hos contractus. item a domino Wernero de Suseliz comparaverunt vineam et silvam unam in Aspenstide xiiij marcis de consensu heredum suorum. preterea a domino Wernero de Lichtenberch emerunt mansum unum cum area in Quenstide situm pro xij marcis. a Bernardo quoque de Aspenstide, ministeriali ecclesie nostre, comparaverunt mansum unum situm in eadem villa Aspenstide pro xvij marcis. item a Geveardo de Alvensleve, dapifero nostro, mansum unum in Werstide situm pro xx marcis emerunt. tres preterea mansos in territorio Halberstad et Werstide sitos estimatione congrua comparaverunt. insuper mansum unum in eadem villa Werstide situm pro xxx marcis emerunt item a Theoderico litone b. Marie vj jugera in Werstide sita vj marcis comparaverunt. preterea Ludolfo prefecto de Hersleve iiij jugera, que in Hersleve habuerunt, pro vj jugeribus in Werstide sitis, iiij marcis sibi superadditis, concambium faciendo dederunt. Alvericum quoque camerarium datis sibi iiij marcis ad hoc induxerunt, quod ipse v solidos de areis, que dicuntur 'tinsammeht', quos a nobis tenuit in beneficio, resignavit, quos prefate ecclesie contulimus pro anime nostre remedio et salute, de quibus etiam dotatum est altare s. archangele Raphaelis. preterea domina Odelhildis matrona nobilis et devota ibidem conversa iij mansos in Hodale sitos de conventia et consensu heredum suorum eo jure, quo ipsa eos juste possederat, eidem ecclesie contulit pro anime sue remedio jugiter perfruendos. ut igitur tam donationes quam contractus quoslibet pretaxatos nullius improbitas unquam infringere vel temeraria attemptatione audeat infirmare, auctoritatis nostre robore banno nostro sinodali ea rationabiliter celebrata inviolabiliter confirmamus et ut perpetue firmitatis robur obtineant, hanc paginam inde conscriptam impressione nostri sigilli fecimus insigniri.

hujus rei testes sunt: majoris ecclesie nostre canonici: Wernerus major prepositus, Burchardus decanus, Fridericus vicedominus, Otto archidiaconus in Westerrode, Anno cellerarius, Almarus s. Pauli prepositus, Conradus Erfordie prepositus, Arnoldus in Sehusen archidiaconus, Meinardus in Atlevesheim archidiaconus, Burchardus diaconus, Bertoldus archidiaconu Balsamie, Bernardus subdiaconus, Conradus s. Marie prepositus, Conradus prepositus in Wildehusen, Liudolfus subdiaconus, Hinricus camerarius, Arnoldus scolasticus, Bertoldus subdiaconus, Conradus archidiaconus orientalis; prelati vero ecclesiarum: de Hilseneburg, de Huisburg, de Reistorp, de Wimedeburg, de Sychem, de Conradisburg abbates, item de Stutterlingeburg, de Hademersleve, de Hamersleve et s. Johannis in civitate prepositi; laici vero nobiles: Arnoldus de Schirrenbeke, Albertus comes de Wernigeroth, Heinricus comes de Regensten, Wernerus de Suseliz; ministeriales: Gevehardus de Alvensleve dapifer noster, Hugoldus de Quenstide, Anno de Eilinstide, Theodoricus marescalcus et alii quamplures.

acta sunt hec anno dominice incarnationis m.cc.viij, indictione x, anno vero ordinationis nostre vij. in nomine Domini, amen. data per manum Theoderice notarii.

Magd. s. r. Halb. K. 2. - Mit Bleibulle (wie an N. 14) an rothgelber Seidenschnur. Auswendig von einer Hand des 15. Jahrh.: privilegium felici (!) memorie domini Conradi Halb. episcopi, fundator (!) monialium hujus loci, in monasterio Sittekenbek sepultus (!) prope Yssleve ord. Cist. in loco capitulari ibidem. - *Sehr fehlerhaft gedruckt Leuckfeld, antiq. numm. S. 119ff., auch Halberst. gem. Bl. IV, 1, 176. und angeblich Histoire critique et apolog. de l'ordre des Templiers I, 236. - 1) Urk.:* suum."[1]

1 *Schmidt, Gustav: Urkundenbuch der Stadt Halberstadt. Bd. 1, Halle 1878, Nr. 16, S. 18-21. Siehe auch Schmidt, Gustav (Hrsg.): Urkundenbuch des Hochstifts Halberstadt und seiner Bischöfe. 1. Teil, Halberstadt 1883, Nr. 444, S. 396.*
Schüpferling schreibt zu dieser Urkunde: „Die vom genannten Bischofe hierüber ausgestellte Urkunde ist in mehrfacher Hinsicht merkwürdig. Zunächst erfahren wir nochmals, wer den Templern ihren Hof in Halberstadt geschenkt hat, nämlich Bischof Konrad; heißt es doch in der Urkunde: cum dilectis nostris fratribus Templi, ad quos ecclesia b. Thome extra civitatem ex donatione nostra ... legitime pertinebat. Des weiteren läßt diese Urkunde ersehen, daß die Templer in Deutschland um diese Zeit noch keinen Präzeptor hatten; wird doch der Bruder, welcher zum frater W. Oculus Bovis, pauperis militie Templi citra mare minister nach Frankreich gesendet wurde, um die Genehmigung zu der Ortsveränderung zu erholen, frater Bruno, bonorum Theothonie provisor genannt, ein Ausdruck, der aber auch dartut, daß der Orden damals in den noch slavischen Gebieten jenseits der Elbe kaum noch merkliche Wurzeln gefaßt haben konnte, da dieses sonst in der Titulatur des Provisors Ausdruck gefunden haben würde." Schüpferling, Michael: Der Tempelherren-Orden in Deutschland. Freiburg 1915, S. 94.

Nr. 6

1213
„... Derselbe [gemeint ist Theoderich, Erzbischof von Trier, Anm. d. Verf.] (humilis minister) beurkundet, dass seine Leute, die Ritter und Bauern im Banne von Kemmeta, dem Kl. Hemmerode die Vorlese in dessen Weinberge am ‚Corilus' bewilligt haben. 1212. Zeugen der Schultheiss Henr. Pittit, Rodulph v. Grindel, Henr. Xelart, Warner Templer (Templarius), Warner Centenarius, Lodewich ane Sele, Henrich in Vornhove und andere Ritter und Bauern.

Orig. in Coblenz. Gedr. Mttlrh. Ukb. 3, 20. reg. Goerz, Reg. der Erzbb. 31."[1]

1 *Goerz, Adam: Mittelrheinische Regesten. 2. Teil. Coblenz 1879, Nr. 1210, S. 333f.*

Nr. 7

1213
„... Erzb. Theoderich v. Trier (aeps.) beurkundet, dass der Ritter Warner Vogt zu Merl dem Cistert. Nonnenkl. S. Thomas (a.d. Kyll) eine Berechtigung bei Speie genannt ‚Gewerf', welche er von demselben zu Lehen hatte, zurückgestellt, und dafür, nachdem ihm das Kloster 5 trier. Pfund gegeben, seinen Wingert am ‚Hassele' zu Unterpfand gesetzt habe. Zeugen Wilhelm Dechant, Cuno Cantor und Ernest Canonikus vom Dome; die Ritter Henr. Schelart und Warner Templer (Templarius).

1213. Orig. in Coblenz. Gedr. Günther, Cod. 2, 111. Mttlrh. Ukb. 3, 19. Reg. Goerz, Reg. der Erzbb. 31."[1]

1 *Goerz, Adam: Mittelrheinische Regesten. 2. Teil. Coblenz 1879, Nr. 1208, S. 333.*

Nr. 8

1214 Juni
„Bischof Friedrich bezeugt, dass Goswin, Probst des Burchardi-Klosters, im Streit mit den Templern die Probe des glühenden Eisens bestanden hat.

In nomine sancte et individue Trinitatis. Fridericus Dei gratia Halberstadensis ecclesie episcopus in perpetuum. ut ea, que ad bonum pacis ordinata sunt, robur obtineant et ne illa, que pro muniendo ipsius concordie bono in nostra presentia facta fuerunt, diductu temporis deleantur oblivione aut vocentur in dubium, idcirco notum esse volumus omnibus et singulis Christifidelibus, qualiter dilectum in Christo fratrem Goswinum, s. Marie in suburbio civitatis nostre primum prepositum, qui vineam hanc Domini novellam scilicet plantationem sacrarum virginum ut sedulus plantator excoluit et fructiferam Deo et proximo reddidit, ut ipsa quasi vitis multiplicaverit suavitatem odoris, et dilectos in Christo fratres militie Templi, qui ipsi preposito in restituendis quibusdam bonis, que injusta possessione retinuisse arguebantur, hucusque graves extiterunt, dante Domino fecimus concordari. jamdictus siquidem propositus cum fratribus Templi commutationem locorum suorum, procurante venerabili domino nostro Conrado episcopo, predecessore nostro, nunc autem Domino in contemplatione mandatorum suorum serviente in Sichem, communi hinc inde consensu fecisse dinoscitur. super quibusdam autem bonis, uno manso scilicet in campo Langensten, dimidio manso in Neindorp, uno prato juxta Holtemnam, diu inter se disceptabant: que tamen causa prudentum virorum studio, quorum arbitrio se quelibet pars sponte submiserat, eo judicio composita est, ut prepositus predicta bona quidem pro usu sue ecclesie retineat, sed fratribus Templi in aliqualem recompensam aut solatium viginti marcas prebeat. quod et factum est in presentia plurium testium. sed paulo post iteratam ad nos prepositus retulit querimoniam, quatenus fratres Templi varia supellectilium tam ecclesiasticorum quam profanorum genera et libros seu chartas in translatione conventus secum tulissent et hucusque clanculum reservassent. unde nos utrique justitiam fieri et veritatem eruere cupientes, habito prius tam clericorum quam laicorum, quorum nomina subscripta sunt, consilio, ad prelibatam dicordiam, cum fratres Templi instanter negarent, causam igniti ferri examinatione determinandam statuimus, cui sententie non sponte minus ac hilariter prepositus annuebat. ergo xviij. Kal. Julii in majore nostra ecclesia cum aliis Dei famulis, nostris videlicet majoris capituli canonicis, abbatibus et prepositis synodum celebravimus et cum pluribus tam clericis quam laicis convenientes ibidem in altari s. Stephani protomartiris ferrum benediximus. quod ferrum omnino candens et plane ignitum propositi manum illud per ecclesie navem ad altare s. Marie portantis non solum nullatenus combussit, sed, ut videbatur, multo saniorem postea reliquit. quo viso omnis presentium multitudo acclamabat, laudes Deo concinens, et fratres Templi, non modice stupefacti eoque prodigio palam confusi, nobis culpam professi sunt seque in omnibus juste satisfacere aut retenta reddere velle sposponderunt. quod et placitum fuit utrobique.

hujus rei testes sunt omnes majoris ecclesie canonici: Wernerus major prepositus, Burcardus decanus, Anno cellerarius, Burchardus[1] vicedominus, Arnoldus scholasticus, Conradus de Vroburg, Almarus s. Pauli prepositus, Conradus Erfordensis prepositus, Alvericus camerarius, Gardolfus de Meinersheim, Conradus s. Marie prepositus, Ludolfus de Sladem, magister Joannes, Lentfridus sacerdos noster et totum capitulum; abbates: Ludolfus de Ilseneburg, Fridericus de Luter, Robertus de Huyseburg, Marsilius de Wimedeburg, Henricus de Conradesburg, Tidericus de Lapide s. Michaelis; prepositi: Otto de Stutterlingeborg, Eustachius de Hademersleve, Joannes de Rhoda, Ludolfus de Hamersleve, Rudolphus s. Johannis in civitate, Rembertus de Groninga; laici nobiles: Henricus de Regensten, Albertus de Wernigeroth, Otto de Valkensten, comites: Philippus de Hornehusen, Conemannus de Badisleve, Hugoldus et Hermannus de Scherenbeke, Tidericus advocatus major, Reinoldus de Germersleve, Almero et Gevehardus de Alvensleve, dapifer noster; ministeriales: Herewicus de Hordorp, Anno de Cillstede[2], Giselbertus de Aderstidde, Joannes de Gatersleve, Fridericus de Oschersleve, Hugoldus de Quenstidde et alii quamplures.

acta sunt hec anno dominice incarnationis m.cc.xiv, indictione j, consecrationis nostre anno v. ne igitur super hoc facto aliquod in posterum habeatur ambiguum, hanc paginam inde conscriptam sigilli nostri impressione fecimus insigniri.

Gedr. (nach dem Copialb. S. Burchardi?) Gemeinnütz. Unterhaltungen 1810, 1, S. 146 und Wigand, Archiv f. Gesch. Westfalens V, S. 46. - Ich halte die Urkunde für schlecht copirt oder für unecht, denn es ist z. B. falsch in der Zeugenreihe Alvericus camerarius, *der damalige Domkämmerer hiess Heinrich; Lentfried kann nicht Mitglied des Capitels gewesen sein, erst 1237 finde ich ihn als Domherrn; Otto v. Stötterlingenb. muss Alfsten heissen; unter den nobiles sind mehrere, die zum niedern Adel gehören; endlich ist es doch sehr auffallend, dass unter den 43 Zeugen kein einziger Templer namhaft gemacht wird. - Die Formalien der Feuerprobe gibt ein zu Ende des 12. oder Anfang des 13. Jahrh. geschriebener Codex der Halb. Gymn.-Bibl. (N. 150) unter dem Titel an:* judicium probationis in ferro ignito, quod secundum predictum ordinem *(er handelt über die Probe mit kochendem Wasser)* ferventis [aque] fieri debet et in celebratione missarum et communi corporis et sanguinis Domini et in decantatione vij psalmorum et conjuratione accusati. Consecratio ferri novi. - 1) *der Viced. hiess Bernhard, nicht Burchard.* 2) *muss heissen* Eilenstide."[1]

1214

„Urkunde Bischof Friedrichs, die Streitigkeiten mit den Templern betr. [verschieden von N. 19]. Zur Schlichtung der mit den Bürgern der Stadt entstandenen Streitigkeiten habe anfangs der Probst zu S. Pauli A[lmarus], der praepositus Erfordiae [Domherr] C[onradus] und der Scholasticus [Arnoldus] Auftrag erhalten, jedoch solches nicht vermocht, da habe der Bischof mit Zuziehung der benannten Zeugen die Sache dahin verglichen, ut prepositus aream quandam fructuum domui contiguam in augmentum priorum, que contulerat, conferret --. ut areas illa et domos per omnia restitueret libertati, burgensibus nostris xxx marcas dedit.

testes: Bernhardus vicedominus, Arnoldus scolasticus, Conradus de Vroburch, [canonici], Rodolfus de Gatersleve, sacerdos noster; laici vero nobiles: Tidericus major advocatus noster, Wernerus de Liechtenbere, Wernerus de Suseliz, Hugoldus de Scerenbike; ministeriales autem: Gevehardus dapifer noster, Johannes de Gatersleve, Heinricus de Zeringe, Tidericus marscalus noster, Fridericus de Hersleve, Fridericus de Diederstede (?), et universi civitatis nostre burgenses.

acta sund hec anno Domini mccxiiij, indictione j, presidente s. Romane ecclesie papa Innocentio."[2]

1 *Schmidt, Gustav: Urkundenbuch der Stadt Halberstadt. Bd. 1, Halle 1878, Nr. 19, S. 23ff. Diese Urkunde findet sich auch bei Schmidt, Gustav: Urkundenbuch des Hochstifts Halberstadt und seiner Bischöfe. Bd. 1 Halberstadt 1883, Nr. 478, S. 426f.*

2 *ebenda Nr. I,19a, S. 584 eine weitere Urkunde, die von der unter [1] genannten abweicht.*

Nr. 9

1215

„Otto de Luneburch ... Notum esse volumus..., quod nos proprietatem nostram in Santersleue, vidilicet fundum et ius patronatus ecclesiae cum attinenciis et octo mansos et dimidium in eadem villa, quae Tidericus Tute de manu nostra pheodaliter tenuit, ad petitionem ipsius coram domino nostro imperatore in perpetuum contulimus possidendam templo Jerosolimitano. Ita tamen, vt nos et mater nostra Helena et pater noster ... et successores nostri fraternitatem habeamus Christi militum, seruientium ibidem... Acta sunt haec anno domini M.CC.XV... Data... Hemenstat..."[1]

1 *Landeshauptarchiv Sachsen-Anhalt, Abteilung Magdeburg, Rep. U1 Erzstift Magdeburg, XVI B, Nr. 1. Eine Photographie der Urkunde findet sich bei Lehmann, Gunther/Patzner, Christian: Die Templer in Mitteldeutschland. Erfurt 2004, S. 71.*

Nr. 10

1216 September

„König Friedrich II. nimmt in Wiederholung der Urkunde Friedrichs I. vom 25. Dez. 1184 alle im Kaiserreiche belegenen Güter des Templerordens von Jerusalem und alle Botschaften oder andere Geschäfte des Ordens besorgende Personen in seine Schutz und befreit sie von Abgaben und gerechten Zöllen. – Zeuge: Markgraf Dietrich.

Altenburg, 1216 Sept.

--Huius rei testes sunt: Albertus Madeburgensis archiepiscopus. Ekkihardus Mersburgensis episcopus. Tidericus marchio Misnensis et Orientis. Comes Lodoycus de Wirtenberc. Comes Hartemannus de Kyburc. Comes Henricus de Lutrinburc. Comes Gunterius de Swarzeburc. Comes Henricus frater eius. Anselmus de Iustingen imperii marescalus. Henricus advocatus de Wida. Ricardus camerarius et alii quam plures.

Signum domini Friderici Romanorum regis semper augusti et regis Sicilie invictissimi. (M.)

Ego Conradus, Metensis et Spirensis episcopus et imperialis aule cancellarius vice Siffridi Maguntine sedis archiepiscopi et tocius Germanie archicancellarii recognovi.

Acta sunt hec anno dominice incarnationis millesimo ducentesimo sexto decimo, mense septembri, v. indictione, regnante domino Fr[iderico] dei gratia gloriosissimo Romanorum rege semper augusto et rege Sicilie, anno regni eius in imperio quarto et in Sicilia XVIIII.; feliciter amen; data apud Haltenburc anno, mense et indictione prescriptis."[1]

1 *Posse, Otto: Urkunden der Markgrafen von Meissen und Landgrafen von Thüringen 1196-1234. Leipzig 1898, Nr. 227, S. 169.*

Nr. 11

1216 September

„Albrecht Erzbischof von Magdeburg ist u. A. Zeuge, als König Friedrich II. den Tempelherren das ihnen von Hugo von Baux und dessen Verwandten verliehene Recht der freien Schifffahrt und des Pilgertransportes aus dem Gebiete von Marseille verstattet.

Data Haldinbure anno dominice incarnationis millesimo CC.XVI., mense Septembri, quinte inditionis, regnante domino Fr. Romanorum rege semper augusto et rege Sicilie, anno regni eius in imperio IIII. et in Sicilia XVIIII., feliciter Amen.

Gedruckt in

Winkelmann Acta imperii inedita I. S. 117 Nr. 139. Vergl. Böhmer-Ficker Regg. Imp. V. p. 213 Nr. 880."[1]

1 *Mülverstedt, George Adalbert von: Regesta Archiepiscopatus Magdeburgensis. Sammlung von Auszügen aus Urkunden und Annalisten zur Geschichte des Erzstifts und Herzogthums Magdeburg. Dritter Theil. Magdeburg 1886, Anhang Nr. 336, S. 412.*

Nr. 12

1218 Oktober 31
Die Templer von Mainz tauschen ihre Güter zu Zagelbach mit den Benediktinern gegen Güter in Mombach.

„Bertholdus commendator et fratres ordinis militie templi domus in maguntia intimamus, quod...bona nostra in Zagelbach...cambiuimus cum priore et fratribus in sacra valle domus infra Magunt. Ord. S. Ben. Dedimus siquidem eisdem...priori et fratribus...E converso predicti... prior et fratres in Dalen...dederunt...in Monbach etc. ...In cuius tc. Actum a.D.M.CC.XVIII. pridie cal. Nov."[1]

1 *Bodmann, Franz Joseph: Rheingauische Altertümer. I. Abt., Mainz 1819, S. 186.*

Nr. 13

1223 Februar
„Albrecht Erzbischof von Magdeburg ist erster Zeuge als Kaiser Friedrich II. dem Templerorden einen Schutzbrief ertheilt.

Signum domini Friderici secundi, dei gratia invictissimi Romanorum imperatoris semper augusti et regis Sicilie.

Acta sunt hec anno dominice incarnationis millesimo ducentesimo vicesimo tertio, mense Februari, undecime indictionis, imperante domino nostro Friderico secundo, dei gratia invictissimo Romanorum imperatore semper Augusto et rege Sicilie, anno Romani imperii eius tercio, regni vero Sicilie vicesimo quinto, feliciter. Amen.

Datum apud Montem sancti Johannis anno, mense et indictione prescriptis.

Gedruckt in

Winkelmann Acta imp. ined. I. p. 246. Vgl. Böhmer-Ficker Regg. Imp. V. p. 303 Nr. 1451."[1]

1 *Mülverstedt, George Adalbert von: Regesta Archiepiscopatus Magdeburgensis. Sammlung von Auszügen aus Urkunden und Annalisten zur Geschichte des Erzstifts und Herzogthums Magdeburg. Dritter Theil. Magdeburg 1886, Anhang Nr. 390, S. 412.*

Nr. 14

1226

„...Graf Johann, der Sohn Philipp's und der Hildeburge, giebt unter Erzb. Heinrich v. Cöln, Grafen Lutar (v. Wied) als Vogt, fünf (nur mit den Vornahmen) gen. Schöffen und Godefrid Pleban (alle von Andernach) bei seinem Eintritt in den Templerorden diesem in Gegenwart seiner Mutter und mit Zustimmung seiner Miterben sein ganzes Erbtheil.

Scheinrolle no. 44 in Andernach." [1]

1 *Goerz, Adam: Mittelrheinische Regesten. 2. Teil. Coblenz 1879, Nr. 1790, S. 169.*

Nr. 15

1226 Februar 1

„Erzbischof Sigfrid II. von Mainz schlichtet den Streit zwischen dem Kloster Johannisberg und dem Templerhause zu Mainz wegen des Leprosenhauses bei S. Batholomae. - ...

Sifridus dei gratia sancte Maguntine sedis archiepiscopus. Constare volumus unversis, quod discordiam, que a longis retroactis temporibus vertebatur inter venerabilem H. abbatem et conventum fratrum monasterii montis sancti militie templi in Maguntia ex parte altera super iure recipiendi pauperes leprosos in domum et familiam leprosorum, que ad sanctum Bartolomeum intitulata esse dinoscitur et vulgariter dicitur uszessinhus eorumque substantias, si qui post obitum eorundem tales reliquerint, sibi attrahendi quibusque suis libere et potestative mancipandi, prehabito virorum prudentum consilio accedente nihilominus consensu Gerhardi advocati monasterii predicti taliter duximus terminandam, quod prefati commendator et fratres domus militie predicte acceptis ab abbate et conventu monasterii memorati XX. marcis denariorum Aquensium a iure prefato recipiendi leprosos prorsus et omnimodo in perpetuum abstinebunt, substantias autem inibi defunctorum, si quas eos relinquere contigerit, vel pretium venditarum utrinque servata equalitate inter se divident, salvo nihilominus, quod defuncti pro anima eorum duxerint iudicandum, quod exinde deduci volumus et presenti scripto decernimus. Testes qui huic facto aderant hii sunt: Henricus Pinguensis prepositus, Waltherus canonicus Maguntinus, Berwelfus cantor et Burchardus sancte Marie custos ad gradus. Laici: Fridericus camerarius, Otto scultetus, Mengotus marscalus, Eberhardus, Helfricus, Cunradus Magnus, Bertoldus monetarius et Bertoldus filius eius et Godefridus Bonus cives Maguntini, Godefridus et Wintherus castellani in Eppinstein, Gisbelbertus miles de Rodensheim et alii quam plures. In cuius rei evidentiam presentem paginam conscribi eamque sigillo nostro iussimus communiri.

Actum Maguntie apud sanctum Albanum, anno dominice incarnationis M^{0}.CC^{0}.XXVI^{0}., kalend. Februarii.

Gedr. Bodmann S. 200 nach einer vidimirten Abschrift.
Will II, 192, No. 505."[1]

1 *Sauer, Wilhelm: Nassauisches Urkundenbuch. Bd. 1 Wiesbaden 1885. Nr. 407, S. 280.*

Nr. 16

1226 (27) März 12

„Graf Hinrich v. Sein, seine Gemahlin Mechtilde und Ada verwittwete Gräfin v. Lois (Looz) schenken dem Templerorden ihre Rechte an den Gütern des Ritters Conrad von der Mühle (de Molandino) mit Ausnahme der zum Gertrudenhof in Brohle gehörigen, worüber der gen. Graf Vogt ist und nicht auf seine Vogteirechte verzichtet. Acta temp. dni. Gevehardi tunc preceptoris (Templar.) Alemanni 4 id. Mart. 1226.

Orig. in Coblenz. Gedr. Günther 2, 153. Mittlrh. Ukb. 3,226. Reg. Wauters 4,34. Wahrscheinlich in's Jahr 1227 gehörig." [1]

1 *Goerz, Adam: Mittelrheinische Regesten. 2. Teil. Coblenz 1879, Nr. 1748, S. 468.*

Nr. 17

1228 Juli 14

„Der (Dom-) Cantor C. (uno) beantragt Namens des Domcapitels 1228 in vigil division. Apostotol. Beim Official T. (imar), dass in der Streitsache des Domcapitels und des Templerbruders mag. P. als Vertreter des Templerhauses zu Trier, wegen einer Wiese zu Wawere zum Zeugen-Verhör geschritten werde, worauf derselbe, nachdem endlich der Gegner unter Vertagung der Sache auf 14 Tage, seine Zustimmung gegeben, bis auf diesen Termin die Publikation der Zeugen-Aussagen und weitere Verhandlung festsetzt. Zeugen der Domdechant (Wilhelm) und die Canoniniker C.(uno) v. Noviant, J.(ohann v. Rodemacher, Th.(eoderich), Symon v. Francirmont, 4 Priester und Otwin.

Orig. in Coblenz Gedr. Mttlrh. Ukb. 3,277. Vgl. aug. 23."1

1 *Goerz, Adam: Mittelrheinische Regesten. 2. Teil. Coblenz 1879, Nr. 1868, S. 498.*

Nr. 18

1228 August 23

„Th(imar) Domscholaster und Official des Erzbischofs v. Trier erkennt in der Streitsache des Domcapitels mit dem Templerhause wegen einer Wiese zu Wawere (vgl. jul. 14), dieselbe dem erstern zu, nachdem die auf den Abt von Villers und den Ritter L.(udwig) v. d. Brücke (de Ponte) vereinbarte Lokalbesichtigung und Zeugen-Vernehmung wegen mangelhafter Ausführung verworfen worden war, darauf beide Parteien in Gegenwart des Templer-Meisters von Lothringen dem Official die Sache zur Vereinbarung übertragen, und dieser die beiderseitigen Zeugen vernommen hatte. 1228, 10 kal. Sept.

Orig. in Coblenz. Gedr. Mttlrh. Ukb. 3,278."[1]

1 *Goerz, Adam: Mittelrheinische Regesten. 2. Teil. Coblenz 1879, Nr. 1874, S. 499f.*

Nr. 19

1229

„Ego Laurentius...Lubucensis episcopus notum fatio..., quod fratribus militie Templi...contuli decimas ducentorum qvinqvaginta mansorum in episcopatu Lubucensi... Datum anno... M°.CC°.XXIX."[1]

1 *Riedel, Adolf Friedrich: Codex diplomaticus Brandenburgensis. Bd. 20, 1861, Nr. IV, S. 20.*

Nr. 20

1237

„...Item notum sit..., quod magister domus in Brisicke, que subiecta est domui in templo trans mare, emit domum et aream, que fuit mansio Brunonis et Rigmudis in Drancgassim sitam... Acta sunt hec anno gratie 1237.

Stadtarchiv Köln, Schreinskarte Niederich 21. (Rückseite)."[1]

1 *Widmer: Über die Verbreitung und den Untergang des Templerordens in Deutschland und Österreich. In: 36. Jahresbericht der k.k. II. deutschen Staats-Realschule in Prag-Kleinseite. Prag 1909, S. 15f hier zitiert nach Schüpferling, Michael: Der Tempelherren-Orden in Deutschland. Ph.D.diss. Freiburg im Üchtland. Bamberg 1915, S. 79 Anm. 4.*

Nr. 21

1243 Januar 13

„Fridericus dux Austriae monasterio Zwetlensi donationem confirmavit Eberhardi archiepiscopi Salisburgensis. Testes... Frater Fridericus commendator domus militiae Templi per Moraviam."[1]

1 *Hormayr: Bruchstücke zur Geschichte des Templerordens, zumal in Österreich. In: Archiv für Geographie, Historie, Staats- und Kriegskunst. 8. Jahrgang 1822, S. 777.*

Nr. 22

1244

„Heinrich, Bischof von Lebus, bestätigt und überläßt dem Templerorden Zehnthebungen bei Lietzen und stiftet ein von dem Orden zu verleihendes Canonicat bei seiner Cathedralkirche, im Jahre 1244.

Nos Heinricus, dei gracia Lubucensis episcopus -- notum esse volumus -- quod nos de communi consensu Fratrum nostri Capituli terre sancte Jherosolimitane fratribusque militie Templi decimas Trescentorum mansorum, quas antecessor noster in noua curia, que apud lesniciam sita est, contulerat, confirmamus, quinquagintorum mansorum decimas pro nostra nostrorumque salute concanonicorum. Igitur pio moti affectu circa lubucensem ecclesiam fratres templi eidem ecclesie canonicum nouum ordinarunt, hanc prebendam tam ecclesie, quam eidem Canonico deputantes Capellam, que in villa lesniz est, cum fuis pertinentiis, decimas quoque mansorum feudalium in villa lesniz et in Henrikestorp, in Tempelberge et in Marquardestorp contulerunt jugiter percepturas. Ad fratrum itaque reuerentiam de nostro huic prebende decimas ville wirbeke tradimus ac donamus. Addimus preterea quinquagintorum mansorum decimas feudales, quos supra trescentos mansos consert ducis benignitas ac largitur. Statuimus quoque, vt si prebende generaliter in redditibus emendate, hec noua prebenda cum ceteris fortiatur consimilem portionem. Uerum quia fratres militie templi tanta circa Ecclesiam nostram exercent opera caritatis, pium censemus, vt apud ipsos exerceamus studia largitatis. Inde est quod nos delecto fratri Geuehardo, preceptori domorum militie Templi per Alemanniam, suisque successoribus de consensu Capituli nostri, hac in prebenda ius concedimus perpetuum porrigendi, ita tamen vt Canonicum competentem ecclesie prebenda vacante instituant Deo et ecclesie lubucensi fideliter feruiturum. Vt autem etc. - Acta sunt autem hec anno gratie Millesimo Ducentesimo Quadragesimo Quarto, pontificatus uero nostri anno vndecimo, presentibus testibus, quorum sunt hec nomina: Prepositus Gerlaus, Decanus Wolferammus, Scolasticus Nycolaus, frater suus magister Boruta, Ludoldus, Johannes, Conradus et Conradus, Canonici, Hermannus, Templarior. Canonicus, Heinricus, sacerdos et frater templi. Laici Castellanus lubucensis Pribizlaus, Ibidem tribunus Zstoignevus, Comes Ilik et alii quam plures."[1]

1 *Riedel, Adolf Friedrich: Codex diplomaticus Brandenburgensis. Berlin 1838-1868. Bd. 20, Nr. VIII, S. 182.*

Nr. 23

1245 Juni
„Henrich Canonikus und Prokurator des Stifts Essen beurkundet zu S. Donat in Breysich mit den Siegeln des Propstes Arnold von S. Gereon (in Köln) und der Brüder des Templerhauses in Brisische, dass er Namens der Aebtissin und des Convents von Essen die Cession des Meiers Godescale in Brisische auf die Güter daselbst, welche derselbe als jährl. Pension von 33 Denaren gehabt, in Empfang genommen habe.

Zeugen der Canonikus Rorich von S. Gereon in Cöln, der Templermeister Godefrid, die Ritter Jacob v. Eich, Jacob v. der Neuerburg (de Novo castro), Johann v. Rinecke, Arnold v. Andernach; der Pleban G. von Rockerode, der Vogt Henrich zu Brisische, Brunsten v. Gundesdorp und Ernest. 1245 ap. S. Donatum in Brisische mense junio.

Gedr. V. Ledebur, Archiv 2.316 ex Orig. (in Düsseldorf?)."[1]

1 *Goerz, Adam: Mittelrheinische Regesten. 3. Teil. Coblenz 1881, Nr. 434, S. 98f.*

Nr. 24

1247 Januar 18
„Papst Innocenz IV. bestätigt dem Tempelorden alle Zehnten, Grundstücke und Einkünfte in Quartschen, Chins, Bahn, Lezenitz und andern Orten, am 18. Januar 1247.

Innocentius, episcopus, seruorum seruus dei, Dilectis filiis preceptori et fratribus militie domus templi in alemannia Salutem et apostolicam benedictionem. --- vestris iustis postulationibus grato concurrentes assensu, Decimas, terras, Redditus, possessiones et alia bona vestra, que in de Quarsan, de chins, de banen, de lezenitze, de henrikestorpe, de tempelberghe, de Marquardestorpe, de Nyentemple, de Colaz villis et terris habitis, sicut ea iuste ac pacifice possidetis, vobis et per vos domui vestre auctoritate apostolica confirmamus. -- Salua in predictis decimis moderatione concilii generalis. -- Datum lugduni, XV kal. februarii, pontificatus nostri anno quarto."[1]

1 *Staatsarchiv Stettin (Hrsg.): Pommer'sches Urkundenbuch. Bd. 1, Stettin 1877, Nr. 455, S. 355.*

Nr. 25

1253 Mai 3

„Erzbischof Rudolf von Magdeburg versichert, dass er der in dem Streite mit dem Templer-Orden wegen gewisser im Lande Lebus diesseits der Oder gelegenen Güter vom B. Conrad von Meissen getroffenen Entscheidung nachgekommen sei und dieselbe festhalten wolle.

Rudolfus dei gratia sanctae Magdeburgensis ecclesiae electus totumque eiusdem ecclesiae capitulum – recognoscimus – quod omnia quae venerabilis pater dominus Conradus, Misnensis episcopus super dissensione, quae super bonis in terra Lubus citra Oderam inter nos et fratres militiae templi fuit, est arbitratus, statuit vel praecepit, complevimus bona fide et irrefragabiliter perpetuo volumus et promisimus observare. Et ut ipsis fratribus et omnibus eorum posteris eo certior fides fiat, ipsos munimus his nostris litteris sigillorum nostrorum munimine roboratis. Insuper testes sunt canonici maioris ecclesiae Albertus praepositus – fratres militiae templi magister Heinricus, fr. Johannes de Zopolowe, fr. Tiderus, fr. Widekinus, fr. Sifridus de Anvorde, fr. Gerardus de Rene, Heinricus de Richowe, advocatus in Lubus, Ericus de Borch et alii quam plures. Datum Magdeburg anno gratiae M°.CC°. quinquagesimo tertio, quinto Nonas Maii.

Wohlbruck Gesch. d. Bisthums Lebus I. S. 180. – Riedel cod. Dipl. Brand. I. Bd. 20. S. 185.“[1]

1 *Gersdorf, Ernst Gotthelf: Urkundenbuch des Hochstifts Meissen. I. Band. Leipzig 1864. Nr. 172, S. 142. Vgl. Riedel, Adolf Friedrich: Codex diplomaticus Brandenburgensis. Bd. 20, 1861, Nr. XIII, S. 185.*

Nr. 26

1256

„...Cunrad v. Boninvelt und seine Frau Irmindrude übergeben dem Nonnenkloster bei Andernach (S. Thomas) ihr Wohnhaus, welches an die Templer einen Zins giebt, unter der Bedingung, dass das darananstossende Haus des Klosters ihnen auf Lebenszeit mit dem erstern

Hause gegen eine Mark Jahrzins belassen werde. Dieselben 15 Zeugen wie vorher. 1256. Schreinsrolle 85 in Andernach."[1]

1 *Goerz, Adam: Mittelrheinische Regesten. 3. Teil. Coblenz 1881, Nr. 1352, S. 304f.*

Nr. 27

1256 April

„Erzb. Arnold v. Trier trennt mit Consens Fulco's v. S. Michael, Meisters der Templer-Ritter in Francien, und des Grafen v. Vianden die Burgkapelle zu Vianden von der Mutterkirche in Rode, und erhebt sie zu einer eigenen Pfarrkirche, bestimmt die Oure als Grenze beider Pfarreien, und erkennt den Templern in Rode das Collationsrecht für Rode, und den Grafen v. Vianden das für Vianden zu. 1256 mense apr.

Gedr. Bertholet 5,46. Hontheim 1,739. Mttlrh. Ukb. 3,968. Reg. Goerz, Reg. D. Erzbb. 48. Publ. De Luxembourg 15,76, woselbst auch mit dems. Dat. Der Consens des Domcapitels. Reg."[1]

1 *Goerz, Adam: Mittelrheinische Regesten. 3. Teil. Coblenz 1881, Nr. 1293, S. 292.*

Nr. 28

1257 November 11

„Abt Wilhelm von S. Trond reist 1257 in festo Martini nach Lupsdorf und Brisecha, um sich über die Verhältnisse der Güter des Klosters Lupsdorf genauer zu erkundigen ‚quia vero tempora mutantur, et res mutantur in tempore', da in den alten Büchern des Klosters Folgendes stehe: - Wenn der Weinpropst (prepositus vini) auf die Mosel reist, bleibt er eine Nacht in Lupsdorf liegen, und erhält von den Gütern sein Genüge an Speiese, Trank und Pferdefutter für sich und seine Begleitung (familia). Die Güter daselbst bestehen in 2 grössern und 3 kleinern Wingerten, 7 Morgen (diurnu) Land und 2 Theilen eines Waldstrichs (saltus). Von diesen Gütern erhält dasselbe der Propst oder Abt auch wenn derselbe in Rimagen oder in der Nachbarschaft übernachten will, und wenn derselbe morgens abreist, empfängt er mit seinen Pferden und Gefolge (familia) genügendes Frühstück (gentaculum). – Von Ernest von Brisecha, einem Greise, und Macharius, welcher auf den Gütern Lupsdorf wohnt, vernahm der Abt, dass lange Zeit diese Güter der lange blind gewesene Lambert von Wede, Sohn Winand's vom Torne, gehabt, und von dessen Erben dieselben der Ritter Arnold Buschar v. Andernach gekauft habe, welchem auch der Abt dieselben auf's Neue in Andernach verliehen hatte. Nach Arnold's Tode erhielt dessen Wittwe von dem gen. Abte in vigil. Martini 1257 (nov. 10) in der Minoritenkirche zu Andernach diese Güter zu Lehen, und gab dem Abt, ausser den gebräuchlichen 4 köln. Soliden, mit seinen 7 Pferden die Nachtherberge, Abendmahlzeit und folg. Tags (Martini) Frühstück in ihrem Hause zu Andernach.

In Betreff der Zinsen zu Briseka sagt der obengen. Ernest aus, dass die Burggrafen Friderich und Arnold v. Hamersteyn jährl. Zu 9 köln. Denaren von einem Wingert zwischen Hamersteyn und Brul, ferner die Templer und Remar v. Brisiche, wie auch die Templer wegen des Antheils Johann's, des Sohns Th. Wert, welchen dieselben als Bruder aufgenommen haben, sowie verschiedene Andere ausser ihm, Ernest selbst, an Zinsen dem Kloster verpflichtet seien. Himerod. Chartul. in Trier."[1]

1 *Goerz, Adam: Mittelrheinische Regesten. 3. Teil. Coblenz 1881, Nr. 1435, S. 323f.*

Nr. 29

1258

„1258, Hausen. - Der Reichstruchseß Wernher von Bolanden verzichtet zugunsten des Mainzer Domkapitels auf vom Metzer Domkapitel erworbene Güter. Unter den Zeugen: Hildebrandus, *frater templi de Ubin* (Iben, Gemeinde Fürfeld, LK Alzey, Rheinland-Pfalz). - Diese

Urkunde, die in ihrem Rechtsinhalt nichts mit dem Templerorden zu tun hat, bringt in Gestalt des Zeugen Hildebrandus einen Beweis für die Existenz einer Templerniederlassung in Iben.

Orig. Perg. - ASTA München, Mainzer U. 2489."[1]

1 *Mistele, Karl-Heinz: Zur Geschichte des Templerordens in Süddeutschland. In: Mitteilungen für die Archivpflege in Bayern. Sonderheft 5, 1967, S. 18-24, hier S. 20.*

Nr. 30

1261 März 25

„Henrich Erwählter v. Trier beurkundet die in seiner Gegenwart von dem Grafen Philipp v. Vianden und von dem Prokurator der Templer in Betr. der Kirche zu Rode gemachten Versprechungen. Genannter Graf verspricht, dass mag. Alard Canonikus von Dié (?Dyonens.) bis zum nächsten Sonnt. Judica (apr. 10) auf alle Ansprüche an diese Kirche verzichten solle. Dagegen versprechen die Templer und deren Prokurator, dass bis zu diesem Termin die wegen dieser Kirche über die Familie der Grafen v. Vianden verhängte Excommunikation aufgehoben werden solle, sowie zu sorgen, dass der von dem Grafen und der Gräfin v. Vianden mit dem Templerorden in Frankreich vereinbarte Vertrag bis zum nächsten Marien Magdalenenfest (jul. 22) von Huber v. Peraut, Präceptor der Templer in Frankreich, ratificirt werde; ferner, dass nach der Resignation mag. Alard's, dieser und Robert, der Rektor der Kirche von Rode, auf ihre Streitigkeiten und gegenseitigen Schriften verzichten und dieselben innerhalb der Pfingsttage (jun. 12) an den trier. Official zur Vernichtung übergeben sollen; auch sollen die Templer und vorgen. mag. Robert sorgen, dass die über mag. Alard und die Trinitarier von Vianden erlassenen Sentenzen aufgehoben werden. 1261 fer. 6 ante dnc. Oculi.

Orig in Privatbesitz. Gedr. Neyen, Hist. de Vianden 2,18. Reg. Publ. De Luxembourg 15,88, woselbst auch Reg. des Vertrags zwischen dem Grafen v. Vianden und den Templern von dems. Dat nach dem Orig in Privatbesitz. Goerz, reg. der Erzbb. 50."[1]

1 *Goerz, Adam: Mittelrheinische Regesten. 3. Teil. Coblenz 1881, Nr. 1684, S. 376f.*

Nr. 31

1261 Mai 16
„Bischof Volrad übereignet den Templern zwei Hufen in Oster-Achim. Langenstein 1261 Mai 16.

In nomine sancte et individue Trinitatis. Volradus Dei gratia Halberstadensis ecclesie episcopus in perpetuum. eorum que fiunt in brevi periret memoria, nisi scripto et voce testium acciperent munimenta. noverint proinde tam presentes quam futuri, quod, cum Margareta soror nostra relicta quondam nobilis viri Sifridi de Lechtenberg duos mansos in Oster-Achem, quos proprietatis titulo possidebat, de consensu et voluntate nobilis matrone Gertrudis videlicet uxoris domini Everardi de Suzeliz necnon aliorum heredum supradicti nobilis vire S(ifridi) de Lechtenberg ob reverentiam Iesu Christi et floriosi prothomartiris s. Stephani nobis liberaliter contulisset, nos eosdem duos mansos ab omni advocatia liberos et solutos dilectis nobis in Christo fratribus militie Templi, eorum inspecta fidei constantia, qua muniti se die noctuque barbaris nationibus viriliter opponere non formidant, devotione moti sincera, duximus conferendos pacifice et quiete perpetuo possidendos.

huius rei testes sunt: nobilis viri Waltherus sororius noster de Arnsten, Wernerus de Scherenbeke et Everardus de Suseliz; ministeriales vero nostre ecclesie: Alvericus pincerna, Gevehardus de Slage, Iacobus de Severthusen, Henricus Ysenborde, milites: Thidericus de Haslevelde, Wernerus camerarius et alii quamplures.

actu sund hec anno Domini millesimo ducentesimo sexagesimo primo.

et ne cuiquam hominum super hiis possit dubium aliquod suboriri, nos presentem litteram tam nostri quam supradicti nobilis viri Everhardi de Suzeliz sigillorum appensionibus communitam memoratis fratribus militibus Iesu Christi, de Templo videlicet, duximus erogandam.

datum Langensten per manum Gerardi nostri notarii xvij. Kalendas Iunii, pontificatus nostri anno sexto.

Wolfenbüttel, das Siegel Volrads ist ab, von dem Eberhards nur ein Fragment an rothgelber Seide."[1]

1 *Schmidt, Gustav: Urkundenbuch des Hochstifts Halberstadt und seiner Bischöfe. 2. Teil, Halberstadt 1884, Nr. 1028, S. 247f.*

Nr. 32

1262 Dezember 31
„fratre Gerkino, prouisore domus in Letznitze."[1]

1 *Riedel, Adolf Friedrich: Codex diplomaticus Brandenburgensis. Bd. 19, 1860, Nr. VIII, S. 5.*

Nr. 33

1263 September 11
„Bischof Volrad übereignet den Templern den Zehnten in Tempel-Achim. Halb. 1263 Sept. 11.

Volradus Dei gratia Halberstadensis ecclesie episcopus omnibus hanc litteram inspecturis salutem in Domino. que valida esse debent expedit ut ea scriptis et testibus roborentur. noverint igitur universi, ad quos hec littera pervenerit, quod nos de consensu capituli nostri fratribus et dominis de Templo manentibus in villa Tempel-Achem contulimus proprietatem decime ibidem integraliter tam in campo quam in villa, tam in spatio quod vocatur *lo*, quam in palude.

huius rei testes sunt: Hermannus ecclesie nostre prepositus, Wikkerus decanus, Borchardus vicedominus, Hermannus scolasticus et alii quamplures.

ut igitur hec rata maneant, presentem paginam nostro et ecclesie nostre sigillis fecimus roborari.

actum et datum Halb. anno Domini M.CC.LXIIJ, IIJ. Idus Septembris, pontificatus nostri anno octavo.

Wolfenbüttel, mit 2 Siegeln an roth-gelber Seide."[1]

1 *Schmidt, Gustav: Urkundenbuch des Hochstifts Halberstadt und seiner Bischöfe. 2. Teil, Halberstadt 1884, Nr. 1076, S. 276f.*

Nr. 34

1266 Juli 23
„Graf Philipp v. Vianden schenkt den Trinitariern daselbst das Protektorat der Pfarrkirche zu Vianden mit der Verpflichtung, den Rektor der Kirche von Rode oder die Templerritter wegen der 60 Turonenser Soliden, welche dieselben aus der Pfarrkirche von Vianden jährlich beziehen, zufriedenzustellen. 1266 crast. Marie Magdalene.

Gedr. Neyen. Vianden 2,22. Reg. Publ. de Luxembourg 15,107."[1]

1 *Goerz, Adam: Mittelrheinische Regesten. 3. Teil. Coblenz 1881, Nr. 2193, S. 495.*

Nr. 35

1268 Januar 6

„Wiker von Ovenbach und Gilbert von Holzhausen vergleichen sich mit Hildebrand, dem Meister des Templerhauses zu Breisig und dem dortigen Bruder Gerlach von Hoingen wegen der Güter zu Erlenbach, welche dem genannten Hause von dem dortigen Bruder Rudolf, dem Bruder des Gilbert und Schwager des Wiker, zugefallen waren. -

...

Ego Wikerus, filius quondam Wikeri de Ovenbach bone memorie, Gilbertus de Holzusen, Tenore presencium universis cupimus fieri notum, quod cum Hildebrando magistro domus templi in Briseche et Gerlaco de Hohingen eiusdem professionis fratre de bonis ipsorum, que ad ipsos sunt devoluta a fratre Rudolfo eiusdem domus, qui est frater mei Gilberti et sororius mei Wikeri, et que sunt in Erlebach villa sita, ordinacionem invimus subscriptam, que talis est, quod eisdem fratribus seu communitati fratrum iam antedicte domus in Briseche de eisdem bonis dabimus singulis annis pro pensione viginti octalia et II. octalia avene mensurata Frankenfordensi et quod eamdem pensionem ipsis presentare debemus in quamcunque voluerint domum Frankenford sub dampno expensarum nostrarum et non ipsorum. Inter cetera dictum est, quod si forte iam sepedicti fratres seu domus iam antedicta suis propriis aratris colere vellent huiusmodi bona, tenemur cum ipsis divisionem seu particionem facere, quam de merito faceremus in instancius. Preterea si eadem bona vendere vellent seu commutacionem facere de eisdem, tenemur ipsis et volumus super hoc adhibere liberum consensum. Huic intererant viri subscripti: Gotscalcus miles, cives Frankenfordenses Allium, Folmarus de Ovenbach et C. frater suus, Wigandus den Wanebach, Henricus de Wetflaria, H. de Limburg, Her. frater suus, Her. sartor, Ludewicus carnifex, Wikerus filius Folmari, Her. niger, Ber. de Heildebergen iunior et alii quamplures ydonei et honesti et ne dicti fratres in huiusmodi aliqualiter fractamen paciantur, dedimus ipsis presentem cedulam sigilli civitatis Frankenfordensis et magistri munimine roboratam.

Actum et datum Frankenford, anno domini M^{0}CC^{0}LXVIII., VIII idus Januarii.

Or. im St.-A. (Kl. Thron). S. an Pergamentstreifen; von dem der Stadt Frankfurt ein Bruchstück erhalten, das des Meisters von Breisig ab."[1]

1 *Sauer, Wilhelm: Nassauisches Urkundenbuch. Bd. 2, Wiesbaden 1886, Nr. 780, S. 460f.*

Nr. 36

1268 Dezember 5

„Mühlhausen - Bestimmungen des zwischen Werner, Erzb. v. Mainz, und Albrecht, H. v. Braunschweig, durch ihre Mannen: den Edlen Friedrich d.Ä., Gr. v. Beichlingen, Berthold, Vitztum, und Heinrich, Schenk, [beide] gen. v. Apolda, und Gottfried, Schultheißen v. Erfurt, seitens des Erzbischofs, und Br. W[itekind], Landmeister der Templer in Deutschland [und im Slavenlande], Luthard, Edlen v. Meynhersen, Heinrich, Propst zu St. Blasien in Braunschweig, und Mag. Johann v. Neyndorp, seitens des Herzogs, in Mühlhausen vereinbarten Sühnevertrags. Hiernach wird der Herzog Schloß und Stadt Gieselwerder (*Gislenwerdere*) an Dietrich v. Hardenberg übergeben und sie nebst Uslar von dem Erzbischof zu Lehen nehmen. Nach Fritzlar wird dieser und nach München oder nach einem anderen Ort der Herzog kommen und über Schloß Stein, die Vogtei Hedemünden, 600 ? und einige andere Streitpunkte nach Recht oder Minne durch je vier Mannen und durch Heinrich [II.], Gr. v. Honstein, oder Friedrich d. Ä., Gr. v. Beichlingen, als Obmann eine endgültige Entscheidung herbeiführen; lassen den gen. Templermeister besiegeln.

Or. Guelf. IV, praef. II Anm. aus Or. A. Göttingen; s. B.-Will II, 374 no. 219; v. d. Ropp, Erzb. Werner 47 und 171 no. 168; Forsch. z. d. G. XIV, 570f.; B.-Ficker no. 12055. -- [1)] Haec ordinata sund Molehusen et sub sigillo fratris Witekindi domorum miliciae templi per Alemaniam et Slauiam praeceptoris sigillata anno domini MCCLXVIII. nonas Decembris. Über den langwierigen Streit unterrichten hier die protokollarischen Stücke in den Regesten, d. d. Mühlhausen, 1269 Jan. 29; [1269 Febr. 18-21]; Kassel, 1269 Febr. 19; Nörten, 1269 Febr. 24; Nörten, 1269 Febr. 24 [sic Anm. d. Verf.]; Heiligenstadt, 1269 April 26; [Mainz, 1269 Mai 8]; [n. 1269 Mai 8].“[1]

1 *Dobenecker, Otto: Regesta diplomatica necnon epistolaria historiae Thuringiae. Jena 1939, Nr. 254, S. 40.*

Nr. 37

1269 Februar 19

„Kassel - Ders. [gemeint ist Albrecht Herzog von Braunschweig, Anm. d. Verf.] appelliert von dem Erzb. Werner v. Mainz an den päpstlichen Stuhl in seinem Streite über Gieselwerder. Z.: Dietrich, B. v. Wirland, Br. Witekind, Präzeptor der Tempelhäuser in Deutschland und Slavia, [Heinrich], Propst zu St. Blasien in Braunschweig, Mag. Johann v. Neindorp, Jakob, Notar des gen. Präzeptors.

Or. Guelf. IV, praef. p. 12 Anm.; s. B.-Will II, 374 no. 219; Grotefend, Reg. d. Lgr. v. Hessen I, 49 no. 131 zu Febr. 18; v. d. Ropp, Erzb. Werner 172 no. 174 zu Fritzlar Febr. 18; vgl. v. Uslar-Gleichen, Beitr. z. e.

Familien-Gesch. 378 no 113. "[1]

1 *Dobenecker, Otto: Regesta diplomatica necnon epistolaria historiae Thuringiae. Jena 1939, Nr. 317, S. 49.*

Nr. 38

1269 Februar 28

„Vniuersis presens scriptum inspecturis Ebberhardus miles dictus de Erenburch, filius Gerhardi quondam militis wormatiensis, Jutta vxor sua, Cunradus suus filius et Johannes gener suus de Rendeken salutem et noticiam subscriptorum. Notum esse volumus, quod nos obligauimus nomine pignoris duas curias nostras sitas in ciuitate wormaciense in vico walhegazen et decimam, quam habemus in feodo ab abbate in Horinbach in villa Osthoven, decano et capitulo wormat., predicto domino abbati de Horinbach, decano et capitulo s. Marie ad gradus mogunt., magistro domus milicie templi, monialibus in Mullen, necnon omnibus incolis ville Osthoven et aliis bona habentibus in terminis ville eiusdem, quousque obtineamus consensum et voluntatem comitum in Liningen, a quibus tenemus in feodo advocaciam ville in Osthoven, super contradictibus omnibus initis cum omnibus supradictis, prout in literis super hoc confectis plenius continetur, et literis et consensu predictorum comitum habitis, predicta pignora ab huiusmodi obligacione libera erunt et soluta.

Act. a. d. M.CC.LXIX, fer. v. prox. a. dom. letare jerusalem in quadragesima.

(Die Siegel sind abgeschnitten)"[1]

1 *Bauer, Ludwig: Hessische Urkunden. Bd. II., Darmstadt 1862, Nr. 238, S. 218.*

Nr. 39

1269 Februar 28

"Ebberhardus dei gracia wormaciensis episcopus etc. Notum esse volumus, quod constituti in nostra presencia Ebberhardus miles dictus de Erenburch, filius Gerhardi militis quondam wormaciensis, Cunradus suus filius, recognouerunt se recepisse in pecunia numerata ccccl. libras hallensium a decano et capitulo ecclesie nostre, ab abbate de Horinbach, decano et capitulo s. Marie ad gradus moguntine, magistro domus milicie templi, monialibus de Mullen, necnon ab omnibus incolis ville Osthoven et ab aliis habentibus bona in terminis ville eiusdam ac de causa, ut ipsos nunquam infestent indebite in bonis et hominibus suis, sed in antiqua libertate et jure eos omnimode conseruabunt et de eis gaudere promittant, a quolibet tamen homine ville eiusdem, qui dicitur Einlufdich, i. maldrum auene, i. pullum, i. denarium wormat. recipient tantum semel in anno et hiis contenti omnibus juribus et consuetudinibus predicto Ebberhardo, Cunrado suo filio et eorum heredibus antiquitus obseruatis per omnia saluis, a festo vero b. Margarete usque ad festum b. Remigii et deinceps consuetudinem, qui dicitur Einunge, seruabunt sicut antiquitus est seruata. Promiserunt iidem Ebberhardus, Cunradus filius suus et Johannes gener suus de Randeken, quod ipsi nec aliqui eorum successores et herede ipsam aduocaciam in Osthoven uel jus, quod ibidem habere videntur, suis dominis, a quibus tenent in feodo, uel alicui alteri persone resignabunt, donabunt, vendent, obligabunt, commutabunt uel aliquo alio modo alienabuut, sed ipsi et eorm heredes successores sibi ipsis predictam aduocaciam tenebunt. In cuius rei testimonium presentem litteram nostro, capituli nostri necnon capituli s. Marie ad gradus magunt., ciuitatis nostre wormat., et predictorum Ebberhardi, Cunradi sui filii, Johannis sui generis de Randeken sigillis duximus roborandam.

Act. a. d. M.CC.LXIX, fer. v. prox. a. dom. letare jerusalem in quadragesima.

(Nur das Siegel des Mainzer Liebfrauenstifts hängt noch an, jedoch sehr beschädigt.)"[1]

1 *Bauer, Ludwig: Hessische Urkunden. Bd. II., Darmstadt 1862, Nr. 239, S. 218f.*

Nr. 40

1269 November 15

„Magdeburg - Heinrich, Ritter v. Eisenberg, Z. in U. Konrads, Gr. v. Brene, für den Templerorden.

O.v. Heinemann, Cod. d. Anh. II no. 364 aus Or. SA. Magdeburg."[1]

1 *Dobenecker, Otto: Regesta diplomatica necnon epistolaria historiae Thuringiae. Jena 1939, Nr. 402, S. 61.*

Nr. 41

1270 Oktober 16

„Konrad Erzbischof von Magdeburg läßt sein Siegel an eine Urkunde der edlen Herrn (Burchard) (ausgemodert) und Walthers von Barby (Barboie) über das Vogtkorn (vogetkorn) und Hühner für das Kloster Gerbstedt hängen, wobei u. A. Lüdger v. Salzwedel, Odewin v. Alsleben und Gero Comthur des (Ordens)Hofes zu Mücheln (Muchele) als Zeugen genannt sind.

Dat in vredhebergh Anno incarnationis domini M^{0}.CC^{0}.LXX^{0}. primo, XVII. Kalendas Nouembris, Indictione XIIII.

Nach dem Original im Königl. Staats-Archiv zu Magdeburg. ..."[1]

1 *Mülverstedt, George Adalbert von: Regesta Archiepiscopatus Magdeburgensis. Sammlung von Auszügen aus Urkunden und Annalisten zur Geschichte des Erzstifts und Herzogthums Magdeburg. Dritter Theil. Magdeburg 1886, Nr. 57, S. 23. Mülverstedt nennt irrtümlich 1271 als Jahr der Urkunde. Aus dem Text geht eindeutig 1270 hervor.*

Nr. 42

1270 November 11
„Ritter Helmann von Wachenheim verkauft den Tempelbrüdern 6 Malter Korn jährlichen Ertrages in Mühlen.

Wernherus et Philippus de Bolandia constare uolumus presencium inspectoribus vniuersis tam presentibus quam futuris quod nostre vnanimi consensu Helmannus miles de Wachenheim iuste uendicionis titulo uendidit fratribus de templo in perpetuum annuos reditus sex maldrorum siliginis in Muollen quos idem Helmannus a nobis habuit racione pheodi pro viginti vna libra hallensium quos predictus Helmannus a dictis fratribus se profitetur plenarie recepisse. dicti igitur fratres reditus predictorum sex maldrorum siliginis non racione pheodi sed proprietatis racione in perpetuum possidebunt. in cuius facti evidens testimonium et robur perenne ut ratum et inconuulsum permaneat, presentem literam sigillorum nostrorum munimine predictis fratribus dedimus communitam. actum anno domini MCCLXX in die sancti Martini.

Original im k.b. Allg. Reichsarchiv zu München: Rheinpfälzer Urkunden fasc. 159."[1]

1 *Schüpferling, Michael: Der Tempelherren-Orden in Deutschland. Ph.D.diss. Freiburg im Üchtland. Bamberg 1915, S. 243f.*

Nr. 43

1271 März 14
„Konrad Graf von Brena (de Brene) schenkt zwei Hufen, welche die Söhne Heinrichs innehaben, und 1/2 Hufe, welche Fritze in Besitz hat, ferner zwei Hofstellen und eine Weinpflanzung zu Zielitz (Siliz), sammt dem Patronatsrecht der dortigen Kirche und allem sonstigen Zubehör, so wie es bisher die Edeln Herrn Burchard und Gebhard, Gevettern (fratrueles) von Querfurt (Querenvorde) von ihm zu Lehn getragen, auf deren Bitten zu seinem Seelenheile dem Stift St. Nicolai in Magdeburg zu freiem Eigenthum.

Zeugen: Dominus Sifridus de Querenvorde, Cantor et Ropertus, nepos eius, Canonici Magdeburgenses, Borchardus et Geuehardus, fratrueles de Querenvorde, Fridericus de Rorebeke, Fridericus de Rogetz, Gerwicus de Wettin, Milites, Olze de Sacwitz, Apetz de Rogetz, Valko, filius Friderici de Rogetz,

Acta sunt hec Magdeburg apud Sanctum Sebastianum in Curia templariorum Pridie Idus Marcii Anno domini M^{0}. CC^{0}. LXXV^{0}.

Copie im Cop. LVIII. f. 12 im Königl. Staats-Archiv zu Magdeburg."[1]

1 *Mülverstedt, George Adalbert von: Regesta Archiepiscopatus Magdeburgensis. Sammlung von Auszügen aus Urkunden und Annalisten zur Geschichte des Erzstifts und Herzogthums Magdeburg. Dritter Theil. Magdeburg 1886, Nr. 179, S. 70. Die Urkunde betrifft zwar keine Templerangelegenheiten, findet hier aber Erwähnung, da der Ausstellungsort mit ,Curia templariorum' angegeben ist.*

Nr. 44

1271 April 1
„Bruder W(idukind), Präceptor des Templer-Ordens in Germanien und Slavien, bekundet, daß er - auf Grund der eingerückten Vollmacht des Abts Albero von Werden vom 17. März 1271 - den Streit zwischen der Abtei und dem Herzog Albert von Braunschweig wegen der Güter

und Gerechtsame, welche einst der Ritter Ekbert (von der Asseburg) zu Helmstedt besessen, in näher beschriebener Weise beigelegt habe. Helmstedt 1271, April 1.

Nach dem Original im Herzogl. Braunschweig. Landeshauptarchiv zu Wolfenbüttel (Abth. St. Ludgeri).

Venerabili domino A(lberoni) Werdenensis ecclesie abbati frater W(idekindus) domorum militie templi preceptor per Germaniam et Slaviam cum devotis orationibus paratam ad eius beneplacita voluntatem. Reverentie vestre litteras recepimus in hec verba:

> A(albero) Dei gratia Werdinensis abbas viro discreto et honesto W(idekindo) magistro militie templi salutem et omne bonum. Regratiamur vestre discretioni, quod vos intromisistis et intromittere dignamini de sopiendis inpedementis, que orta sunt nostre ecclesie in bonis, que *quondam Ekbertus miles* tenuit, nunc autem instructi de discretionis vestre titulis et probitatis committimus vobis et damus in hiis scriptis potestatem ordinandi in premissis quicquid vobis visum fuerit ecclesie nostre et nobis expedire. Datum Werdine anno Dommini M^{0}.CC^{0}.LXXI^{0}, festo Gertrudis virginis.

Nos igitur auctoritate litterarum istarum assumpto ad hoc venerabili viro Verdensis ecclesie postulato[1] ad sopiendam omnem controversiam inter nos et nobilem virum dominum Albertum ducem de Brunswic ordinavimus tali modo, vos per litteras vestras patentes transmittetis in pheodo domino duci iam premisso de Brunswic et suis heredibus bona, que habuistis in Helmestat, videlicet teolonium, prefecturam quod vulgariter dicitur sculthetammecht, denarios arearum, denarios qui dicuntur hantpenninge et denarios de tentoriis et omnia alia bona, que premissus *Ekbertus* tenuit infra muros Helmestat, excepta curia prefecture cum suis attnentiis. Preterea cum litteris vestris patentibus obligabitis vos premisso domino duci ad hoc, ut si aliquid de bonis ecclesie vestre infra Helmestat vel extra vendere vos contingat, illud vendatis domino duci prefate vel suis heredibus pro tali precio sicut a probis viris fuerint estimata, In restaurum istorum bonorum idem dominus dux dedit vobis et ecclesie vestre in proprium sex mansos in Bodenstede et duos in Ronstede, de quibus ad censum quatuor talenta habebitis annuatim. Hec ordinatio facta est Helmestede anno Domini M^{0}.CC^{0}.LXXI^{0}., Kal. Aprilis.

Am Pergamentstreifen das unversehrte Siegel.
Abgedruckt, nicht ganz getreu: Neus Mittheil. des Thüring.-Sächsischen Ver. III. S. 101.

1 Konrad I, Herzog von Branschweig-Lüneburg; noch postulatus 1282. Vergl. Potthast, Biblioth. histor. med. aev. Suppl. pag. 435. "[1]

1 *Bocholtz-Asseburg, J. Graf von: Asseburger Urkundenbuch. Bd. 1, Nr. 351, S. 235f. Zu dieser Urkunde vgl. Bulst-Thiele, Marie-Luise: Sacrae Domus Militiae Templi Hierosolymitani Magistri. Untersuchungen zur Geschichte des Templerordens 1118/19-1314. (=Abhandlungen der Akademie der Wissenschaften in Göttingen. Philologisch-Historische Klasse. Dritte Folge Nr. 86). Göttingen 1974, S. 372. Die Urkunde befindet sich im Niedersächsischen Staatsarchiv in Wolfenbüttel unter der Signatur 12 Urk 61.*

Nr. 45

1271 Oktober 16

„Konrad Erzbischof von Magdeburg untersiegelt u. a. eine Urkunde der Edeln Burchard und Walther von Barby für das Kloster Gerbstedt, wobei auch Christina von Siebichenstein (Geuekensten; offenbar Conventualin zu Gerbstedt) und von Rittern Ludeger v. Salzwedel, Othwin v. Alsleben und Gero, Komthur zu Mücheln Zeugen sind.

Datum in Vredhebergh anno incarnationis domini M0.C0. C0.LXX0. primo, XVII0. Kalendas Novembris, inditione XIIII.

Original (dem das Siegel des Erzbischofs nicht mehr anhängt) im Kgl. Staats-Archiv zu Magdeburg.

Gedruckt in

Neue Mittheilungen etc. III. 3 p. 98. Krühne Urkundenbuch der Mansfelder Klöster p. 23."[1]

1 *Mülverstedt, George Adalbert von: Regesta Archiepiscopatus Magdeburgensis. Sammlung von Auszügen aus Urkunden und Annalisten zur Geschichte des Erzstifts und Herzogthums Magdeburg. Dritter Theil. Magdeburg 1886, Anhang Nr. 556, S. 412.*

Nr. 46

1273 Januar 5
„Gerlach v. Ysenburg und seine Gemahlin Elizabeth erlauben den Templern in Hoyngen, von denen sie 13 Mark Sterlinge erhalten haben, bis zur Rückzahlung dieser Summe, für 400 Schafe die Weideberechtigung in dortiger Gemarkung. 1272 vigil. Epiph.

Orig. in Coblenz. Gedr. Günther 2,257 mit unricht. Jahr 1252."[1]

1 *Goerz, Adam: Mittelrheinische Regesten. 3. Teil. Coblenz 1881, Nr. 2782, S. 632.*

Nr. 47

1273 Juli 24
„Konrad Erzbischof von Magdeburg bestätigt die von Konrad Grafen von Brena (Brenen) geschehene, wörtlich eingerückte Schenkung der Kirche zu Wettin (Wetin) zum besten des heiligen Landes (sancte terre Jerosolimitane) unter Befreiung von jeder weltlichen Vogtei und Abgabe an den Ordensmeister und den Convent der Tempelherren.

Datum Magdeburg Anno Domini M^{0}.CC^{0}.LXXIII^{0}.IX^{0}. Kalendas Augusti, Pontificatus nostri Anno Septimo.

Original, dessen Siegel nicht mehr vorhanden ist, im Königl. Staats-Archiv zu Magdeburg."[1]

1 *Mülverstedt, George Adalbert von: Regesta Archiepiscopatus Magdeburgensis. Sammlung von Auszügen aus Urkunden und Annalisten zur Geschichte des Erzstifts und Herzogthums Magdeburg. Dritter Theil. Magdeburg 1886, Nr. 108, S. 45.*

Nr. 48

1272 März 17

„Die Templer erhalten von der Stadt die sog. ‚Withecke' und den Weg über ihren Hof und geben ihr dafür ihr Thürme mit der Capelle S. Jacobi und zwei Worten ihrem eigenen Hofe gegenüber.

Nos frater Wedekindus domorum militie Templi per Alemanniam et Slaviam magister volumus notum esse omnibus Christifidelibus audituris presentia et visuris, quod cum viri providi ac honesti consules et unversitas burgensium civitatis Halberstad totam suam proprietatem, que ‚withecke' vulgariter appellatur, et viam suam , que ducit per curiam nostram positam penes s. Jacobum, cum omni jure, quo spectabant ad ipsos, libere nobis atque nostris fratribus ad subsidium terre sancte Jerosolomitane contulissent perpetuo retinendas, in prefatis proprietate ac via nunc et in antea nihil sibi juris reservando, hoc tamen adjecto, quod si Halb. civitate hujusmodi immineret necessitas, ut burgenses suas curias reparare contingeret, quas juxta muros civitatis possident, extunc fratres nostri predictam viam pro necessitate et utilitate Halb. civitatis burgensibus pandere tenebuntur, ut transitus pateat per eandem burgensibus universis in tanto necessitatis articulo constitutis. et ipsa necessitate cessante, fratres nostri dictam viam tenebunt liberam atque clausam, prout superius est expressum. nos autem, fratrum nostrorum accedente consilio et consensu, viris providis et honestis consulibus et burgensibus supratactis nostras turres cum capella s. Jacobi atque fundum ipsius structure suppositum necnon et proprietatem duarum arearum trans plateam ex opposito curie nostre site penes s. Jacobum positarum cum omni jure, prout eas tenuit nostra domus, burgensibus ac civitate predicte contulimus in restaurum jugiter possidendas.

hujus mutue donationis sunt testes: dominus Johannes presbiter in Halb., frater Johannes dictus Saul (?) in Supplingborch, frater Geringus in Mugele curiarum provisores, frater Henricus de Langeboy, Jacobus notarius venerabilis domini Volradi Halb. ecclesie episcopi ac alii nostri fratres et quamplures clerici ac laici fidedigni. ut autem nulli homini succedent tempore super isto dubium oriatur, presentem paginam inde confectam conscribi fecimus, sigilli nostri munimine roborandam.

actum et datum Halb. anno Domini mcclxxij, xvj. Kal. Aprilis.
Magd. Cop. 104. - 1) *Copie:* burgensis."[1]

1 *Schmidt, Gustav: Urkundenbuch der Stadt Halberstadt. Bd. 1, Halle 1878, Nr. 136, S. 117f.*

Nr. 49

1273 November 7
„Fr. Martin, Präceptor und Prokurator der Tempelherren in Lothringen, bekennt namens derselben, dass sich dieselben mit Schultheiss, Schöffen und Gemeinde der Stadt Trier wegen des durch die Stadtbefestigung und im Interesse der Bürger bei der Brücke erlittenen Schadens an Wingerten, Bäumen, Hauszinsen und anderem durch die Bezahlung von 40 Pfund Turonenser Denaren für befriedigt erklärt und versprochen hätten, bis zu nächste Maria Himmelfahrt die Ratification dieses Vergleichs durch den Templer-Meister in Frankreich auszuwirken. Mitbesiegler Erzb. (aeps.) Heinrich und der Official v. Trier. 1273 fer. 3 post Omn. Sctor.

Orig. in Trier. Reg. Goerz, Reg. d. Erzbb. 342."[1]

1 *Goerz, Adam: Mittelrheinische Regesten. 4. Teil. Coblenz 1886, Nr. 14, S. 3.*

Nr. 50

1278 Juli 9
„Der Edelknecht Theoderich Herr v. Esch verschreibt mit Consens des Tempelherrn Wilhelm Herrn v. Manderscheit seiner Gemahlin Lucie als Morgengabe seine Höfe zu Dreyse, Gladebach, Melliche und Rore. Mitbesiegler Ritter Wilhelm Herr v. Manderscheid. 1278 wie vorher.

Orig. in Coblenz."[1]

1 *Goerz, Adam: Mittelrheinische Regesten. 4. Teil. Coblenz 1886, Nr. 534, S. 118.*

Nr. 51

1278 Juli 9

„fr. Wedekind Templermeister in Deutschland beurkundet, dass mit seinem Willen fr. Gerlach der Comthur, Willelm der Capellan und die übrigen Brüder des Templerhauses in Briseke 3 Soliden Jahrrente zu Buschhausen dem Johanniterhause von Burg verkauft haben. 1278 sabb. ante Margarete.

Gedr. Lacomblet, Ukb. 2,88 Note."[1]

1 *Goerz, Adam: Mittelrheinische Regesten. 4. Teil. Coblenz 1886, Nr. 533, S. 118.*
Vgl. Lacomblet, Theodor J.: Urkundenbuch für die Geschichte des Niederrheins oder des Erzstifts Cöln, der Fürstenthümer Jülich und Berg. 2. Bd., Düsseldorf 1846, Nr. 171 und Anm., S. 88.

Nr. 52

1279

„Widekind, Meister der Templerprovinz Alemannia, bestätigt 1279 den Ausgleich zwischen den Templern von Süpplingenburg und dem Kämmerer des Klosters Mariental bei Helmstedt wegen der Überschwemmung durch den Wasserstau an einer Mühle.

Universis praesentes litteras inspecturis frater widekindus magister fratrum de templo per alemanniam salutem in domino salvatore. Tenore praesentium recognoscimus quod cum aliquando fratres nostri in suplinghburch querimoniam haberent adversus ecclesiam vallis sancte marie super molendino camerarii eiusdem ecclesie pro eo quod ipsum molendinum propter diutinam detentionem aque dampnosum eis esse videretur ipsorum fratrum nostrorum querimonie satisfecerunt domini eiusdem ecclesie tali modo. Pro dampno quod ratione praedicti molendini se fratres nostri sustinere dicebant bona fide dabit eis camerarius praedicte ecclesie sex quartalia siliginis quolibet anno nisi molendinum destrueretur, aqua rediret ad antiqum suum decursum quia tunc ulterius ipsum annonam dare minime teneretur si vero molendinum venderetur vel pro aliis commutaretur, ex hoc annona iam dicta ipsi fratres nostri minime privarentur condictum est etiam quod agger ante piscinam non exaltabitur. Novalia iuxta piscinam de cetero non fient, aqua terminos eorum bardenbeke transiens super prata minime deducetur nisi hoc fiat de fratrum nostrorum benevolentia, consensu. Testes huius sunt frater hermannus magister in suplinghborch, dominus bernardus sacerdos, frater heinricus de hamelen, frater conradus molendinarius, frater conradus de Acchem, alii quam plures. Ut autem huius facti noticia vigeat apud posteros – futures – praesens scriptum super hoc confectum sigillo nostro fecimus roborari. Actum anno domini m cc lxx ix.

Allen, die vorliegende Urkunde lesen wollen, entbiete ich, Bruder Widekind, Meister vom Tempel in der Provinz Alemannia, meinen Gruß im Herren, dem Erlöser.

Im Sinne der Anwesenden erkennen wir an, dass, als damals unsere Brüder in Süpplingenburg einen Streit mit der Kirche in Sankt-Marien-Tal (=Mariental bei Königslutter) wegen einer Mühle des Kämmerers jener Kirche hatten, deshalb, weil selbige Mühle wegen des langen Zurückhaltens des Wassers ihnen Schaden verursacht zu haben scheint, die Herren dieser Kirche im Streit unserer Brüder auf folgende Weise Genugtuung leisteten:

Unsere Brüder sagten, dass sie für den Schaden durch besagte Mühle folgendes in Rechnung stellen: In gutem Glauben wird der Kämmerer besagter Kirche 6 Viertel Weizen jährlich geben, wenn die Mühle nicht zerstört wird. Kehrt das Wasser in seinen alten Lauf zurück, dann wird im Weiteren diese Getreideabgabe nicht gezahlt. Wenn die Mühle aber verkauft oder anders verändert wird, sollen unsere Brüder nicht im Geringsten um besagte Abgabe gebracht werden. Es ist zudem beschlossen, dass der Damm vor dem Teich erhöht wird. Die Äcker neben dem Teich werden übrigens nicht bestellt. Das Wasser, das durch ihren Besitz in Bardenbeke fließt, soll möglichst nicht über die Wiesen geleitet werden, wenn dies nicht mit Zustimmung unserer Brüder geschieht.

In allgemeinem Einvernehmen bezeugen dies Bruder Hermann, Meister in Süpplingenburg, Herr Bernhard, Priester, Bruder Heinrich von Hameln, Bruder Konrad, der Müller, Bruder Konrad von Acchem (=event. Achim bei Wolfenbüttel) und viele andere. Damit aber diese Niederschrift in der Folge und in Zukunft Bestand hat, haben wir unter das vorliegende fertige Schriftstück zur Bekräftigung unser Siegel angebracht. Vollzogen im Jahr des Herrn 1279."[1]

1 *Die Urkunde befindet sich im Niedersächsischen Staatsarchiv in Wolfenbüttel unter der Signatur 22Urk 157. Ich danke Herrn Dr. Matthias Heiduk für die Übertragung und Übersetzung dieser bisher nicht veröffentlichten Urkunde.*
Vgl. Bulst-Thiele, Marie-Luise: Sacrae Domus Militiae Templi Hierosolymitani Magistri. Untersuchungen zur Geschichte des Templerordens 1118/19-1314. (=Abhandlungen der Akademie der Wissenschaften in Göttingen. Philologisch-Historische Klasse. Dritte Folge Nr. 86). Göttingen 1974, S. 372.

Nr. 53

1280 August 23
„Nos Fridericus et Emecho, comites de Linengen, profitemus, quod nos uendicionem cuiusdam resectionis viarum, que a uulgo wegesnit nuncupatur, in terminis uille Osthoven factam decano et capitulo wormat., decano et capitulo s. Marie ad gradus mogunt., abbati de Horrenbach, magistro domus milicie templi, monialibus in Mullen necnon incolis uille Osthouen et aliis habentibus bona in terminis uille eiusdem per Eberhardum dictum de Erenburg nostrum castellanum, filium quondam Gerhardi magni de Wormacia, Juttam uxorem suam, Conradum

filium suum et Johannem de Randechen generum suum, et omnes contractos initos inter partes predictas, ratos et gratos habemus, volentes nichilominus, vt quelibet parcium predictarum in omnibus aliis suis iuribus et consuetudinibus ab antiquo reseruatis in predicta uilla Osthoven perpetuo pacifice permaneant.

Dat. a. d. M.CC.LXXX, vig. Bartholomei apost.

(Die Siegel der Aussteller hängen beschädigt an."[1]

1 *Bauer, Ludwig: Hessische Urkunden. Bd. II., Darmstadt 1862, Nr. 330, S. 305.*

Nr. 54

1282 April 22

Stendal in der Nikolaikirche

„Otto (IV.) et Conradus marchiones Brandenburgenses schenken wegen ihrer Sünden das Patronatsrecht der Pfarre in Königsberg (Königsberg i.d. Neumark) den Brüdern ordinis militie templi (dem Templerorden) derart, daß diese dort als Pfarrer einen Bruder ihres Ordens einsetzen sollen. Sollte ein im Amt befindlicher dem Markgrafen und der städtischen Bevölkerung allzu unbequem sein, so sollen sie auf Vermahnung der Markgrafen einen anderen einsetzen. Acta sunt hec anno 1282, quarta feria ante festum beati Georgii in ecclesia sancti Nicolai in Stendal, presentibus domino Rudolpho abbate in Chorin, Adam preposito ecclesie Stendalensis tunc predicte ecclesie plebano, domino Johanne dicto de Gardeleve plebano in Wistock.

Überlieferung: Originaltranssumpt Bischof Heinrichs von Camin von 1304 November 5, im Geh. Staatsarchiv Berlin (Pomm. UB. IV, 160 nr. 2189; Riedel A XIX, 178 nr. 10). Druck: Kehrberg, Erleuterter historisch-chronologischer Abriß der Stadt Königsberg (3. Aufl., Berlin 1725) I, 68. Riedel A XIX, 174 nr. 3"[1]

1 *Krabbo, Hermann/Winter, Georg: Regesten der Markgrafen von Brandenburg aus askanischem Hause. Berlin-Dahlem, 1955 Nr. 1291, S. 333.*

Nr. 55

1283 Mai 25

„Gerlach v. Ysenburch Herr zu Arevels und seine Gemahlin Elizabet verzichten mit Consens ihrer Kinder auf alle Rechte an den Weinberg ‚Ditwinesbergh', welchen Johann von ihnen zu Lehen und den Templern in Hoyngen verkauft hat. 1283 die Urbani.

Orig. in Coblenz. Gedr, Günther 2,450."[1]

1 *Goerz, Adam: Mittelrheinische Regesten. 4. Teil. Coblenz 1886, Nr. 1064, S. 241.*

Nr. 56

1283 Juni 5

„Die Gebr. Gerhard, Cunrad und Godefrid gen. Raub, Söhne weiland des Wildgrafen Emecho, schenken dem Kl. Laach [in anderen Urkunden Kl. Sewe genannt. Anm. d. Verf.] vom Orden der Templer in Wormser Diözese, ihre Güter zu Gernsheim und Kirchheim. 1283 in vigil. Pentecost.

Kopie in Miltenberg."[1]

1 *Goerz, Adam: Mittelrheinische Regesten. 4. Teil. Coblenz 1886, Nr. 1065, S. 241.*

Nr. 57

1283 Juni 13

„I. n. s. e. i. t. a. Nouerit, qualiter ego Hezelo, cantor ecclesie s. Martini wormaciensis etc. Lego igitur pro remedio anime mee ac parentum meorum b. Martino patrono meo bona subnotata, dotans specialiter per hec bona altare b. Marie Magdalene, quod est in ecclesia s. Martini, statuens, quod quicunque fuerit senior ac propinquior laycus in mea cognatione uel clericus senior ac propinquior, si non sit laycus, conferet hos redditus alicui clerico de mea agnacione, si inuenitur, uel honesto sacerdoti, qui decano ecclesie s. Martini obedienciam faciet ad faciendum ea, que sunt ecclesie decencia et vtilia, et chorum s. Martini more uicario frequentabit, presenciam quoque chori percipiet, semper eciam post decantatum offertorium ad altare maius missam cottidie pro defunctis, nisi sit dies dominica uel festiua, in quibus licite officium diei sibi competens sine nota dicet. Sunt autem hec bona et situs eorum: iii. iurnales, ubi puniuntur homines uersus campum, consultanei domini de s. Andrea, cum i. iurnali uersus ciuitatem, consultanea vidua Frizzonis de Osthown. Item extra melius in cadem uia ii. iurnales versus ciuitatem, consultanei domini de s. Andrea cum ii. iurnalibus uersus campum, consultaneus dominus de Ebestein cum ii. iugeribus. Item in strata maguntina i. iurnalem tendens super uiam, qua itur ad patibulum, uersus ciuitatem, consultanei domini de Nuhusa cum i. iurnali. Item ii. iurnales tendentes super bubumwert versus ciuitatem, consultaneus Wernherus Amel cum i. iurnali versus patibulum, consultaneus Capelere cum ii. iurnalibus. Item i. iurnalis et dimidius in ringewandun versus ciuitatem, consultaneum hospitale cum i. iurnali et dimidio versus campum uidua Frizzonis de Ostowen cum iii. iurnalibus. Item in rengewandun retro ecclesiam domine nostre i. iurnalem versus campum hospitale consultaneum, cum i. iurnale et dimidio versus ciuitatem, consultaneus quindam dominus s. Andree. Item i. iurnale et dimidius inme sezze versus Renum, consultaneus filius Cunonis de Nunnenmunstere, cum i. iurnale et dimidio uersus stratam maguntinam, Wernherus Rinderchun cum i. iurnale. Item i. iurnalis et dimidius super blatdun versus Renum, consutaneus uicarius s. Marie Magdalene, ecclesie s. Martini cum i. iurnale et Dirolfus miles habet iii. iurnalia tendentes super predictos. Item i. iurn. ibidem versus patibulum, consultanei domini de s. Martino cum ii. iur. et iii. iur. predicti Dirolfi sunt consultanei uersus ciuitatem. Item in strata nuhusensi iii. iur. et dimidius. Item ii. iur. longi versus campum, consultanea uidua Spanus cum i. iur. versus ciuitatem consultaneus vicarius s. Benedicti in ecclesia s. Martini cum ii. iur. Item extra melius in eadem gwanda ii. iur. et dimidius versus Hochheim, consultanei domini de s. Martino cum dimidio iur. Item vnus iur. et dimidius versus ciuitatem, consultanei domini de s. Martino, versus uallum domini de s. Andrea cum iv. iur. Item in alio campo in pari anno, vbi comburuntur homines, ii. iur., consultanei domini de Nuhusa versus campum cum i. iur. versus ciuitatem, Dirolfus miles cum i. iur. Item ii. iur. tendentes super bundam domini episcopi versus ciuitatem, consutaneus Crutsaccus miles cum i. iur. et dimidio versus campum, consultanee domino de orto cerusorum. Item iv. iur. in Grasewege tendentes super wolfgruben versus ciuitatem, consultaneus Gerhardus kamerarius cum ii. iur. Item i. iur. infra meluis, consultaneus versus campum Sigelo de Watdenheim miles, cum i. iur uersus ciuitatem, consultaneus Jacobus Keiser cum ii. iur. Item i. iur. tendens super horgeheimer wech versus campum, consultaneus wolgeburne cum i. iur. uersus ciuitatem, consultanee domine de orto cerusorum cum i. iur. Item super Primmam vi. iurnales. Item iv. iugera uinearum sita in Ostowen, quorum ii. sita sunt in gwanda, que dicitur Rudal, versus campum, consultanei pueri Engelmanni cum iii. iugeribus versus Renum domini de s. Petro, alia uero ii. sita sunt in gwanda, que dicitur libenberch, versus Westowen, consultanei domini de templo. Sunt eciam hii census, primo vidua Carlebecheri de curia sua, quam inhabitat, i. libram wormat. denariorum in festo Remigii et in festo Georgii i. libram denariorum. Item undern salzcasten Jacobus, filius Berzonis dicti Steechoseln, de area domus sue v. solidos wormat. denar. in festo Remigii et in festo Georgii v. solidos de eadem area et ii. cappones in carnispriuio. Item ibi prope Holzaphel de area domus sue ii. solidos wormat. denar. minus uno denario et maldrum salis de eadem area in festo Martini et in eodem festo ii. solidos wormat. denar. minus i. denario. Item Ludewicus Fleming iii. solidos wormat. et i. denarium de area domus sue in festo Rmigii et in festo Georgii de eadem area iii. solidos wormat. et i. denar. et ii. capones in carnispriuio. Item Burcardo Cerdo de area domus sue sita iuxta riuum vii. vncias wormat. denar. in festo Remigii. Item iuxta s. Georgium Wernherus Becherarius de area domus sue sita ex opposito fontis apud s. Georgium v. uncias wormat. denar. et ii. capones in carnispriuio. Item in vico panis Wernherus Hellercpphe de curia sua v. uncias wormat. denar. Remigii et festo Georgii v. uncias. Item in Seimergazzen Wernherus pellifex de curia sua in festo Margarete viii. uncias. Item de area liben, que fuit Ymberns, x. solidos wormat. denar. in festo assumptionis. Item Johannes Blencheln de area domus sue sita ex opposito curie domini Berlewini xvii. denar. in festo Remigii et i. caponem in festo Martini. Item Elizabet, filia Lanthechern, de area domus sue ii. solidos wormat. denar in festo Remigii et i. caponem in festo Martini. Item Conradus Span iunior ii. solidos wormat. denar. de area domus sue, que sita est ex opposito Wlpecule. Et quia ea, que in hac litera continetur, volo ad effectum optabilem perduci, talem penam adieci, quod si capitulum ecclesie s. Martini eandem uicariam commutauerit in canoniam uel heredes meos circa sacerdotis institutionem ad ipsum beneficium impediuerit, ipso facto hec uniuersa bona ad heredes meos proximos reuertentur. Preterea statuo, ut in anniuersario obitus mei die fiat in choro s. Martini memoria mei et parentum meorum cum missa et uigiliis nouem lectionum et eodem die sacerdos, qui hoc beneficium predictum, quod nunc instituo, tunc habuerit, iii. libras hallensium et iii. maldra tritici diuidendas equaliter canonicis et uicariis amministret, de quibus maldris Wernherus Holtmunt, decanus ecclesie s. Andree, de v. iurnalibus sitis iuxta Primmam ii. maldra soluit et i. Cvnradus Bigarius in vico canum de iurnali sito in vico canum, consultaneo dominis s. Martini, singulis annis persoluit. De prefates autem maldris tritici ita statuo, quod unum in anniuersario patrui mei H., quondam cantoris, quod est in octaua b. Stephani, secundum in anniuersario matris sue aue mee, qui est tercia die mensis iunii, tercium in anniuersario meo predicto quando occurrerit inter presentes, ut premissum est, diuidenda. Vt autem hec mea uoluntas omni euo firmior habeatur, presenti scripto omnes ecclesie conuentuales in Wormacia sua sigilla appenderunt.

Dat. a. d. M.CC.LXXXIII, in oct. penthecostes vel i. idus iunii.

(Die Siegel hängen in rothem Wachse an roth und grün seidener Schnur wohl erhalten an.)"[1]

1 *Bauer, Ludwig: Hessische Urkunden. Bd. II., Darmstadt 1862, Nr. 369, S. 348-352.*

Nr. 58

1284 Februar 22
„fr. Cunrad Comthur und die übrigen Brüder des Templerhauses in Briseche verkaufen an die Klöster Thron und Marienborn Fruchtzinsen, welche zwei Frankfurter Bürger von Gütern zu Erlebach und Melindehe zu liefern haben, und an Kl. Thron noch besonders einen Geldzins aus dem Hause Arnolds zume Pule ‚amme Kornmerkede'. Mit 11 Zeugen aus Frankfurt und Umgegend. 1284 katedre Petri.

Gedr. Günther 2,454 ohne die Zeugen nach dem Orig."[1]

1 *Goerz, Adam: Mittelrheinische Regesten. 4. Teil. Coblenz 1886, Nr. 1134, S. 256.*

Nr. 59

1284 Februar 26
„Das Templerhaus zu Breisig verkauft dem Kloster Thron Gefälle zu Erlebach und im Lindau. -
...

Nos Volradus scultetus, .. scabini ceterique cives Frankenvordenses constare cupimus universis has litteras visuris, quod frater Cunradus commendator ceterique fratres domus milicie templi in Briseche pensionem annualem viginti sex octalium siliginis Frankenvordensis mensure de hiis bonis, videlicet de tribus mansis in ville Erlebach viginti octalia siliginis et residua sex octalia siliginis de quadraginta quinque iugeribus agrorum in deme Lyndehe sitis, que Wigerus de Ovenbach et Gyselbertus de Hulzhusen predictis fratribus solverunt, de Throno et de fonte sancte Marie cenobiis et sanctimonialibus pro quadam certa summa pecunie vendiderunt, pro eadem pensione scilicet viginti sex octalibus siliginis. Que bona predicta cenobia sive moniales antedicte Wigero et Gyselberto prefatis suisque pueris ac eorum heredibus univeris iure hereditario concesserunt, ita quod huiusmodi pensionem in omnem eventum Frankenvort infra assumpcionem et nativitatem sancte Marie virginis in domum quamcumque predicte domine voluerint suis laboribus et expensis presentabunt, quod si non fecerint, pensionem debitam requirent prout exigit ordo iuris. Hoc adiecto, quod si sepedictus Wigerus et Giselbertus necessitate cogente bona sua in Erlebach vendere voluerint, tres mansos mensura mensuratos terre communis et arabilis specificabunt, ut prenominate domine in eisdem suam pensionem tollant et percipiant suprascriptam. Testes huius sunt: Cunradus Wobelin, Volmarus frater suus, Wernherus de Wanebach, Hertwicus de alta domo scabini, Sifridus de Gysenheim et quamplures alii cives Frankenvordenses fidedigni. In cuius rei testimonium nos .. scultetus et .. scabini supradicti sigillum civitatis Frankenvordensis ad peticionem parcium supradictarum presentibus est (!) appensum.

Actum anno domini M⁰.CC⁰.LXXX quarto, in crastino Mathie apostoli.

Or. im St.-A. S. der St. Frankfurt stark beschädigt. Ein zweites Or., welchem anscheinend die Zeugenreihe fehlt, im Archive Büdingen, hiernach gedr. Simon, Gesch. des Hauses Isenburg III, 45 mit unrichtigem Datum."[1]

1 *Sauer, Wilhelm: Nassauisches Urkundenbuch. Bd. 2, Wiesbaden 1886, Nr. 1024, S. 604f.*

Nr. 60

1284 März (85)
„Henrich Centurio und Johann die Schöffen, Rodolph Synodal und die Gemeinde Wavrin erklären, dass sie auf die Wiese Rorin daselbst keine Rechte haben, sondern dieselbe ganz frei von Lasten dem Templerhause in Trier gehöre. 1284 mense martio.

Chartul in Coblenz."[1]

1 *Goerz, Adam: Mittelrheinische Regesten. 4. Teil. Coblenz 1886, Nr. 1139, S. 258.*

Nr. 61

1285 Februar 16
„fr. Conrad Comthur und der Convent des Templerhauses in Briseche (Breysig unterhalb Andernach, nicht Breisach bei Strassburg) verkaufen mit Willen ihres Präceptors ihre Güter zu Ostheim an den Ritter

Heinrich weiland Schultheisen von Frankfurt um 70 köln. Mark. 1284, 15 kal. Martii.

Gedr. Boehmer, Cod. dipl. Francof. 1,212."[1]

1 *Goerz, Adam: Mittelrheinische Regesten. 4. Teil. Coblenz 1886, Nr. 1132, S. 256.*
Die Urkunde gehört wohl in das Jahr 1285 unserer Zeitrechnung, da das Erzbistum Köln zu dieser Zeit das Jahr erst mit dem Osterfest begann (sog. Osterstil).

Nr. 62

1285 Februar 18
„Die Tempelherrn zu Breisig verkaufen den Klöstern Thron und Marienborn Korngefälle zu Erlenbach und Lindehe, welche Wicgerus von Ovinbach und sein Schwager Gypelo von Holzhausen geben, sowie dem Kloster Thron allein einen Vierling Cölnisch aus dem Hause des Arnold Zumepule auf dem Kornmarkt [zu Frankfurt].
Nach dem Or. mit Siegel gedr. Günther, C. d. Rhen. Mos. II, No. 316."[1]

„Frater Cunradus commendator ceterique fratres domus milicie Templi in Briseche…notum facimus unversis quod nos de…voluntate preceptoris nostri pensionem annualem viginti sex octalium siliginis et duorum octalium auenae.Frankenfordensis mensure, quam…Wicgerus de Quinbach et Gypelo de Holzhusen sororis suus civis Frankenfordenses nobis de his bonis videlicet…in villa Erlebach…sitis in Melindehe…soluerunt de Trono sancte Marie et de Fonte beate Marie Virginis coenobiis et sanctimonialibus…vendidimus… Preterea domnabus de Trono predictis spezialiter vendidimus fertonem denariorum Coloniensium in quadam domo Arnoldi dicti Zumepule sita ammekonrnmerkede annis singulis persolvendum… Actum anno domini M.CC.LXXX quarto in die Kadrede beati Petri apostoli.

Die Urkunde gehört, wie Günther und Ledebur richtig angeben, in das Jahr 1285 nach unserer Zeitrechnung;... Das Datum der Urkunde ist durch die Worte: in die Kadrede (!) beati Petri apostoli näher bestimmt. Nun ist das Fest cathedra Romae am 18. Januar und Antiochiae am 22. Februar. Da das erstere Fest uns näher liegend ist und auch einen gewissen Vorrang besitzt, so dürfte besser der 18. Januar einzusetzen sein."[2]

1 *Sauer, Wilhelm: Nassauisches Urkundenbuch. Bd. 2, Wiesbaden 1886, Nr. 1046, S. 617.*
2 *Schüpferling, Michael: Der Tempelherren-Orden in Deutschland. Ph.D.diss. Freiburg im Üchtland. Bamberg 1915, S. 78f.*

Nr. 63

1285 Mai 13

„Henrich der Pleban zu Brule und seine Schwester Blitrud bekennen, dass sie für ihre Lebenszeit vom Kl. Romerstorph dessen Hofstatt mit Wingert in Brule gekauft haben, und versprechen die wegen des noch darin wohnenden Gerlach Ursin und der an Anselm, den Sohn des verstorbenen Ritters Conrad, jährlich zu zahlenden halben Mark übernommenen Verpflichtungen zu halten. Zeugen der Tempelherr Th., Arnold Pleban in Hoingen, Alard, Th. und Henrich Schöffen in Brule.

1285 die Servatii.

Orig in Coblenz."[1]

1 *Goerz, Adam: Mittelrheinische Regesten. 4. Teil. Coblenz 1886, Nr. 1246, S. 282.*

Nr. 64

1287 Juli 11

„Worms 1287 Juli 11: Die Tempelbrüder ‚zum See' in der Wormser Diözese verkaufen an das St. Martinsstift in Worms 25 Malter Korn jährlichen Ertrages von ihren Güter in der Gemarkung Laumersheim.

Frater Fridericus dictus Siluester domorum milicie templi per Alemaniam et Saluiam humilis preceptor nec non frater Henricus de Hohenuels magister ceterique fratres eiusdem ordinis de Latu siue de Sewe Wormatiensis dyocesis. neverint uniuersi presentium inspectores, quod nos considerata vtilitate curie nostre de Latu predicte in ipsius ab oneribus debitorum absolucionem vendidimus iuste vendicionis titulo honorabilibus viris decano et capitulo ecclesie sancti Martini Wormatiensis viginti quinque maldra siliginis annui et perpetui reditus super bonis nostris in terminis ville Lumersheim sitis, quorum situs infra scribitur, infra assumpcionem et nativitatem beate virginis in ciuitate Wormatiensi ante franarium ipsius ecclesie annis singulis nostris expensis et vectura non obstantibus grandine exercitu. decrescentia fructum vel quauis alia causa persoluenda et assignanda. que bona coram scabinis ipsius ville Lumersheim predictis dominis sancti Martini resignauimus sicut ipsius ville consuetudinis es et iuris. et denuo eadem bona ab ipsis dominis pro pensione recepimus memorata, ita quod si aliquo annorum in assgnacione dictorum viginti quinque maldorum fuerimus negligentes dictorum viginti quinque maldrorum fuerimus negligentes predicti domini sancit Martini ad prefata bona respectum habebunt, donec sibi de sua pensione integre satisfiat. renunciamus etiam quo ad dictos dominos omni aucilio iuris canonici vel ciuilis, quod nobis posset competere ex nunc vel in futurum. est autem situs bonorum, de quibus prefata pensio datur, talis: primo in uno campo super Hessehemmerberge v iugera preter quartale item super Wiserreine j zweidel. item super Wiserreine j iuger et dimidium. Item vltra Lammeshemmerwec j iuger. item retro Haselacherberge j zweidel item super wiserweige super campo karlebach dimidium juger. item in Dalgraben j iuger. item in Dalgraben iiij iugera in quatuor frustis. item apud molendinum in harena iiij iugera in quatuor frustis. item vndene apud karlebechereweige ij iugera. item vndene apud karlebechereweige j zweidel. item super campo karlebach vndene apud karlebechereweige vij quartalia. item super Herstrazen ij iugera. item j zweidel an Sulzerweige. item in alio campo j iuger et dimidium in Sulzerloche. item an der obersten holen. dimidium iuger. item an Regelheken j zweidel. item in campo karlebach dimidium iuger. item ibidem j iuger. item inferius in eodem campo j iuger. item? in eodem campo in via qua itur Gerolsheim. item in campo karlebach apud vineam domine Smuzelin in kyse j iuger. Item in campo Lumersheim apud Graseweige dimidium iuger. item iiij iugera et quartale tendencia vltra Grerolshemmerwed. item exterius j iuger tendens super Gerolshemmerwec. item ij iugera nebene Gerolshemmerweige. item dimidium iuger an vzergewanden. item j zweidel tendens ultra viam qua itur in Russemarken. item j iuger apud pratum domine de Wackenheim. Item j iuger et dimidium tendencia super viam qua itur in Russemarken. Item j zweidel apud antiquam ripam apud filios Dauidis. item j iuger et dimidium tendencia ultra viam qua itur in Russemarken. Item j iuger an Benzengazen. item in campo Dirmensten j iuger in via qua itur Wormaciam. Hec sunt vinee: primo j iuger apud harenam an Regelheckenweige. item j iuger tendens ultra Sulzerhole. item an Sulzerwege vij quartalia. item an Herstrazen j iuger et dimidium. item an Regelhecken j iuger et dimidium. item in Oberstenhole j zweidel. item ij iugera et dimidium apud Herstrazen tendencia ultra Holzweck. item j quartale apud karlebecherewege. item an Lochpade i zweidel. item an den Ruysten j iuger, in testimonium promissorum presentem litteram sigillo nostro dedimus roboratam. et eam sigillo iudicum Wormatiensium petiuimus roborari. nos iudices curie Wormatiensis ad preces religiosorum virorum preceptoris et fratrum predictorum sigillum nostrum presentibus duximus appendendum. actum et datum. anno domini M.CCLXXX septimo. v. ydus. julii.

Original im k.b. Allg. Reichsarchiv München: Rheinpfälzer Urkunden fasc. 142."[1]

1 *Schüpferling, Michael: Der Tempelherren-Orden in Deutschland. Ph.D.diss. Freiburg im Üchtland. Bamberg 1915. S. 242f.*
Vgl. Mistele, Karl-Heinz: Zur Geschichte des Templerordens in Süddeutschland. In: Mitteilungen für die Archivpflege in Bayern. Sonderheft 5, 1967, S. 18-24, hier S. 20. Mistele benennt den Aufbewahrunsort mit ‚AstA München, Rheinpfalz U 2028'.

Nr. 65

1303 Mai 7
„Bruder Friderich Sylvester, Präceptor der Tempelherren in Deutsch- und Wendland, verkauft dem Marienspitale auf Wiederkauf 10 Mark jährliche Rente aus den Ordenshöfen zu Supplingenburg und Tempelachim.

Nos frater Fredhericus dictus Silvester, preceptor humilis domorum militie templi Jherosolimitani per Alimaniam et Slaviam, tenore persencium publice recognoscimus ac testamur, quod mediante consensu et voluntate confratrum nostrorum, quorum in factis nostris consensum requirere consuevimus et solemus, vendidimus discretis viris Johanni dicto Felici et Henrico dicto prope cymiterium, burgensibus in Brunswic, pro centum marcis puri argenti in utilitatem ordinis nostri conversis decem marcas examinati argenti bruneswicensis ponderis et valoris, quarum quinque dabuntur et presentabuntur eis vel ipsorum heredibus in civitate Bruneswic nomine annue pensionis de curia nostra Supplingeborch et residue quinque de curia nostra Tempelachem singulis annis in festo sancti Martini episcopi. Si vero, quod absit, contingeret quocunque casu, quod predicte decem marce de predictis curiis eis dari no possent, tunc nichilominus de aliis curiis et bonis nostris dabuntur eis, omnibus super hoc excepcionibus remotis et exclusis. Inter nos tamen et predictos burgenses ipsis consentientibus et acceptantibus hec condicio est apposita et adjecta, quod nos et fratres nostri predictas decem marcas ab ipsis vel ipsorum heredibus sine ulla contradictione eorum nobis reemere possumus pro predicta pecunie summa nobis data, quandocunque voluerimus et videbitur nobis expedire. Igitur, ut hec omnia nostris successoribus innotescant et tam apud ipsos quam apud nos rata permaneant, presentem litteram inde conscriptam sigillo nostre ac sigillis videlicet dilecti confratris nostre Ottonis de Brunswic, commendatoris in Supplingeborch, et curie nostre Tempelachem ad firmiorem cautionem patenter duximus roborandam. Testes eciam sunt Alvericus sacerdos, Fredhericus de Meyghendorp, commendator in Tempelachem, Herwicus de Rolstede, Johannes de Bornem et Martinus, magister curie nostre in Brunswic, confratres nostri, Ecbertus prope cimiterium et Egeligus filius ejus,

Hermannus de Ursleve, Johannes de Velstede, burgenses in Brunswic, et plures alii fide digni. Datum ibidem anno domini m°ccc°iij° in crastino sancti Johannis ante portam latinam.

Im Orig. 16 consensientibus 23 causionem."[1]

1 *Haenselmann, Ludwig: Urkundenbuch der Stadt Braunschweig. 2. Bd. Braunschweig 1900, Nr. 515, S. 266.*

Nr. 66

1287 Dezember 22

„Henrich Vogt und Christine, Eheleute aus dem Dorfe Brisische in köln. Diözese, verkaufen dem Capitel von S. Florin in Coblenz eine Jahrrente von ihren Wingerten zu Brisische. Dieselben liegen im ‚Flor Elzeberch' neben seinem Bruder Peter, nach dem Rhein zu neben Cristine, der Wittwe des Ritters Henrich v. Ufer (de Ripa), neben Henr. Sluffil und dem Brombeerstrauch (rubus) der Aebtissin von Essen, im ‚Flor Wisedal' neben dem Bäcker (pistor) Henrich, Joh. Schonekamp, Henrich v. Dure und Conr. Irvrorinmung (Erfrorenmund) wie auch von ihrem Bauergut im Dorfe Brisische, bestehend in Haus, Hof, Garten und Zubehör, neben seinem Schwager Gobelin, den Nonnen von S. Marien ausserhalb der Mauern von Andernach (S. Thomas), dem Bache und der Landstrasse. Als Bürgen mit event. Verpflichtung zum Einlager daselbst stellen sie den Schmied (faber) Gobelin, Henrich den Sohn Gerards Richter (Judex), den Bäcker Theod. Kellener und den Fleischer Johann v. Nassaue. Besiegelt vom Meister der Templer in Brisiche, dem Official des Propstes von Bonn, Herr Johann v. Rinecke Propsten von S. Florin in Coblenz und Henrich Pleban in Brisische, welcher letzterer auch mit dem Ritter Lodewic v. Wendinginrode, Joh. Zozulin Schultheisen der Aebtissin von Essen, dem Schultheisen Gobelin, Gerard Lozhe, Henrich Sohn Gerards Richter, Gobelin Schmied und Wigand Geschwornen des Dorfs, Henr. Vogts (Advocati) und andern der Obengenannten Zeuge ist. 1287 crast. Thome.

Orig in Coblenz. Gedr. Günther 2,471 verstümmelt."[1]

„...ego Henricus dictus advocatus et ego Christina conjuges de villa Brisiche Coloniensis dyocesis cupimus esse notum, quod nos...vendidimus...decano et capitulo ecclesie sancti Florini in Confluentia Treuerensis diocesis...duas marcas denariorum datiuorum et currentium in villa Brisiche annui census de bonis nostris infrascriptis annis singulis persolvendas...pro viginti marcis denariorum Coloniensium... In cujus rei testimonium...presentem litteram sepedictis...tradimus religiosi viri magistri Templariorum in Brisiche...sigillis...communitam. Datum et actum anno Domini M.CC.LXXX septimo in crastino beate Thome apostoli."[2]

1 *Goerz, Adam: Mittelrheinische Regesten. 4. Teil. Coblenz 1886, Nr. 1496, S. 338f.*

2 *Günther, Wilhelm Arnold: Codex diplomaticus Rheno-Mosellanus. Bd. 2. Koblenz 1824, Nr. 329, S. 472.*

Nr. 67

1288 Juni 12

„Der Mainzer Domherr, Wildgraf Hugo, schenkt sein väterl. Erbe zu Gernsheim und Kircheim seinem Bruder Friderich, Präceptor des Templerordens in Alemannien und Slavien, für das Templerhaus von Laach in Wormser Diözese. 1288, 2 id. Jun.

Schott'sche Copie in Miltenberg."[1]

1 *Goerz, Adam: Mittelrheinische Regesten. 4. Teil. Coblenz 1886, Nr. 1557, S. 352.*

Nr. 68

1289 Mai 10

„Konrad Graf von Wernigerode bekundet, dem Meister (preceptor) und den Brüdern des Templer-Ordens zu Wichmansdorf sein Lehnrecht über das Ordensdorf Bülstringen für 10 Mark brandenburgischen

Silbers verkauft und ihnen noch außerdem das Dorf Wolfshausen (Vuoluuishusen) geschenkt zu haben.

Zeugen: Waltherus, canonicus de Werningerode, Fredericus dictus de Schouwen, Gerhardus miles de Jericksen.

Datum in Wernigerode Anno Domini M⁰. Ducentesimo LXXXVIIII. VI. Idus Maii.

Gedruckt in

Wohlbrück Geschichtl. Nachrichten v. Geschlecht v. Alvensleben I. p. 190.

Riedel C. D. Brand. A. XVII. p. 439, 440."[1]

1 *Mülverstedt, George Adalbert von: Regesta Archiepiscopatus Magdeburgensis. Sammlung von Auszügen aus Urkunden und Annalisten zur Geschichte des Erzstifts und Herzogthums Magdeburg. Dritter Theil. Magdeburg 1886, Nr. 621, S. 238.*

Nr. 69

1289 Dezember 7

„Mon. Boica, VI, 548: Frater Fridericus Wildesgrave, magister domus templi in Allemania et in Slavia, salutem. Noverint igitur universi…, quod nos bona deliberatione prehabita et communi consensu fratrum in Mosprunen … preposito totique conventui in Steingaden ordinis Premonstratensis, Augustensis diocesis, vendidimus … curiam nostram in antiqua civitate Schongaw sitam … et dimidiam hubam in eadum civitate jacentem … cum viginti quatuor solidis denariorum Augustensium censualium, duas curias in Warenberch, duas curias in Brugge, curiam villicalem in Diethilrieth cum jure patronatus ecclesie ibidem, cum duobus nemoribus dictis bonis pertinentibus, duas curias cum quatuordecim solidis denariorum censualium in Chuzenchoven, tres curias in Ellenchoven … predicta bona … pro ducentis et viginti quinque libris denariorum Augustensium … Huius rei testes sunt: frater Dietricus de Morsbach, gerens vicem predicti magistri, frater Henricus, commendator domus in Mosbrunnen, frater Eberswinus, commendator domus Theutonice in Mergentheim, frater Conradus de Ratispona ordinis eiusdem, dominus Fridericus, rector ecclesie in Schongaw, ... magister Conradus Phisicus, Herbortus cives Augustensis ... Acta sunt hec anno Domini 1289. VII. idus Decembris."[1]

„Friedrich Wildgraf, *Magister domus templi* in Alemannien und Slavien verkauft den Besitz des Templerordens in Altenstadt bei Schongau, *Warenberch* (Wamberg, LK Garmisch Partenkirchen), *Brugge* (Bruck, LK Sonthofen), *Diethilrieth* (Deutenriet, LK Schongau), *Chuozenhoven* (Kurzenhof, LK Füssen?) und *Ellenchoven* (Ellighofen, LK Kaufbeuren?) an das Prämonstratenserstift Steingaden. - Diese Urkunde ist ein Hinweis auf einen nunmehr an Steingaden verkauften Komplex von Templerbesitz im Voralpenland. Das Siegel des *magister domus templi* aus schwarzem Wachs zeigt einen dornengekrönten Christuskopf.

2 Orig. Perg. mit je 2 S an Seidenschnüren. AStA München, Kloster Steingaden U 130."[2]

1 *Hier zitiert nach Schüpferling, Michael: Der Tempelherren-Orden in Deutschland. Ph.D.diss. Freiburg im Üchtland. Bamberg 1915, S. 58 Anm. 4.*

2 *Mistele, Karl-Heinz: Zur Geschichte des Templerordens in Süddeutschland. In: Mitteilungen für die Archivpflege in Bayern. Sonderheft 5, 1967, S. 18-24, hier S. 20f. Vgl. hierzu Monumenta Boica. 6, 1766, S. 548f und Bulst-Thiele, Marie-Luise: Sacrae Domus Militiae Templi Hierosolymitani Magistri. Untersuchungen zur Geschichte des Templerordens 1118/19-1314. (=Abhandlungen der Akademie der Wissenschaften in Göttingen. Philologisch-Historische Klasse. Dritte Folge Nr. 86). Göttingen 1974, S. 374, Anm. 22.*

Nr. 70

1292 August 7

„Wildgraf Godefrid, sein Sohn Conrad und dessen Frau Hildegarde verkaufen ihrem Vetter, Wildgrafen Friderich, Präceptor der Tempelritter durch Deutsch- und Slavenland, und dem Templerhause ‚vom

See' ihre Güter zu Kircheim und Gernisheim. Unter den Zeugen die Ritter Nycolaus und Hugo Vögte v. Hunolsthein. 1292 crast Syxti.

Gedr. Acta Pal. 1,67. Reg. Toepfer, Hunolst. Ukb. 2,81."[1]

1 *Goerz, Adam: Mittelrheinische Regesten. 4. Teil. Coblenz 1886, Nr. 1557, S. 352.*

Nr. 71

1293 Juli 16

„Iudices wormacienses. Constare volumus, quod constituti in nostra presencia Wernherus Amelle et Lucia, coniuges, ciues wormacienses, recognouerunt, se vendidisse decano et capitulo ecclesie s. Martini wormat. xxx. maldra siliginis perpetue redditus super bonis suis sitis in terminis ville Ostouen, ipsorum coniugum vectura, laboribus et expensis, infra assumptionem et natiuitatem b. virginis in ciuitatem wormat. ante granarium ecclesie predicte assignanda, que bona dicti coniuges in iudicio ville Ostouen coram sculteto et scabinis ibidem predictis dominis pro pensione huiusmodi resignarunt, sicut ipsius ville consuetudinis est et iuris. Situs autem bonorum talis est. Primo ii. iugera et dimidium in Durenkemervelde consulcaneus Hertwicus Sliche, item dimidium juger apud stratam moguntinam, consulcanei domini de templo, item i. iuger breue in eadem gwanda consulcaneus Dyrolfus miles, item ii. jugera tendencia super dotem ecclesie in Durenkeim, item i. juger versus Ezelmulen consulcaneus C. Cippe, tiem ii. jugera apud Bercheimerwege consulcaneus Petrus Fridegeri, item dimidium juger super metchenheimerwege conculcaneus H. Selzere clericus, item i. juger et dimidium an hirneberge conculcaneus C. Cippe, item jmme geren dimidium juger consulcaneus cantor s. Martini, item i. zweiteil an vbersheimerwege consulcaneus Cippe, item ix. quartalia apud hohen annewanden consulcaneus abbas de Horrenbach, item iv. jugera et dimidium apud hohen annewanden consulcanei domini de templo, item dimidium juger apud Burgwege consulcaneus Wernherus Munskeishorn, item i. juger apud Burgwege consulcaneus Wernherus Heilenswester de s. Michahele, item ii. jugera apud Burgwege consulcaneus Lamperthere, item dimidium juger jmmegeren versus ciuitatem. Il altero vero campo iii. jugera apud Burgwege consulcaneus Engelmannus, item i. zweiteil tendens super Sunderrich consulcanea relicta Menhardi, item i. juger et dimidium apud Burgwege consulcanea ecclesia in Ostouen, item dimidium juger apud herlisheimer wege iuxta fontem consulcaneus abbas de Horrenbach, item i. zweiteil zv hufernberge consulcaneus Bertholdus vitulus, item i. juger et dimidium apud hindern Rutal consulcaneus Ludewicus Fleminch cum vinea, item i. juger apud herlisheimerwege iuxta anteriorem fontem, item ii. jugera retro hindern Rutal consulcanea Methildis in foro, item dimidium juger apud Duphus consulcaneus Lampperthere, item dimidium juger zo kysellingen, item quartale iuxta heimerwege consulcaneus H. Richeri, item i. juger in sewe versus campum consulcanea relicta H. Rufi, item quartale vnder den wsloccheren consuclanei heredes Frtizonis de Ostouen, item i. juger et dimidium in kenpherwege consulcanea ecclesia in Ostouen, item i. juger apud osterlangenwanden consulcaneus Jacobus Opele, item i. juger breue in osterlangenwanden tendens super paffenpat consulcanea Methildis in foro, item i. juger et dimidium super wonnendale consulcaneus E. Berzo de Ostouen, item iii. jugera apud westohowerwege tendencia super vf des abtes geren, item i. zweitel sub ripis consulcaneus F. de Westohouen, item i. juger retro ecclesiam, in quo stat nucus, consulcaneus Masungus, item i. juger et dimidium apud guntheimerwege consulcanea Methildis in foro, item ibidem dimidium juger consulcanei domini de Moguncia, item vii. quartalia apud westhouerwege consulcanea relicta Meinhardi versus campum, item quartale in enuenende des abtes geren consulcaneus Petrus Fridegeri, item ii. jugera in Burnedale consulcaneus Rinch de Alzeya, item ii. jugera exterius an wannedale consulcaneus Wernherus Muneskeshorn, item dimidia curia apud abenheimerwege cum pratis, quorum sunt tam in Ostouen, quam vltra Renum xii. mannesmat communes, item iv. slege eciam communes.

Dat. a. d. M.CC.XCIII. crast. diuisionis apost.

(Das Siegel der Aussteller hängt unversehrt an.)“[1]

1 *Bauer, Ludwig: Hessische Urkunden. Bd. II, Darmstadt 1862, Nr. 498, S. 480ff.*

Nr. 72

1294 November 22

„Pabst Cölestin (V.) bestätigt die Schenkung des Patronates über die Kirche zu Wettin durch den Grafen Konrad von Brena an den Tempelherrenorden nach erfolgter Zustimmung von Seiten des Erzbischofs von Magdeburg.

Data Neapoli X. Kalendas Decembris, Pontificatus nostri Anno Primo.

Copie im Cop. XXXI. Nr. 30[b.] im Köngl. Staats-Archiv zu Magdeburg."[1]

1 *Mülverstedt, George Adalbert von: Regesta Archiepiscopatus Magdeburgensis. Sammlung von Auszügen aus Urkunden und Annalisten zur Geschichte des Erzstifts und Herzogthums Magdeburg. Dritter Theil. Magdeburg 1886, Nr. 826, S. 315.*

Nr. 73

1295 März 3

„Ericus Dei gratia sancte Magdeburgensis ecclesie archiepiscopus... recognoscimus...protestantes, quod cum inter nos et magistrum et fratres domus militie Templi per Alemanniam super jura patronatus ecclesie in Within esses dissensio suborta, ita secundum modum infra scriptum terminata extitit... Nos...cum magistro et fratribus predictis permutationem fecimus juris patronatus ecclesie predicte in Within cum jure patronatus ecclesie in Magno Weddingen... Item quia homines nostri damna quedam bonis et hominibus ad magistrum et fratres predictos pertinentibus intulerunt, nos in recompensam damnorum hujusmodi allodium in Liobesiz cum tribus mansis et dimidio in campis villarum Diudelebe et Liobesiz sitis...de quibus etiam allodio et mansis antedictis magister et fratres de curia Muchele octo choros annone...plebano et ecclesie in Withìn dare annis singulis consueverant...magistro et fratribus predictis donavimus... Item...curie in Wichmannstorp pratum, quod vulgariter dicitur Hohewisch, cum lignis quibusdam ibidem adjacentibus necnon alterum dimidium mansum sitam in quodam loco, qui Rod vocatur, que omnia Joannes dictus de Grunenborch a nobis tenet et tenuit jur pheodali, in jus proprium donavimus... Datum...Magdeburg, anno domini MCCLXXXXV. quinto nonas Martii."[1]

1 *Dreyhaupt, Johann Christoph von: Beschreibung des Saal-Kreyses. 2. Teil, Halle 1750, Nr. 589, S. 927.*

Nr. 74

1295 März 9
„Erich Erzbischof von Magdeburg bekundet, daß die zwischen ihm und dem Meister des Tempelherren-Ordens in Deutschland über den Kirchenpatronat zu Wettin entstandenen Streitigkeiten dahin geschlichtet seien, daß der Orden ihm jenen Kirchenpatronat abgetreten und dafür den zu Gr. Weddingen von ihm erhalten habe. Ferner habe er dem Deutschmeister zum Ersatz für den den Ordensgütern von Magdeburgischen Unterthanen zugefügten Schaden das Erbgut (allodium) in Liobesitz nebst 3/4 Hufen in den Feldmarken von Dudeleben und Liobesitz gelegen und bisher alles zur Kirche in Wettin gehörig, überlassen und dem Ordenshause Mücheln übereignet nebst der Getreidepacht von jährlich 8 Wispeln, nämlich 2 Weizen, 2 Roggen, 2 Gerste und 2 Hafer, welche die Ordenbrüder von Mücheln vorher dem Pfarrer zu Wettin gezinst, zu dessen angemessenem Unterhalt, auch um Fremde zu beherbergen und seine geistlichen Rechte gebührend auszuüben, wozu die Dotation jener Pfarre schon an und für sich hinreiche; nichtsdestoweniger aber solle die Kirche zu Wettin sobald als möglich entschädigt werden. Ferner habe er, da der Meister und die Ordensbrüder, besonders aber der Hof in Wichmannsdorf noch nicht genügend für die obigen Verluste entschüdigt seien, dem Orden noch

die hohe Wische nebst dem daran stoßenden Gehölz und 1 1/2 Hufen in dem Rod, welches alles Johann genannt v. Groneberg (Grunenborch) von ihm zu Lehn getragen, übereignet. Alles dies sei übrigens mit Bewilligung des Domcapitels geschehen.

Zeugen: Honorabilis vir Bernardus Prepositus, Henricus Scolasticus, Godefridus Cantor ecclesie nostre, Richardus dapifer Curie nostre, Heidenricus de Nigrip et Hildebrandus de Ouestuelde, Milites nostri.

Datum et actum Magdeburg Anno Domini M. CC. LXXXXV. Quinto Nonas Marcii.

Copie im Cop. XXXI. Nr. 30c. im Königl. Staats-Archiv zu Magdeburg.

Gedruckt in v. Dreyhaupt Beschr. des Saalkreises II. p. 927."[1]

„...Item, quia per collationem antedictorum allodii et mansorum sepe dictis fratribus de damnis eisdem et eorum hominibus illatis satisfacere non potuimus obundanter, Magistro et fratribus ante dictis ac specialiter curie in Wichmanstorp, pratum quod vulgariter dicitur Hohewisch, cum lignis quibusdam ibidem adiacentibus, nec non alterum dimidium mansum situm in quodam loco, quod Rod vocatur, que omnia Johannes dictus de Grunenborch a nobis tenet et tenuit jure pheodali in jus proprium donavimus justoque proprietatis titulo possidenda... Datum et actum Magdeburg. Anno domini. MCCLXXXXV, quinto Nonas Martii."[2]

1 *Mülverstedt, George Adalbert von: Regesta Archiepiscopatus Magdeburgensis. Sammlung von Auszügen aus Urkunden und Annalisten zur Geschichte des Erzstifts und Herzogthums Magdeburg. Dritter Theil. Magdeburg 1886, Nr. 850, S. 324f.*

2 *Dreyhaupt, Johann Christoph von: Pagus neletici et nudzici, oder Ausführliche diplomatisch-historische Beschreibung des zum ehemaligen Primat und Erz-Stift, nunmehr aber durch den westphälischen Friedens-Schluß secularisirten Herzogthum Magdeburg gehörigen Saal-Creyes und aller darinnen befindlichen Städte, Schlössen, Aemter, Rittergüter, adelichen Familien, Kirchen, Clöster, Pfarren und Dörffer, insbesondere der Städte Halle, Neumarckt, Glaucha, Wettin, Lobejün, Cönnern und*

Alsleben. Hrsg. v.: Arbeitsgemeinschaft für mitteldeutsche Familienforschung e.V., Arbeitskreis Halle und Umgebung, von Uwe Meißner. Halle 2002, 2. Teil, Nr. 589, S. 927.

Nr. 75

1295 Okober 6

„Ulrich von Stein und die Templer von Mosbrunnen vergleichen sich wegen des Hofes in Teising, wobei jener gegen eine bestimmte Geldsumme zugunsten der Templer auf den Hof verzichtet.

In Nomine domini .amen. Universis presentes literas inspecturis. Ulricus de Lapide laicus Ratispon. dioec. Notitiam et memoriam subcriptorum. Ut facta et promissa hominum in suo robore perseverent et a via non devient, citatis expedit, ut scriptorum ac testium munimine roborentur. Licet igitur felicis memorie quondam – Otto – pater meus et Ulricus frater suus, dicti de Lapide, viris religiosis et venerabilibus in Christo - - magistro et fratribus ordinis militie Templi Jherosolimitani, domus in Musprunne, Eystetn. dyöc. Jamdudum Curiam suam villicalem sitam in Teuzingen cum omnibus iuribus et attinenciis suis in recompensationem quorumdum dampnorum, que eisdam fratribus intulerant, iure proprietatis et dominii donaverint; quamvis etiam iidem magister et fratres praetextu donacionis huiusmodi sibi facte pluribus annis in possessione eiusdem curiae fuissent pacificata et quieta; Quia tamen processu temporis occasione ipsius curie inter me ex una et magistrum et fratres predictos ex parte altera quedam materia questionis et dissensionis emersit; tenore presencium profiteor et constare cupio universis presentibus et futuris, quod super tota huiusmodi questione proborum tandem virorum mediante consilio talis inter nos concordia et composicio amicabilis intercessit: quod ego ab ipsis magistro et fratribus etc. quadam pecunie quantitate recepta renunciavi et renuncio, cessi ac cedo omni actioni et iuri, si quod in ipsa curia mihi competit competiit ut competere poterit quoque modo – promittens fideliter et ad hoc presentibus me astringens, quod in prefata curia ut in proventibus quin exinde horum potiantur eisdem magistro et fratribus nullum amodo impedimentum prestabo nec prestari quomodolibet praecurabo, immo contra violencias et iniurias aliorum defensione ac presidio ipsis adesse tenebor in quantum potero bona fide. In quorum evidens testimonium et debitam firmitatem presentes eis dedi literas mei sigilli munimine roboratas. Testes huius rei sunt: Dominus Eberhardus de pfergen miles. Fridricus dominus Schaerzel. Chunrad de Lentfrideshouen. Heinrich pptrs. [propraetores?] magister chunrad de Teuzingen medicus. magister Chunrad de Teuzingen balistarius. et quam plures alii fide digni. Actum et dat. anno dni. M.CC. nonagesimo quinto. pridie nonas Octobris.

Beschreibung des anhängenden Siegels: Größe etwa 5 cm Durchmesser, aus weißem Siegelwachs, in der Mitte Schild, auf welchem drei kleine Kronen, von er einen Ecke aus steht eine brennende Fackel nach aufwärts, Umschrift in großen Buchstaben: SIGILLuM … (hier defekt)…DE LAPIDE.
Aufschrift der Urkunde: Vber Tewssing in latino.
Original im Archiv des St. Katharinenspitals zu Regensburg, Lade 41, Nr. 17. Noch ungedruckt."[1]

1 *Hier zitiert nach Schüpferling, Michael: Der Tempelherren-Orden in Deutschland. Ph.D.diss. Freiburg im Üchtland. Bamberg 1915, S. 248f.*

Nr. 76

1296 Februar 14
„Friederich Scudebudil nebst Frau und Kinder verzichten im Dorfe Hoennigen beim Templerhause auf ihren Prozess mit Kl. Hemminroth wegen des Wingerts ‚Scudebudel' in Kerriche. Besiegler G. (v. Rennenberg) Pastor in Linse und der edle Mann Ritter Hermann v. Rennenberg. Zeugen der Priester des Templerhauses Ritter G. Edelmann v. Airsceit, Ludowic v. Hagenberch, Th. v. Mendin, Joh. (ann) v. Striven Edelknechte. In villa Hoingen ap. Domum Templariorum. 1295 Valentini.

Orig. in Coblenz, woran auf dem Rücksiegel des Pastors dasselbe Wappen wie das des Mitsieglers."[1]

1 *Goerz, Adam: Mittelrheinische Regesten. 4. Teil. Coblenz 1886, Nr. 2482, S. 554.*

Nr. 77

1296 September 9
„Bruder Bertram genannt v. Esebeck (Esbeke) v. G. G. Meister des Templerordens in Deutsch- und Wendland (preceptor domorum milicie templi per alemanniam et Sclauiam) verträgt sich mit dem Probste Ludolg und Capitel des Klosters St. Johannis vor Halberstadt in Betreff des dem obigen Orden zustehenden Patronats über die Kirche zu Gerdekestorp dergestalt, daß der Probst sie einem, ihm vom jedesmaligen Ordensmeister zu präsentirenden Ordensgeistlichen verleihen dürfe, der aber von Seiten des Meisters versetzt werden könne. Als Synodaticum sei dem Probste jährlich zu St. Gallentag 1/2Vierdung Stendalschen Silbers vom Meister zu entrichten.

Zeugen: Honorabiles viri Jacobus Decanus, Hinricus Scolasticus, Fredericus de Winnigstede senior, Canonici ecclesie sancte marie Halberstadensis et alii Clerici litterati.

Actum et Datum anno domini M^{0}. CC^{0}. XCVI^{0}. In crastino natiuitatis marie virginis gloriose.

Original mit dem anhängenden Meistersiegel des Templerordens im Königl. Staats-Archiv zu Magdeburg. Gedruckt in v. Ledebur Allg. Archiv XVI. p. 265, 266."[1]

„Nos frater Bertrammus Dictus de Esbeke, dei gratia, preceptor domorum militie templi per Alemaniam, et Sclauiam, sub tenore presentium recognoscimus publice protestantes, quod honorabilis vir, dominus Ludolfus prepositus, Totumque Capitulum ecclesie s. Joh. extra muros Halberstat, Cum bona voluntate nobiscum, et fratibus nostri ordinis concordauerunt vnanimiter in hunc modum, vt prepositus iam dictus, vel qui pro tempore ibidem fuerit, velit et debeat porrigere Curam animarum ecclesie Gerdekestorp, Cuius ius patronatus ad nos pertinere dinoscitur, vni sacerdotum nostri ordinis, qui a nobis, vel aliquo nostrorum successorum ad eandem fuerit presentatus, verum si eundem sacerdotem secundum nostri ordinis consuetudinem ad alium locum destinari contigerit, alium, a nobis vel nostro successore presentatum, ad eandem Curam instituet loco sui contradictione qualibet non obstante, Ne autem ecclesia s. Johannis predicta suo iure fraudetur, preceptor qui nunc est, uel pro tempore fuerit, Gerdekestorp preposito supradicto dimidium fertonem stendaliensis argenti pro omni iure synodatico in festo b. Galli singulis annis dabit. Cuius libet contradictionis occasione Cessante. Huius ordinationis testes sunt, honorabiles viri, Jacobus Decanus, Hinricus Scolasticus, Fredericus de Winningstede senion Canonici ecclesie s. Marie Halberstadensis et alii Clerici litterati, Et ne super dubietas oriatur, presentem litteram inde confectam nostro sigillo fecimus communiri. A. et D. anno domini M.CC.XCVI, in Crastino natiuitatis marie virginis gloriose."[2]

1 *Mülverstedt, George Adalbert von: Regesta Archiepiscopatus Magdeburgensis. Sammlung von Auszügen aus Urkunden und Annalisten zur Geschichte des Erzstifts und Herzogthums Magdeburg. Dritter Theil. Magdeburg 1886, Nr. 909, S. 347f.*

2 *Ledebur, Leopold von: Die Tempelherren und ihre Besitzungen im Preußischen Staate. Ein Beitrag zur Geschichte und Statistik des Ordens. In: Allgemeines Archiv für die Geschichtskunde des Preußischen Staates. 16, 1835, S. 97-120, S. 242-268, S. 289-336, hier S. 265f.*
Vgl. Bulst-Thiele, Marie-Luise: Sacrae Domus Militiae Templi Hierosolymitani Magistri. Untersuchungen zur Geschichte des Templerordens 1118/19-1314. (=Abhandlungen der Akademie der Wissenschaften in Göttingen. Philologisch-Historische Klasse. Dritte Folge Nr. 86). Göttingen 1974, S. 375, Anm. 27.
Urkunde und Siegel befinden sich heute im Staatsarchiv Magdeburg, Rep. U 8c Nr. 53.

Nr. 78

1298 Oktober 2

„Nos...fratres Templarii domus de Brysege notum facimus universis presentia visuris et audituris, quod nos communi consensu magistre et conventui sanctimonialium in Merthene hereditarie concessimus et concedimus vineam de Levenberge sitam apud Overendollendorp, quam olim a nobis habuit Marsilius ibidem pro annuo censu octo solidorum et quatuor pullorum in festo beati Martini hymalis annis singulis solvendorum vel sine captione in festo beati Stephani ex tunc proximo nobis assignandorum et concessimus dictam vineam dictis magistre et conventari in presentia fratris Tilmanni conversi sui et ad manum ipsius, ita quod cum ipse decesserit et non fuerit, ipsa magistra et conventus seu alius nomine ipsorum sub censu predicto dictam vineam prothopendet, hoc est ius nobis de dicta vinea faciet quod volgo *werven* noncupatur. Et nos magistra et conventus predicte notum facimus et fatemur, quod premissa vera sunt et quod censum predictum ut dictum est solvemus ac alia omnia et singula dictis fratribus faciemus. In premissorum igitur testimonium atque robur nos fratres predicti pro nobis, nos vero magistra et conventus pro nobis sigilla nostra presentibus duximus appendenda. Actum presentibus fratribus nostris videlicet Henrico de Blatersten, Conrado et Gysilberto de Mendene et aliis fratribus nostris. Item fratre Tilmanno de Hunefe fratre Henrico de Dollendorp ac aliis fidedignis et datum anno domini M^{0}CC^{0}XC^{mo} octavo in crastino beati Remigii.

Nach dem Original im Staatsarchive zu Düsseldorf mit dem Siegel der Templerbrüder. Das Siegel des Konvents Merten ist ab."[1]

1 *Zitiert nach Zeitschrift des Bergischen Geschichtsvereins 1884, S. 200. Hier wird die Urkunde irrtümlich auf den 2. Oktober 1290 datiert. Mit Schreiben vom 29.6.2009 teilte das Landesarchiv Nordrhein-Westfalen mit, dass die Urkunde vom 2. Oktober 1298 datiert und sich im Landesarchiv unter der Signatur Merten, Urkunden Nr. 9 befindet.*
Herr Thiebes aus Königswinter teilte mit Schreiben vom 2.7.2009 folgendes mit: „Eine Flur- oder Gewannenbezeichnung ‚Levenberge' lässt sich heute nicht mehr lokalisieren. … Um 1290 stand die Gemeinde Oberdollendorf unter der Herrschaft der Herren von Löwenburg (alte Schreibweise Lewenberg), die auch Grundbesitz in Oberdollendorf hatten. Vielleicht lässt sich das ‚vineam de Levenberge' von daher erklären."

Nr. 79

1299 September 23
„Ritter Bruno genannt v. Eilsleben übergiebt zur Bestreitung der nothwendigen Ausgaben für seinen Sohn, der in den Templer-Orden aufgenommen worden sei, den Brüdern des Tempelherren-Hofes in Wichmansdorf 5 1/2 Hufe und 5 Höfe nebst Zubehör im Dorfe und Felde Bülstringen, die früher dem genannten Ordenshause eigenthümlich gehört hatten.

Datum in Magdeburg Anno domini M⁰. CC⁰. XCIX⁰., in crastino Sancti Mauricii. Gedruckt (im Auszuge) bei Wohlbrück Gesch. Nachrichten über das Geschlecht v. Alvensleben I. p. 190, 191 und danach in Riedel C.D. Brand. XXII. p. 440."[1]

1 *Mülverstedt, George Adalbert von: Regesta Archiepiscopatus Magdeburgensis. Sammlung von Auszügen aus Urkunden und Annalisten zur Geschichte des Erzstifts und Herzogthums Magdeburg. Dritter Theil. Magdeburg 1886, Nr. 1027, S. 388f.*

Nr. 80

1301 April 9
„Bruder Friedrich v. Alvensleben, Comthur des Templerordens (domus militie templi) zu Supplingeburg (Supelingeburch) vertauscht auf Befehl des General-Präceptors, Bruder Friedrich v. Riegrip mit Zustimmung aller Mitbrüder an das Jungfrauenkloster zu Althaldensleben alle Güter des Ordens in dem Dorfe Ellersel (Ellersele) mit deren Einkünften gegen alle Güter und Einkünfte in der Flur (area) des Dorfes Tentzenhoge mit dessen Zubehörungen.

Datum Anno domini M⁰. CCC⁰. I⁰., V. Idus Aprilis.

Copie im Cop. XXXVIII. f.40[a.] im K. Staats-Archiv zu Magdeburg. Gedruckt (auszüglich) bei Riedel C.D. Brand. A. XVII. p. 47, 48, nach Wohlbrück Gesch. d. Geschl. v. Alvensleben I. p. 211. v. Mülverstedt C.D. Alvensleb. I. p. 136-137."[1]

1 *Mülverstedt, George Adalbert von: Regesta Archiepiscopatus Magdeburgensis. Sammlung von Auszügen aus Urkunden und Annalisten zur Geschichte des Erzstifts und Herzogthums Magdeburg. Dritter Theil. Magdeburg 1886, Nr. 1092, S. 412.*

Nr. 81

1303 April 21

„frater Fredericus de Alvensleben, domorum milicie Templi per Alemanniam et Slaviam preceptor... Notum esse volumus..., quod nos cum...fratrum nostrorum consilio...contulimus Eylardo et Johan(ni), fratri suo, XXVII mansos in villa nostra Livenovvhe ad ius vasallorum nostrorum... Insuper eorum successoribus veris conferemus vel, qui magister in Roreke curia pro tempore exstiterit, illa supradicta bona... Eylardus et Johan(nes) dicti ista bona emerunt a nostris hereditariis vasallis et a nobis non, licet nos simus illorum bonorum et fratres nostri veri collatores habendo ius patronatus... Fratres vero, quos ad hoc vocavimus, ...unus est (!) dominus Henricus de Bren, frater Gunterus comes de Lyndov, frater Arnoldus de Koningesberch, capellanus domus templi, frater Jordanus, magister in Roreke, frater Nicolaus magister in Tempelborch, frater Bertram de Velthim, magister curie in Licenizze, frater Joahnnes de Malchin, frater Henricus de Bollande et alii quam plures alii probi fratres... Insuper interfuerunt istis negociis fideles vasalli nostri et domus vasalli... Hermannus, prefectus in Banis, Gerbode de Henrikesdorp, Henneke, prefectus de Mariendale, Henneke, prefectus de Rolofesdorpe, Heydenricus, prefectus in Niendorp, Henneke, prefectus in Gornov, Rolof, prefectus in Stresov...Datum...in capitulo nostro in curia nostra Licene...anno domini millesimo tricentesimo tercio, dominica, qua cantatur misericordia domini."[1]

1 *Staatsarchriv Stettin (Hrsg.): Pommer'sches Urkundenbuch. Bd. 6, Stettin 1907, Nr. 4067, S. 408f.*

Nr. 82

1303 November

„Frater Fridericus dictus Silvestris domorum militie templi per Alemanniam et Slaviam prepositus gibt - familiari nostro Hartrado nomine officium villicationis -- una cum iudicio quod vulgariter dicitur buwedinc, curti in Lorche attinentes, que videlicet curtis domum eiusdam militie in Moguntia iure proprietatis et pleni domninii respicere dignoscitur - auf Lebenszeit in Pacht.

- mense Novembri.

Gedr. Bodmann S. 682 mit dem Bemerken, dass der Hof später an die Commende zu h. Grab zu Mainz, dann an das Kloster Johannisberg kam."[1]

1 *Sauer, Wilhelm: Nassauisches Urkundenbuch. Bd. 3 Wiesbaden 1887. Nr. 1342, S. 55.*
Vgl. Bulst-Thiele, Marie-Luise: Sacrae Domus Militiae Templi Hierosolymitani Magistri. Untersuchungen zur Geschichte des Templerordens 1118/19-1314. (=Abhandlungen der Akademie der Wissenschaften in Göttingen. Philologisch-Historische Klasse. Dritte Folge Nr. 86). Göttingen 1974, S. 374 Anm. 21.

Nr. 83

1303 November 11

„Der Comtur Johann von Löwenstein und die Tempelbrüder zu Mosbrunnen verkaufen ihren Hof zu Teising an die Johanniterkommende in Regensburg um 26 Pfund Regensburger Pfennige.

Wir Bruder Johannes von Lovfenstein ze den selben zeiten Chvmptwer[1] daz Mosprvnne vnd vber al die gemayne der Bruder des selben Conuentes vnd des selben Hauses verichen[2] vnd tvn chvnt[3] allen den, die den Brief an sehend oder hörent lesen, daz wir mit verdachtem mut vnd mit vordrachtvm[4] vnd mit gemaynem rat, gvnst vnd willen, nit durch vnser nötichait wan daz er vns niht gelegen waz, haben verchauften vnd gebn vnsern hof datz Tauzssingen den ersamen vnd den fromen Leuten den Brudern von dem spital ze Regenspurch an dem fuezze der prukke da selben / ze velde vnd ze Dorffe / gebayten vndvngebawten besnhten[5] vnd vnbesnhten vur ein vreiez Ledigez aigen vmb sehsse vnd zwamtzzich pfvnt Regenspurgaer pfennig vnd des selben Hofes schol wir ir gewer[6] sin an aller der stet / vnd man es anverttigt[7] /

als des Landes reht vnd alles aigens reht ist / an allen chrieth[8] vnd wider rede / Ouch so schol der vorgenant hof gelten alle iar siben schaf[9] baider chorn-rolken[10] vnd habern geleich ein Halpfvnt regn[11]. pfenning. vier Gensse vnd ohtte Hvner / vnd vier Hvner vür ein weisat / ewichlichen / Daz der gewerft[12] also staet vnd vnzebrochen beleibe / von vns vnd von vnsern nachomen / hab wir in[13] den Brief gegebn / versigeltn / mit vnsers chvmptwers vnd mit vnsers Conuents Insigeln / Des sint gezwge[14] her Hiltwein vnd her Karel pvrigaer[15] ze Ingolstat / Hermann vnd chvnrat von Laentfrideshofen / Herman von Hessenhofen / Heinrich der staynhaussaer, vnd Eberhart sin aidem / chvnrat von thessching Otto von der Nevnstat (?) / dippoldes aidem / vnd anderre fromer Levt genuch. Daz ist geschehen / do von christes geburtte woren Tausent Jar drivhvndert Jar vnd indem drittem Jar an Sande marteins tage.

[1]Comthur, [2]verrichten, [3]kund, [4]Vertrag, [5]besäht, [6]Gewähr, [7]Gegenwärtig, [8]geredet, [9]Scheffel, [10]Roggen, [11]regensburger, [12]Gewähr, [13]ihnen, [14]Zeugen, [15]Bürger.

Die Aufschrift lautet: Vber den Hoff Tewssing kauft für freves aign vb XXVj(=26) lb(=Pfund) dn=Denare ?

Beschreibung der beiden Siegel.

1. Siegel des Comthurs: weißes Siegelwachs, in der Mitte ein Schild, auf welchem ein Löwe mit 4 Kreuzen statt der Tazten an den Füßen, die Umschrift in großen Buchstaben lautet: S. IOHANNES V. LEWENSTEIN. S.=Siggulum.

2. Siegel des Konvents in Moosbrunnen: weißes Siegelwachs, in der Mitte ein Schild mit Kreuz, die Umschrift in großen Buchstaben lautet: † S. TEMP. SIG. MOSBRUN. (=Sancti Templi sigillum Mosbrun)."[1]

1 *Hier zitiert nach Schüpferling, Michael: Der Tempelherren-Orden in Deutschland. Ph.D.diss. Freiburg im Üchtland. Bamberg 1915, S. 250f.*

Nr. 84

1304

„Nos Otto Dei gratia dux de Brunsuick, domus militie templi Jerosolymitani magister, nec non commendator curie Supplingeburg, publice revognoscimus..., quod materiam diuisionis inter nos et confratres nostros in Supplingeburg et in Emmerstede ortam ex vna nec non abbatem et conuentum monasterii Vallis s. Marie...parte ex altera super nemore vel sylua, que dicitur vulgariter Astbrug,... mediantibus discretis viris fratre videlicet Frederico de Aluensleue et fratre Bertramo de Veltheim, nostris confratribus... Dat. in Supplingeburg. Anno Dni MCCCIV."[1]

1 *Wohlbrück, Siegmund Wilhelm: Geschichtliche Nachrichten von dem Geschlechte von Alvensleben. I. Teil Berlin 1819, S. 211f.*

Nr. 85

1304 März 18

„Notum sit unversis, quod magister seu commendator et fratres militie templi Briske, Coloniensis diocesis, domum suam sitam Colonie in parochia sancti Lupi in platea, que dicitur Drancgasse...et dicitur ad antiquum Templum, ...concesserunt Henrico filiio Berwini dicti de Ninenheym et Agneti, eius uxori, et eorum heredibus in futurum hereditarie tenendam...pro triginta solidis Coloniensium denariorum minus duobus denariis hereditarii census solvendis singulis annis ad duos terminos...prout in litteris...super hoc datis...continetur, quarum quidem litterarum tenor sic incipit: Universis tam presentibus quam futuris, Nos frater Clemens magister sive commendator etc. etc. et sic finit: Actum et datum anno domini 1291 mense novembri.

Item notum sit quod commendator et rector domorum militie templi in Hoyngen et in Briske necnon et fratres earundem super censu hereditario, quem Henricus filius Berwini et Agnes, eius uxor, legitimi conjuges, de domo sua, quam inhabitant et sub eodem censu ab ipsis tenent..., sita in Drancgassim, et dicitur ad antiquum templum, et super omni jure ipsis in dicta domo et eius area…renunciaverunt… ad manus conjugum predictorum…Ita quod dicti conjuges et eorum heredis eandem et eius aream a dicto censu teneant et divertant liberam…, sicut etiam in litteris…super hoc datis…continetur, quarum litterarum tenor sic incipit: Universis…frater Henricus dictus de Laa(w) ensteyne, commendator et rector domorum militie templi in Hoynken et in Briske, et sic finit: feria quarta proxima post dominicam qua cantatur judica anno domini 1303.

Stadarchiv z. Köln. Schreinsbuch 261, 4a. (Niderich a domo ad portam). Bezüglich der Jahrzahl 1304 statt 1303 vgl. Bem. S. 31 Anm. 1 (Osterstil)."[1]

1 *Widmer: Über die Verbreitung und den Untergang des Templerordens in Deutschland und Österreich. In: 36. Jahresbericht der k.k. II. deutschen Staats-Realschule in Prag-Kleinseite. Prag 1909, S. 16 hier zitiert nach Schüpferling, Michael: Der Tempelherren-Orden in Deutschland. Ph.D.diss. Freiburg im Üchtland. Bamberg 1915, S. 79f Anm. 5.*

Nr. 86

1304 Juni 23

„Heinrich und Friedrich Gebrüder v. Alvensleben genannt v. Erxleben (Arkesleue) resignieren, nachdem ihnen der Domprobst Bernhard zu Magdeburg 12 Schillinge (solidis) aus der Vogtei über 8 dem Tempelherrnhofe zu Magdeburg eigenthümlich gehörige Hufen in Kl. Rodensleben, verkauft und zu Lehn gegeben, dem genannten Domprobste diese 12 Schillinge, dieselben dem Tempelherrnhof eigenthümlich überlassend (dimittentes).

Datum Magdeburg Anno domini M⁰. CCC⁰. IIII⁰., In vigilia beati iohannis baptiste.

Gedruckt (im Auszuge) in

Wohlbrück Gesch. Nachr. über die v. Alvensleben I. p. 135 (nach dem Orig.) und danach bei Riedel C. D. Brand. A. XVII. p. 49 und v. Mülverstedt C. D. Alvensleb. I. p. 148. Das Original im Gutsarchiv zu Hundisburg."[1]

„Nos Hinricus de Friedericus, fratres de Aluensleue dicti, de Arkesleue, recognoscimus... quod licet... dominus noster Bernardus, prepositus magd. ecclesie, ius percipiendi XII solidos de advocacia VIII mansorum in paruo Rodensleue sitorum ad curiam dominorum templariorum in magdeburg proprietatis titulo pertinencium, nobis vendidisset nobisque in feodo contulisset, nos pro nobis et nostris heredibus..., in hiis scriptis renunciamus predictis XII solidis... dimittentes... dominis Templariis... possidendos... Datum Magdeburg, anno domini MCCCIII. In vigilia beati johannis baptiste."[2]

1 *Mülverstedt, George Adalbert von: Regesta Archiepiscopatus Magdeburgensis. Sammlung von Auszügen aus Urkunden und Annalisten zur Geschichte des Erzstifts und Herzogthums Magdeburg. Dritter Theil. Magdeburg 1886, Nr. 1206, S. 463.*

2 *Riedel, Adolf Friedrich: Codex diplomaticus Brandenburgensis. Bd. 17, Nr. XVII, S. 49.*

Nr. 87

1306 April 26

*„Der Tempelherren-Praeceptor Friedrich von Alvensleben verkauft an die Gebrüder von Freckleben den Ordenshof in Halberstadt und die Besitzungen in den umliegenden Dörfern. [*Transsumpt von 1327 Aug. 25. Halb.]*

In nomine Domini amen. anno ejusdem Domini m.ccc.xxvij, indictione x, pontificatus sanctissimi patris domini Johannis pape xxij. anno xj, xxv. die mensis Augusti, in presentia honorabilium virorum Johannis executoris sancte Maguntine sedis per Halberstadensem dyocesin constituti et domini et magistri Jacobi, officialis curie Halb., judicum a reverendo patre et domino Alberto Halb. episcopo per suam civitatem et dyocesin deputatorum[1], et mei notarii, qui ad presentia conficienda a predictis dominis et judicibus fui requisitus, ac testium infrascriptorum ad hoc specialiter vocatorum et rogatorum honorabilis vir dominus Lodewicus dictus de Wantsleve, canonicus et archidiaconus Halb., produxit et legit litteram subscriptam, cujus tenor de verbo ad verbum nullo addito detracto vel mutato talis erat:

In nomine Domini amen. nos frater Fredericus de Alvensleve, domorum militie templi per Almaniam et Slaviam preceptor humilis, recognoscimus tenore presentium litterarum, publice profitentes, quod, cum ordo noster oppressus esset gravi onere debitorum, habito et requesito omnium fratrum et commendatorum, quorum intererat, consensu et voluntate ipsorumque consilio justo emptionis et venditionis interveniente titulo vendidimus strennuo militi domino Rudolfo Albo necnon domino Ulrico canonico ecclesie Nuenburgensis, Hinrico et Betmanno, fratribus dictis de Vrekeleve, ipsorumque heredibus pro mille marcis quinquaginta minus Stendaligensis argenti curiam nostri ordinis sitam in civitate Halb. areasque circumjacentes ipsam in Vinea et in Sacco cum aliis reditibus infrascriptis: in campis Halb. unum mansum, in Werstede duos mansos cum areis adjacentibus, item molendinum in Widecke cum salicibus pratis et agris adjacentibus, in magno Quenstede iiij1/2 mansum et decimam de v mansis cum uno molendino ibidem, item unum allodium ibidem cum octo areis et tria salicta cum uno prato, item in parvo Quenstede duos mansos et unam aream in Ronstede superiori unum mansum, item in inferiori Ronstede unum mansum, item in Wiboye j1/2 mansum liberos et j1/2 censuales cum areis adjacentibus, item in parvo Hersleve duos mansos et unam aream, in Erchstede unum mansum et j arcam, in Strobeke unum mansum et unam aream, item decinam de viginti mansis in Nyendorp inter campos Strobeke et Aspenstede. quam quidem curiam et bona predicta cum omni jure utilitate usufructu, qui ipsis nunc insunt seu in futurum inesse poterunt, in dominum Rodolfum predictum et suos fratres predictos necnon ipsorum heredes cum justa warandia secundum terre consuetudinem proprietatis titulo transferimus in hiis scriptis, renunciantes nihilominus omni juri, quod nobis in curia ac bonis predictis [h]actenus competiit seu posset competere in futurum. pecuniam etiam predictam a domino Rudolfo predicto et a suis fratribus antedictis nobis recognoscimus esse persolutam et in usus necessarios nostri ordinis distributam.

datum et actum anno millesimo ccc. sexto, in crastino b. Marci ewangeliste.

testes hujus sunt: reverendus in Christo pater et dominus dominus
Albertus episcopus; honorabiles viri dominus Gerhardus prepositus, dominus Johannes de Dreynleve, canonicus et portenarius ecclesie Halb.; frater Hinricus de Benstede, commendator in Achim, frater Thidericus commendator in Muchele, frater Ulricus commendator in Oschersleve, cum pluribus aliis fidedignis.

Hoc exemplum sive hec littera erat sigillata cum cera quasi nigra[2] et sigillo rotundo, in qua scripta erat aquila habens alas extentas et in circumferentia ipsius sigilli hee littere legebantur: + s. magri templi in Theutonia.

acta sunt hec in choro majoris ecclesie Halb. ad australem partem ante sedes vicariorum anno et die supradictis, presentibus honorabilibus viris domino Heydenrico Halb. ecclesie decano, domino Herbordo dicto Mor, preposito ecclesie s. Bonifacii, domino Wernero den Wanzeleve, camerario et portenario, et aliis pluribus canonicis ecclesie Halb., testibus ad hoc vocatis et rogatis.

et ego Thodericus Thezonis dictus de s. Laurentio, Halb. dyoc., imperiali auctoritate notarius, predictis omnibus interfui vidi et audivi et ea rogatus scribere scripsi et etiam de mandato judicum superius expressorum exemplavi et publicavi meoque signo consueto signavi *[Handzeichen]*.

Magd. s. r. Stadt Halb. 3. -- Gedruckt Ledeburs Archiv XVI, 258. Cod. Anh. 3, 128. -- 1) *Urk.:* deputati. 2) *s. über das schwarze Siegel Ledebur ebd. in der Anmerkung, das Siegel des Praeceptors Bertram von Esebeck (1288..97), dem hier beschriebenen fast gleich, ist abgebildet a.a.O. S. 266. -- Die 2 Hufen in Klein-Quenstedt hatte Werner von Schermbke 1257 dem Orden für 60 Mark verkauft (Exc. Niemanns), 2 Höfe daselbst hatte 1294 der Comtur in Halb. Joh. de Cedow (?) gekauft (ebd.) -- Die Hufe und Wort in Ergstedt hatten die Gebrüder Betemann, Siegfried, Gebhard und Heinrich von Hoym, die sie vom Grafen von Regenstein (seine Einwilligung geschah 1297 III. Id. Febr.) zu Lehen trugen und wieder an Joh. von Kreyendorp verliehen hatten, 1297* (Halb. IV. Id. Febr.) *an den Praeceptor Bertram von Esebeck* in subsidium terre s. Jerosolimitane *verkauft (aus Niemanns Excerpten). -- In einer Urkunde von 1333,* VII. Kal Apr., *in der Ulrich von Freckleben, damals Domcantor in Naumburg, und sein Bruder R. Heinrich an das Kloster S. Johannis in Halb. für 301/2 Mark eine Hufe in N. Runstedt und den Zehnten von 41/2 Hufen in Gr. Quenstedt verkaufen, heisst es:* que per fratrem Freder. de Alvensleve, olim preceptorem generalem ordinis Templi per Alemaniam legitime constitutum, habentem tunc, hoc est ante dampnationem ac destructionem dicti ordinis, ad hoc plenariam potestatem, tempore sue administrationis libere in nos et fratres nostros legitime translata fuerunt. *Siehe über diese Verkäufe des Templer-Ordens an die Gebrüder von Freckleben Ledeburs Archiv XVI, wo S. 259 auch diese Urkunde für S. Johann abgedruckt ist."* [1]

Das Regest lautet bei Schmidt wie folgt:

„Der Tempelherren-Praeceptor Friedrich von Alvensleben verkauft an die Gebrüder von Freckleben, R. Rudolf, Can. Ulrich in Naumburg, Heinrich und Betmann, für 950 Stendalsche Mark den Ordenshof in Halb. und die umliegenden Häuser im Weingarten und im Sack, eine Hufe in der Stadtflur, 2 in Wehrstedt, die Mühle in der Wideck, 4 1/2 Hufen und den Zehnten von 5 Hufen mit einer Mühle und ein Vorwerk in Gross-Quenstedt, 2 Hufen in Klein-Quenstedt, eine in Ober-Runstedt, eine in Nieder-Runstedt, 3 in Wiby, 2 in Klein-Harsleben, eine in Ergstedt, eine in Ströbeck und den Zehnten von 20 Hufen in Neindorf zwischen Ströbeck und Aspenstedt. (in crastino b. Marci) 1306 Apr. 26.

Zeugen: Bischof Albrecht, Domprobst Gerhard, Pförtner Johann von Dreileben; die Comture Heinrich von Benstedt in Achim, Dietrich in Mücheln, Ulrich in Oschersleben.

Magd. s. r. Stadt Halb. 2 im Transsumpt von 1327 aug. 25. - Gedr. UB der Stadt H. I, 312. Cod. Alvensl. I, 296."[2]

1 *Schmidt, Gustav: Urkundenbuch der Stadt Halberstadt. Bd. 1, Halle 1878, S. 239ff Nr. 312. Vgl. auch Ledebur, Leopold von: Die Tempelherren und ihre Besitzungen im Preußischen Staate. Ein Beitrag zur Geschichte und Statistik des Ordens. In: Allgemeines Archiv für die Geschichtskunde des Preußischen Staates. 16, 1835, S. 97-120, S. 242-268, S. 289-336 hier S. 258f. Ledebur beschreibt zu dieser Urkunde ein Transsumpt vom 25. August 1327, dass dieser Urkunde anhängt. Das Original befindet sich im Landeshauptarchiv Sachsen-Anhalt, Abteilung Magdeburg, Rep. U 8 Stadt Halberstadt, ihre Kollegiatstifter, Kirchen, Klöster und Hospitäler, N Nr. 3.*

2 *Schmidt, Gustav: Urkundenbuch des Hochstifts Halberstadt und seiner Bischöfe. 3. Teil, Halberstadt 1887, Nr. 1787, S. 30f.*

Nr. 88

1307 September 15
„Praeceptor et fratres militie templi domus de Wichmanstorp".[1]

1 *Hier zitiert nach Ledebur, Leopold von: Die Tempelherren und ihre Besitzungen im Preußischen Staate. Ein Beitrag zur Geschichte und Statistik des Ordens. In: Allgemeines Archiv für die Geschichtskunde des Preußischen Staates. 16, 1835, S. 97-120, S. 242-268, S. 289-336, hier S. 245 Anm. 90. Ledebur verweist hier auf eine entsprechende Urkunde bei ‚Wohlbrück a.a.O.'.*

Nr. 89

1307 September 15
„In nomine domini, Amen. Nos frater fredericus de alvensleve, domorum milicie templi per Alemaniam et slaviam preceptor humilis, tenore presencium recognoscimus, et ad noticiam presencium quam futurorum cupimus pervenire, quod maturo habito consilio fratrum nostrorum, et unanimi eorum consensu, utilitate et eciam necessitate pensata, dimisimus et vendidimus dno, alberto de alvensleve militi, fratri nostro carnali, pro Trecentis Marcis Stendalgensis argenti, villam nostram Bulstringhe, cum omni iure et proprietate, prout nos habuimus in villa et in campo, lignis, pratis, pascuis, rivulis, viis et inviis, et in villa gropendorp Quadraginta quinque solidos denariorum, perpetuis temporibus libere et quiete possidendam. Ne igitur super premissis alicui in posterum aliquod dibium oriatur, et ne ea, que a nobis et nostris fratribus concorditer sunt ordinata, aliquis infringat, presentem paginam predicto domino alberto militi, Sigilli nostri impresione duximus muniendam. Datum et actum in Curia Wichmanstorp. Anno dni Mo CCCo vijo in Crastino Exaltationis sancte Crucis."[1]

1 *Wohlbrück, Siegmund Wilhelm: Geschichtliche Nachrichten von dem Geschlechte von Alvensleben und dessen Gütern. 1. Teil Berlin 1819, S. 189.*

Nr. 90

[1308 Januar]
In einem nicht überlieferten Schreiben Philipp IV. von Frankreich an einige Fürsten fordert er diese auf, die Ordensgüter der Templer einzuziehen und den Orden zu verbieten. Sechs Antwortschreiben sind überliefert. Wir nehmen hier die Antworten des Erzbischofs von Köln und des Herzogs von Jülich auf. Das Schreiben des Herzogs von Jülich ist undatiert. Es darf aber davon ausgegangen werden, dass es im selben Zeitraum wie das Schreiben des Erzbischofs von Köln verfasst wurde.

„Gerardus comes Juliacen(sis)…Litteras vestre celsitudinis nobis per Johannem dictum de Thenis vestrum clericum ex parte vestra super Templariorum factis et processibus destinatas recepimus. Quibus sanius intellectis vestre dignitatis excellentie duximus significandum, quod secundum regale mandatum contra dictos Templarios et eorum sectam iuxta posse nostrum, prout nobis subsunt, in locis quibuslibet procedemus."[1]

1 *Schwalm, Jakob: Sechs Briefe deutscher Fürsten an Philipp den Schönen. In: Neues Archiv der Gesellschaft für ältere deutsche Geschichtskunde. 24, 1904, S. 632ff.*

Nr. 91

1308 Januar 24
In einem nicht überlieferten Schreiben Philipp IV. von Frankreich an einige Fürsten fordert er diese auf, die Ordensgüter der Templer einzuziehen und den Orden zu verbieten. Sechs Antwortschreiben sind überliefert. Wir nehmen hier die Antworten des Erzbischofs von Köln und des Herzogs von Jülich auf.

„Henricus…sancte Coloniensis ecclesie archiepiscopus, sacri imperii per Ytaliam archicancellarius…duximus respondendum, quod sumus et semper esse volumus memores benefice vestri nobis apud dominum nostrum summum pontificem existentibus exhibiti, ad vestra servitia...parati ea, que exhibitor presentium nuntius vester nobis exposuit, ad laudem et gloriam vestram loco et tempore se ad hoc offerentibus adimplere per effectum operis affectantes... Nam petitio vestra semper nobis esse debet iussio et mandatum... Datum Bunne, in vigilia conversionis beati Pauli. Cetera lator, cui credat vestra excellentia nostro nomine tanquam nobis."[1]

1 *Schwalm, Jakob: Sechs Briefe deutscher Fürsten an Philipp den Schönen. In: Neues Archiv der Gesellschaft für ältere deutsche Geschichtskunde. 24, 1904, S. 632ff.*

Nr. 92

1308 März 13

„Braunschweig. Bruder Friedrich v. Alvensleben, Präceptor der Templer in Deutschland und Wendland, verkauft mit Zustimmung der beteiligten Komture und Brüder dem Braunschweiger Bürger Gerhard Rese (Gerardo Rexsen) 32 Mark zwei Hufen zu Salzdahlum (Soltdalim) zu freiem Eigentum. Unter den Zeugen frater Jo(hannes) de Bardeleve, conmendator in Brůneswich. Datum Bruneswich in domo nostra anno domini m°ccc°viij° in quarta feria anto dominicam, qua cantatur Oculi mei semper.

Original zu Wolfenbüttel (unter den Urkunden des Kreuzklosters); das Siegel fehlt jetzt."[1]

1 *Mack, Heinrich: Urkundenbuch der Stadt Braunschweig. 4. Bd. Braunschweig 1912, Nr. 257, S. 460f.*

Nr. 93

1308 April 11

„Am 11. April 1308 bestätigte der Komtur von Supplinburg, fr. Otto von Braunschweig, den Verkauf von Land bei Salzdahlum an einen Bürger von Braunschweig durch Bruder Friedrich, der noch denselben titel führt: *domorum milicie Templi per Alamanniam et Slaviam preceptor...*"[1]

1 *Bulst-Thiele, Marie-Luise: Sacrae Domus Militiae Templi Hierosolymitani Magistri. Untersuchungen zur Geschichte des Templerordens 1118/19 - 1314. (=Abhandlungen der Akademie der Wissenschaften in Göttingen. Philologisch-historische Klasse, dritte Folge Nr. 86). Göttingen 1974, S. 376, Anm. 30.*
Vgl. Haenselmann, Ludwig: Urkundenbuch der Stadt Braunschweig. 2. Bd. Braunschweig 1900, Nr. 622, S. 314.
Siehe Urkunde Nr. 92.

Nr. 94

1308 August 12

„Clemens V. gibt den Erzbischöfen von Mainz, Trier und Magdeburg, den Bischöfen von Basel und Konstanz, dem Abt des Klosters Cruas (Crudacium) und dem Prior von Longpont, ord. Cluniac. in den Diözesen Viviers und Paris, dem Paul de Chadarossa, Propst von Cavaillon, dem Dekan von S. Servatius in Utrecht, dem Mag. Bernard Ramundi, Archidiakon von Mallorca, dem Johann gen. Presbiter longus de Alamanna, Kanoniker von Toul und päpstlichen Kaplan, und dem Mag. Lorenz von Fucisberte, Kanoniker von S. Maria Maggiore in Rom, den Auftrag, sich persönlich zur Stadt, Diözese und Provinz Mainz zu begeben[1], dort in den ihnen vom Papste genannten Punkten kraft päpstlicher Vollmacht die Wahrheit über (contra) den Templerorden zu erforschen und das Ergebnis dem Papste schriftlich zu berichten. Ist ein Teil der Adressaten verhindert, so sollen die übrigen dazu befugt sein. - Faciens misericordiam. - D. Pictavis II. id. Aug. pont. anno III.

Rom, Reg. Vat. t. 55. f. 205v nr. 12. - Reg.: Regestum Clementis 3, 289 nr. 3411; Sauerland, Urk. u. Regesten z. Gesch. d. Rheinlands 1, 118 nr. 250. Ebenso in die anderen deutschen Kirchenprovinzen."[1]

„Clemens V Maguntino Coloniensi Treverensi et Magdeburgensi archiepiscopis ac Basiliensi et Constantiensi episcopis ac abbati monasterii de Crudacio et priori de Longoponte Cluniacensis ordinis Vivariensis et Parisiensis diocesium, Paulo de Chadarosse preposito Cavallicensis, decano S. Servatii Traiectensis, magistro Bernardo Ramundi archidiacono Maioricensis, Johanni dicto Presbitero-longo Tullensis capeellano sedis apostolice et magistro Laurentio de Fucisberte basilice S. Marie Maioris de Urbe canonicis ecclesiarum mandat, quatinus ad Coloniensem civitatem et diocesim ac provinciam personaliter accedant et super articulis a papa sibi transmissis inquirant apostolica auctoritate contra ordinem Templariorum veritatem et, que super premissis invenerint, in scriptis redacta ad papam deferant seu transmittant. Quodsi non omnes his exequendis potuerint interesse, septem sex quinque quatuor vel tres aut duo seu unus eorum ea nichilominus exequantur.

Faciens misericordiam cum servo ... Dat Pictavis V idus augusti a. tercio.

In e. m. eisdem mandat, quatinus ad Treverensem civitatem *etc. ut supra*[2].

In e. m. eisdem mandat, quatinus ad Maguntinam civitatem *etc. ut supra.*

In e. m. eisdem mandat, quatinus ad Magdeburgensem civitatem *etc. ut supra.*

In e. m. eisdem mandat, quatinus ad Upsalensem civitatem *etc. ut supra.*

In e. m. eisdem mandat, quatinus ad Bremensem civitatem *etc. ut supra.*

In e. m. eisdem mandat, quatinus ad Salseburgensem civitatem *etc. ut supra.*

In e. m. eidem necnon Pragensi et Vratislaviensi episcopis mandat, quatinus ad Gnesnensem civitatem *etc. ut supra.*

In e. m. eidem necnon Pragensi et Vratislaviensi episcopis man-

dat, quatinus ad Rigensem civitatem *etc. ut supra.*
Reg. 55 f. 205[1], 206[1] nr. 12, 19, 24, 25; Rg. Cl. V. 3402, 3418, 3423, 3424."[3]

1 *Vogt, Ernst: Regesten der Erzbischöfe von Mainz von 1289-1396. 1. Bd. 1289-1328, Nr. 1195, S. 208.*
2 *Cf. Raynaldi, Annal. eccl. a. 1310 §40; Raynouard, Mon. hist. des Templiers pg. 312.*
3 *Sauerland, Heinrich Volbert: Urkunden und Regesten zur Geschichte der Rheinlande aus dem Vatikanischen Archiv. Bonn 1902, Nr. 250, S. 118f.*

Nr. 95

1308 August 12
„Clemens V. befiehlt dem Erzbischof von Mainz und seien Suffraganen, in ihren Diözesen mit den Erzbischöfen von Köln, Trier, Magdeburg und Salzburg, den Bischöfen von Badel und Konstanz und den anderen in der vorigen Urkunde genannten Geistlichen oder auch mit einem Teil von ihnen gegen die in ihren Diözesen[1] lebenden einzelnen Personen des Templerordens betr. der vom Papste angegebenen Punkte die Wahrheit zu erforschen und nach der Untersuchung die Personen durch ein Provinzialkonzil entweder zu verurteilen oder freizusprechen. Doch sollen sie sich jeder Untersuchung gegen den Orden selbst und den Großmeister des Ordens in Deutschland enthalten. - Faciens misericordiam. - D. wie vorher.

Rom, Reg. Vat. t. 55. f. 208ff. - Reg.: Regestum Clementis 3, 309 nr. 3502; Sauerland 1, 119 nr. 251. Ebenso in die anderen deutschen Erzbischöfe für ihre Kirchenprovinzen."[1]

„Clemens V archiepiscopo Salzeburgensi et eius suffraganeis mandat, quatinus ipsi et quilibet ipsorum videlicet in suis civitate et diocesi una cum Maguntino Cloniensi Treverensi et Magdeburgensi archiepiscopis ac Constanciensi et Basiliensi episcopis ac abbati monsterii de Crudacio et prioe de Longoponte Cluniacensis ordinis Vivariensis et Parisiensis diocesium, Paulo de Chadarossa preposito Cavalicensis, decano S. Servatii Traiectensis, magistro Bernardo Ramundi archidiacono Maioricensis, Iohanni dicto Presbitero - longo Tullensis et Laurentio de Fucisberte basilice S. Marie Maioris de Urbe canonicia ecclesiarum vel 11, 10, 9, 8, 7, 6, 5, 4, 3, 2 aut uno ex ipsis contra singulares personas et fratres ordinis Templariorum in dictis civitatibus et diocesibus degentes uper articulis a papa eis transmissis veritatem inquirant et inquisitione facta per provinciale concilium contra eosdem vel pro eisdem absolutoriam vel condempnatoriam sententiam proferant, non tamen se intormittant inquirendo vel sententiando contra ordinem ipsum et contra magnum praeceptorem ordinis in regno Alamannie constitutum.

Faciens misericordiam cum servo ... Dat. Pictavis II idus augusti a. tercio.

In e.m. archiepiscopo Bremensi et eius suffraganeis.
Reg. 55 f. 208' nr. 69; Rg. Cl. V 3468.

In e.m. archiepiscopo Rigensi et eius suffraganeis.
Reg. 55 f. 210' nr. 101; Rg. Cl. V 3500.

Similiter archiepiscopo Gnesnensi eiusque suffraganeis.
Reg. 55 f. 211 nr. 102; Rg. Cl. V 3501.

In e.m. archiepiscopo Maguntino et eius suffraganeis.
In e.m. archiepiscopo Coloniensi et eius suffraganeis.
In e.m. archiepiscopo Treverensi et eius suffraganeis.
Reg. 55 f. 211 nr. 103; Rg. Cl. V 3502. - Düsseldorf. Arch. reg. Kurköln nr. 460.

In e.m. archiepiscopo Upsalensi et eius suffraganeis.
Reg. 55 f. 211 nr. 104; Rg. Cl. V 3503.

In e.m. archiepiscopo Magdeburgensi et eius suffraganeis.
Reg. 55 f. 211 nr. 105; Rg. Cl. V 3504. "[2]

1 *Vogt, Ernst: Regesten der Erzbischöfe von Mainz von 1289-1396. 1. Bd. 1289-1328, Nr. 1196, S. 208f.*

2 *Sauerland, Heinrich Volbert: Urkunden und Regesten zur Geschichte der Rheinlande aus dem Vatikanischen Archiv. Bonn 1902, Nr. 251, S. 119f.*

Nr. 96

1308 August 12
„Clemens V Coloniensi Treverensi et Magdeburgensi archiepiscopis ac Basiliensi et Constantiensi episcopis ac abbati monasterii de Crudacio et priori de Longoponte Cluniacensis ordinis Vivariensis et Parisiensis dioc., Paulo de Chadarossa preposito Cavalicensis, decano S. Servacii Traiectensis, magistro Bernardo Ramundi archidiacono Maioricensis, Iohanni dicto Presbitero - longo de Alamania capellano papali Tullensis et magistro Laurentio de Fucisberte basilice S. Marie Maioris de Urbe canonicis eccl. mandat, quatinus ad Maguntinam civitatem et diocesim ac provinciam personaliter accedentes una cum archiepiscopo Maguntino eiusque suffrganeis contra singulas personas et fratres ordinis Templariorum in ipsorum archiepiscopi et suffraganeorum civitatibus et diocesibus degentes super articulis a papa transmissis et aliis inquirant; inquisitione facta per provinciale concilium contra ipsos singulares personas et fratres absolutoria seu dondempnatoria sententia proferatur, non tamen se intromittant inquirendo seu sententiando contra ordinem ipsum et contra magnum preceptorem ordinis in regno Alamannie constitutum. Idem archiepiscopus cum predictis vel saltim uno eorum aut etiam per se ipsum cum singulis suis suffraganeis in inquisitionis negotio procedat.

Faciens misericordiam cum servo ... Dat. Pictavis II idus augusti a. tercio.

Reg. 55 f. 207 nr. 29; Rg. Cl. V 3428.

In e.m. Maguntino Treverensi et Magdeburgensi archiepiscopis ac Basiliensi *etc. ut supra* mandat, quatinus ad Coloniensem civitatem *etc. ut supra* accedentes una cum archiepiscopo Coloniensi eiusque suffraganeis *etc. ut supra.*

Reg. 55 f. 207 nr. 30; Rg. Cl. V 3429. - Düsseldorf. Arch. reg. Kurköln nr. 460; Orig. membr. cum plumbo pend.

In e.m. Maguntino Coloniensi et Magdeburgensi archiepiscopis ac Basiliensi *etc. ut supra* mandat, quatinus ad Treverensem civitatem *etc. ut supra* accedentes una cum archiepiscopo Treverensi eiusque suffraganeis *etc. ut supra.*

Reg. 55 f. 207 nr. 31; Rg. Cl. V 3430.

In e.m. Maguntino Coloniensi et Treverensi archiepiscopis ac Basiliensi *etc. ut supra* mandat, quatinus ad Magdeburgensem civitatem *etc. ut supra* accedentes una cum archiepiscopo Magdeburgensi eiusque suffraganeis *etc. ut supra.*

Reg. 55 f. 208 nr. 31; Rg. Cl. V 3457.

In e.m. Maguntino Coloniensi Treverensi et Magdeburgensi archiepiscopis ac Basiliensi *etc. ut supra* mandat, quatinus ad Salseburgensem civitatem *etc. ut supra* accedentes una cum archiepiscopo Salseburgensi eiusque suffraganeis *etc. ut supra.*

Reg. 55 f. 208 nr. 59; Rg. Cl. V 3458.

In e.m. Maguntino Coloniensi Treverensi et Magdeburgensi archiepiscopis, Constanciensi, Basiliensi, Pragensi et Wratislaviensi episcopis ac abbati monasterii de Crudacio *etc. ut supra* mandat, quatinus ad Gnesnensem civitatem *etc. ut supra* accedentes una cum archiepiscopo Gensnensi et eius suffraganeis *etc. ut supra.*

Reg. 55 f. 210 nr. 94; Rg. Cl. V 3493.

In e.m. Maguntino Coloniensi Treverensi et Magdeburgensi archiepiscopis et Basiliensi *etc. ut supra* mandat, quatinus usque ad Bremensem civitatem et diocesim ac provinciam personaliter accedentes contra singulas personas *etc. ut supra usque ad:* constitutum.

In e.m. eisdem mandat, quatinus usque ad Upsalensem necnon ad Rigensem civitatem et diocesim ac provinciam accedentes inquerant contra Templarios.

Reg. 55 f. 207 nr.324; Rg. Cl. V 3432."[1]

1 *Sauerland, Heinrich Volbert: Urkunden und Regesten zur Geschichte der Rheinlande aus dem Vatikanischen Archiv. Bonn 1902, Nr. 252, S. 121f.*

Nr. 97

1308 August 12
„Clemens V mandat, quatinus habentes et possidentes aliquas pecuniarum summas vel alia bona mobilia Templariorum restituant et solvant ea locorum ordinariis, cum ipse omnia Templariorum bona deputaverit pro subsidio Terre Sancte et contra Sarracenos.

Ad per petuam rei memoriam. Ad omnium fere noticiam ...
Dat. Pictavis II idus augusti a. tercio.

Reg. 55f. 203 nr. 1; Rg. Cl. V. 3400 - Or. membr. Düsseldorf. Arch. reg. Kurköln nr. 460."[1]

1 *Sauerland, Heinrich Volbert: Urkunden und Regesten zur Geschichte der Rheinlande aus dem Vatikanischen Archiv. Bonn 1902, Nr. 254, S. 123.*

Nr. 98

1308 August 12
„Clemens V Maguntino, Coloniensi, Treverensi et Magdeburgensi archiepiscopis tamquam ‚curatoribus et administratoribus omnium bonorum ordinis militie Templi Ierosolimitani in regno Alamanie deputatis' ab ipso committit curam et administrationem bonorum dicti ordinis in regno Alamanie consistencium.

Deus ultionum dominus ... Dat. Pictavis II idus augusti a. tercio.
Reg. 55 f. 212' nr. 116; Rg. Cl. V. 3515."[1]

1 *Sauerland, Heinrich Volbert: Urkunden und Regesten zur Geschichte der Rheinlande aus dem Vatikanischen Archiv. Bonn 1902, Nr. 256, S. 123.*

Nr. 99

1308 August 12
„P. Clemens V. befiehlt dem Mainzer Erzbischof, das ihm übersandte Rundschreiben vom gleichen Tag, in dem er diejenigen, die bewegli-

che Güter der Templer in Verwahrung haben, auffordert, diese den Diözesanbischöfen auszuliefern,[1] selbst und durch seine Suffragane zu veröffentlichen und in der Volkssprache erklären zu lassen. - Cum nos pro recuperandes. - D. wie vorher.

Rom, Reg. Vat. t. 55. f. 203 nr. 2. - Reg.: Regestum Clementis 3, 283 nr. 3401; Cartellieri, Konstanzer Regesten 2 nr. 3479; Sauerland 1, 123 nr. 255. 1 Ad per petuam rei memoriam. Ad omnium fere noticiam. Loc. cit. nr. 1; Regestum nr. 3400; Sauerland nr. 254."[1]

„Clemens V quampluribus archiepiscopis et episcopis eorumque in numero Treverensi Coloniensi et Maguntino mandat, quatinus litteras eodem die datas, quibus iussit bona Templariorum mobilia a nonnullis malitiose subtracta, absconsa et celata restitui et solvi ordinario loci, per civitatem et diocesim ac provinciam suam publicare procurent.

Cum nos pro recuperandis ... Dat. Pictavis II idus augusti a. tercio.

Reg. 55 f. 203' nr. 2; Rg. Cl. V. 3401."[2]

1 *Vogt, Ernst: Regesten der Erzbischöfe von Mainz von 1289-1396. 1. Bd. 1289-1328, Nr. 1199, S. 209.*

2 *Sauerland, Heinrich Volbert: Urkunden und Regesten zur Geschichte der Rheinlande aus dem Vatikanischen Archiv. Bonn 1902, Nr. 255, S. 123.*

Nr. 100

1308 November 11

„We Broder Gunther von kothene, broder Bertram von Greifenberch, broder Henrich von Bardeleue, broder Nicolaus von Andesleue, vnde broder Thileke von Warmpstorp, Templerern, Bekennet opelike an ditzme jegewerdigen breue, Dat we gededdinget hebbet mit vnseme Eraftigen herren Ertzebischop Borcharde von Meydeborch an ene half; vnde he mit vns an ander halff, in sutdane wis; Dat we gelouet hebbet mit vnsen vrunden vnde mit vnsen borgen, de hir na besereuen sin, vnseme vorbenanten herren Ertzbischop Borcharde vnde hern Hermanne von Wederden, genant von Warmpstorp, hern Conen von

Belitz, hern hennigen von Bardeleue, Dat we ane allerleyge argelist, noch sines noch sines Goddeßhuses, noch siner lude, sunderlicken vnses herren Bischop Syuerdes von hildensem, Greuen Bussen von Mansfelt, des von Querenuorde, des von Hakeborne, der von Grunenberch vnd anderer siner hulpere schaden warden scholet, noch arges wardende wesen noch nemande vorderen vppe sinen vnde sines Goddeßhußes vnde siner lude schaden, mit rade, mit dat, mit hulpe, mit gaue noch nenerleyge wis, vnde he scal vns des wol gegunnen, Dat we in sime lande, in sime Bischopdome vnd in siner Herschap sekerliken wanderen, war we willen, vnde he en schal vns nicht hinderen, eth enwere, dat eme en nige both gesant warde von deme pauese, vnde were, dat eme dat gesant worde, dat he vns hindere scholde, he vns verteyn nacht vore weten laten, ehe he icht weder vns dede; vmme disse rede hebbe we vorgenanten brodere sunderliken ane vnser Borgen lof gelouet vnde gewilkoret, Dat we des paueses both halden willet, vmme de hoeue vnd dat gud, dat dar tho hort, der sek vnse herre deErtzbischop vnderweunden heuet, von des paueses wegene, Dar en schole we eme nicht an hinderen, went an den paueß. We mutet ock well an beydenthaluen mit geystlikeme recht vnse rechte vnse recht vorderen, vnde vore stan, hir vnde imme houe to Rome, vnde war es vns noth is. Were ock, dat vnse vorbenomede herre, de Ertzbischop den hoghen meyster weder gefange neme, so scholde we doch an disseme vreder besittenn; enwolde we auer dar an nicht bliuen, dat scholde we eme vore weten laten verteyn nacht, vnde de breue an heidenthaluen vp antworden. Alle disse dinge hebbe we gededinget vnde gelouet mit vulborth vnde mit gudeme willen broder Frederikes von Aluensleue, vnsen hoghen meystereß. Disse siluen deghedinge hebbet mit vns vnde vor vns gantz vnde stede to haldene en truwen gelouet, mit me vnde vor me broder Gunther von Kohtene, her Otte von Kothene, min broder; mit me vnde vor me broder Bertramme von Greifenberge, her Henning von Buz, mit me vnd vor me Broder Henrike von Bardeleue, her Herman von Wederde, genant von me Hagene, mit me vnde vor me broder Nicolaus von Andesleue, her Johannes von Nendorp, mit me vnd vor me broder Thileke von Warmestorp, her Heyne von Ghudenswege. Op en orkunde vnde op ene betuginge disser dinge, so hebbe we dussen bref dar op geschreuen laten vnd beingesegelet mit vnser vnd mit vnser borgen Ingesegele. Diese bref ist ock gegeuen an den Jaren von vnses herren goddes borth, Dusent Jar, dryhundertt jar, an deme achten Jare, in deme achten dage sente Mertin Tage. Vnd we Borchard Ertzbischop to Meydeborch, Bekennet des, Dat alle disse rede, also vore befereuen is, mit vns gedinget is, vnd dat we willet stede halden, vnde hebbet beuestenet laten mit vnseme Ingesegele, an disseme jegenwerdigen breue, op en orkunde vnde op ene betuginge."[1]

1 *Ledebur, Leopold von: Die Tempelherren und ihre Besitzungen im Preußischen Staate. Ein Beitrag zur Geschichte und Statistik des Ordens. In: Allgemeines Archiv für die Geschichtskunde des Preußischen Staates. 16, 1835, S. 97-120, S. 242-268, S. 289-336 hier S. 251f.*

Nr. 101

1308 Ende oder Anfang 1309
„Gerardus comes Juliacen(sis)... Litteras vestre celsitudinis nobis per Johannem dictum de Thenis vestrum clericum es parte vestra super templariorum factis et processibus destinatas recepimus. Quibus sanius intellectis vestre dignitatis excellentie duximus significandum, quod secundum regale mandatum contra dictor templarios et eorum sectam iuxta posse nostrum, prout nobis subsunt, in locis quibuslibet procedemus."[1]

1 *Antwortschreiben des Grafen Gerhard II. von Jülich an den französischen König Philipp IV. Aus den Worten ‚prout nobis subsunt' darf geschlossen werden, daß es in der Grafschaft Jülich Templer gegeben haben muß. Zitiert nach Bers, Günter: Die Geschichte der Johanniter-Kommende St. Johannes in Kiringen bei Jülich. In: Beiträge zur Jülicher Geschichte. Jülicher Heimatblätter. Mitteilungen des Jülicher Geschichtsvereins. 4, 1959, S. 6-18, hier S. 10.*

Nr. 102

1309 September 27

„EB Peter [gemeint ist Erzbischof Peter von Mainz, Anm. d. Verf.] schreibt als vom päpstlichen Stuhle ernannter[1] Untersuchungsrichter in dem Verfahren gegen den Templerorden und den Großpräzeptor des Ordens in Deutschland an den Erzbischof von Bremen und dessen Suffragenbischöfe. Er kann wegen verschiedener Feindschaften (capitales inimicitie) und der aus der Unsicherheit der Straßen erwachsenden Gefahren, die ein so starkes Gefolge von Bewaffneten nötig machen würde, daß er die großen Kosten dafür zu tragen nicht vermöchte, sowie auch wegen mehrerer dringender Gefahren für die ihm vom päpstlichen Stuhle aufgetragene Untersuchung gegen die Templer keine Reise nach der Stadt, Diözese oder Provinz Bremen unternehmen. Er ernennt sie deshalb zu seinen Stellvertretern, behält sich aber vor, den Auftrag, wenn die erwähnten Hindernisse aufhören, zurückzunehmen und dann selbst in der Sache weiter zu verfahren. Er schickt ihnen zugleich ein Schreiben des P. Clemens V. vom 2. Januar 1309,[2] worin dieser allen Patriarchen, Erzbischöfen, Bischöfen und anderen Prälaten befiehlt, an Sonn- und Festtagen vor der Geistlichkeit und dem Volke feierlich zu verkünden, daß er gegen die Begünstiger des Templerordens ein gerichtliches Verfahren eingeleitet, Sentenzen wider sie erlassen und in der (beigefügten) Bulle vom 30. Dezember 1308[3] befohlen hat, die Tempelherren gefangen zu nehmen und den Diözesanbischöfen auszuliefern. - D. Maguncie 1309 V. kal.Oct.

Gedr. (nach einer vom Bremer Domkapitel besiegelten Copie): Sudendorf, Ukb. d. Herzöge von Braunschweig 8, 288 nr. 1. - Reg.: Ehmck und Bippen, Bremisches Ukb. 2, 688. [1]Vgl. Reg. 1195. - [2]Nuper contra fautores. Reg.: Regestum Clementis 4, 3 nr. 3642. - [3]Ad perpetuam rei memoriam. Ad omnium fere noticiam. D. Tholose III. kal. Jan. pont. anno IV. Gedr. u. a.: Regestum Clementis 4, 3 nr. 3641.“[1]

1 *Vogt, Ernst: Regesten der Erzbischöfe von Mainz von 1289-1396. 1. Bd. 1289-1328, Nr. 1297, S. 227f.*

Nr. 103

1309 Oktober 21
„Der Offizial des Konstanzer Hofes erklärt, daß der Propst [Albrecht] von S. Stefan in Konstanz die von Seiten des Mainzer Erzbischofs übersandten Briefe über die Ladung (vocatio et citatio) der Prälaten zu dem allgemeinen Konzil des Papstes,[1] über die Ladung der Suffragane zum Provinzialkonzil des Mainzer Erzbischofs, über die gegen die Templer anzustellende Untersuchung und die Beschlagnahmung ihrer Güter und ihres Vermögens[2] dem Vikar des B. Ger[hard] von Konstanz überreicht hat, und der Propst C[onrad] von S. Johann in Konstanz die Briefe von der Kanzel verlesen hat. - D. Constantie 1309 XII. kal. Nov. ind. VIII.

Or.: München, Reichsarchiv (Mainz, Erzstift fasc. 54). Abhang. Siegel des Ausstellers fehlt. - Gedr.: Schunk, Beyträge 3, 382. - Reg.: v. Freyberg, Regesta Boica 5, 164 (unter 22. Okt.); Cartellieri, Konstanzer Regesten 2 nr. 3514. - Vgl. Heidemann 188. [1]Vgl. Reg. 1200. - [2]Vgl. Reg. 1198f.“[1]

1 *Vogt, Ernst: Regesten der Erzbischöfe von Mainz von 1289-1396. 1. Bd. 1289-1328, Nr. 1303, S. 229.*

Nr. 104

1309 November 11
„Bischof Albrecht gibt dem Ritter Dietrich Kage 3 Hufen in Oschersleben zu Lehn und leistet auf 2 Jahre gegen Ansprüche des Pabstes und der Templer Gewähr. Halb. 1309 Nov. 11.

Nos Albertus Dei gratia Halb. ecclesie episcopus recognoscimus tenore presentium fideliter protestantes, quod strennuo militi Th(iderico) dicto Kage ac suis heredibus tres mansos in campis Oschersleve sitos pro sexaginta marcis Stendaliensis argenti ad petitionem honorabilis viri domini Iohannis de Dreynleve, nostre ecclesie portenarii, titulo contulimus pheodali, tali videlicet adiecta condicione, ut, si predicti tres mansi quocunque eventu a festo penthecostes proxime nunc venturo usque ad biennium evincerentur ab eisdem vel etiam inpeterentur de iure vel de facto ex parte domini pape vel Templariorum, eidem militi vel heredibus suis ac antedicto portenario tenebimur ad restaurum. si vero predictus miles vel eiusdem heredes supradictos tres mansos pro necessitate sua vendere seu alienare decreverint in futurum, illos persone, cui ipsi voluerint, debemus sine contradictione qualibet inpheodare.

super quorum robur et evidentiam dicto militi et portenario sepedicto presentem litteram sigillo nostro dedimus communitam.

datum Halb. anno Domini M.CCC. nono, in die b. Martini episcopi et confessoris.

Cop. A. 310"[1]

1 *Schmidt, Gustav: Urkundenbuch des Hochstifts Halberstadt und seiner Bischöfe. 3. Teil, Halberstadt 1887, Nr. 1844, S. 62.*

Nr. 105

1309 Dezember 26

„Quittung über acht Mark als ein Sechstel der zu leistenden Zehnten des Kapitels von Xanten an den päpstlichen Legaten.

Ego Gerardus plebanus sancti Christofori Coloniensis confiteor me recepisse a .. decano et capitolo ecclesie Xanctensis octo marcas Brabantinorum denariorum ratione sexte partis decime eis imposite ad satisfaciendum legatis seu nunciis sedis apostolice destinates super inquisicione status fratrum Templariorum vel ordinis eorum. Anno Domini M°CCC° nono in crastino Nativitatis eiusdem."[1]

1 *Weiler, Peter: Urkundenbuch des Stiftes Xanten.1.Bd. (vor 590 – 1359). Bonn 1935, S. 281.*

Nr. 106

1310 April 4

„P. Clemens V. teilt u. a. dem Erzbischof von Mainz und seinen Suffraganen mit, daß er den Termin für das Konzil in Vienne[1] hinausschieben müsse, weil die Untersuchung wider die Templer noch nicht abgeschlossen sei. - Alma mater. - D. Avinione II. non. Apr. pont. anno V.

Gedr. u. a.: Regestum Clementis 5, 397 nr. 6293. - Reg. u. a.: Cartellieri, Konstanzer Regesten 2 nr. 3524. - S. auch Sauerland, Urk. u. Reg. z. Gesch. d. Rheinlande 1, 144 nr. 301. [1] Vgl. Reg. 1200 vom 12. August 1308."[1]

1 *Vogt, Ernst: Regesten der Erzbischöfe von Mainz von 1289-1396. 1. Bd. 1289-1328, Nr. 1321, S. 231.*

Nr. 107

1310 April 4

„Clemens V Coloniensi et Treverensi archiepiscopis eorumque suffraganeis nunciat, se prorogare terminum concilii Viennensis congregandi a kalendi octobris anni MCCCVIII ad kalendas octobris anni immediate sequentis, quia negotium inqusitionum, quas per diversas mundi partes contra ordinem militie Templi fieri mandavit, in brevi compleri non valeat.

Alma mater ecclesia ... Dat. Avin. II non aprilis a. qunito.

Reg. 57 f. 275' nr. 18; Rg. Cl. V. 6293. Conf. nr. 253."[1]

1 *Sauerland, Heinrich Volbert: Urkunden und Regesten zur Geschichte der Rheinlande aus dem Vatikanischen Archiv. Bonn 1902, Nr. 301, S. 144.*

Nr. 108

1310 (1305) Juni 6

„Nos Fr. Joannes Magister, totusque Conventus domus in Musprun, Ordinis militiae et Templi, Eystettensis dyocesis tenore presencium profitemur, recognoscimus et constare volumus universis presentes litteras inspecturis, quod, licet *Soror Adelheidis*, uxor quondam *Rudigeri de Wellnheim*, nunc Confratris nostri dilecti, ut Deo plus famulari posset et servire liberius, habitationem continuam apud dictam domum nostram elegerit pro tempore vite sue, omnibus possessionibus suis apud villalum *Wippenfelt*, ad eam titulo proprietatis spectantibus in nos liberaliter pleno jure translatis. Quia tamen ipsa Soror propter sue debilitatem persone, quanquam bonum alias propositum sustinendi habetur, nostre duriciam regule et status acrimoniam nobiscum ducere nequaquam poterit, aut sufferre, Nos de voluntate et assensu Venerabilis Patris et Domini *Philippi Episcopi* Eystett. Dyocesani nostri statum ipsius congruo sibi remedio mitigare volentes, de communi et bona voluntate et assensu omnium nostrum et aliorum, quorum intererat, eidem Sorori concessimus, permittimus et presentibus indulgemus, ut praemissas possessiones in Wippenfelt cum omnibus suis pertinentiis cultis et incultis, que ad prescriptam domum nostram proprietatis titulo pertinere noscuntur, et unum *molendinum in Meilenhofen* consimili ad nos jure pertinens ipsa Soror, in quocunque loco deinceps habitare seu manere decreverit, jure precario tenere, percipere, possidere, et in usus suos libere possit convertere pro toto tempore vite sue, ita quod post ipsius obitum tam possessiones, quam molendinum hujusmodi ad nos, si *domus et Ordo noster, dante Deo, Salvi et in bona tranquilitate fuerint, ut speramus*, libere revertantur, Si *vero ipsum Ordinem nostrum, quod absit, destrui forsitan et deleri contingeret*, extunc omnium eorumdem bonorum medietas juxta nostram et ejusdem Sororis ordinacionem providam exnunc factam mense episcopali Eystett, reliqua vero ad altare sancti Willibaldi in Choro occidentali kathedralis ecclesie Eystett. deinceps absque contradictione qualibet perpetuo pertinebit.

In cujus testimonium presentes sepedicte Sorori dedimus literas, supradicti Domini Episcopi et nostrorum roboratas sigillorum.

Hujus rei testes sunt honorabilis et dilectus in Christo Arnoldus ecclesie nostre Prepositus, Rudigerus de Piburg sacerdos Chori nostri vicarius, Ludwicus Capellanus S. Willibaldi, Heinricus sacerdos dictus de Molendino civitatis nostre Eystett, Magister Fridericus medicus de lacu, et quam plures alii fide digni.

Actum et datum apud sepedictam domum nostram anno Domini Millesimo Trecentesimo Quinto in vigilia Pentecostes."[1]

1 *Popp, Theodor David von: Urkunden, den vormaligen Templerhof zu Moosbrunn betreffend. In: Archiv des Historischen Vereins von Unterfranken und Aschaffenburg. 2/3. 1852, S. 243-248, hier S.243-245.*

Vgl. Reuß, Friedrich Anton: Über einen vormaligen Templerhof zu Würzburg. In: Archiv des Historischen Vereines von Unterfranken und Aschaffenburg. 12.2-3, 1853, S. 236-246, hier S. 245f. Zum Datum der Urkunde schreibt Schüpferling, Michael: Der Tempelherren-Orden in Deutschland. Ph.D.diss. Freiburg im Üchtland. Bamberg 1915, S. 62 folgendes: „Domprost Th. D. Popp von Eichstätt, der diese und die zwei foldenen Urkunden … dem Liber copialis ecclesiastae collegiatae chori s. Willibaldi in Eichstätt entnahm und dem Universitätsprofessor Reuss von Würzburg für den historischen Verein zur Verfügung stellte, fügt bezüglich der Jahrzahl die Bemerkung an: Die Angabe des Jahres 1305 ist gewiss unrichtig; denn der in der Urkunde erwähnte Bischoff Philipp wurde erst 1306 zum Bischof von Eichstätt gwählt; ferner ist die hier ausgesprochene Furcht vor Aufhebung oder gänzlicher Vernichtung des Ordens vor dem Jahre 1307 oder 1308 nicht eingetreten; ja die wiederauflebende Hoffnung für die Fortdauer des Ordens kann kaum (und nur etwa in Deutschland) eher als im Jahre 1310 angenommen werden. Ich bin daher geneigt, das Datum der Urkunde zu berichtigen und zu lesen: 1310 in vigil. Pentecostes, d.i.1310 am 6. Juni. – Es muß unbedingt eine Zahl vor 1312 eingesetzt werden, da mit letzterem Jahre jede Hoffnung auf Wiederherstellung des Ordens geschwunden war. Die ‚wiederauflebende Hoffnung' trat aber in der 2. Hälfte des Jahres 1310 nach dem günstigen Verlauf der Provinzialsynoden in Deutschland ein.".

Nr. 109

1310 Juni 18

„Bischof Albrecht bezeugt die Schenkung eines Hofs in Gross-Quenstedt, neben dem Hofe der Templer, von Seiten des Ritters Conrad von Quenstedt an den Siechenhof für die Aufnahme von dessen Tochter.

Albertus Dei gratia Halberstadensis ecclesie episcopus omnibus presentia visuris et quorum interesse poterit, karitatem | in Domino et notitiam subscriptorum. constitutus in nostra presentia fidelis noster Conradus de Quenstede miles de consensu suorum heredum dedit cum omni jure libere et solute ac legavit curiam suam sitam in magna Quenstede ad ipsum Conradum jure proprietatis pertinentem, contiguam et vicinam curie Templariorum ibidem ab occidente, dilectis filiis fratri Windelmaro personaliter assistenti, procuratori quidem hospitalis leprosorum apud nostram civitatem Halb., et personis utriusque sexus degentibus in eodem, ipsamque curiam et ejus proprietatem ad dictum hospitale absolute transtulit perpetuo possidendam, ad dicti hospitalis et personarum predictarum usus[1] deputandam propter Deum et quia prefata curia infirmorum quandam filiam leprosam ejusdem militis suscepit quoad vite sua tempora nutriendam.

In cujus rei testimonium atque robur nos nostrum et dictus Conradus et Johannes de Krendorp milites sigilla sua duximus presentibus apponenda. et nos Conradus de Quenstede et Johannes de Crendorp milites sigilla nostra apposuimus in evidentiam premissorum.

actum et datum Wegheleve anno Domini m.ccc.x, xiiij. Kal. Julii.

Magd. s.r. Halb. P. 43. - Mit 3 Siegeln: 1) beschädigtes Siegel des Bischofs (Erath XXXII,5). 2) S.CONRADI DE QVENSTED + *die Siegelfigur ist undeutlich, vielleicht ein Helm, dreieckig. 3)* S.IOHANNIS DE CRENDORP *Pfahl, rechts und links eine Krähe, dreieckig. s.a. Ledeburs Arch. XVI, 262.* 1) *U.:* usibus."[1]

1 *Schmidt, Gustav: Urkundenbuch der Stadt Halberstadt. Bd. 1, Halle 1878, S. 254 Nr. 328. Siehe auch Schmidt, Gustav: Urkundenbuch des Hochstifts Halberstadt und seiner Bischöfe. 3. Teil, Halberstadt 1887, Nr. 1851, S. 68.*

Nr. 110

1310 September 24

„Clemens V decernit excommunicationis sententiam ab episcopo Halberstadensi contra Borchardum archiepiscopum Magdeburgensem prolatam esse inanem et irritam. – Borchardus, cui papa tam viva voce quam per litteras mandaverat, ud omnes Templarios eorumque bona diocesis sue et dominii sui una die capi faceret, bona quedam Templariorum in suo dominio et in diocesi Halberstadensi sita cepit eaque personis idoneis, conservanda commisit. Postea papa Maguntino Coloniensi Treverensi et Magdeburgensi archiepiscopis administrationem bonorum Templariorum in regno Alamanie consistentium commiserat. Archiepiscopus vero maguntinus, receptis litteris papalibus hanc commissionem continentibus, quamquam ex litterarum forma ei non competeret, custodiam personarum et rerum Templariorum, eis dem collegis suis minime requisitis, immo litterarum copia Treverensi et Magdeburgensi archiepiscopis nequaquam exhibita, suffraganeis suis commiserat. Quo facto episcopus Halberstadensis Magdeburgensi archiepiscopo mandaverat, ut infra certum terminum bona supradicta ab hoc capta et idoneis personis conservanda commissa sibi restituat et, quam quam is infra triduum ad sedem apostolicam appellaret, eundem per deocesim Halberstadensem excommunicantum publice nunciaverat:

Ad perpetuam rei memoriam. Licet cunctis fidelibus ...

Dat. in prioratu de Grausello prope Malausanam Vasionenis diocesis VIII kl. octobris a. quinto.

Reg. 57 f. 185 nr. 788; Rg. Cl. V 5888."[1]

„P. Clemens V. erklärt die von B. [Albrecht] von Halberstadt gegen EB. Burchard von Magdeburg verkündigte Exkommunikation für ungiltig. Er hatte dem EB. Burchard mündlich und schriftlich befohlen, die Templer seiner Diözese und seines Gebietes (dominii) und die Templer, die dort betroffen würden, an einem Tag gefangen nehmen, ihre Güter beschlagnahmen und bis auf weiteren Befehl beide bewahren zu lassen. Der Erzbischof hat, dem Gebote gehorchend, den Br. Friedrich, Meister der Templer in Deutschland, und einige andere Brüder in ihren Häusern Wichmannsdorf, Bollstedt und Gehringsdorf (Wichamnesdorp, Bolscede, Jondingesdorp), Halberstädter Diözese, im Gebiet der Magdeburger Kirche gefangen nehmen lassen, wofür er von den anderen Templern schwer angefeindet wurde. Als dann der Papst die Erzbischöfe von Mainz, Köln, Trier und Magdeburg mit der Einziehung, Verwaltung und genauen Verzeichnung der Güter der Templer beauftragte,[1] hat der Mainzer Erzbischof, obwohl ihm dies nach dem Wortlaut des Auftrages nicht zustand, die Bewahrung der Templer und Templergüter nach seinem Gutdünken seinen Suffraganen übertragen, ohne die Mitbeauftragten zu befragen, ja ohne auch nur dem Trierer und dem Magdeburger Erzbischof eine Kopie der päpstlichen Urkunde auszuhändigen. Darauf forderte der Bischof von Halberstadt den Erzbischof von Magdeburg zur Auslieferung der von ihm gefangen gehaltenen Templer und ihrer beschlagnahmten Güter auf und, als dieser nicht Folge leistete, verkündete er, obwohl ganz unrechtmäßiger Weise und trotz der von Seiten des Erzbischofs bei der Kurie eingelegten Appellation die Exkommunikation gegen den Erzbischof. Des Papstes Wille war es aber nicht, durch den zweiten Auftrag jenen ersten aufzuheben, er erklärt daher die Sentenzen, die der Halberstädter Bischof erlassen hat, für nichtig. - Ad perpetuam rei memoriam. Licet cunctis. - D. in prioratu de Grausello [Grauseau] prope Malausanam [Malaucenne], Vasionensis [Vaison] diocesis, VIII. kal. Oct. pont. anno V.

Rom, Reg. Vat. t. 57. f. 185 nr. 738. - Gedr. Regestum Clementis 5, 271 nv. 5888. - Reg.: Sauerland, Urk. u. Reg. z. Gesch. d. Rheinlande 1, 155 nr. 324.
Vgl. Reg. 1198."[2]

1 *Sauerland, Heinrich Volbert: Urkunden und Registen zur Geschichte der Rheinlande aus dem Vatikanischen Archiv. 1. Bd. Bonn 1902, Nr. 324, S. 155f.*

2 *Vogt, Ernst: Regesten der Erzbischöfe von Mainz von 1289-1396. 1. Bd. 1289-1328, Nr. 1376, S. 241.*

Nr. 111

1310 Dezember 4

„Pabst Clemens V beauftragt die Bischöfe von Brandenburg, Merseburg und Hildesheim, den wegen des Verfahrens gegen die Templer vom Bischof von Halb. über den Erzbischof von Magdeburg verhängten Bann zurückzunehmen. (ij. Non. Dec. a. vj)

Avignon 1310 Dez. 4.

Rom, V. A. Reg. 58, fol. 16, 61. - Gedr. Riedel A. 24, 352, 49 und Bd. 1, 297, 381. - S. a. Schmidt, pästl. Urk. S. 77 (Clem. V., N. 24)."[1]

„Clemens V Brandeburgensi Merseburgensi et Hildesemeni episcopis nunciat, quod Burchardus archiepiscopus Magdeburgensis secundum mandatum sibi a papa tam vive vocis oraculo quam per litteras dato personas et bona Templariorum infra diocesim et infra dominium suum existentes uno die capi fecit, propter quod is gravia sustinuit dampna et onera expensarum; quodque, cum papa postmodum Maguntinum Coloniensem Treverensem et Magdeburgensem archiepiscopos per litteras deputavit administratores bonorum Templariorum, archiepiscopus Maguntinus contra tenorem litteram papalium neque requisitis aliis tribus suis collegis neque copia litterarum earundem ipsis exhibita commisit suis suffraganeis rerum et personarum Templariorum custodiam in spiritualibus et temporalibus, cuius commissionis vigore episcopus Halberstdensis archiepiscopo Magdeburgensi sub pena excommunicationis in archiepiscopum et interdicti in loca, in quibus consisterent predicta Templariorum bona ab archiepiscopo capta, ferendi mandavit, ut predicta bona sibi restitueret, et nglecta appellatione archiepiscopi publice nunciavit eum excommunicatum. Papa excommunicationem decernit irritam et inanem mandatque predictis tribus episcopis, quatinus hoc decretum publice denuncient.

Licet cunctis fidelibus ... Dat. Avin. II nonas decembris a. sexto.
Reg. 59 f. 16 nr. 61; Rg. Cl. V 6448. - Conf. nr. 334. "[2]

1 *Schmidt, Gustav: Urkundenbuch des Hochstifts Halberstadt und seiner Bischöfe. 3. Teil, Halberstadt 1887, Nr. 1858, S. 72.*

2 *Sauerland, Heinrich Volbert: Urkunden und Regesten zur Geschichte der Rheinlande aus dem Vatikanischen Archiv. Bonn 1902, Nr. 335, S. 159.*

Nr. 112

1310 Dezember 18

„Clemens V archiepiscopo Magdeburgens, cui una cum Maguntino Clloniensi et Treverensi archiepiscopis papa commisit administrationem bonorum Templariorum in regno Alamanie consistentium cuique Coloniensis et Treverensis archiepiscopi ex eo, quod in partibus regni Alamanie et precipue in Magdeburgensi provincia propter viarum pericula non poterant personaliter interesse, commiserunt in dicto negotio vices suas, mandat, quatinus, non obstante quod in commissione huiusmodi ipsi per Coloniensem et Treverensem archiepiscopos facta archiepiscopus Maguntinus non fuerit requisitus nec super hoc vices suas ipsi commiserit, solus ad executionem commissionis eiusdem in provincia Magdeburgensi necnon in Treverensi et Coloniensi provinciis, in omnibus quoque terris dominii ecclesie Magdeburgensis viriliter procedat.

Dudum occasione processuum ... Dat. Avin. XV ianuarii a. sexto.
Reg. 59 f. 22 nr. 84; Rg. Cl. V 6472."[1]

1 *Sauerland, Heinrich Volbert: Urkunden und Regesten zur Geschichte der Rheinlande aus dem Vatikanischen Archiv. Bonn 1902, Nr. 336, S. 159f. Diese Urkunde findet sich als Regest in Vogt, Ernst: Regesten der Erzbischöfe von Mainz von 1289-1396. 1. Bd. 1289-1328, Nr. 1389, S. 243.*

Nr. 113

1310 Dezember 18
„Pabst Clementis V. Bulla an Ertzbischoff Burchardum zu Magdeburg, in seiner Dioeces wider die Tempelherren zu verfahren, und ihre Güter bis auf weitere Verordnung zu sequestriren. d. 18 Dec. Ao. 1310. E chartul.

Clemens Episcopus Servus Servorum Die, Venerabili fratri Archiepiscopo Magdeburgensi Salutem & Apostolicam benedictionem. Dudum occasione processuum contra Magistrum & ceteros fratres Ordinis Militiae Templi, rationabiliter habitorum, omnia bona mobilia & immobilia Ordinis prelibati, pro eodem Ordine si culpa reperiretur immunis, alias pro Terre sancte subsidio & contra inimicos Christiane fidei, perfidos Saracenos, ad quae Bona eadem fuerant ex largitione fidelium deputata, Nos ipsi decrevimus deputanda, ac intendentes cum summe diligentie studio precavere, ne medio persertim tempore, donec foret de ipsis per Apostolice sedis providentiam aliter ordinatum, bona ipsa exponerentur direptionibus malignorum, oportune gubernationis auxilio non adjuta, ac desiderantes ex animo, ut dirigerentur provide, ac fideliter servarentur, Tibi & venerabilibus fratribus nostris N. Moguntin. N. Colonien. N. Treveren. Archiepiscopis, tuis in hac parte Collegis, de quorum circumspectione provida, & providentia circumspecta, gerebamus fiduciam in domino specialem, communiter curam, gubernationem, administrationem & regimen omnium & singulorum Prioratuum, Hospitalium, Domorum, Grangiarum, locorum, possessionum & ceterorum bonorum & rerum, tam immobilium quam mobilium ac se moventium & jurisdictionum & jurium ordinis prelibati, & ad eum quomodolibet pertinentium ubicunque & in quibuscunque in Regno Alamannie consistentium, in spiritualibus ac temporalibus, per Nostras literas Apostolica Autoritate commisimus, per vos vel alium vel alios fide, facultatibus & alias idoneos, quem vel quos ad hoc deputaretis, usque ad ejusdem sedis beneplacitum fideliter exercenda, alienandi, distrahendi quomodolibet quodcunque de bonis ipsis, Tibi & dictis Collegis, & aliis ad hoc deputandis a vobis, facultate penitus interdicta, Tibi & prefatis Collegis nihilominus accipiendi, tenendi, possidendi, ac conservandi & administrandi bona & jura eadem, per vos & hujusmodi deputandum vel deputatos a vobis, nostro & ecclesie romane nomine, usque ad beneplacitum supradictum, & quoscunque detentores eorum, ut ea vobis, vel hujusmodi deputando vel deputandis a vobis, infra terminum seu terminos, quem vel quos Tu & dicti College vel deputati a vobis, eis ad hoc statueritis, cum integritate restituerent, & etiam assignarent, invocato propter hoc, si opus esset, auxilio brachii secularis, contradictores vel rebelles, per censuram ecclesiasticam, appellatione postposita compescendo. Volumus autem, quod in singulis Prioratibus, Hospitalibus, Domibus, Grangiis atque locis dict ordinis, Cure aut administrationi Tue, dictorumque Collegarum commisis, de omnibus & singulis bonis mobilibus & immobilibus ac se moventibus, Prioratuum, Hospitalium, Domorum, Grangiarium & locorum eorundem, quam ad manus vestras, vel hujusmodi deputandi seu deputandorum, a vobis quovismodo pervenire contingeret, & de illis etiam que per violentiam vel alias malitiose detinerentur ab aliis, quorum vobis, vel predictis deputando vel deputandis restitutto negaretur, conscribi & fieri curaretis, particulariter, distincte, & fideliter & cum diligentia debita per instrumenta publica, vel sub Sigillis Authenticis, inventaria ea nostre Camere, similibus penes vos retentis, quam citius possetis commode transmittendo. Nostre intentionis insuper existebat ac volumus, quod deductis necessariis ac moderatis espensis, quas pro cura, custodia, conservatione, & administratione bonorum hujusmodi fieri contingeret, per Te & Collegas predictos vel per illum sive illos, qui a Te dictisque Collegis communiter essent super his, ut predicitur, deputati, totum residuum fructuum, redituum, proventuum, jurium & obventionum bonorum eorundem, teneremini Nobis, vel ipsi Romane Ecclesie, vel cui mandaremus integre resignare, ac de ipsis omnibus & eorum singulis particularem & specificam per Instrumenta publica seu sub sigillis authenticis, & nihilomnius per fidelem procuratorem & nuncium, super hoc specialiter constitutuum a vobis & plenius informatum, Nobis & dicte nostre Camere, annis singulis, quibus essetis in administrationis officio prelibato, fideliter mittere ac reddere rationem, prout in predictis literis nostris inde confectis plenius & seriosus continetur. Verum prefati Colnien. & Treviren. Archiepiscopi, quum in partibus Regni Alamannie, & precipue in Magdeburg provincia, ad quas se dicta commissio extendebat, propter viarum pericula manifesta & notoria, Executioni hujusmodi non poterant personaliter interesse, attendentes, quod per Te premissa commodius, quam per alium poterunt exerceri, tibi in provincia & partibus prelibatis, quantum eos circa illas mandatum hujusmodi contingebat, commiserunt simpliciter vices suas, tuasque, quamvis obedientie debitum & universalis ecclesie utilitas generalis, ad mandatum hujusmodi, tibi & dictis collegis communiter facta, & commissionis hujusmodi executionem instantius Te urgerent; Consideramus tamen recto & sano consilio, quod in executione tam ardui permissi Negocii, Tua & dictorum Collegarum, communiter per ejusdem sedis providentiam specialiter electa fuerat industria personalis, & quod ob hec preminorum executio, per prefatos Colonien., & Treviren. Archiepiscopos, absque prefato Archiepiscopo Moguntin. nec divisim demandari poterat, nec etiam exerceri; Ne vel in exequendo de culpa presumptionis argueret, vel in omittendo desidia de negligentia te notaret, quid super his agendum foret, per ipsius sedis oraculum edoceri humiliter postulasti. Nos igitur in hac parte tuae circumspectionis industriam, obedientiam quoque & diligentiam plurimum in

Domino commendantes, ac attendentes predictas caussas rationabilis videlicet viarum pericula, quibus prefati Coloniensis & Treviren. Archiepiscopi super premissorum executione in prefatis proncie partibus rationabiliter excusantur. Considerantes quoque, quod in permissorum executione irremediabilia damna essent mora vel tarditas aliata, ac de fidei tue constantia & discretionum prudentia plenam in domino fiduciam obtinentes, volumus & presentium tibi autoriate committimus & mandamus, quatenus, non obstante, quod in commissione hujusmodi tibi facta, per prefatos Colonien. & Treviren. Archiepiscopos, dictus Archiepiscopus Mogunti. non fuerit requesitus, nec super hec vices suas tibi commisit, solus ad executionem commissionis ejusdem, in prefatis provincia & partibus, nec non in Treviren. & Colonien. Provinciis, in omnibus quoque terris, in quibus obtines dominium temporale, viriliter per Te vel per alium seu alios autoritate nostra procedas, juxta nostrarum ad te & collegas predictos, super hec hectenus directarum continentiam literarum. Datum Avinion. XV. Kalend. Januarii, Ponteficatus nostri Anno Sexto."[1]

1 *Dreyhaupt, Johann Christoph von: Pagus Neletici et Nudzici oder Ausführliche diplomatisch-historische Beschreibung des … Saal-Creyses und aller darinnen befindlichen Städte, Schlösser, Ämter, Rittergüter, adeligen Familien, Kirche, Clöster, Pfarren und Dörffer, insonderheit der Städte Halle, Neumarckt, Glaucha, Wettin, Löbegün, Cönnern und Alsleben. 2. Teil, Halle 1750, Nr. 595, S. 930f.*

Nr. 114

1310 Dezember 23

„P. Clemens V. erklärt, daß die von dem Mainzer Erzbischof und seinen Suffraganen über den Templerorden verkündigten Urteile und Prozesse - sive in absolvendo sive in comdempnando sint habiti - nichtig sind, da er ihnen zwar die Untersuchung gegen einzelne Templer wegen Häresie und andrer Verbrechen aufgetragen, ihnen aber zugleich befohlen hat, sich der gerichtlichen Untersuchung und der Urteilsfällung gegen den Orden durchaus zu enthalten. Der Erzbischof und seine Suffraganen sind über ihren Auftrag hinausgegangen und haben - instinctu noxie voluntatis - Sentenzen erlassen in Verachtung gegen den päpstlichen Stuhl, zum großen Schaden des christlichen Glaubens und zum allgemeinen Ärgernis. - Ad perpetuam rei memoriam. Circumspecta sedis. - D. Avinione X. kal. Jan. pont. anno VI.

Rom, Reg. Vat. t. 58. f. 68 nr. 275. - Gedr.: Regestum Clementis 6, 83 nr. 6666. - Reg.: Cartellieri, Konstanzer Regesten 2 nr. 3587. - Vgl. Reg. 1328 und Finke, Papsttum und Untergang des Templerordens 1, 319. - An der Kurie weilten damals Gesandte, die Kg. Philipp an den Papst in der Templerangelegenheit geschickt hatte, s. Reg. 1395."[1]

1 *Vogt, Ernst: Regesten der Erzbischöfe von Mainz von 1289-1396. 1. Bd. 1289-1328, Nr. 1392, S. 244.*

Nr. 115

1310 Dezember 23

„Clemens V universis archiepiscopis et episcopis per regnum Alamanie constitutis mandat, quatinus publicent decretum (*datum eodem die f. 68 nr 275*), quo decernitur, nullos esse ac nullius firmitatis sententias et processus per archicpiscopum Maguntinum ciusque suffraganeos super facta ordinis Templariorum sive in absolvendo sive in condempnando de facto presumptos.

Nuper sententias et processus ... Dat. ut supra (=Av. X kl. ianuarii a. sexto).

Reg. 58 f. 68 nr. 276; Rg. Cl. V 6667."[1]

1 *Sauerland, Heinrich Volbert: Urkunden und Regesten zur Geschichte der Rheinlande aus dem Vatikanischen Archiv. Bonn 1902, S. 160 Nr. 337. Diese Urkunde findet sich als Regest in Vogt, Ernst: Regesten der Erzbischöfe von Mainz von 1289-1396. 1. Bd. 1289-1328, Nr. 139, S. 244.*

Nr. 116

1310 Dezember 23
„P. Clemens V. befiehlt dem Mainzer Erzbischof, wenn er in eigener Person oder durch seine Vikare oder zusammen mit seinen Suffraganen Prozesse und Urteile für oder wider Personen des Templerordens erlassen hat, ihm die betreffenden Akten zuzusenden.[1] - Cum inquisitionem faciendam. - D. wie vorher.

Rom, Reg. Vat. t. 58. f. 68 nr. 277. - Gedr.: Regestum Clementis 6, 84 nr. 6668.

1 processum inquisitionis et sententiarum, si quas..tulisti sub manu publicarum personarum, si quas..evocasti, alioquin eo modo et forma, quibus facti et habiti extiterint, et cum subscriptionibus et sigiglis eorum tibi assistentium in eisdem fideliter interclusum."[1]

1 *Vogt, Ernst: Regesten der Erzbischöfe von Mainz von 1289-1396. 1. Bd. 1289-1328, Nr. 1394, S. 244.*

Nr. 117

1310 Dezember 24
„In den Verhandlungen der Gesandten Kg. Philipps von Frankreich mit P. Clemens V. über die Templerangelegenheit beschweren sich jene darüber, daß der Papst den Mainzer Erzbischof nicht, wie von französischer Seite verlangt worden war, vorgeladen und bestraft hat. Der Papst entschuldigt den Erzbischof, er habe zwar unrichtig gehandelt,[1] aber nicht mit böser Absicht, sondern aus Unerfahrenheit.[2] Auch habe er ihn deshalb nicht vorgeladen und bestraft, weil der Erzbischof einer der Statthalter (vicarii) sei, die der römische König in Deutschland zurückgelassen habe, und weil er nicht gerne Prälaten persönlich zur Kurie zitiere, er habe das in seinem ganzen Pontifikat nur vier- oder fünfmal getan. - Scriptum Avinion. in vigilia nativitatis Domini J[esu 1310].

Gedr. (nach dem Pariser Original): Boutaric, Rev. des quest. histor. 11 (1872), 23; Wenck, Clemens V. und Heinrich VII., 172; Schwalm, Neues Archiv 29 (1904), 615; Mon. Germ., Constitutione IV, 1, 468 nr. 514 (§9).

1 Vgl. Reg. 1392. - [2]non ex dolo, sed propter .. imperitiam."[1]

1 *Vogt, Ernst: Regesten der Erzbischöfe von Mainz von 1289-1396. 1. Bd. 1289-1328, Nr. 1395, S. 244.*

Nr. 118

1311 Februar 7

„Woldemaris Brandenburgensis et Lusacie marchio überträgt, um seine Mutter, die Kirche Lubucensem (Lebus) und die Verdienste des dortigen Bischofs Frederici zu ehren, dieser das Eigentum des Dorfes Werbek (Werbig westl. Küstrin), das sie von den militibus templi (Templern) gekauft hat. Siegelankündigung. Actum et datum in Everswolde a.d. 1311 septimo idus Februarii.

Überlieferung: Original Berlin Geh. Staatsarchiv, Lebus nr. 3. Siegel ab; es hing in der Mitte an roten geflochtenen Fäden. Kanzleihand.
Druck: Gercken, CD. Brand. Iv, 572 f. nr. 290 Riedel A XX, 199 nr. 27"[1]

„Woldemarus Marchio Brandenburgensis donat ecclesie Lubucensi villam Werbeck, A. 1311.

Ex Copia Arch. Reg. Berol.

In nomine Domini Amen. Cum omnis humana operatio quoquomodo ex appetitu rationabili &c. Nos *Waldemarus* Dei gratia *Brandenburgensis et Lusatie Marchio* forma presentis scripti publice protestamur, Quod ad honorem omnipotentis Dei et ad collaudationem matris ipsius sanctissime, cupientes matrem nostram ecclesiam *Lubucensem* aliquantulo deuocionis opere venerari propter specialia obsequiorum merita Reuerendi Dni patris Dni *Friderici Lubucensis Episcopi,* et non minus propter deuota Episcoporum suorum predecessorum patrocinia dedimus prefate *Lubucensi* ecclesie proprietatem ville *Werbek,* quam prefata ecclesia *a militibus templi* sibi comparauit, apponentes eam ex nunc ad ipsam ecclesiam cum limitibus antiquis et consuetis, cum judiciis, precaria, seruitiis et fructibus, uniuersisque attinentiis, cum omni libertatis jure justo proprietatis titulo perpetuo tempore possidendam propter Deum cum expressa abrenunciatione, omne jus quod nobis pro nunc aut successoribus nostris in futuro competet simpliciter adicantes. Vt autem premissa proprietatis donatio perpetuo salua consistat, presens scriptum sigilli nostri imagine voluimus communiri. *Actum et datum in Gerswolde anno domini M°.CCC°.XI°. septimo Idus Februarii.*"[2]

1 *Krabbo, Hermann/Winter, Georg: Regesten der Markgrafen von Brandenburg aus dem askanischen Hause. Berlin 1955, Nr. 2193, S. 599.*

2 *Riedel, Adolf Friedrich: Codex diplomaticus Brandenburgensis. Bd. 4, Nr. 290, S. 572f.*

Nr. 119

1311 März 25

„Nos Hartmannus de molendino, Wasmodus de Hastenbeke milites, Hugo Post famulus et uxores nostre Germodis, Alheydis et Hillegundis ac liberi nostri Bruno, Bertoldus, Johannes, Hillegundis, Lefgardis, Johannes et Mechtildis cum aliorum liberorum non haberemus et heredes nostri omnibus ad quos presens scriptum peruenerit notum esse cupimus, quod cum Bruno et fratres sui de Emberen rite et rationabiliter vendiderunt pro summa necessitate abbati et conventui de campo sancte Marie pro certa pecunie summa tres mansos et dimidium cum suis attinenciis, quos olim parentes ipsorum a fratribus militie templi justo emptionis titulo comparaucrant et nos nihil juris habeamus in eisdem talem venditionem ratam et gratam tenemus et presentibus approbamus. In cujus approbationis et consensus evidentiam firmiorem presenti scripto sigilla nostra duximus apponenda. Datum anno domini millesimo CCC⁰ undecimo in die annuntiacionis beate Marie virginis."[1]

1 *Ledebur, Leopold von: Die Tempelherren und ihre Besitzungen im Preußischen Staate. Ein Beitrag zur Geschichte und Statistik des Ordens. In: Allgemeines Archiv für die Geschichtskunde des Preußischen Staates. 16, 1835, S. 97-120, S. 242-268, S. 289-336, hier S. 118.*

Nr. 120

1311 März 26

„Universis hujus pagine continentiam visuris et audituris, Nos Hermannus sacerdos et canonicus ecclesie Hamelensis. Bruno, Bertoldus, Johannes et Hartmannus fratres dicti de Emberen ciues opidi ejusdem volumus notum presenti scripto publice protestantes, quod viris religiosis, abbati et conventui de campo S. Marie, ordinis cystere. Monaster. dyoces. tres mansos et dimidium cum proprietate sitos in campo Harthem prope opidum Hamelen, quos olim pie memorie pater noster et patruus, pro certa pecunie summa, cum quibusdam bonis aliis ac curia quadam juxta predictum oppidum Hamelen a fratribus milicie templi amptionis titulo compararunt, de uxorum nostrarum et heredum nostrorum, sororum nostrarum ac liberorum earum, necnon omnium quorum intererat voluntate et consensu libero, cum omnibus eorundem mansorum iuribus et attinentiis ac vna portione in communi marcha que uulgariter *echtwort* dicitur matura deliberatione prehabita rite et rationabiliter vendidimus, pro ducentis sexaginta duobus talentis denariorum cum dimidio monete Hamelensis, quam pecuniam nobis fore numeratam, traditam et solutam transferentes in predictos abbatem et conventum omne jus possessionis et proprietatis, quod nobis et heredibus nostris in suprataxatis bonis conpeciit ac conpetere potuit quacunque occasione vllo unquam tempore in futurum, hiis tamen interpositis conditionibus que sequuntur, quod si fore prelibati fratres milicie templi aliquam eisdam abbati et conventui et nobis super prefatis curia et mansis mouerint questionem, extunc jam sepedicti abbas et conventus nobis circa eandem causam secundum justam et equam taxationem assistent in expensis, si vero prefatis fratres militie templi vel per jus commune seu per privilegium ipsius indulta, jam sepedicta bona recuperare contigerit ex hoc nos et nostri heredes legitimi eisdem abbati et conuentui reddere tenebimur absque contradictione qualibet totam pecunie summam superius memoratam. In cujus rei testimonium et euidentiam firmiorem presens scriptum sigillis nostris dedimus roboratum. Actum et datum anno domini M^{0}.CCC^{0}.XI^{0}. in crastino annunciationis beate Marie virginis."[1]

1 *Ledebur, Leopold von: Die Tempelherren und ihre Besitzungen im Preußischen Staate. Ein Beitrag zur Geschichte und Statistik des Ordens. In: Allgemeines Archiv für die Geschichtskunde des Preußischen Staates. 16, 1835, S. 97-120, S. 242-268, S. 289-336, hier S. 119f.*

Nr. 121

1311 August 15
„P. Clemens V. teilt dem EB P[eter] von Mainz mit, daß er sein Ausbleiben auf dem bevorstehenden Konzil auf Bitten Kg. Heinrichs entschuldige, befiehlt ihm aber, einige bevollmächtigte Prokuratoren, die auch in der dem Erzbischof anbefohlenen Templerangelegenheit völlig unterrichtet sein sollen, dem Konzil zu senden, da der Erzbischof dem Verlauten nach gerade in dieser Sache auf dem Provinzialkonzil vieles nicht recht gemacht habe.[1] - Carissimi in Christo. - D. in prioratu de Grausello prope Malausanam, Vasionensis dioc.,[2] XVIII. kal. Sept. pont. anno VI.

Or.: München, Reichsarchiv (Mainz, Erzstift fasc. 54). Bulle an Kordel. Auf dem Umbug rechts: L. Synibaldus. Rückseitig R.C.CXVIIII. - Rom. Reg. Vat. t. 58. f. 297 litt. cur. nr. 119. - Gedr.: Würdtwein, Subs. dipl. 1, 408; Hennes, Zs. d. Ver. f. rhein. Gesch. 1 (1845), 103; Regestum Clementis 6, 464 nr. 7610; Mon. Germ., Constitutiones IVm 1, 620 nr. 651. - Reg.: v. Freyberg, Regesta Boica 5, 180 (mit Datum: 1310); Böhmer, Reg. Imp. VI. 346 nr. 333. - Erw. Königsaaler Geschichtsquellen (ed. Loserth) 355: Petrum.., qui tunc cum Johanne rege Bohomie fuit in Bohemia, propter preces domini Heinrici imperatoris papa ab illo concilio habuit supportatum.

1 multa per te minus bene habita predicentur. Man hat dabei zunächst an die Synode von 1310 zu denken, s. Reg. 1328. Joannis, Rerum Mogunt. 1, 639 fügt dem Bericht über jene Synode noch die Nachricht bei: Postea vero Petrus aliam commissionem obtinuit iuxta quam procedens praedictos censuit absolvendos. Actum 1311 kal. Julii, ut Nauclerus [Chronico (1664) 2, 367] ex quodam Jacobo Moguntino tradit. Doch steht die Nachricht eines päpstlichen Auftrages auf gerichtliche Untersuchung in Widerspruch mit Reg. 1392, und am 1. Juli 1311 war Peter noch in Böhmen.

2 Malaucenne im Priorat Grauseau, Diözese Vaison."[1]

1 *Vogt, Ernst: Regesten der Erzbischöfe von Mainz von 1289-1396. 1. Bd. 1289-1328, Nr. 144, S. 253.*

Nr. 122

1312 Januar 23

„Pabst Clemens V. spricht den Erzbischof Burchard von Magdeburg von dem über ihn vom Bischof Albrecht wegen Beschädigung der Kirche zu Beyer-Naumburg im Kampfe gegen die Templer verhängten Banne los. (x. Kal. Febr. a. vij) Vienne 1312 Jan. 23.

Magd. Cop. - Gedr. Ledebur XVI, 263. Schmidt, päbstl. Urk. S. 79 (Clem. V, N. 27)."[1]

1 *Schmidt, Gustaf: Urkundenbuch des Hochstifts Halberstadt und seiner Bischöfe. 3. Teil, Halberstadt 1887, Nr. 1879, S. 81.*

Nr. 123

1312 Mai 2

„P. Clemens V. verkündigt dem EB. [Peter] und den Bischöfen von Prag und Mähren, daß er die Güter, die der wegen vieler Schändlichkeiten des Meisters und der Brüder aufgehobene Templerorden im Oktober 1308 besaß, mit Zustimmung des Konzils dem Hospital des hl. Johannes in Jerusalem übertragen hat, und gibt ihnen den Auftrag, dem Meister oder den Prioren oder den Präzeptoren oder den Brüdern des Johanniterordens in ihren Gegenden die Templergüter zuzuweisen. - Ad providam Christi. - D. Vienne VI. non. Maii pont. anno VII.

Or.: München, Reichsarchiv (Mainz, Erzstift fasc. 55). Bulle fehlt. Unter dem Umbug (in der Mitte): M. de Pont. Auf dem Umbug: Dupl[ic] P. de Sto. P. Rückseitig: Archiep. Maguntia, Pragensi et Moravie. R. c. CCXLV. - Rom, Reg. Vat. t. 59. f. 51^v nr. 245. - Gedr.: Würdtwein, Diplom. Magunt. 2, 24; Regestum Clementis 7, 68 nr. 7886. - Reg. u. a.: Böhmer, Reg. Imp. VI 346 nr. 335; Hennes. Zs. d. Ver. f. fhein. Gesch. 1 (1845), 103. - Vgl. das päpstl. Schreiben über dieselbe Sache vom 16. Mai 1312 (Nuper in generali) Regestum 82 nr. 7952. Die an die Erzbischöfe und Bischöfe in Deutschland (per regnum Alamannie) gerichtete Ausfertigung dieser Bulle wurde von dem Offizial des Kölner Hofes vidimiert: 1312 in vigilia omnium sanctorum. Or.: Düsseldorf (Johanniter-Commende Köln 31)."[1]

1 *Vogt, Ernst: Regesten der Erzbischöfe von Mainz von 1289-1396. 1. Bd. 1289-1328, Nr. 1486, S. 261.*

Nr. 124

1312 Mai 2

„Clemens V Metensi et Tullensi episcopis ac decano eccl. Trever. nunciat, quod (*die eodem*) bona militie Templi approbante concilio concessit hospitali S. Iohannis Ierosolimitani, et mandat eisdem, quatinus magistrum seu priores vel preceptores aut fratres hospitalis eiusdem in corporalem possessionem inducant.

Ad providam Christi vicarii ... Dat. ut supra (=Vienne VI nonas maii p. n. a. septimo.

In e. m. archiepiscopo Coloniensi et Leodiensi ac Traiectensi episcopis.

Reg. 59 f. 51′ nr 245; Reg. Cl. V 7886."[1]

1 *Sauerland, Heinrich Volbert: Urkunden und Regesten zur Geschichte der Rheinlande aus dem Vatikanischen Archiv. Bonn 1902, Nr. 353, S. 166.*

Nr. 125

1312 Juli 25

„Pabst Clemens V. spricht den Erzbischof Burchard von Magdeburg von dem über ihn vom Bischof Albrecht wegen Entweihung der Kirchen zu Beyer-Naumburg und Gehringsdorf im Kampfe gegen die Templer verhängten Banne los. (viij. Kal. Aug. a. vij) Priorat Franselle 1312 Juli 25.

Magd. Cop. - Gedr. Schmidt, päbstl. Urk. S. 82 (Clem. V, N. 34). - S. a. Ledeburs Arch. XVI, 264."[1]

1 *Schmidt, Gustav: Urkundenbuch des Hochstifts Halberstadt und seiner Bischöfe. 3. Teil, Halberstadt 1887, Nr. 1891, S. 89.*

Nr. 126

1312 August 2

„'Br. Helfricus, Prior des Johanniterordens in Deutschland, verspricht den Hof in Topfstedt (-stete), den der Papst mit allen anderen in Thüringen gelegenen Gütern, die früher dem Templerorden gehörten, den Johannitern übertragen und den der EB. Peter ihnen auf ihr Verlangen zugewiesen hat, dem Erzbischof wieder zuzustellen, wenn der Papst eine andere Verfügung über diese Güter trifft.' - Dat. in domo nostra in Maspach 1312 IV. non. Aug.

Or.: München, Reichsarchiv (Mainz, Erzstift, Nachträge I. fasc. 12). Abhang. rotes Siegel verletzt. - Cop.: Würzburg (Lib. reg. 6 f. 120; Ingrossaturbuch 6 f. 106). - Gedr.: v. Gudenus, Cod. dipl. 3, 73. - Vgl. Heidemann 189."[1]

1 *Vogt, Ernst: Regesten der Erzbischöfe von Mainz von 1289-1396. Bd. 1 1289-1328, Leipzig 1913, Nr. 1504, S. 265.*

Nr. 127

1314 November 27 Mainz

„Die Templer Jakob, Konrad und Gerlach samt ihrer Mutter, der Witwe des Mainzer Bürgers Emelrich von Bingen, übergeben vor dem Mainzer Richter ehemalige Güter des Templerordens in Mainz an den Johanniterorden. - Bei den ehemaligen Templergütern in Mainz, die von den genannten Rittern und ihrer Mutter an den Johanniterorden gegeben werden, kann es sich um von den drei Brüdern in den Orden eingebrachtes Gut handeln, das sie nunmehr an den Johanniterorden veräußern. Der Lebensunterhalt der freigesprochenen Tempelritter sollte allgemein aufgrund der Bulle *Ad certitudinem* von 1312 Mai 6 in der Weise geregelt werden, daß sie aus dem Besitz des Ordens entschädigt wurden.

Orig. Perg. 3 S fehlen. - AStA München, Mainzer U 5986."[1]

1 *Mistele, Karl-Heinz: Zur Geschichte des Templerordens in Süddeutschland. In: Mitteilungen für die Archivpflege in Bayern. Sonderheft 5, 1967, S. 18-24, hier S. 21.*

Nr. 128

1315 Februar 23

„Der Domscholaster von Eichstätt verkauft seinen von den Tempelherren zu *Muesprunnen* (Moritzbrunn, LK Eichstätt) gekauften Hof zu *Puetenvelt* (Pietenfeld, LK Eichstätt) an Ulrich, den Sohn seiner Schwester, und dessen Frau unter der Bedingung, daß der Hof nach beider Tod wieder an die Tempelherren zu Moritzbrunn zurückfallen soll. - Die merkwürdige Rückfallsklausel dieser Urkunde läßt darauf schließen, daß 1315, drei Jahre nach der Aufhebung des Templerordens, immer noch Tempelritter in Moritzbrunn ansässig waren, die auf Wiederherstellung des Ordens hofften.

Orig. Perg., S besch. - AStA München, Hochstift Eichstätt, U von 1315 II/23 (z. Zt. wegen Neubearbeitung ohne Nr.)"[1]

1 *Mistele, Karl-Heinz: Zur Geschichte des Templerordens in Süddeutschland. In: Mitteilungen für die Archivpflege in Bayern. Sonderheft 5, 1967, S. 18-24, hier S. 21. Das Regest findet sich auch in regesta sive rerum boicarum autographa. Bd. 5, München 1836, Nr. 299.*

Nr. 129

1315 August 11

„Abt Petrus von St. Aegidien beglaubigt die Urkunden von 1303 Mai 7 und 1305 April 15

Original im Stadtarchive mit Siegel

Noverint unversi et singuli, quorum interest, quod nos Petrus Dei gracia abbas monasterii sancti Egidii in Brunswic vidimus et diligenter inspeximus ac examinando tractavimus litteras fratrum Fridrici dicti Selvestris et Fredrici de Alvensleve, preceptorum quondam domorum militie templi Jherosolmitani, non abolitas, non cancellatas nec in aliqua parte sui viciatas, set veris et integris sigillis sigillatas, quas ad partes discretorum virorum Hinrici prope cimitorium et Johannis Felicis, burgensium in Brunswic, transscribi et exemplari fecimus nil addendo vel minuendo, quod earum intellectum aut tenorem viciet vel inmutet.

Harum autem litterarum tenor est talis: Nos frater Fredhericus dictus Silvester....anno domini m°ccc°iij° in crastino sancti Johannis ante portam latinam.[1] Nos frater Fredhericus de Alvenleve....anno domini m°ccc°v° in die sanctorum Tyburcii et Valeriani martirum. In horum igitur omnium premissorum evidens testimonium sigillum nostrum presentibus transcriptis patenter duximus apponendum. Actum anno domini m°ccc°xv° in die sancti Thyburcii martiris.

Im Orig. 5 cimtorium 6 transcribi 11 transcriptis."[2]

1 *Hierbei handelt es sich um Urkunde Nr. 65.*

2 *Haenselmann, Ludwig: Urkundenbuch der Stadt Braunschweig. 2. Bd. Braunschweig 1900, Nr. 775, S. 433f.*

Nr. 130

1316 Juni 10

„Frater Helfricus de Rudinkeim, magister domorum hospitalis s. Johannis jherosolimitani per Alemaniam, notum esse volumus, quod de omnibus causis, negociis et factis rebus atque bonis vniuersis, super quibus nobis ac nostro ordini contra Elizabeth, relictam quondam Emelrici de Pingwia, ciui mogunt., ac Conradum sacerdotem et alios suos fratres, filios ipsius Elizabeth, quondam existentes in ordine milicie templi, racione dicti ordinis quomodolibet actio conpetiit, compositio amicabilis interuenit, cui fratres Heinricus de Hamirstein, Cunradus dictus Ruser, cellerarius in curia nostre domus in Moguncia, Hermannus de Worden, Johannes de Winingen et Thilemannus peritus in jure interfuerunt presentes Moguncie in nostra curia supradicta, conpositioni huiusmodi hoc addentes, quod eisdem Elyzabeth et suis filiis in suis negociis et factis munus promocionis secundum posse nostrum volumus impertiri.

Dat. et act. a. d. M.CCC.XVI. iiii, idus junii.

(Das Siegel des Ausstellers hängt beschädigt an.)"[1]

1 *Bauer, Ludwig: Hessische Urkunden. Bd. II., Darmstadt 1862, Nr. 788, S. 310.*

Nr. 131

1317 Dezember 16
„Des Johanniter=Ritter=Ordens Vollmach, die ehemaligen Güter der Tempelherren, so ihnen vom Pabst gescheckt worden, in Besitz zu nehmen. d. 16 Dec. Ao. 1317. E chartulario.

Universis persens transscriptum publicum inspecturis, Frater Paulus de Muc: Sancte domus Hospitalis, Sancti Johannis Jerusalim commendator in Thorstede, nec non Reverendi Viri Domini Fratris Leonardi in cunctus partibus cismarinis visitatoris Generalis, per Alemanniam, Bohemiam, daciam, Sveciam & Norwegiam locum tenens, salutem in domino sempiternam. Noveritis, Nos quoddam Instrumentum publicum scriptum manu fratris Johannis de Dollendorpp ejusdem domus publici notarii infra scripti, vallatum sigillis Religiosorum virorum infra scriptorum, recepisse in hec verba: Nos, frater Bertoldus de Hennenberch prior Bohemie Polonie &c. Frater Herrmannus Marchio de Hochberch, prior in superiori Alemannia, Frater Hetzehinus de Berstadt, prior in Media preceptoria Alemannie, frater Gerhardus de Hammerstein, commendator Domorum in Strena & in Hoyngon Ordinis Hospitalis Sancti Johannis Jerual: Universis & singulis, presentes publicas literas inspeturis, tenore presentium publice reconoscendo protestamus quod in nostra congregatione habita Franckenfort Anno Domini MCCCXVII. In die Beati Luce Evangeliste, congregatis ibidem, quam pluribus Viris religiosis ac prudentibus Commendatoribus & fratribus nostre religionis, partium Alemannie predictarum, habitis variis tractatibus super negociis ordinis multimodis, tandem inter cetera nostra consilia unanimiter in hoc convenerunt, quod religiosum & honestum virum, in Christo nobis charissimum fratrem, Paulum de Muc: Commendatorem domorum Erfordie & Topfstedt, gerentis vice Reverendi domini fratris Leonardui de Tybertis visitatoris Generalis ordinis nostri pretacti in cunctis partibus cismarinis per Alemanniam &c. de cujus probitate circumspectione ac industria experti quam plurimum, nec non sicut novimus, auctoritate dicti domini fratris Leonardi ad hoc est assumptus, ipsum ad hoc duximus eligendum, voluntate, consilio & assensu expresso omnium nostrum convenientibus, quatenus universas & singulas Domos, Ecclesias, Loca, possessiones, jurisdictiones, reditus arque jura, omniaque alia bona mobilia & immobilia, quondam Ordinis Templi, nunc vero nostro Ordini per Sedem Apostolicam donata a venerabilibus dominis, Archiepiscopo Magdeburgen: ac Episcopo Halberstaden: nec non & ab ipsis quondam Templariis, ceterisque personis Ecclesiasticis vel Secularibus cujuscunque Status, conditionis vel dignitatis existat, repetat, exigat & requirat, viris seu ordinationibus quibuscunque poterit duntaxat Ordinem decentibus, ad jus & proprietatem Ordinis bona predicta reducendo. Et quodcunque seu quecunque de memoratis bonis rehabuerit, ipse si voluerit, libere ac quiete regat, gubernet, administret, aut per alios loco & vice sui regi, gubernari, administrari faciat, prout sibi utilius videbitur expedire, fructibus, reditibus, proventibus dictorum bonorum, per se vel alios, ad utilitatem Ordinis atque suam fruendi, nostram liberam concedimus voluntatem, ad hoc fratri Paulo prenotato, insuper dicto fratri Paulo, prout sibi a Sede Apostolica auctoritas est collata, firmiter assistentes, personas idoneas & honestas, quondam Templi Ordinis, pro servitio & utilitate Ordinis, ad consortium nostre religionis in fratres donatos, vel aliter prout expedire viderit, recipiat & admittat. Procuratorem vero unum vel plures ad premissa omnia & quodlibed premissorum peragenda vel peragendum constituat. Quietationem etiam generalem ac specialem, de universis receptis & habitis dictorum bonorum, faciat & imponat. Promittimus etiam ratum, gratum & firmum habere, quicquid per saepe dictum fratrem Paulum secundum generalia ac specialia omnia & singula in presentibus, ac sibi a Reverendo domino, fratre Leonardo sepesate, de pretactis, concessis, contenta, factum fuerit atque datum. Datum Franckenfort. Anno & die ut supra. In quorum onmium & singulorum evidens testimonium, Nos frater Bertholdus de Henneberch, frater Hermannus Marchio de Hochberch, frater Hetzekinus de Berstadt, frater Gerhardus de Hammerstein predicti, nostra sigilla, una cum sigillis honorabilium virorum fratris Hugonis de Wardenberch Commendatoris in Weelsneiben, fratris Johannis de Gronebach Commendatoris in Terusselheim, superioris Alemannie, nec non fratris Burchardi Commendatoris in Wizense, fratris Wilhelmi Commendatoris in Rode medie Alemannie, ac fratris Johannis de Helfenstein Commendatoris in Mechele, fratris Lamberti de Soenechen, Commendatoris in Adenowe inferioris Alemannie, fratrum nostri Ordinis antedicti, presentibus sunt appensa, addicentes preterea, quod quicquid predictus frater Paulus fecerit in premissis & quodlibet premissorum, hoc faciat de consilio & assensu expresso, Commendatorum seu fratrum nosti Ordinis, tunc - - sibi assitentium, cum aliquid talium duxerit faciendum, ad minus autem duobus vel tribus Commendatoribus seu fratribus nostri Ordinis sibi assumptis, ad premissa vel aliquod premissorum, ut premittitur, ordinandum. Omnia vero & singula bona quondam Templariorum, ut premittitur, que dictus frater Paulus acquisierit, seu rehabere poterit a pernonis quibuscunque cujuscunque dignitatis ad tempor vite sue libere sine omni impeditone cujuslibet nostrum vel alterius cujuscunque libere possideat, ipsis pacifice potiatur. Datum ut supra. Et Ego frater Johannes de Dollendorp Colonien: dioc: Imperiali autoritate publicus Notarius, Ordinis supradicti, presentibus omnibus intersui & audivi, ipsaque manu mea propria scripti, signoque meo solito signavi, rogatus a Reverendo Dno. Fratre Paulo memorato. Quod quidem instrumentum in testinonium & evidentiam pleniorem per Amelungum Gogravum Notarium publicum infra scriptum transscribi & exemplari mandavimus & nostri ac religiosorum fratris Ulrici dicti Dwof in Gordowe, Neuenrowe & Lichna, fratris Gevehardi de Wantflure, & fratris Hinrici de Weseberge, in Mirowe, & fratris Rodolfi in Magdeborch, domus ejusdem, Commendatorum & fratrum fecimus sigilloruml appensione muniri, ipsumque venerabili in Christo Patri & Dno, Dno Burchardo Magdeburgen: Ecclesie Episcopo per copiam tradimus. Datum Magdeburg. Anno Domini MCCCXVII feria sexta post Lucie. Et Ego Amelungus Gogravus de Haddendorp Clericus Minden: dioc: publicus imperiali autoritate Notarius prout in supra posito instrumento publico inveni, de mandato fratris Pauli predicti de verbo ad verbum transscripti & exemplavi, nil addens vel minuens quod sensum mutet vel intellectum, meoque signo solito signavi."[1]

1 *Dreyhaupt, Johann Christoph von: Pagus Neletici et Nudzici oder Ausführliche diplomatisch-historische Beschreibung des ... Saal-Creyses und aller darinnen befindlichen Städte, Schlösser, Ämter, Rittergüter, adeligen Familien, Kirche, Clöster, Pfarren und Dörffer, insonderheit der Städte Halle, Neumarckt, Glaucha, Wettin, Löbegün, Cönnern und Alsleben. 2. Teil, Halle 1750, Nr. 593, S. 931f.*

Nr. 132

1318 April 10

„In nomine Domini Amen. Nos Albertus de Katzenstein, Commendator in Mosprunne, Martinus Commendator in Mergetheim, et Joannes Sacerdos dictus Rützlein, fratres Ordinis S. Joannis Hospitalis Jerosolymitani, Tenore presencium profitemur, recognoscimus et constare volumus universis, Quod nos de jussu et permissione honorabilium in nec non Visitatoris nostri per Alemaniam, Fratris Hezzingein de Berstatt Preceptoris medie Balive, nec non Fratris in Bocksperg, Fratris Helferici de Rüdenheim, Commendatoris in Heinbach, Fratris Eberhardi de Kestenberg Commendatoris in Herbipoli, Fratris Guntrami de Turensheim Commendatoris in Franckfurt, Fratris Helemrici de Randsacker, et aliorum, quorum intererat, beneplacito, consilio et assensu, pro commoditate ipsius Ordinis nostri, provida nihilominus et matura super hoc deliberacione prehabita, interveniente quoque solempnitatis tractatu, qui consuevit, potest et debet in talibus adhiberi, possessiones nostras in *Hesenloh* et in *Leisacker* sitas, *quondam* domui Fratrum *milicie Templi* in Musprunn pertinentes, quam nobis et Ordini nostro cum omnibus pertinentiis suis Sactissimus in Christo Pater, Dominus Clemens quintus, sacrosancte Romane et universalis Ecclesie summus Pontifex irrevocabiliter incorporavit, et etiam distrahendi, commutandi pro commode nostro, suis super hoc confectis publicis instrumentis auctoritatem prenissimam indulsit, viris providis et discretis Ludwico, Walthero, Magistro Wernhardo et Heinrico de Schiltperg, Capellanis S. Willibaldi chori occidentalis apud Eystet, Successoribusque eorum pro perpetuis prebendarum suarum usibus pro certa pecunie quantitate nobis plenarie et integraliter assignata, quam et in usus ordinis nostri utiliter duximus convertendam, titulo proprietatis cum omnibus pertinenciis suis, agris, hortis, areis, nec non cum omnibus juribus suis et pertinenciis, quesitis et inquirendis vendidimus et vendimus, donavimus et donamus, tradidimus et tradimus, assignavimus et assignamus, immo ex nunc in ipsos et quemlibet ipsorum ac successores eorundem pro perpetuis prebendarum suarum usibus transferimus per presentes tenendas amodo, quiete et pacifice possidendas. In quorum testimonium presentes exinde confectas conscribi volumus litteras Fratris Pauli de Mutina, Fr. Hazzigein predictum, nec non Fratrum et Commendatorum premissorum sigillis. Nos quoque Frater Paulus, Fr. Hassingein, Commendatores prenotati omnia supradicta recognoscimus esse vera et Sigilla nostra in testimonium presentibus appendisse. Anno Domini Millesimo Trecentesimo, Octavo Decimo. Idus April."[1]

1 *Popp, Theodor David von: Urkunden, den vormaligen Templerhof zu Moosbrunn betreffend. In: Archiv des Historischen Vereins von Unterfranken und Aschaffenburg. 2/3. 1852, S. 243-248, hier S.246ff.*

Nr. 133

1318 Dezember 1

„Iohannes XXII decano ecclesie Coloniensis et priori Predicatorum ac auardiano Minorum Cloniensium mandat, quatinus taxationes et provisiones factas pro fratribus quondam Templi immoderatas moderentur.

[Iohannes XXII] decano ecclesie et priori Predicatorum ac guardiano Minorum fratrum ordinem Coloniensium.

Nuper ad apostolatus nostri pervenit auditum, quod, licet felicis recordationis Clemens papa V ... statuendum duxerit in Concilis Viennensi, quod fratribus quondam Templi ab erroribus, quibus reperti fuerant, absolutis et in posterum absolvendis per provincialia concilia iuxta sui status decenciam deberent neccessaria ministrari, nonnulli tamen archiepiscoporum et aliorum prelatorum ... non convocatis conciliis provincialibus, nonnulli vero dictis conciliis convocatis eisdem fratribus ita immoderata et superflua stipendia conferenda eisdem annis singulis statuerunt, quod, si eis per .. magistrum et fratres Hospitalis S. Iohannis Ierosolimitani, quibus bona dicti ordinis fuerunt per sedem apostolicam applicata ... huismodi stipendia assignentur, de bonis predictis nullum emolumentum negocio Terre Sancte poterit provenire .... Et nichilominus dicti archiepiscopi et prelati sibi reservasse dicuntur addendi et minuendi stipendia huiusmodi potestatem. Nos igitur ... discretioni vestre ... mandamus, quatinus taxaciones stipendiorum factas per archiepiscopos et prelatos predictor et quoscumque alios ... faciatis vobis ...

exhiberi illaque studeatis inspicere diligenter et attendendo, quod dicti quondam Templarii non deberent ex provisione huiusmodi thesaurizare nec valde vivere delicate, sed tamquam religiosi victum dumtaxat et vistitum consequi oportunum, taxaciones et provisiones huiusmodi, quas superfluas et immoderatas fore inveneritis, ... studeatis .. taliter moderari, quod ex bonis predictis eidem Terre Sancte utilitas et profectus adveniat et dictus ordo Hospitalis possit huiusmodi plurima sibis incumbencia onera supportare ... Dat. Avinione kl. decembris anno tercio.

Eodem modo quam plurimis aliis.
Red. 69 f. 87 nr. 265."[1]

1 *Sauerland, Heinrich Volbert: Urkunden und Regesten zur Geschichte der Rheinlande aus dem Vatikanischen Archiv. Bonn 1902, Nr. 505, S. 238f.*

Nr. 134

1318 Dezember 27
„Ritter Gotzo von Dietesheim (Didins-) und seine Frau Trudela lassen auf ihren Gütern in Dorf und Gemarkung (marca) Hamm (Hamen) dem EB. Peter jährlich 5 Kölner Mark auf (1 Denar=3 Heller) auf, um sie als Erblehen auf Starkenburg (-berg) zu verdienen. Die Lage der Güter, die alle an den Ratsmeister Siegfried, Wormser Domkanoniker, grenzen, ist folgende: In campo inferiori 11/2 Joch ‚off suwelache' neben den Templern; 1 Joch neben diesen; 1/2 neben dem Herrn H. gen. Wirzeburger; 1 neben den Templern; 2 1/2 neben Wirzburger; 1 Viertel neben den Templern; 1/2 Joch ‚off difdel' neben Dierich gen. Nusborn; 3/4 Joch off difdel ‚off die obersithe' neben Dietrich; 1/2 Joch tendens super pratas off die obersithe neben den Templern; 1 1/2 Joch tendens ‚off die wesen' neben den Herren von Pfeddersheim (Petdernsheym); 1/4 Joch ‚anwenders an demselben stucke' neben den Templern; 2 Joch ‚in dem gerichte' neben dem Pleban von Eich (eychen); 1/2 Joch ebenda neben den Templern; 1/2 Joch ‚off Phaffenboele' neben den Herren von Pfeddersheim; 1/2 Joch neben den Templern. Dies ganze Feld umfaßt 17 1/4 Joch. - In alio campo supe-

riori; 4 17" Joch neben Nusborn; 7 Viertel ,off die derlache' tendens neben demselben; 1/4 tendens ,off den dich' neben den Templern; 2 Joch tendens ,off den dich' neben Nusborn; 1/2 Joch tendens ,off die derlache' neben Nusborn; 1 Joch ebenda; 2 Joch ,off der lachen' neben Dietrich; 1 17" Viertel ,off den Eycher Weg' neben den Templern. Dies Feld umfaßt 17 Joch 1 1/2 Viertel. - An den Wiesen diesseits des Rheins: 1 Mannesmaht ,off dem hache' neben den Herren von Pfeddersheim; 1 ,ober den holczweg' neben den Templern; 1 ebenda neben der Jungherrin Katharina gen. Wirczburger; 1 ,dorch die selache' neben den Herren von Pfeddersheim; 2 ,in den zwein dichen' neben dem Herrn Gebeno von Bechtheim (Bercheim), 1 neben Heinrich de Dan; auf der anderen Seite des Rheins: 6 Mannesmaht ,off dem eygene' neben (dem?) Werde; 7 ,an dem hore' neben der Kirche in Gundheim (-t-); 1 tendens off den Gizzen neben Heinrich gen. Wirczeburger. Zusammen 21 Mannesmaht. Außerdem die Hälfte seines Hofes. - D. 1318 in die b. Johannis ewang.

Copien: Würzburg (Lib. reg. 5 f. 132; Ingrossaturbuch 1 f. 188v). In der letzteren Copie fehlen zwei Äcker und die Größenziffern sind nicht immer wiedergegeben."[1]

1 *Vogt, Ernst: Regesten der Erzbischöfe von Mainz von 1289-1396. 1. Bd. 1289-1328, Nr. 2078, S. 399.*

Nr. 135

1319 Januar 13

„Hoc tenore sentiant vniuersi, quod Wilhelmus comes de Kazinellenbogen coram Nycolao, seculari judice moguntino, constitutus per caucionem judiciariam, que Borgen wlgariter dicitur, se astrinxit, quod fratribus eberbacensibus m. marcas den. colon. persoluat infra quindenam, pro quibus m. marcis prenominatus comes curiam suam dictam Tempelhof in Selhouia Moguncie sitam prefatis fratribus tytulo pignoris obligauit.

Actum presentibusThulmanno dicto Scherpelen et Heinrico de Justene, ciuibus moguntinis, a.d. M.CCC.XIX, sabb. prox. p. Epiphaniam dom.

(Die Siegel der Mainzer Richter hängen unbeschädigt an.)
(Vid. der Mainzer Richter.)"[1]

1 *Bauer, Ludwig: Hessische Urkunden. Bd. II., Darmstadt 1862, Nr. 822, S. 819f.*

Nr. 136

1320 März 16
„...ex indulto det auctoritate sedis apostolice successores legittimosque possessores..."[1]

1 *Schmidt, Julius: Beschreibende Darstellung der älteren Bau- und Kunstdenkmäler der Provinz Sachsen und angrenzender Gebiete. Heft XI Die Stadt Nordhausen. Halle 1887, S. 200, der nach dem von H. Beyer zusammen gestellten Diplomatarium Ilfeldense zitiert.*

Nr. 137

1321
„...1321 gaben die Grafenbrüder Heinrich und Dietrich v. Hohnstein und Albert (der ehemalige Tempelherr), wohnhaftig zu Utterode (Hutenrode), dem Kloster Ilfeld den ehemaligen Tempelherrenhof vor dem Hagen zu Nordhausen (‚*curia in opido Northusen ante indaginem, quondam fratrum templariorum propriam*'), den die Grafen 1316 nach Aufhebung des Templerordens vom Johanniterordenshause zu Weißensee erhalten hatten..."[1]

1 *Meyer, Karl: Geschichte der Burgen und Klöster des Harzes. Bd. III Das Kloster Ilfeld, nach den Urkunden des Klosters. Leipzig 1897, S. 25.*

Nr. 138

1321 Oktober 23

„I. n. d. a. Ego Hiltegardis dicta zu Paffineckelmanne de bonis mihi a deo collatis et per me laboriose conquisitis ad honorem dei omnipotentis, eiusque b. matris b. Marie virginis ac b. Agnetis virginis ad altare b. Agnetis in dicta ecclesia s. Andree constitutem missam perpetuam siue beneficium sacerdotale institui et in recompensam presenciarum dandarum cappellano dicti altaris ac Petro dicto Rische, consanguineo meo, qui ipsum beneficium deseruire debebit, dictis decano et capitulo assignaui cxxx. libras hallens. Dotaui insuper dictum altare cum omnibus bonis meis immobilibus sitis in villa Westouen, primo videlicet in minori campo duali amme hlozwege consulc. dominus de Hohenvels, item i. juger consulc. dominis de Ottirburg, item i. juger in eadem via consulc. Gerlacus Coberer, item i. juger consulc. domini de Flersheim, item ii. jugeribus an Bennburnen consulc. nonialibus montis s. Andree wormat., item i. juger apud fontem Hermansburne consulc. dominus de Hohenuels, item juger in via Bertheimirwege consulc. Bene, filie Gunzin, item i. juger cum dimidio in via Bertheimirwec consulc. Dizo Cuz, item ii. jugeribus in via mettinheimer wec consulc. monachis de Ottirburg, item in eadem villa in maiori campo i. juger agri campestris super pratum consulc. dominis ecclesie wormat., item ii. iugeribus an cellirwege consulc. domine Ponteizen, item i. juger an stollinwingart consulc. abbati de Hornbach, item i. juger an veltbruckere wege consulc. relicte Liben, item iii. jugeribus, qui nominantur di anwender offe der dunregruben, item i. juger in via osthouir wege, que erant quondam dominorum de Muli, item i. prato, quod nominatur di Rorwise, item in maiori campo i. iuger amme wisin Reine consulc. Irsuto comiti, item in minori campo i. juger amme holzwege consulc. monialibus in monte s. Andree wormat., qui quondam fuerunt Jacobi de Monzinheim, item i. jormali tendenti an litlinburnen erdin consulc. Cleselinus dictus Susinheimir consulc. Heilmanno an deme kirchdore, item duali an Kelterstein, item dimidio duali an mintzilsbaum consulc. Prume, item jurnali imme dale consulc. Emerico Bok, item duali an Ideburne pade, item iii. jornalibus an wormezir wege consulc. filii Susinheimeri, item i. jornali an willenreine nebin den ses morgin domini Cunonis de Laudinburg, item i. jornali forne an oberstedal in via Monzenheim consulc. moniales de Lebenauwe, item ii. iornalibus hinden of oberstedal consulc. monialibus de himmilgarten, de quibus vineis redditus x. solidorum hallens, cedent ecclesie in Westouen et plebano ibidem, in quorum recompensam redditus vii. vnciarum hallens, quos habeo super curiam dicti Benen in Westouen, ad dictum altare eciam deputaui. Item simili mode sicut supra ad honorem dei omnipotentis et b. Thome apostoli perpetuam missam siue beneficium sacerdotale in dicta ecclesia ad altare b. Thome apostoli in ipsa ecclesia s. Andree constitutum instituo, dotans ipsum altare redditibus annuis, primo videlicet redditibus x. maldrorum siliginis, quos habeo in villa Herlisheim, quos dat Cleselinus dictus Becherer iunior, ciuis wormat., de bonis suis ibidem sitis, item redditibus vii. maldrorum siliginis mihi cedentes de bonis meis in Petdrinsheim sitis et Nycolao dicto Viltz ibidem pro dictis redditibus per me locatis, item redditibus iii. maldrorum siliginis, quos dabit Jacobus Brungeszere de Monsheim, insuper do ad ipsum altare macellum meum per me emptum erga dictum Heidilbergeren pro lvi. libris hallens., item deputo decano et capitulo predictis in recompensam presenciarum perpetuo ministrandarum cappellano dicti altaris s. Thome redditus meos, videlicet rdditus v. librarum, quos habeo super curia ad templum, item redditus ii. librarum hallens. super apotheca mea inter medias institas wormat. sita, item redditus ii. librarum hallens. super domo mea zu paffeeckelmanne, item redditus i. libre hallens. super super domo mea offe der lauwerbach sita contigua domui dicti Colhasin, et volo, quod Petrus sacerdos, cappellanus in Kirsegarten, dictum beneficium habeat quoad uixerit, ipsoque Petro defuncto prefati domini ipsum beneficium vni tantum persone mihi in gradu seu linea soncanguinitatis magis proxmiori actu sacerdoti si inventus fuerit conferant vna vice etc. Preterea lego dictis decano et capitulo redditus i. libre hallens. in anniuersario meo super domo offe der lauwerbach predicta.

Act. et dat. a. d. M.CCC.XXI, in die b. Seuerini

(Die Siegel der Wormser Richter und des Andreasstifts hängen wohl erhalten an.)"[1]

1 *Bauer, Ludwig: Hessische Urkunden. Bd. II., Darmstadt 1862, Nr. 864, S. 860ff.*

Nr. 139

1323 März 26

„In nomine domini Amen. Legum sanxio sagaciter adinuenit ut ea que geruntur negocia scripturis autenticis fidelius inserantur ne fortassis obliuio uel malignantis negocio quid subducat. Hinc est quod nos Vlricus Cantor ecclesie Nuenburgensis et Henricus fratres germani dicti de Vrekleuen publice recognoscimus prepositus, geuehardus prior totumque capitulum ecclesie ss. Joh. Bapt. et Joh. ewangel. prope muros Halberstat. datis in pretium et totaliter exsolutis. XXX. marcis cum dimidia steyndaliensis argenti comparauerunt et rite ac rationabiliter emerunt a nobis vnum mansum situm in campis ville inferioris ronstede et decimam quatuor mansorum et dimidii in campis ville magne quenstede cum quinque pullis decimalibus annuatim. Nos quoque Henricus miles predictus ius et proprietatem ipsius mansi et decime cum pullis que per fratrem Fredericum de aluensleuen olim preceptorum generalem ordinis milicie templi per alemanniam legitime constitutum habentem tunc hoc est ante dampnationem ac destructionem dicti ordinis ad hec plenariam potestatem tempore sue administrationis libere in nos et fratres nostros legittime translata fuerunt de consensu fratris nostri prenominati in dictam ecclesiam beatorum Joh. B. et Joh. Ew. nec non de consensu omnium illorum quorum consensus ad hoc de iure uel consuetudine fuerat requirendus. diunine remunerationis intuitu perpectue donationis titulo, omni modo. forma causa et iure quibus melius et efficatius possumus transferimus in hiis scriptis. et nos Vlricus cantor predictus donationem proprietatis ipsius mansi, decime ac pullorum factam a fratre nostro vt predicitur, omni modo possibili quoque ad nos pertinet in hiis scriptis gratam et ratam habemus et data fide nos Vlricus et Henricus predicti simul et in solidum promittimus omnibus et singulis de capitulo ecclesie predicte ss. Joh. B. et Joh. Ew. quod ipsos vel eorum quoslibet successores nunquam inquietabimus super fructibus iuribus dominio vtili uel directo mansi pullorum ac decime prelibate. Renuncciamus insuper non numerate pecunie et omni alteri exceptioni defensioni seu illegationi iuris et facti que nobis seu cuilibet nostrum nostrisve heredibus possent in hac parte qumodolibet suffragari. Nos quoque Henricus miles memoratus promittimus fideliter Warandiam de promissis debitam secundum bonam terre consuetudinem approbatam predicto capitulo et ecclesie vbi quam et quotiens necesse fuerit nos facturos. Testes huius donationis ratihabitationis promissionis et renuncciationis sunt ad hoc specialiter vocati. Honrabilis viri et domini lodewicus de Wantsleue cellerarius. Borkardus Junior de morungen, Hermannus de Ecstede Canonici Ecclesie Halberstadensis. Item et domini videlicet Johannes de getle, Henricus dictus sprink et wipertus Canonici s. Marie ibibdem. Johannes de quenstede miles Fredericus de sercstede. et Henricus Bodinsteyn famuli et quamplures alii clerici et layci fidedigni. Preterea litteras presentes inde confectas sigillisque nostris roboratas dictis preposito et capitulo tradimus in testimonium euidens omnium premissorum. actum et datum anno domini M.CCC.XXXIII. Kal. aprilis.

(Aus dem im Provinzial-Archiv zu Magdeburg befindlichen Originale.)"1

1 *Ledebur, Leopold von: Die Tempelherren und ihre Besitzungen im Preußischen Staate. Ein Beitrag zur Geschichte und Statistik des Ordens. In: Allgemeines Archiv für die Geschichtskunde des Preußischen Staates. 16, 1835, S. 97-120, S. 242-268, S. 289-336 hier S. 259ff Anm. 127. Das Original befindet sich im Landeshauptarchiv Sachsen-Anhalt, Abteilung Magdeburg, Rep. U 8 C, Nr. 115.*

Nr. 140

1324 Januar 13

„P. Johann XXII. gibt auf den Bericht des Albrecht von Schwarzburg (Nigrocastro), Priors des Johanniterordens in Deutschland, dem Mainzer Erzbischof den Auftrag, die Schwestern des Hauses von Molin[1], Wormser Diözese, das einst zum Tmeplerorden gehörte, dazu anzuhalten, daß sie Profeß auf die Regel des Johanniterordens ablegen, da die Güter des Templerordens dem Johanniterorden überwiesen worden sind.[2] - Significavit nobis. - D. Avinione id. Jan. pont. anno VIII.

Registriert: Rom (Reg. Avin. t. 21. f. 327; Reg. Vat. t. 77. f. 289v nr. 1805). - Reg.: Riezler, Vatik. Akten 171 nr. 344; Mollat, Jean XXII. Lettres communes 5 nr. 18845.

1 Heute Mühlheimer Hof bei Osthofen.

2 Vgl. Reg. 1486."[1]

1 *Vogt, Ernst: Regesten der Erzbischöfe von Mainz von 1289-1396. 1. Bd. 1289-1328, Nr. 2501, S. 492f.*

Nr. 141

1327 August 25

„Ulrich, Domcantor in Naumburg, und R. Heinrich, Gebrüder von Freckleben, verkaufen dem Capitel für 47 1/2 Mark den Zehnten von 20 Hufen zu Neindorf, der einst den Templern gehört hat. Halb. 1327 Aug. 25.

In nomine Domini amen, legum sanxio sagaciter adinvenit, ut ea que geruntur negotia scripturis auttenticis fidelius inserantur, ne fortassis oblivio sive malignantis negatio quid subducat. hinc est quod nos Ulricus Dei gratia cantor ecclesie Nuenburgensis et Hinricus miles, fratres germani dicti de Vrekeleve, publice recognoscimus in hiis scriptis, quod venerabiles domini Hinricus prepositus, Heydenricus decanus totumque capitulum Halb. ecclesie, datis in pretium et totaliter exsolutis quadraginta septem marcis et dimidia Stendaliensis argenti, redimerunt (!) a nobis decimam viginti mansorum sitorum in campis Niendorp, que et olim pleno iure ad idem captitulum pertinebat. nos quoque Ulricus cantor predictus jus et proprietatem ipsius decime, que per fratrem Fredericum de Alvensleve, olim preceptorem generalem per Alemaniam ordinis militie Templi, approbantibus et ratificantibus magistro generali totoque capitulo dicti ordinis, ante dampnationem captivationem et inhibitionem administrationis et alienationis factas de ipso generali magistro et ordine, dudum in nos, tunc in sacris ordinibus et clericum Halb. civitatis existentem, translata fuerunt, in Halb. ecclesiam eiusque capitulum de consensu fratris nostri predicti et omnium heredum suorum divine remunerationis intuitu perpetuo donationis titulo omni modo forma causa et iure, quibus melius et efficacius possumus, transferimus in hiis scriptis. et nos Hinricus miles predictus donationem proprietatis ipsius decime factam a fratre nostro, ut predicitur, omni modo possibili, quoque ad nos pertinet, in hiis scriptis gratam et ratam habemus. et data fide nos Ulricus et Hinricus simul et in solidum promittimus omnibus et singulis de capitulo Halb. ecclesie, quod ipsos vel eorum quoslibet successores numquam inquietabimus super fructibus iuribus [et] dominio utili vel directo decime prelibate. renuntiamus insuper non numerate pecunie et omni alteri exceptioni defensioni seu allegationi iuris et facti, que nobis et cuilibet nostrum nostrisve heredibus possent in hac parte quomodolibet suffragari, promittentes fideliter de premissis warandiam debitam secundum bonam terre consuetudinem approbatam predicto capitulo, ubi quando et quotiens necesse fuerit, nos facturos.

testes huius redemptionis donationis ratihabitionis promissionis et renuntiationis sunt: honorabiles et discreti viri dominus Hermannus thesaurarius, Conradus scholasticus et Iohannes de Ghetle, s. Marie, Iohannes de Reynstede et Albertus de Ghetle, s. Bonifacii canonici Halb., ad hoc specialiter vocati.

insuper litteras presentes inde confectas sigillisque nostris roboratas dictis preposito decano totique capitulo tradimus in testimonium evidentius omnium predictorum.

actum et datum Halb. anno Domini millesimo CCC. vicesimo septimo, viij. Kalendas Septembris.

Magd. XIII, 129[b], mit 2 Siegeln an rother Seide: 1) S'OLRICI - DE - VRE-KELEVE - CAOI - NVE. Die Brustbilder von S. Peter und Paul, darunter Schild mit 2 Pfählen. 2) dreieckig: SIGILLUM - HINRICI - DE - VREKENLEVE schräger Schild mit 2 Pfählen, darüber Helm mit je 4 Federn, in 2 Schwanenhälse auslaufend. - Gedr. Cod. Anh. III, 532. - S. a. Ledeburs Arch. 16, S. 260. Cod. Alvensl. I, 481. - 1) S. Urk. 1787."[1]

1 *Schmidt, Gustav: Urkundenbuch des Hochstifts Halberstadt und seiner Bischöfe. 3. Teil, Halberstadt 1887, Nr. 2175, S. 300f.*
Vgl. Ledebur, Leopold von: Die Tempelherren und ihre Besitzungen im Preußischen Staate. Ein Beitrag zur Geschichte und Statistik des Ordens. In: Allgemeines Archiv für die Geschichtskunde des Preußischen Staates. 16, 1835, S. 97-120, S. 242-268, S. 289-336 hier S. 261 Anm. 128.

Nr. 142

1329 Juli 29

„Ulrich von Freckleben, Canonicus in Naumburg, und sein Bruder Ritter Heinrich verkaufen dem Siechenhofe eine Mühle in Gross-Quenstedt, die früher die Templer besessen haben.

In nomine sancte et indevidue Trinitatis amen. ne rei memoria processu temporis evanescat, discretorum solet eam | prudentia per litteras, a quibus [robur] firmitatis recipiat, eternare. noverint igitur omnes et singuli, quorum interest et quibus nosse fuerit oportunum, quod nos Olricus canonicus Nuenburgensis ecclesie et Hinricus miles, germani dicti de Vrekeleve, molendinum in majori Quenstede situm, a magistro fratrum ordinis domus tunc existentis militie Templi et fratribus eisdem nobis venditum et cum proprietate ipsius ac ceteris juribus traditum et donatum, vendidimus discreto viro domino Hinrico, provisori domus leprosorum extra muros Halberstad, ac conversis et personis domus ejusdem pro quindecim marcis Stendaliensis argenti, quas nomine pretii recepimus ab eisdem, cum proprietate et pertinentiis suis quibuslibet. et quemadmodum magister et fratres supradicti ac nos molendinum idem tamquam proprium possedimus, ipsum in provisorem conversos et personas dicte domus leprosorum transtulimus et nichilominus forma et modo, quibus melius et efficacius fieri poterit, tranferimus per presentes, ab ipsis et successoribus eorum pro tempore existentibus quiete et pacifice perpetuo possidendum, renuntiantes omnibus et singulis canonum et legum auxiliis, exceptioni non numerate pecunie, omni consuetudini quantumcunque approbate et prescripte et omni terrarum seu patrie statuto et generaliter quibuslibet aliis exceptionibus seu defensionibus, per quas hujusmodi venditio et translatio posset retractari aliqualiter in posterum vel infringi. promittimus etiam, nos in solidum obligantes, provisori conversis et personis antedictis, quod ipsis seu successoribus eorum pro tempore de premissis molendino ac proprietate ipsius ac pertinentiis, ubi quando et quotiens necesse fuerit, warandiam faciemus secundum jus et bonam terre consuetudinem approbatam et de evictione cavebimus eorundem.

testes hujus rei sunt: honorabiles viri domini Ludwicus cellerarius et Wernerus de Piscina, canonicus Halb. ecclesie, Johannes decanus s. Bonifacii et Johannes de Dersem, canonicus s. Pauli dicte civitateis Halb., necnon discreti viri Fricko de Quenstede, Conradus de Dersem et Conradus filius suus, laici, et quamplures alii fidedigni. in cujus etiam rei testimonium evidentius ac robur firmius et munimen presentem litteram sigillorum appensionibus fecimus communiri.

actum et datum Halb. anno Domini millesimo ccc.xxix, iiij. Kal. Augusti.

Magd. s.r. Halb. P. 52. - Nur das erste Siegel ist zum Theil erhalten: S.O. .... KELEVE .... *Unter den hh. Peter und Paul Schild mit 2 Pfählen. - S. a. Ledeburs Arch. XVI, 261, und cod. Anh. III, 564.*"[1]

1 *Schmidt, Gustav: Urkundenbuch der Stadt Halberstadt. Bd. 1, Halle 1878, Nr. 429, S. 330.*

Nr. 143

1330 September 17

„Notum sit…, quod frater Gerardus de Hammerstein, commendator domus hospitalis sancti Johannis Jherosolimitani in Brysge…donavit et remisit…dominis capitulo Coloniensi ementibus…domum et eius aream, sitam in Drancgassim (in) platea appelatam et vocatam an novum Templum…Actum anno domini millesimo trecentesimo tricesimo in die beati Lamberti episcopi et martiris.

Stadtarchiv Köln, Schreinsbuch Nr. 253, 30b (Niderich a.s. Lupo)."[1]

1 *Widmer: Über die Verbreitung und den Untergang des Templerordens in Deutschland und Österreich. In: 36. Jahresbericht der k.k. II. deutschen Staats-Realschule in Prag-Kleinseite. Prag 1909, S. 17 hier zitiert nach Schüpferling, Michael: Der Tempelherren-Orden in Deutschland. Ph.D.diss. Freiburg im Üchtland. Bamberg 1915, S. 80 Anm. 1.*

Nr. 144

1337 Mai 28

„Ritter Hinze von Freckleben verkauft an den Dom-Kämmerer Themo, den Decan Albrecht zu U.L. Frauen und den Canonicus Johann von Gittelde zu U.L. Frauen den Tempelhof zu Halberstadt mit Land und Wiesen in der Wehrstedter und Halberstädter Flur und einen Zins von einigen Worten im Weingarten.

Nos Hintzo miles de Vrekeleve ad notitiam omnium tam presentium quam futurorum cupimus pervenire, quod, receptis in pretium centum marcis Sten | dalgensis argenti Halberstadensis ponderis et valoris, nobis integraliter persolutis ac in evidentem utilitatem nostram conversis, de expresso consensu venerabilis viri domini Olrici prepositi Nuenburgensis, fratris nostri, ac aliorum quorum intererat, vendidimus discretis viris et honestis domino Themoni camerario, Alberto decano s. Marie necnon Johanni de Ghetelde, canonico, ecclesiarum Halb., curiam Templi sitam in civitate Halb. juxta latam valvam cum duobus mansis sitis in campis Werstede[1] et uno in campis Halb. et quarto qui vulgariter dicitur 'Wydecke' cum uno prato et salictis et xxxj solidis in quibusdam areis sitis in loco qui dicitur 'Wyngarde' in civitate Halb. cum omni proprietate et usufructu perpetualiter possidenda et in corporalem possessionem mittimus eosdem per presentes, ea tamen conditione nobis per ipsos libere concessa, quod predicta bona infra annum a die b. Walburgis nunc preterito computandum pro eadem pecunia reemere poterimus, si nobis visum fuerit expedire, dummodo reemptionis nostre propositum ipsos ante festum palmarum immediate precedens prescire faciamus. si autem predicta bona non reemeremus in termino supradicto, tunc predicta bona cum omni proprietate et utilitate remanebunt predictis dominis ad dispositionem eorum vel ordinationem, ubicunque et qualitercunque ipsam duxerint faciendam, volentes etiam ipsos, si quid impetitionis in predictis bonis temporaliter vel spiritualiter habuerint, quandocunque et quotienscunque requisiti fuerimus, secundum bonam terre consuetudinem legitime warandare. renuntiamus insuper omni exceptioni et defensioni juris et facti, que nobis vel heredibus nostris adversus premissa competunt vel competere possunt in futuro, et ne cuiquam super premissis in posterum aliquod dubium oriatur, presentem litteram inde confectam sigilli nostri appensione fecimus communiri.

testes hujus venditionis sunt: honorabilis viri et domini Jacobus decanus majoris ecclesie Halb.[2], Lodewicus cellerarius dicte ecclesie[3], Herbordus Mor prepositus[4] s. Bonifacii, Hinricus prepositus s. Pauli5 et quamplures alii fidedigni.

actum et datum anno Domini m.ccc.xxx. septimo, in vigilia ascensionis Domini.

Magd. s.r. B. Virg. 448. Mit dreieckigem Siegel: SIGILLVM. HINRICI. [DE.VR]EKENLEVE. *Helmschid mit Pfahl. - Ein zweites Exemplar (ebd. 449) mit gleichem Siegel, hat nur folgende Abweichungen:* 1) Weyrstede 2) majoris ecclesie Halb. *fehlt* 3) ecclesie Halb. 4) prepositus *fehlt* 5) Hinricus s. Pauli prepositi. - *S. a. Ledeb. Archiv XVI, 261.*"[1]

1 *Schmidt, Gustav: Urkundenbuch der Stadt Halberstadt. Bd. 1, Halle 1878, Nr. 454, S. 350f.*

Nr. 145

1337 September 2

„...Cunradus Bunnonis, thesaurarius ecclesie s. Pauli iam dicte, recognouit, se vendidisse annuos reditus V. librarum hall...quos habet supra et in curia dicta zvme Thempel in ciuitate wormat. sita et omnibus eiusdem curie edificiis et pertinenciis ecclesie s. Pauli memorate... Dat. a. d. M.CCC.XXXVII. fer. III. a. nativ. Marie virg."1

1 *Bauer, Ludwig: Hessische Urkunden. Bd. 3, Darmstadt 1863, Nr. 1086, S. 150.*

Nr. 146

1342 Januar 25
„Albrecht Decan U.L.Frauen macht eine Stiftung von ehemaligen Gütern der Templer.

Albertus Dei gratia decanus, Albertus thezaurarius, Volcmarus scholasticus totumque captitulum ecclesie s. Marie virginis in | Halberstad omnibus presentem paginam inspecturis seu audituris salutem in Domino. ne temporis rubigine gesta rationabilia obfuscentur, expedit ut scripturarum sub lumine memorie inprimantur[1]. hinc est quod nos presentibus protestamur, quod honorabilis vir dominus Albertus, nostre ecclesie decanus predictus, tertiam partem bonorum quondam Templariorum, tam in curia prope valvam latam quam in jugeribus quatuor mansorum in campis prope civitatem sitis ac denariis triginta solidorum in areis in platea que Vinea dicitur sitis, ad ipsum cum omni jure et proprietate spctantem, pro remedio anime sue et suorum progenitorum et benefactorum libere nobis ac ecclesie nostre contulit perpetuo possidendam. de quibus bonis ordinavit sex talenta in festivitate b. Anne, matris b. et semper virginis Marie, genetricis Dei, inter presentes tam canonicos quam vicarios instituit dividenda secundum consuetudinem ecclesie nostre hactenus observatam, et duo talenta in memoria omnium benefactorum, quam dominica die prima, finita septimana communi, in vigiliis et feria secunda proxima sequente in missis animarum in medio monasterii instituit peragendam, et reliqua duo talenta in anniversario proprie persone, postquam ipsum Deus de medio sustulerit, ordinavit inter presentes modo consimili dividenda. et ordinavit inter presentes in commendatione sue memorie partem absentium dividendam. insuper ordinavit, quod illi de gremio ecclesie sive canonici sive vicarii, quibus executionem dicte ordinationis sue committet, debent redditus tertie partis tam curie quam aliorum bonorum supradictorum tollere et in memoriis predictis fideliter ministrare. illis autem viam universe carnis ingressis, extunc qui pro tempore decanus nostre fuerit ecclesie, cum duobos senioribus de capitulo uni de capitulo viro discreto Deum timenti committent bonorum dictorum ordinationem ac fidelem distributionem sub forma prenotata. insuper si dominus noster decanus predictus circa rparationem edificiorum curie predicte seu novam edificiorum erectionem expensas de novo fecerit, memorias supradictas augendi seu aliam de novo instituendi cum excrescente ex illis expensis pecunia habebit liberam facultatem, attendentes insuper piam ac devotam domini nostri .. decani predicti voluntatem. si, quod absit, eidem inopia ingruerit, damus liberam facultatem vendendi bona predicta, tali conditione adjecta, quod due partes dictorum bonorum tam in curia quam in mansis, quarum partium una jam est ecclesie nostre ex parte domini magistri Johannis de Ghetelde, de novo equaliter dividentur et sorte missa, si partem, que domino decano ceciderit, capitulum ac domini emere voluerint seu poterint pro pecunia conpetenti, quam alius erogare voluerit, habebunt potestatem. si autem ecclesia seu capitulum partem bonorum predictam emere nollent seu non possent, extunc dominus noster decanus predictus inopia ingruente vendendi partem suam cui voluerit in ecclesia aut extra ecclesiam liberam habebit facultatem. in quorum omnium evidens testimonium premissorum sigilla tam ecclesie nostre quam domini nostri Alberti, ecclesie nostre decani predicti, presentibus sunt appensa.

datum et actum anno Domini m.ccc.xlij, in conversione s. Pauli apostoli gloriosi.

Magd. s. r. B. Mar. 462. - Mit Siegel des Capitels (S'CAPITVLI. ECCE. SANCTE. MARIE. IN. HALB'STAD + *Maria mit dem Kinde*) und des Decans (S' ALBERTI. DECANI ..... MARIE. HALB' + *Maria, das Jesuskind auf dem linken Arm, segnet mit der Rechten einen Knieenden). - Ein 2. Exemplar (ebd. 463) liest am Schlusse:* m.ccc.xl. secundo, in die s. Pauli apostoli gloriosi. 1) *U.:* inprementur."[1]

1 *Schmidt, Gustav: Urkundenbuch der Stadt Halberstadt. Bd. 1, Halle 1878, Nr. 466, S. 363f.*

Nr. 147

1347 November 9

„1347 Nov. 9 (fer. VI a. Martin). Bela Nicols u. ihre Kinder Winr. u. Kath. verkaufen an das Andreasstift ihr Haus u. Hof ‚in villa' Zons zwischen dem Hause der Wwe. Guda des Heinr. de Templo u. dem Hause der Wwe. Kath. Iwans, sowie..."[1]

1 *Schaefer, Heinrich: Inventare und Regesten aus Kölner Pfarrarchiven. In: Annalen des historischen Vereins für den Niederrhein. 76, 1903, Nr. 119, S. 23.*

Nr. 148

1347 Dezember 14
„Das Capitel willigt in die Belehnung von Dorstadt mit dem sog. Templergute in Gross-Quenstedt und der Breite bei Halberstadt. 1347 Dez. 14.

We Iohannes provest, Themo decan unde dat .. capitel gemene des goddeshuses tu Halb. bekennen openberliken in dissen iegenwordigen breve, dat mit vulbort unde mit willen unses ganzcen capitules unse herre bisscop Albrecht von Halb. dat gut tu Groten-Quenstede, dat. der Templerer was, mit aller slachten nut in dorpe unde in velde, also he dat gehat het, unde de brede boven der stat tu Halb. de ichteswanne der gemeynheit was, het gelegen unde liet Rodolve von Dorstat, sineme ammechtmanne, tu rechteme lene unde tu erve unde Mechtelde, sine echten husvrowen, tu eneme liffedinghe, vor nemeliken scaden, den die sleve Rufolf bi ome genomen heft unde selven bi ome utgerichtet heft.

disses wille we deme selven Rudolfo unde .. siner husvrowen bekennen, wanne unde wor on des not is, unde geven ome des tu eneme orkunde dissen bref besegelet mit unses capitels ingesegel, de gegeven is na goddes gebort dritteynhundert iar in deme seven unde vertigesten iare, des lateren dages na sente Lucien dage der heyligen iunkvrowen.

Früher in Privatbesitz, jetzt in Magd., mit Siegel des Capitels.“[1]

1 *Schmidt, Gustav: Urkundenbuch des Hochstifts Halberstadt und seiner Bischöfe. 3. Teil, Halberstadt 1887, Nr. 2396b, S. 496f.*

Nr. 149

1357 Dezember 28

„...nos Magnus Dei gratia dux in Brunswick...recognoscimus..., quod...cum...fratre Hermanno de Werbege, ordinis sacre domus Hospitalis sancti Johannis Hierosolimitani...preceptore generali ac fratribus ejusdem ordinis...Rodolfo Sassenberge, commendatore in Supplingeborg...tractavimus...secundum...formam infra scriptam. Inprimis quod memorati magister et fratres ordinis sancti Johannis antedicti predictum castrum Supplingeborg cum suis juribus...per nos magnifico principi dno Wilhelmo duci in Luneborch, patruo nostro carissimo, obligatis de nostro consensu redimerunt ab eodem pro quingentis marcis puri argenti ponderis...Brunswicensis. Et specialiter volumus eisdem ordini magistro et fratribus sancti Johannis libere tradere, curiam quondam fratrum Templi sitam in civitate nostra Brunsw. Cum omnibus suis attinentiis... Pro hiis ergo omnibus antedictis idem ordo, magister et fratres nobis...persolverunt quadrigentas marcas puri argenti Brunsw... Actum et datum Brunsw. Anno Dominice incarnationis M.CCC.quinquagesimo septimo, in die sanctorum Innocentium Martirum."[1]

1 *Gebhard, Julius Justus: Historische Nachricht von dem Stifte St. Matthäi in Braunschweig. Braunschweig 1739, Nr. 33, S.. 102f.*

Nr. 150

1361 April 4

„Revers der Stadt gegen das Stift U.L.Frauen wegen des Thurms am Burchardithor: zugleich verpflichtet sich die Stadt die Freiheit des Hofs im Graben und des Templerhofs anzuerkennen.

Wye de rat burmeystere unde de meynheyt der stat tu Halberstat bekennen openbar in disseme breve don wetlik alle den , de en sen unde | horen lesen, dat de erbaren heren her Jan de deken unde dat kappittel gemeyne tu unser Vrowen in Halb. dorch bede unses heren bischop Lodewiches unde dorch gunst unde willen unser stat hebben ghegunt unde mit willen herloft den torn, de dar lit an sente Thomas capellen vor sente Borchardes dore, mit dissem underscheyde tu buwene unser stat tu vromen, also dat we noch unse nakomelinghe noch nemant van unser wegene se an erem egene des tornes hindern noch beroven schal. unde dat egen des torns schal mit alleme rechte jo des goddeshuses tu unser Vrowen bliven, also dat van aldere gewesen is wente an disse tid, sunder dat wye moghen den torn ovene mit dake unde mit erkenern tu were unde tu vestenheyt unser stat buwen, so wye best mogen. ok so scholle wye eyn welve van steynen maken in den sulven torn unde darunder eyne bredene unde twey venstere, eyn boven der bredene unde eyn dar beneden, wu dat allerbequemest is. disse bredene schal tu sinem gemake hebben de, deme de capelle gelegen is edir noch gelegen wert. were ok dat dat hus oder dat gemak, dat tu der sulven capellen horet, unser stat muren tu na lege oder umbequeme were, so moge we dat upbreken unde schollen dat beter weder buwen unde nicht erger binnen dem kerkhove der sulven capellen, also alse sek twene heren ut deme capitele tu unser Vrowen mit twen ut unsem rade van unser stat wegene sek vorenen. ok schullen we unde willen de heren unde dat goddeshus tu unser Vrowen tu Halb. an alle der vriheyt eres gudes, de se hebben gehat wente hertu, nichtes hindern noch vorunrechten. sunderliken wil we, dat de hof in dem graven[1] jegen unses heren des bischopes hove, dar her Hinrik van Gandersem[2] nu inne wonhaftich is, also vri si unde vri blive glik anderen heren hoyven in der borch. dat sulve hebben de burmeystere van der Vogedye van erer unde erer neybere wegene in unser jeghenwerdicheyt gewillekort mit gudem willen. ok wille we, dat de Tempelhof[3], den dat vorgenante goddeshus tu unser Vrowen tu Halb. heft, vri si lik dem andern Tempelhove, de bi diseme lit, den unse heren de domheren hebben. alle disse vorgescrven stukke unde jowelk bisundern de love we vorganante rat burmeystere innigmeystere unde meynheyt der stat tu Halb. vor uns unde unse nakomelinghe dem vorgenanten dekene capittele unde stifte to unser Vrowen stede unde ganz tu haldene ane allerleye gebreke unde geven en des tu orkunde dissen bref mit unser stat anhanghende ingesegele truweliken mit unser aller witschop unde vulbort gevestent unde besegelt.

na goddes bort dusend jar drehundert jar in dem eyn unde sestigesten jare, in sente Ambrosius daghe des heylighen bischopes.

Magd. s. r. B. Mar. 507. - Das Siegel ist ab. - 1) *im Düstern Graben unterhalb des Petershofes.* 2) *Vicar zu U.L.Frauen.* 3) *Gemeint ist der Hof der Templer am Breiten Thore, in dorso steht:* super libertate curie nostre templar. prope latam valvam site."[1]

1 *Schmidt, Gustav: Urkundenbuch der Stadt Halberstadt. Bd. 1, Halle 1878, Nr. 519, S. 411f.*

Nr. 151

1362 Oktober 3
„Bischof Ludwig (electus et confirm.) übereignet dem Dh. Burchard I. von der Asseburg eine halbe Hufe im Oschersleber Felde (6 Morgen hinter dem Tempelhofe, 6 M. uppe der bune, 4 M. am Wege nach Seehausen), die er von den Kn. Otto und Weseko von Harbke gekauft hat und diese aufgelassen haben, mit Zustimmung des Capitels (Probst Johann) zu einer Ordination zu Gunsten der Kirche. (feria ij. in communibus) Halb. im General-Capitel 1362 Okt. 3.

Zeugen: die Dh. Burchard II. von der Asseburg, Pilgrim vom Ende (de Fine); Cann. Diether von Widera zu U.L.Fr., Heinrich von Sonnenborn zu S. Pauli; R. Nicolaus von Witzenbach.

Magd. XIII, 190, mit den Siegeln des Bischofs ... und des Capitels an roth-blauer Seide. - Auch Cop. A. 533. - S. a. Asseb. UB. 1191."[1]

1 *Schmidt, Gustav: Urkundenbuch des Hochstifts Halberstadt und seiner Bischöfe. 4. Teil, Halberstadt 1889, Nr. 2634, S. 20.*

Nr. 152

1379 September 1
Die Urkunde bezieht sich auf Kottenheim und Mayen. Sie befindet sich im Landeshauptarchiv in Koblenz unter Bestand 140 Nr. 14. Es ist mir nicht gelungen eine Abschrift der Urkunde zu erhalten.

Nr. 153

1442 Januar 26

„Das Stift U.L. Frauen gibt den Tempelhof am Breitenthor in Erbenzins.

We Johan deken unde dat capitel g[em]eyne to unser leven Vrawen to Halberstad bekennen openbar in dusseme breve, dat we mit wolbedachtem moyde unde vulbord hern Arendes Rudinges, vicarien sunte Jacobs und sunte Barbaren altares in dem sulven unsem goddeshuse, den hof vor dem Breden dore to Halb. binnen der stad, de de het de grote Tempelhof, de unses goddeshuses egen, vry leddich unde los mit allem rechten unde were jarlikes tinses, de se nu uppe dusse negest tokomende paschen half geven unde betalen schullen unde de anderen helfte up sunte Gallen dag darna negest tokomende an allerley weddersprake unde hulperede uns unde dem vorbenomeden heren Arnde Rudinge oder sinen nakomelingen in der genanten vicarie. unde also vordan schullen se alle jar den vorbenomeden tins willichliken ane weddersprake unde argelist geven unde betalen to tyden, alse vorgeschreven steyd, unde schullen den sulven hof van jare to jare buwen unde beteren, wur he des bedarf, also dat he nicht vorfalle unde by one nicht geergerd werden. were ok dat dusse vorgenante Hinrek, sin husvrawe oder ore erven den hof vorlaten oder vorkopen wolden, hedden se denne war gebuwet an deme sulven hove unde hedden dene gebeterd boven den vorschreven tins dryddenhalve lodige mark, de se uns alle jar daraf geven schullen, alse vorschreven is, wat se der beteringe neten konden, alse dat uns unse vorschreven tinse tovorn van deme hove worden, des schulle we on gunnen. wolde we aver one de beteringen sulven gelden, alse eyn ander one de gelden wolde, des scholde we negest sin. ok schullen se den hof beholden by sodan frygheit unde rechte, alse he wente herto gewesen is, also dat se van deme hove nicht waken noch schoten schullen unde vor dem hof neyn neyberrecht don schullen. to eyner bekantnisse alle dusser vorgeschreven stucke, dat de stede unde vast geholden worden, so hebbe we dussen bred besegeld laten mit unsem ingesegele to den saken.

na goddes bord veyrteynhundert jar darna in deme twey und veyrtigesten jare, am frygdage na sunte Angneten der hilgen junc-frawen.

Halb. FF. 30. Gleichzeitige Copie auf Papier.“[1]

1 *Schmidt, Gustav: Urkundenbuch der Stadt Halberstadt. Bd. 2, Halle 1879, Nr. 920, S. 209f.*

Nr. 154

1456

„Bischof Burchard bezeugt, dass der Domdecan Dietrich Domnitz und der Decan zu S. Bonifacii Albrecht Holteker auf seinen Befehl den Streit zwischen dem Kloster S. Jacobi (Probst Herm. Gieseke, Aebtissin Katharina) und dem Rathe der Stadt geschlichtet haben. Es handelte sich um die Wort, auf der das Haus Oldings gestanden, zwischen dem Kloster und dem Stadtgraben, wo die Stadt jetzt einen neuen Graben gezogen hat: die Wort hatten die Bischöfe Conrad und Friedrich von den Tempelherren erworben und damals sich mit der Stadt deshalb geeinigt. Die Stadt soll dem Kloster 10 Mark zahlen.

Aus Niemanns Excerpten, wo das Tagesdatum vergessen ist."[1]

1 *Schmidt, Gustav: Urkundenbuch der Stadt Halberstadt. Bd. 2, Halle 1879, Nr. 983, S. 262.*

Nr. 155

1467 Oktober 5

„Bischof Gebhard versöhnt die Stadt mit der Geistlichkeit.

Van gots gnaden we Gevert byschop to Halberstadt bekennen openbar mit dusseme brive vor allen, de on sien horen edder lesen, unde alsweme, so unde nademe de werdige unse papheit unde geystlicheit sampt unde | besundern bynnen unde buten unser stad Halb. wonhaftich an eyneme mit dem rade darsulves ame anderen deyle to twidracht unde unwillen sake halven hyrna benomet gekomen sint unde alsdenne de sulven beyde parte sodane saken twydracht unde unwillen up uns se darover in fruntschop edder rechte to scheyden mechtichliken geboden unde gestalt hebben, als hebben wy umme des besten fredes unde eyndracht willen mit der sulven parte willen unde wette in gutlicheyt bededinget gescheyden unde utgesproken, in maten so hirna geschreven volget. tome ersten so unse papheit unde geistlicheit vorgedacht sik vorsetten, dat de rad ergenant achter in ore hoffe gefallen syn, on ore gebuwe tune wende und muren ane oren willen freveliken mit gewalt upgebroken, ore bome afgehauwen, oren eygendom unde wal by der muren achter unde in oren hoffen on genomen unde dar ertrike unde kummer upgeforen, on schaden gedan, ore friheit damede tobroken unde sie up vele koste darumme gedreven schullen hetten etc., boven dat sie unde ore kerken sodane wal gebuwe tune wende unde muren in oren frien hebbenden brukenden roweliken weren gehat hebben lenger danne ymant gedenken mach: darumme se bidden on den genomen wal achter unde in oren hoffen edder garden van stunt wedder in ore were to antwerdene unde to laten, de upgebroken gevuwe tune wende unde muren wedder to maken, dat ertrike unde kummer wedder af to bringen, koste unde schaden derwegen geleden to geldene unde vor de gewalt hon unde smaheit on daran gedan rechtes pene unde bote vor to geven etc.: dar de rad entegen antwerdet, dat sie nicht mit frevele edder gewalt sunder in guder menynge gedan hebben, de stad to bevestende etc.: darup hebbe wy bededinget scheiden unde spreken ut in fruntliken dingen, dat de rad sodane wal in allen enden, wur de achter unde in der papheit edder geistlicheit uns andrepende buten edder binnen der stad besetten hoffen edder garden by der muren belegen is, van stunt wedder in ore rauweliken were antworden unde laten schal, sik des vordan na orer bequemicheit unde older were laten to bruken ane alle vorhinderinge. unde de sulve rad schal bynnen virteyn nachten na dussem utsproke ok in allen enden unde steden, dar sie de gebuwe tune wende unde muren hebben tobreken laten, de sulves wedder maken: wur tune stan hebben, dar schullen sie tune wedder maken: wur wende stan hebben, dar schullen sie wende wedder maken, unde wur muren stan hebben, dar schullen sie muren wedder maken, so gut alse de tovorne gewest sin. unde so de rad de muren by deme Tempelhoffe ok gebroken hebben, dar mogen sie up deme walle eyn dor maken unde dat schullen sie ok bynnen dussen negesten virteyn nachten wedder muren unde dar eyn gut slothaftich dor vor maken unde dat in wesende holden unde den slottel deme capitel tome dome antwerden, de den sulven slottel denne deme manne, de up deme hoffe wonet, vort antwerden schullen den to vorwarende etc. unde schullen ok de muren benedden dem dore unde dar dat olde dor gewest is, bynnen vorgerurder tyd wedder tomuren unde maken, dat deme hoffe neyn hinder do, aver dat ertrike edder kummer, dat up den wal gebrocht ys, schullen de papheit deme rade to willen unde umme deste beter eyndracht unde fruntschop willen, doch oren eygendom unde friheit unschedelick, daruppe liden, unde wil de rad den kummer up den walle unde ok an den anderen stidden, dar dat noch nicht betenget is, den wal slichten efte lik maken: so schullen sie dat ertrike unde den wal so vaten unde heften unde ok vordan in wesende holden, dat de on unde oren nakomen in tokomen tiden neynen hinder efte schaden do. unde eft sie on derwegen an oren tunen efte wenden wes tobreken worden, schullen sie on wedder maken na vorberorder wise. were aver dat ymant uns unde de genante unse stad mit herfart overtoge, dat god ave kere, edder dat dar wur achter der vorberorden orer hoffe welken eyn stucke muren neddervelle, wanne denne de rad also by der muren de stat to werende edder de muren wedder to buwende to schickende edder to wandernde wolde hebben, denne noch schal de rad sulke tune wende edder muren sulves nicht upbreken edder rumen laten, sunder schal dat an dem capitele unde den jennen, den dat tobehoret, gutliken soyken unde bidden, dat sie umme sodaner not willen darsulvest willen to rumen edder breken unde dat vorgedachte dor denne ok upsluten laten dat denne ok de capitele unde dem ensodenes tobehoret, denne sulves ungewegert don schullen. were dat aver sodane hastige witlike unde openbare not keme, dat men so vele tid nicht hebben konde, sodans na vorgeschrevener wise to soyken unde to biddende, eher denne de stad dar not umme lede, so mochte dat de rad sulves rumen laten. unde wan sodane not unde buwent vorberurt over edder nicht enis, so schal de rad on dat, wu vaken dat geschege edder behof sin worde von stunt wedder maken, so dat tovorne gewest is. dede aver de rad des van stunt nicht, so mach denne dat capitel edder de dem dat to behoret, sulves don unde wedder maken, darane on denne de rad nicht hindern noch inseggen edder weren schal, unde reken wes dat heft gekostet: dat schal ome denne de rad unvortogert gutliken wedder betalen. welde ok de rad up sodanne stede achter sunte Pauwele jegen dem Cruthoffe, dar de twey olden remen tovorne gestan hadden, de dar wedder setten, dat mogen sie don, doch der kerken to sunte Pauwele unde der stat an oren rechten unschedelik, unde dat sik de rad hir neyn sunderlik recht midde to tee anders to neynen saken unde ok nicht vorder mer, wen alse hir vorberurt is, schal edder mach sik de rad noch de borger des walles achter edder hinder oren hoffen dar noch anderwur bruken noch ichtes dar fordermer up don maken noch buwen one alle geverde. unde so ok de rad itlike slage unde zingeln to vorhinderinge der wontliken ut unde ynfart to der papheit hoffen in den straten gesat hebben etc., dar schal men von stunt by schicken unde de besin latyn, unde wes sodane by mynschen gedenken geschin gemaket unde vornyget is, dat schullen de rad bynnen dussen genanten negesten virteyn nachten wedder af unde enwech don unde latin der papheit ore wontlike ut unde infart roweliken unvorhindert bliven. unde umme dat slach in der Fulen gassen der kerken sunte Pauwele andrepende schal men darynne holden, so wy vormals twischen deme dekene unde kerken ergenant unde deme rade besproken unde bedendinget hebbyn, ane geverde. de rad schal ok den togemakeden wech by der kusterie hoffe tome dome behorich up dat water teynde van stunt wedder up don unde open latin, des denne, de darynne wonen, vry unde ungehindert latin to brukende, so van older wontlik gewest is. sie schullin ok dorch ore burmeyster edder ymande anders nicht mer staden dar unde yn andern stedin der papen unde geistliken friheit husen efte hoffen unde de nicht to borgerrechte horen, ymande waldichliken to soykende noch de doren to stotende efte yengerleye gewalt to donde latin ane alle behelpenge unde geverde. unde schullen ok des vorbrandes belkes yme Westendorpe belegen, der domprovestie tobehorich, to neynen saken vorder mer gebruken, sunder sodane blek edder hoff deme domproveste vry na syner bequemicheit laten bliven. unde wes ok de domprovest van laten unde leengoidern in der stad heft, wen he de vordern wolde, dar schal om de rad ore borger ane jegen on wedder recht nicht vordedingen ane geverde. so ok Rekelef to hoch efte to na achter hern Mauricius hoffe, wen sik geboret, ane fulbort den des to donde is, gebuwet heft, dat schal he ok bynnen vorberorder tyt wedder afdon. unde so ok de rad den luden, de up der papheit friheit wonen, hadde boden edder bidden latin steyne up de muren to dragende, sodane edder des glik schal on de rad ok vorderer mer irheven. se enscholden ok nicht mer vorbiden der papheit edder geistlicheit or korne ut der stad to vorende, sunder dat alle vordan holden na lude erer vorsegelden brife. unde schullen ok nicht vorhindern noch vorbeden ore vehe unde ander ore gud unde de eren ut unde yn to drivende bringende edder to wandernde laten, wan unde wu vaken one dat bequeme is, neynerleye sake darjegen uptoruckende ane insage unde geverde. also ok de rad unde itlike ynnynge in der stat den kopluden ime markedage, de in der borch und friheit ore gut unde ware, so sie bringen, vorkopen wolden unde ok suß buten deme jarmarkede sodane under tyden hebbin vorboden, unde wan sie in de stadt qwemen, darumme bekummert unde besetten latin etc., sodanne schal de rad unde ok de ynnigen unde eyn yslik ander to Halbirstat nicht mer don, sunder eynen yowelken kopman yme markede unde kramern gunnen unde staden in der borch to kopende unde to vorkopende unde holden dat ok na lude der brife darover gegeven ane geverde. worde aver jennich kramer buten deme markede dar des standes to vele edder to langk maken, wen denne de radt dat gutliken an unse capitel brochten unde sochten, so schal dat sulve capitel na irkantnisse unde billicheit sodanes metigen, dat na redeliker wyse darmede to holdene. so ok eyner kortliken up sunte Pauwels hoffe gewaldichliken dorch der kerken huser hoffe unde friheit gejaget, darynne gevangen unde in des rades hechte geslepet worden is etc., sodane schal de rad nicht mer staden noch vorhengen, sunder dat keren unde weren na allen vormoge unde by den oren bestellen, eft ymant, we de sie, darsulves mer edder in anderen stidden der andern unser kerken und papheit friheit huser efte hoffe qweme, dat de dar synes lives unde gudes vrig unde unvorhindert ynne bliven moge ane alle geverde. were aver dat jennich openbar witlich mortberner fel[s]cher kerkynbreker edder des gemeynen landes echterer darynne gejaget worde, deme schal me dar neyne gewalt ynne don, sunder de rad mochten den edder de, up dat sie nicht afrunnich worden, dar wol bestellen unde vorwaren latin, so doch dat deme besittere der friheit deshalven neyne overlast gedan werde, so lange dat ensulkes dorch de yenne, den dat geborde, na nottroft unde der sake gestalt, unschedelik aller friheit, mochte geschicket werden. unde also ok de rad hadde vorgenomen, wan jennich leye, de van buten edder anderwurher up de friheyt bynnen edder buten der borch huser welk to wonende tut, de neyn borger enis, den wolden sie nicht staden tome markede to gande, he moste denne des rades willen darumme hebben etc., dat schal de rad ok afdon unde de vorder up neyne umplicht dringen, sunder gunnen den sulven, dat sie, frouwe efte manne, tome markede to gande unde to kopende to orer sulves behof, wes on lustet unde behof ys, unde doch nicht up vorkop edder kopenschop to drivende, unde schullen dat ok na lude vorsegelder brife vordan darmede holden. vorder so de rad van der kerken undersatin, wan sie in de stad faren edder kemen, stedegelt tollen efte wegegelt let heyschen etc., dat schullen sie ok afdon unde sodane edder andere beswering up unser kerken undersaten nicht dringen, sunder latyn sie by older friheit unde gewonheit ane geverde. so schal ok de rad unde ore nakomen nicht staden, sunder keren unde weren na aller erer vormoge, dat unser papheit unde geistlicheit bynnen unde vor Halb. wonhaftich unde ok erem gesinde unde den eren sampt unde besundern jenigerleye overfaringe efte gewalt to donde mit worden efte werken, sunder schullen sie truwelkin vor allen ungefoge unde gewalt, so vele an on is, vorwaren vor alle den eren unde der se mechtich sin, unde so wedderumme van on gedan nemen ane geverde. darto schal de rad to Halb. unde ere nakomen der vorgedachten unser papheit unde geistlicheit alle ere privilegia friheit olde herkomene vonheit rechticheit unde ok ore egene brive on unde de breve uns edder unsen vorfaren mede to orer behof vormals gegeven sampt unde besundern in allen eren stucken unde puncten stede vast unde unvorrucket truwelkin holden, imme glikem wedderumme gedan nemen ane insage unde geverde. hirmede schal de papheit sodane vorgescrevener gededingeden unde utgesproken saken unde stucken tofreden unde mit dem rade unde stad in fruntliken dingen wol gerichtet wesen. unde de papheit unde rad vorgenant schullen unde willen dusse schedinge unde utsproke vorgerurt, wo de eyneme yowelken togescheyden unde andrepende sin, also vulteen unde reden unde loven vor sik unde ore nakomen de also in allen oren stucken unde puncten sampt unde besundern nu unde to ewigen tokomenden tiden stede unde vast unvorrucket truweliken unde wol to holden unde de mit oren ingesegelen hirmede an dussen brif gehenget to vorsegelnde, sik dar mit meynerleye saken efte rechte jegen to behelpende ane alle hulperede unde geverde.

des to orkunde bekantnisse unde ewiger gedechtnisse hebbe we dusse schedinge vordracht unde utsproke mit unsem angehen[ge] den ingesegele vorsegelt. unde we Hinrik domprovest, Sivert senior unde capitel tome dome unde alle ander collegia papheit unde geystlicheit bynnen unde buten Halb. belegen vorgedacht, bekennen in dussem sulven brife vor uns unse nakomen unde allesweme, dat dusse scheydinge unde utsproke na vorgescrevener wise mit unsen weten willen unde vulborde also geschyn is, unde we nemen de so danknamgen an unde reden unde loven vor uns unde unse nakomen, so vele de uns belanget unde andript, sampt unde besundern, stede vast unde truweliken wol to holden, ane alle insage hulperede edder geverde, unde hebben dusses to orkunde unses capitels tome dome grote ingesegel hir mede angehangen, des we anderen collegia papheit unde geystlicheyt vorgedacht hir mede to bruken. unde we borgermestere unde radmanne der stat Halb. bekennen openbar mit dussem sulven breve vor uns unse nakomen unde alsweme, dat dusse vorgerurde scheydinge vordracht unde utsproke in alle oren stucken unde artikelen in aller maten, so de van unsem gnedigen heren vorgenant geschen unde hir vorgescreven steyt, mit unsem weten willen unde fulborde also gescheyn is, unde hebben de also willichliken unde danknamigen angenomen, nemen de also mit willen dangknamigen an, rede unde loven vor uns unde unse nakomen, de also na vorgerurder wise in allen oren stucken puncten unde worden sampt unde besundern to vultende unde to ewigen tokomen tiden stede unde vast truweliken wol to holden in craft unde macht dusses sulven breves ane alle insage hulperede unde geverde. unde des to vorder bekantnisse hebben we unser stad ingesegel vor uns unde unse nakomen witliken mit guden fryen willen ok laten hengen an dussen sulven bref,

de gegeven unde also vorhandelt bededinget unde utgesproken is uppe deme spelhuse to Wegeleve, in bywesende Bethmans van Hoym, Borchardes van Ditforde unde mer vromer lude lovenwerdich, ame mandage na Francisci, na Cristi unses heren gebort virteynhundert darna in deme seven unde sestigesten jare.

Halb. L. 20. - Mit den Siegeln des Bischofs, des Capitels und der Stadt. - Ein zweites durch Moder beschädigtes und der Siegel beraubtes Exemplar, das dialektisch abweicht, Magd. s.r. Stadt Halb. 28ᵇ."[1]

1 *Schmidt, Gustav: Urkundenbuch der Stadt Halberstadt. Bd. 2, Halle 1879, Nr. 1030, S. 291-296.*

Nr. 156

1478 Februar 26

„Altenburg 1478 Februar 26: Kanzler und Räte der Markgräfin von Meißen sprechen strittige Güter dem Kloster Grimma, eine jährliche Abfindungssumme aber den ‚Tempelherren' in Droyßig zu.

Von gots gnaden wir Margareta geborne von Ostirrich hertzogin zcu Sachsen, lantgravin in Doringen und marcgravin zcu Meissen, witwe, bekennen und tun kunt offentlich mit disem brive, das wir Hansen Metzsch unsern amptmann zcu Aldemburg und ern Friderich Busch cantzler, unsere rete und lieben getrawen zcu Grymme an eynem und ern Johannsen Syebach probst in voller macht und gewalt der tempelhern zcu Droißk am andern teil umb ausprach so die tempelhern wider den prior und bruder zcu Grymme eyns holtz in der Undorff gelegen, aber eyns holtz, das der Clara Jorgin, auch einer wesen die Fogels, aber eyner wesen die Clemen Woffensmides und einer wesen halben die ritter Wentzlaus seligen gewest ist, das yn alles nunund-drissig groschen mynner vier heller, zcwene kaphan, ein halp viertel korn und ein halp viertel hafern jerlich gezcinset had, doran sie die erbreichung vormeinten zcu haben, mit beiderteil wissen willen und volwort haben beteidingen lassen inmassen hirnach folget, nemlich also das die obgnanten bruder und closter zcu Grymme alle vorhornit holtzer und wesen infurder zcu ewigen zeiten als eigenthum bey dem closter behalten und den tempelhern zcu den gemelten zcinsen noch zcwene groschen und vier heller das alles eynundvierzig groschen machen wirdet und dorzcu zcwen kaphan ein halb virtel korn und ein halb viertel hafern jerlich reichen und geben, dorgegen die tempelherren die erbreichung nachlassen und keyns mehir mit den vorberurten gutern zcu tun macht haben sullen, wurden aber hernach mehir und ander guter zcum closter geben oder beschiden, die sullen sie wider verkeufen und sich domit noch inhalt eins vorgetan vortrags halten ohne alles geverde. Zcu urkunde haben wir unser insigil an disen brive lassen hengen, der geben ist zcu Aldemburg noch Christi geburt vierzcehenhundert und im achtundsibenzcigsten jaren am dornstag nach oculi.

Originalurkunde Nr. 8334 im Hauptstaatsarchiv zu Dresden."[1]

1 *Schüpferling, Michael: Der Tempelherren-Orden in Deutschland. Ph.D.diss. Freiburg im Üchtland. Bamberg 1915, S. 257.*

Verzeichnis der Orte nach Postleitzahlen

Bereich 1

12043 Rixdorf

12099 Tempelhof

12209 Mariendorf

12277 Marienfelde

14552 Wildenbruch

14828 Görzke

15306 Falkenhagen

15306 Lietzen

15306 Marxdorf

15306 Neuentempel

15306 Werbig

15326 Lebus

15345 Garzin

15374 Müncheberg

15518 Heinersdorf

15518 Tempelberg

15749 Ragow

15827 Dahlewitz

16792 Zehdenick

16909 Königsberg in der Neumark

17252 Mirow

17268 Templin

17268 Wichmannsdorf

18311 Tempel

Bereich 2

29410 Salzwedel

Bereich 3

31008 Esbeck

31020 Hagen

31020 Hemmendorf

31020 Quanthof

31036 Deilmissen

31134	Hildesheim	38376	Süpplingenburg
31547	Loccum	38820	Halberstadt
31785	Hameln	38820	Wehrstedt
33154	Dreckburg	38822	Aspenstedt
33175	Lippspringe	38822	Groß-Quenstedt
33378	Rheda	38822	Klein-Quenstedt
35096	Wolfshausen	38822	Neu-Runstedt
35102	Lohra	38822	Ströbeck
35315	Homberg (Ohm)	38829	Harsleben
35440	Großen-Linden	38838	Schlanstedt
35510	Ostheim	39104	Magdeburg
35576	Wetzlar	39167	Klein Rodensleben
37351	Helmsdorf	39171	Bahrendorf
37547	Rimmerode	39171	Langenweddingen
38100	Braunschweig	39218	Schönebeck (Elbe)
38100	Kattreppeln	39240	Brumby
38110	Harxbüttel	39326	Ellersell
38154	Beienrode	39343	Groppendorf
38272	Nordassel	39343	Hundisburg
38279	Sehlde	39345	Bülstringen
38302	Salzdahlum	39345	Flechtingen
38312	Achim	39365	Gehringsdorf
38312	Börßum	39376	Angern
38315	Tempelhof	39387	Altbrandsleben
38350	Emmerstedt	39387	Oschersleben (Bode)
38350	Helmstedt	39615	Aulosen

39615 Werben (Elbe)

39646 Niendorf

Bereich 4

41363 Aldenhoven

41460 Neuss

41541 Zons

41812 Wockerath

41844 Helpenstein

42659 Burg an der Wupper

42929 Büschhausen

46149 Buschhausen

46483 Wesel

Bereich 5

50667 Köln

51373 Wiesdorf

51674 Forst

52062 Aachen

52076 Hahn

52134 Klosterath

52396 Hausen

52428 Barmen

52428 Bourheim

52428 Merzenhausen

52441 Linnich

52457 Engelsdorf

52457 Siersdorf

52499 Oidtweiler

52525 Randerath

53359 Rheinbach

53424 Remagen

53498 Niederbreisig

53506 Hönningen

53547 Dattenberg-Wallen

53567 Elsaff

53567 Niedermühlen

53577 Kalscheid

53578 Hallerbach

53619 Rheinbreitbach

53639 Oberdollendorf

53949 Kronenburg

54290 Trier

54426 Dhronecken

54531 Manderscheid

54611 Hallschlag

54611 Scheid

54612 Wawern

54636 Oberweis

54675	Körperich
54675	Roth an der Our
55116	Mainz
55116	Selenhofen
55120	Mombach
55288	Schornsheim
55413	Niederheimbach
55413	Oberheimbach
55444	Dörrebach
55546	Iben
55779	Heimbach
56068	Koblenz
56112	Lahnstein
56154	Boppard
56154	Hirzenach
56154	Holzfeld
56154	Rheinbay
56154	Weiler
56291	Pfalzfeld
56329	St. Goar
56329	Werlau
56330	Kobern
56332	Sterneburg
56593	Horhausen
56626	Andernach
56727	Mayen
56736	Kottenheim
56754	Brohl
56814	Ediger
56814	Fankel
58313	Herdecke

Bereich 6

61194	Assenheim
61229	Laumersheim
61352	Ober-Erlenbach
63500	Seligenstadt
63571	Gelnhausen
63755	Alzenau
63755	Kälberau
63839	Kleinwallstadt
63916	Amorbach
64579	Gernsheim
64646	Heppenheim (Bergstraße)
64711	Erbach
64807	Dieburg
65391	Lorch am Rhein
65439	Flörsheim am Main
67283	Mühlheim an der Eis
67433	Neustadt a. d. Weinstraße

67435 Mußbach a. d. Weinstraße
67549 Worms
67574 Osthofen
67580 Hamm am Rhein
67591 Mühlen
67745 Grumbach
69469 Weinheim
69502 Hemsbach

Bereich 7

73230 Kirchheim unter Teck
73349 Wiesensteig
73770 Denkendorf
74523 Schwäbisch Hall
74572 Blaufelden
74575 Schrozberg
74673 Jagstberg
74821 Mosbach
74821 Neckarelz
75015 Bretten

Bereich 8

82467 Wamberg
84576 Teising
85111 Moritzbrunn
85111 Pietenfeld
85111 Tempelhof
85128 Meilenhofen
85229 Ottmarshart
85567 Bruck
86150 Augsburg
86633 Hessellohe
86633 Laisacker
86738 Deiningen
86862 Großkitzighofen
86899 Ellighofen
86972 Altenstadt
86977 Burggen
86983 Kurzenhof
86989 Deutenried
89420 Höchstädt

Bereich 9

91074 Herzogenaurach
91171 Greding
91301 Forchheim
92249 Vilseck

92266 Dornberg

92334 Berching

92334 Thannbrunn

92361 Berngau

92727 Fahrenberg

93047 Regensburg

93339 Altmühlmünster

93339 Deising

94353 Haibach

95349 Thurnau

96047 Bamberg

96193 Wachenroth

97070 Würzburg

97318 Biebelried

97323 Krautheim

97705 Zahlbach

97877 Bestenheid

97944 Wölchingen

97900 Külsheim

97900 Uissigheim

97980 Mergentheim

99084 Erfurt

99718 Obertopfstedt

99734 Nordhausen

99735 Trebra

99735 Wolkramshausen

99759 Utterode

99998 Bollstedt

Bereich 0

01778 Liebenau

02826 Görlitz

04880 Dommitzsch

04931 Mühlberg (Elbe)

06193 Löbitz

06198 Deutleben

06198 Döblitz

06198 Wettin

06249 Mücheln

06268 Kuckenburg

06385 Aken (Elbe)

06406 Bernburg (Saale)

06449 Schadeleben

06456 Sandersleben (Anhalt)

06463 Ermsleben

06463 Falkenstein (Harz) Konradsburg

06484 Quedlinburg

06528 Beyernaumburg

06712 Deuben

06722 Droyßig

Wüstungen

Colaz

Emmeringen

Ergstedt

Everdagessen

Kiringen

Körterich

Wiby

Widecke

Nicht zu lokalisieren

Callem

Henisheim

Lindau

Linderburg

Oberweiting

Oster-Achim

Seve

Tentzenhoge

Trodesdorf

Wippenfeld

Wüstenbach

Bibliographie

Die hier vorgelegte Bibliographie über den historischen Orden der Tempelritter umfasst 397 Titel. Die Vielzahl von Veröffentlichungen, die sich mit der Gesamtheit mittelalterlicher Ritterorden beschäftigt, findet in dieser Bibliographie keine Berücksichtigung.

Publikationen zur Geschichte der Kreuzzüge, in denen sich fast immer längere Passagen zu den Ritterorden und vornehmlich Kapitel zum Orden der Tempelherren (z. B. seine Auflösung) finden, wurden ebenfalls nicht in diese Bibliographie aufgenommen.

Bei einzelnen Titeln ist eine Beziehung zum Templerorden nicht direkt oder gar nicht erkennbar. Diese Titel wurden inhaltlich auf ihren Bezug zum Templerorden überprüft.

1928 erschien in Paris die erste Bibliographie zum Templerorden von Marguerite Dessubré. Heinrich Neu veröffentlichte 1965 eine umfangreiche ‚Bibliographie des Templer-Ordens 1927-1965'. Zuletzt erschien 1972 die Bibliographie von Laurent Daillez. Seitdem erschien eine Vielzahl wissenschaftlicher Publikationen. Die hier vorgelegte Bibliographie berücksichtigt erstmals ausführlich Publikationen aus osteuropäischen Ländern.

Obwohl bei einigen Titeln nicht alle Angaben ermittelt werden konnten, reichen die vorhandenen Informationen allemal, die Titel in Bibliotheken ausfindig zu machen.

Die Publikationen zu historischen Ritterorden und hier insbesondere dem historischen Orden der Tempelherren haben sich in den letzten 30 Jahren von der Ebene der populärwissenschaftlichen Veröffentlichungen hin zu seriöser wissenschaftlicher Beschäftigung mit dem Thema verschoben. Der historische Orden der Tempelherren ist zu einem ernsten Thema der Mediävistik avanciert.

Vorliegende Bibliographie umfaßt sowohl fundierte populärwissenschaftliche Arbeiten als auch wissenschaftliche Detailarbeiten.

So kann diese Arbeit sowohl dem interessierten Laien als auch dem historisch Arbeitenden hilfreich sein.

Für Mitglieder des modernen Ordens der Tempelherren (OSMTH - Ordo Supremus Militaris Templi Hierosolymitani) mag sie die Grundlage für eine Beschäftigung mit den Wurzeln des Ordens sein.

Abb, Gustav/**Wentz**, Gottfried: die Johanniter-Komturei Tempelhof. In: Das Bistum Brandenburg. Berlin 1929, S. 412-416.

Achtmann, Peter: Reisewege zu historischen Templerstätten. In: Non nobis. 36, 1999, S. 16-18.

Achtmann, Peter/**Sawall**, Edmund: Templerkirchen rund um den Küchensee, Templer Taufstein Berlin. In: Non nobis. 13, 1990.

Addison, C. G.: The History of the Knights Templars. London 1842.

Addison, C. G./**Macoy**, R.: The Knights Templars and the complete history on Masonic Knighthood. 1873 Nachdruck 1998.

Affelt, Rolf/**Heinrich**, Frank: Tempelritter an der Saale. Die Templerkapelle von Mücheln. Leipzig 1996.

Aitken, Robert: The Knights Templars in Scotland. In: The Scotish Review. 32, 1898, S. 1f.

Alanièce, Valérie/**Gilet**, Francoise: Les templiers et leurs commanderies. L'exemple d'Avalleur en Champagne. 1995.

Alarcón, Rafael Herrera: A la sombra de los Templarios. Barcelona 1986.

Alarcón, Rafael Herrera: La otra Espagna del Temple. Barcelona 1988.

Alarcón, Rafael Herrera: La última Virgen Negra des Temple. Barcelona 1991.

Alart, B.: L'Ordre du Temple en Roussillon et sa suppression. Montolieu 1988.

Albert, Peter Paul: Das 'Templerhaus' zu Neckarelz. Eine geschichtliche Untersuchung. In: Freiburger Diözesanarchiv. Zeitschrift des Kirchengeschichtlichen Vereins für Geschichte, christliche Kunde, Altertums- und Literaturkunde des Erzbistums Freiburg. NF 33, 1932, S. 1-28.

Albon, Marquis de: Cartulaire général de l'ordre du Temple. Paris 1913.

Albon, Marquis de: Cartulaire général de l'ordre du Temple 1119-1150. Recueil des chartres et des bulles relatives à l'Ordre du Temple. Paris 1913-1922.

Albon, Marquis de: Introduction au cartulaire manuscrit du temple (1150-1317) constitué. Paris 1930.

Alders, Hanny: Der Schatz der Templer. München 1991.

Alias, Jean-Luc: Acta Templarorium ou la prosopographie de Templiers. Fontenay-le-Comte 2002.

Allard, Jean-Marie: Templar Mobility in the Diocese of Limoges According to the Order's Trial Records. In: Jochen Burgtorf/Helen Nicholson (Hrsg.): International Mobility in the Military Orders (12th to 15th Centuries): Travalling on Christ's Business. Cardiff 2006.

Alnoncourt, Naumann d': Der Prozess gegen die Tempelherren in Deutschland. In: Beauséant Rundbrief des Tempelherrenordens deutscher Observanz. Folge 7, V/1961, S. 7-13.

Alpen, van: Die Tempelherren in Aachen. In: Franz Ahn: Jahrbuch für den Regierungsbezirk Aachen 1824. S. 128-139.

Amadeo, Isabelle/**Laget**, René: Histoire des templiers en Provence. Eigenverlag 1988.

Amargier, Paul: Année Charnière, Mutation et continuité. La Défense du Temple devant le Concile de Lyon en 1274. Paris 1977.

Ambelain, Robert: Jésus ou le mortel secrèt des templiers. Paris 1969.

Ambelain, Robert: Templiers et Rose-Croix. Paris 1955.

Aniège, Valérie/**Gilet**, François: Les Templiers et leurs commanderies. Paris o. J.

Anonymus: Histoire des Templiers. Nîmes 1805, Nachdruck 1999.

Anton: Versuch einer Geschichte des Tempelherrenordens. Leipzig 1781.

Arnaudies, Fernand: Les Templiers en Roussillion. Cazilhac 1986.

Atienza, Juan-G.: El legado templario. Barcelona 1991.

Atienza, Juan-G.: La mistica solar de los Templarios. Barcelona 1983.

Atienza, Juan-G.: La Mystique solaire des templiers. Paris 1991.

Atienza, Juan-G.: Los enclaves templarios. Barcelona 2002.

Aubarbier, Jean-Luc: La France des Templiers. Rennes 1995.

Aubarbier, Jean-Luc/**Binet**, Michel: Les Sites Templiers de France. Rennes 1995.

Augry, Girard: Bréviaire des Templiers. Paris 2004.

Augry, Girard: Combat des Templiers. Paris 2004.

Ayal Martinez, Carlos de: Ordenes militares hispanicas: reglas y expansion geografica. In: Los monjes soldados: los Templares y otros ordenes militares. Aguilar de Campos 1996, S. 60-86.

Babut, C.: A propos d'un sceau de l'Ordre dut Temple. In: Revue Belge de numismatique. Brüssel 1909.

Baigent, Michael: Das Geheimnis der Templer. München 1995.

Baigent, Michael/**Leigh**, Richard: Der Tempel und die Loge. Bergisch-Gladbach 1990.

Bailly, Robert: Les templiers. Réalités et mythes. o. O. 1987.

Barber, Malcolm: Die Templer. Geschichte und Mythos. Düsseldorf 2005.

Barber, Malcolm: James of Molay, the Last Grand Master of the Temple. In: Studia Monastica. 14, 1972, S. 94-100.

Barber, Malcolm: Le procès des Templiers. Rennes 2002.

Barber, Malcolm: Propaganda in the Middle Ages: the charges against the Templars. In: Nottingham Medieval Studies. 17, 1973, S. 42-57.

Barber, Malcolm: Supplying the crusader states: the role of the templars. In: B.Z. Kedar (Hrsg.): The horns of Hattin. Jerusalem 1992, S. 314-326.

Barber, Malcolm: The charitable and medical activities of the Hospitallers and Templars. In: Evans, Gillian R.: A History of Pastoral Care. London, New York 2000, S. 148-168.

Barber, Malcolm: The New Knighthood: A History of the Order of the Temple. Cambridge 1994.

Barber, Malcolm: The Origins of the Order of the Temple. In: Studia Monastica. 12, 1970, S. 219-240.

Barber, Malcolm: The Social Context of the Templars. In: Transactions of the Royal Historical Society. V/34, 1989, S. 139-171.

Barber, Malcolm/ **Bate**, Keith (Hrsg.): The Templars. Manchester 2002.

Barber, Malcom: The Templars and the Turin Shroud. In: The Catholic Historical Review. 68, 1982, S. 206-225.

Barber, Malcolm: The Trial of the Templars. Cambridge 1978.

Barber, Malcolm: The Trial of the Templars Revisited. In: Nicholson, Helen: The Military Orders. Aldershot 1998, S. 329-342.

Barber, Richard: The Knight and Chivalry. Woodbridge 1995.

Baron, Edmund/**Hebestedt**, Jörg: Die Templerkapelle Unser Lieben Frau in Mücheln bei Wettin. Halle 2000.

Barret, Pierre/**Gurgand**, Jean-Noël: Ils voyageaient la France. Paris 1980.

Barroca, Mário Jorge: A Ordem do Templo e a Arquitectura Militar Portuguesa do Séc. XII.. In: Portugália, Nova Série, Bd. XVII-XVIII, Porto 1997, S. 171-209.

Barthel, Manfred: Die Templer. Reichtum, Macht und Fall eines Ritterordens. Gernsbach 2005.

Barthélémy, E. M. de: Obituarie de la Commanderie du Temple de Reims. Paris 1882.

Bassing, Theodor: Geschichte der Kommende, Komturei oder Kommanderie der kirchlich-militärischen Ritterorden der Tempelherren und der Johanniter zu Roth bei Vianden. In: Ons Hemecht. 20, 1914, S. 86-90, 153-159, 319-333, 414-426, 449-458.

Bastard, Antoine de: La colère et la douleur d'un templier en Terre Sainte. In: Revue des langues romanes. 81, 1974, S. 332-373.

Bauer, Martin: Die Tempelritter. Mythos und Wahrheit. München 1998.

Bauer, Wolfgang: Die Tempelritter. München 2001.

Beaman, Sylvia P.: The Royston Cave: Local Historical Influences of the Templar and Hospitaller Movements. Baldock 1992.

Beck, Andreas: Der Untergang der Templer. Größter Justizmord des Mittelalters? Freiburg, Basel, Wien 1992.

Begotti, Pier Carlo: Templari e giovanniti in Friuli. La Mason di San Quirino. Fiume-Veneto 1991.

Bellomo, Elena: La prima attestazione documentaria dei Templari a Brescia. In: Brixia Sacra. 5, 2000, S. 97-100.

Bellomo, Elena: Mobility of Templar-Brothers and Dignitaries: The Case of North-Western Italy. In: Jochen Burgtorf/Helen Nicholson (Hrsg.): International Mobility in the Military Orders (12th to 15th Centuries): Travalling on Christ's Business. Cardiff 2006.

Benassai, Alessandro: Das Geheimnis der Templer. Florenz 1987.

Benassai, Alessandro: Der Tempel der Mysterien. o. O. 1990.

Bennett, Matthew: La Règle du Temple as Military Manual of How to Deliver a Cavalry Charge. In: Christopher Harper-Bill/Christopher J. Holdsworth/Janet L. Nelson: Studies in Medieval History presented to R. Allen Brown. Woodbridge 1989, S. 7-19.

Bernage, Georges: Sur les pas des Templiers en Bretagne, Normandie, Pays de Loire. Bayeux 1980.

Bethencourt, Emiliano/**Rojas**, Félix: El legado del Temple. Etiqueta Oculta. Madrid 1991.

Bickel, Wolfgang: Templerkapelle Iben. Baukunst und Spiritualität im Orden der Armen Ritter Christi. Worms 2008.

Blum, Jean: Le Secret des Templiers du XIVe siècle. Rennes-le-Château 1993.

Bojadžiski, Ognen: Templars in Croatia. Short chonology of the Order from the beginning until today. Zagreb 2007.

Bonnet, Emile: Les maisons de l'Ordre du Temple dans le Languedoc méditerranéen. In: Cahiers d'histoire et d'archéologie VII, 1934, S. 513-525 und IX, 1936, S. 158-178.

Bonneville, Nicolas: Le secret des Templiers du XIVe siècle. Paris 1988.

Bonneville, Nicolas: Le secret des Templiers et la Maçonnerie écossaise. Paris 1979.

Borchardt, Karl: The Templars in Central Europe. In: Zsolt Hunyadi/József Laszlovszky: The Crusaders and the Military Orders expanding the Frontiers of medieval latin Christianity. Budapest 2001, S. 233-244.

Bordonove, Georges: La tragédie des Templiers. Paris 1993.

Bordonove, Georges: La vie quotidienne des Templiers au XIIIe siècle. Paris 1975.

Bordonove, Georges: Les Templiers. Paris 1963.

Bordonove, Georges: Les Templiers, histoire et tragédie. Paris 1977.

Bordonove, Georges: Les Templiers, les chevaliers du Christ. Paris 1963.

Bordonove, Georges: Les Templiers toute l'histoire. Paris 1963.

Bormann, Michael: Über die Tempelhäuser. In: Beiträge zur Geschichte der Ardennen. 2. Teil. Trier 1842, S. 63-66.

Bouffet, Hippolyte: Les Templiers et les Hospitaliers de Saint-Jean en Haute-Auvergne. Marseille 1976.

Bourré, Jean Paul: Dictionnaire Templier Histoire, Epopée, Héros, Secrets du plus prestigieux Ordre Chevaleresque du moyen-âge. Paris 1995.

Boutaric, Edgard: Clément V, Philippe le Bel et les Templiers. In: Revue des questions historiques. Bd. X, Nr. 71, S. 327-329.

Boutarie, G.: Philippe le Bel et les Templiers. Paris 1861.

Bouteiller, Ernest de: Notice sur la Commanderie Saint-Jean de Jérusalem. In: Mémoires de l'Académie impériale de Metz. 47, 1865-1866, S. 265-294.

Bramato, Fulvio: La memoria dei Templari. Studi di letteratura templare italiana. Rom 2004.

Bramato, Fulvio: L'ordine templare nel regno di Sicilia nell' età svevo-angioina. In: I templari: mito e storia. 1988, S. 107-141.

Bramato, Fulvio: Storia dell' ordine dei Templari in Italia. Bd. 1. Le Fondazioni. Rom 1991.

Bramato, Fulvio: Storia dell' ordine dei Templari in Italia. Bd. 2. Le Fonti. Rom 1994.

Branig: Geschichte der Tempelhofer Kirche und Gemeinde. In: Mitteilungen des Vereins für die Geschichte Berlins. 1918, S. 35f.

Brecht: Das Dorf Tempelhof. In: Schriften des Vereins für Geschichte Berlins. 15, 1878, S. 1f.

Breitsprecher, Albert: Die Komturei Rörchen-Wildenbruch. Stettin 1940.

Brier, Josef: Die Ritter-Kommende Kleinoels, Kr. Ohlau, im Mittelalter. Ein Beitrag zur Bistums- und Landesgeschichte. Kathol.-theol. Dissertation vom 12. Juli 1925. Breslau.

Brisset, J.: Les Templiers 1313. Brüssel 1837.

Brucker, Hermann: Die Kapelle der ehemaligen Burg Iben. In: Naheland-Kalender. Jahrbuch des Kreises Bad Kreuznach 1989, S. 163ff.

Brunet, Victor Armand: Les Commanderies des Templiers dans le département du Calvados. Paris 1869.

Bulst-Thiele, Marie-Luise: Der Prozess gegen den Templerorden. In: Josef Fleckenstein/Manfred Hellmann (Hrsg.): Die geistlichen Ritterorden Europas. Sigmaringen 1980, S. 375-402.

Bulst-Thiele, Marie-Luise: Die Anfänge des Templerordens. Bernhard von Clairvaux. Citeaux. In: Zeitschrift für Kirchengeschichte. 104, 1993, S. 312-336.

Bulst-Thiele, Marie-Luise: Sacrae Domus Militiae Templi Hierosolymitani Magistri. Untersuchungen zur Geschichte des Templerordens 1118/19 - 1314. (=Abhandlungen der Akademie der Wissenschaften in Göttingen. Philologisch-historische Klasse, dritte Folge Nr. 86). Göttingen 1974.

Bulst-Thiele, Marie-Luise: Templer in königlichen und päpstlichen Diensten. In: Peter Classen/P. Scheibert: Festschrift Percy Ernst Schramm zu seinem siebzigsten Geburtstag, I. Wiesbaden 1964, S. 289-308.

Bulst-Thiele, Marie Luise: Der Prozeß gegen den Templerorden. In: Fleckenstein, Josef, Hellmann, Manfred (Hrsg.): Die Geistlichen Ritterorden Europas. Sigmaringen 1980, S. 375-402.

Bulst-Thiele, Marie Luise: Warum wollte Philip IV. den Templerorden vernichten? Ein neuer Aspekt. In: I templari: mito e storia. 1988, S. 29-40.

Buntjes, Herrmann u. a.: Ehemalige Tempelherrenkommende. In: Die kirchlichen Denkmäler der Stadt Trier mit Ausnahme des Domes. Trier 1938, S. 500f.

Burgtorf, Jochen: Führungsstrukturen und Funktionsträger in der Zentrale der Templer und Johanniter von den Anfängen bis zum frühen 14. Jahrhundert. Diss. Düsseldorf 2001.

Burgtorf, Jochen: Leadership Structures in the Orders of the Hospital and the Temple (Twelfth to early Fourtheenth Century). In: Zsolt Hunyadi/József Laszlovszky: The Crusaders and the Military Orders expanding the Frontiers of medieval latin Christianity. Budapest 2001, S. 379-394.

Burgtorf, Jochen: The Templars' and the Hospitallers' High Dignities: Aspects of Horizontal Mobility. In: International Mobility in the Military Orders (12th to 15th Centuries); Travelling on Christ's Business. Cardiff, Fullerton 2006, S. 11-24.

Burman, Edward: Supremely Abominable Crimes: The Trial of the Knights Templars. London 1994.

Burman, Edward: The Templars: Knights of God. Rochester 1986.

Buschbell, Gottfried: Papsttum und Untergang des Templerordens. In: Historisches Jahrbuch. 31, 1911, S. 547-561.

Butler, Alan/Dafoe, Stephen: The Warriors and The Bankers: A History of the Knights Templar from 1307 to the Present. Belleville 1998.

Campbell, G. A.: Die Tempelritter - Aufstieg und Verfall. Stuttgart 1938.

Carbonneau-Lassay, Louis: Le Cœur rayonnant du donjon de Chinon attribué aux templiers. 1975.

Cardini, Franco: I poveri cavalieri del Christo. Bernardo di Clairvaux e la fondazione dell'ordine templare. Rimini 1994.

Carny, Lucien: Les sceau de l'ordre du Temple. In: Atlantis. Nr. 268.

Carrière, Victor: Histoire et cartulaire des templiers de Provins. Paris 1978.

Carrière, Victor: Les débuts de l'Ordre du Temple en France. In: Le Moyen Age XXVII, 1914, S. 308-335.

Carrière, Victor: Les Templiers de Provins et les débuts du Temple en France. Paris 1919.

Cazenave, Michel: Le retour du Templier. Paris o. J.

Cerrini, Simonetta: A new edition of the Latin and French rule of the Temple. In: Nicholson, Helen: The Military Orders. Bd. 2, Welfare and Warfare. Aldershot 1998, S. 207-215.

Cerrini, Simonetta: I Templari, la guerra e la santità. Rimini 2000.

Cerrini, Simonetta: Il faut une nouvelle règle pour concilier prière et combat, and other entries on the Templars. In: Historia Spécial. 1998, S. 16-25, 100-101.

Cerrini, Simonetta: La tradition manuscrite de la Règle du Temple. Etudes pour une nouvelle édition des versions latine et française. In: Balard, Michel: Autour de la première croisade. Actes du Colloque de la Society for the Study of the Crusades and the Latin East, Clermont-Ferrand, 22-25 juin 1995. (=Byzantina Sorbonensia . 14, 1996) S. 23-210.

Cerrini, Simonetta: Le Sorores Templi. In: Dizionario degli instituti di perfezione. 9, 1997, S. 898-903.

Cerrini, Simonetta: Nuovi percose templari tra i manoscirtti latini e francesi della Regola. In: Atti del convegno I Templari in Piemonti, dalla storia al mito. Torino 20 ottobre 1994, hrsg. v. R. Bordone. Turin 1995, S. 35-56.

Cerrini, Simonetta: „Une expérience neuve au sein de la spiritualité médiévale: l'ordre du Temple (1120-1314). Etudes et édition des règles latines et française". Dissertation 2 Bde. Paris 2002.

Cesari D'Ardea: I Templari visti da un araldista. In: I templari: mito e storia. 1988, S. 279-290.

Chagny-Sève, Anne-Marie: Le procès des Templiers d'Auvergne 1309-1311. Paris 1986.

Charpentier, John: A templomos lovagok titkai. Budapest 1992.

Charpentier, John: Die Templer. Stuttgart 1965.

Charpentier, John: Les grands Templiers. Paris 1935.

Charpentier, John: Les Mystères Templiers. Paris 1967.

Charpentier, John: L'Ordre des Templiers. Paris 1961.

Charpentier, John: Macht und Geheimnis der Templer. München 1986.

Charpentier, Louis: Macht und Geheimnis der Templer. Bundeslade - Abendländische Zivilisation - Kathedralen. Olten 1978.

Chaumeil, Jean-Luc: Du Premier au dernier templier. Paris 1985.

Chaumeil, Jean-Luc: Le trésor des templiers. Paris 1984.

Chaumeil, Jean-Luc: Le Trésor des Templiers et son royal secret, L'aether. Paris 1994.

Chevalier, Ulysse: Cartulaire des Hospitaliers et des Templiers en Dauphiné. Wien 1875.

Chiffre, Yves: Dernier Templier. Paris o. J.

Claverie, Pierre-Vincent: L'ordre du Temple au cœur d'une crise politique majeure: la Querela Cypri des années 1279-1285. In: Le Moyen Age. 104, 1998, S. 495-511.

Claverie, Pierre-Vincent: La cristandiat en mayor peril ou la perception de la question d'Orient dans la Catalogne de la fin du XIIIe siècle. In: Vinas, Robert: Les Templiers en Pays catalan. Perpignan 1998, S. 81-130.

Clévenot, Michel: Histoire de l'Ordre des Templiers et les Croisades. Paris o. J.

Costa, Ricardo Luiz Silveria da: D. Dinis e a supressao da ordem do Temple (1312): o processo de formaçao da identitade nacional em Portugal. In: Cultura e Imaginario no Ocidente Medieval. Rio de Janeiro 1996, S. 90-95.

Cotturi, Enrico: I templari in Valdinievole: La 'Mansio Templi' del Colle di Buggiano. In: I templari: mito e storia. 1988, S. 331-336.

Coureas, Nicholas: The role of the Templars and the Hospitallers in the movement of commodities involving Cyprus, 1291-1312. In: Edbury, Peter/Phillips, Jonathan: The experience of crusading. Bd. 2 Defining the crusader kingdom. Cambridge 2003, S. 257-274.

Cousin, Pierre: Le début de l'ordre des Templiers et saint Bernard dans les mélanges de saint Bernard. Dijon 1953.

Crouvelle, M. G.: Memoires historiques sur les Templiers ou Eclairissement Nouveaux sur leur Histoire. Paris 1805.

Crouzat, Germain: Sainte-Eulalie, capitale templière du Larzac. Sainte-Eulalie 1976.

Curzon, Henride de (Hrsg.): La Règle du Temple. Paris 1886.

Curzon, Henride de (Hrsg.): La Règle du Temple, Règle primitive. Paris 1886.

Curzon, Henride de: La maison du Temple à Paris. Histoire et déscription. Paris 1888.

Dailliez, Laurent: Bibliographie du Temple. Paris 1972.

Dailliez, Laurent: Guide de la France Templière. Paris 1974.

Dailliez, Laurent: Histoire de l'Ordre du Temple: Les Templiers, gouvernement et institutions. Nizza 1980.

Dailliez, Laurent: Jacques de Molay, dernier maître du Temple. Paris 1972.

Dailliez, Laurent: La France des Templiers. Verviers 1974.

Dailliez, Laurent: La Règle des Templiers. Nizza 1977.

Dailliez, Laurent: Le plus ancien texte de la Règle du Temple. In: Bulletin de la Société d'Emulation de Bruges. 111, 1974, S. 175-200.

Dailliez, Laurent: Les Templiers, ces inconnus. Paris 1972.

Dailliez, Laurent: Les Templiers en Flandre, Hainaut, Brabant, Liège et Luxembourg. Nizza 1978.

Dailliez, Laurent: Les Templiers en Provence. Nizza 1977.

Dailliez, Laurent: Les Templiers et les règles de l'Ordre du Temple. Paris 1972.

Dailliez, Laurent: Les Templiers. Gouvernement et Institutions. Nizza 1980.

Dailliez, Laurent: Règle et statutes de l'ordre du Temple. Paris 1996.

Daras, Charles: Les Templiers en Charente les Commenderies et leurs chapelles. Bordeaux 1981.

Delaruelle, E.: Templiers et Hospitaliers en Languedoc pendant la croisade des Albigeois. In: Paix de Dieu et guerre sainte en Languedoc au XIIIe siècle (Cahiers de Fanjeaux 4). Toulouse 1969, S. 315-334.

Delaville le Roulx, Joseph: Documents concernant les Templiers extraits des archives de Malte. Paris 1882.

Delaville le Roulx, Joseph: Un nouveau manuscrit de la Règle du Temple. In: Annuaire-Bulletin de la Société de l'Histoire de la France. 26, 1889, S. 185-214.

Delisle, Léopold: Mémoire sur les opérations financières des Templiers. Paris 1889.

Delmarti, Sabine: Jacques de Molay. Paris 1999.

Demurger, Alain: Between Barcelona and Cyprus: The Travels of Berenguer of Cardona, Templar Master of Aragon and Catalonia (1300-01): Jochen Burgtorf/Helen Nicholson (Hrsg.): International Mobility in the Military Orders (12th to 15th Centuries): Travalling on Christ's Business. Cardiff 2006.

Demurger, Alain: Der letzte Templer. Leben und Sterben de Großmeisters Jacques de Molay. München 2004.

Demurger, Alain: Die Templer. Aufstieg und Untergang 1120-1314. München 1991.

Demurger, Alain: Encore le procès des templiers! A propos d'un livre récent. In: Le Moyen Age. 97, 1991, S. 25-39.

Demurger, Alain: Jacques de Molay – Le crépuscule des Templiers. Paris 2002.

Demurger, Alain: Pour trois mille livres de Dette: Geoffrey de Sergines et le temple. In: La présence latine en Orient en Moyen Age. Paris 2000, S. 67-76.

Demurger, Alain: Les ordres militaires et la croisade au début du XVIéme siècle. Quelques remarques sur les traités de croisade de Jacques de Molay et de Foulques de Villaret. In: Michel Balard/B.Z. Kedar/J. Riley-Smith (HRSG.): Dei gesta per Francos: Mélanges publiés en l'honneur de Jean Richard. Aldershot 2001, S. 117-128.

Demurger, Alain: Les Templiers à Auxerre. In: Boucheron, Patrick/Chiffoleau, Jean-Louis: Religion et société urbaine au Moyen Age. Paris 2000, S. 301-312.

Demurger, Alain: Les Templiers. Une chevalerie chrétienne au Moyen Age. Paris 2005.

Demurger, Alain: Stato delle ricerche sull' ordine del Templari: bilancio e prospettiva. In: Templari e Ospitalieri in Italia/ La chiesa de San Bevignate. 1987, S. 9-18.

Demurger, Alain: Trésor des templiers, Trésor du roi. Mise au point sur les opérations financières de Templiers. In: Pouvoir et Gestion, 'Histoire, Gestion, Organisation'. Nr. 5, Toulouse 1997, S. 73-85.

Demurger, Alain: Vie et mort de l'ordre du Temple 1120-1314. Paris 1989.

Deniel, René Yves: L'or des Templiers. Paris 1992.

Desgris, Alain: Esotérisme Templier, le livre des mystères et des révélations. Paris 1998.

Desgris, Alain: Jésus et la Gnose Templière: L'autre vision des Ecritures et du procès qui s'en suivit. Paris 1996.

Desgris, Alain: La vie des Templiers. Paris o. J.

Desgris, Alain: L'ordre des templiers: les sécrets dévoilés. Paris 1995.

Desgris, Alain u. Hélène: L'ordre des Templiers & La chevalerie maçonnique Templière. Paris 1995.

Despas, Benoit: Les Templiers: le sang et la gloire: histoire vraie. Paris 1991.

Dessubré, Madeleine: Bibliographie de l'ordre des Templiers. Paris 1928.

Dette, Christoph: Graffiti an Kerkermauer: Die Vernichtung der Templer. In: damals. 6. 1996, S. 36-42.

Dette, Christoph: Zur Rezeptionsgeschichte der Templer seit dem 18. Jahrhundert. In: Hubert Nowak (Hrsg.): Vergangenheit und Gegenwart der Ritterorden. Zur Rezeption der Idee und die Wirklichkeit. Thorn 2001.

De Valous, Guy: Quelques observations sur la toute primitive observance des Templiers et la Regula pauperum commilitonum Christi Templi Salomonis. In: Mélanges Saint-Bernard. XXIVe Congrès de l'Association Bourgignonne des Sociétés Savantes, Dijon 1953. Dijon 1953, S. 32-40.

Dickinson, Brock H.: The Black Heads, the Great Guilds and the Teutonic Knights: Evidence of Templar Survival in Northern Europe after 1314. In: Templar History Magazine. Bd. 1, Nr. 1, S. 17-24.

Dieter, H. Wolf: Internationales Templerlexikon. Innsbruck, Wien, München 2003.

Diez, Gonzalo Martinez: Los Templarios en la Corona de Castilla. Burgos 1993.

Dinzelbacher, Peter: Der historische Templerorden. In: Statutenbuch des Ordens der Tempelherren. 2002, S. 11-28.

Dinzelbacher, Peter: Die Templer – Ein geheimnisumwitterter Orden. Freiburg im Breisgau 2002.

Dobronic, Lejla: Posjedi i Sjedista Templara, Ivanovaca i Sepulkralaca Hrvatskoj. [Estates and Residences of Templars, Hospitallers and Canons Regular of the Holy Sepulchre of Jerusalem and Croatia.] Zagreb 1984.

Dobronic, Lejla: Viteski redovi: Templari i Ivanovci u Hrvatskoj. [Knightly Orders: Templars and Hospitallers in Croatia.] Zagreb 1984.

Dobronic, Lejla: Viteski redovi: Templari i Ivanovci u Hrvatskoj. [Military Orders: Templars and Hospitallers in Croatia.] In: Analecta Croatia Christiana. 18, 1984.

Dondi, Christina: Manoscritti liturgici die templari e degli ospitalieri. In: I Templari, la guerra e la santità. Rimini 2000, S. 49-68.

Donnin, Jean-Claude: Templiers et leurs commenderies en Aunis, Saintonge, Angoumois. Paris 1983.

Dreue, Johan: Armorial des Grands Maîtres du Temple. Parmain o. J.

Dubosc, Georges: La Maison des Templiers à Caudebec-en-Caux. Rouen 1912.

Dubosc, Georges: La Maison des Templiers à Rouen. Rouen 1911.

Dubourg, Jacques: Templiers dans le Sud-Ouest. Toulouse 2002.

Dubrec, J.-A.: Les Templiers en Provence. Toulouse 1959.

Dumontier, Michel u. a.: Sur le pas des templiers en Bretagne, Normandie, Pays de Loire. Paris 1980.

Dumontier, Michel: Sur les pas des templiers en Ile-de-France. Paris 1979.

Dupuy, Pierre: Histoire de la condamnation des Templiers. Paris 1654, zuletzt gedruckt Brüssel 1751.

Dupuy, Pierre: Histoire de la condamnation des Templiers celle du Schisme des Papes tenant le siège en Avignon et quelques procès criminels. Brüssel 1713.

Durbec, Joseph-Antoine: Les Templiers en Provence. Formation des commanderies et répartition géographique de leurs biens. In: Provence historique. 8, 1959, S. 3-37 und S. 97-132.

Duveau (Hrsg.): Notice sur la Maison des Templiers au Genetay. Rouen 1908.

Duydale, Sir William: Le Procès contre les chevaliers du Temple dans le royaume d'Angleterre. o. O. o. J.

Edbury, Peter W.: The Military Orders in Cyprus in the Light of Recent Scholarship. In: Zsolt Hunyadi/József Laszlovszky: The Crusaders and the Military Orders expanding the Frontiers of medieval latin Christianity. Budapest 2001, S. 101-107.

Edbury, Peter W.: The Templars in Cypres. In: Barber, Malcolm: The Military Orders: Fighting for the Faith and Caring for the Sick. Aldershot 1994, S. 189-195.

Eistert, Karl: Der Ritterorden der Tempelherren in Schlesien. Archiv für schlesische Kirchengeschichte. 14, 1956, S. 1-23.

Eistert, Karl: Ergänzungen und Berichtigungen zu dem Aufsatz über die Templer im Archiv für schlesische Kirchengeschichte Bd. 14. In: Archiv für schlesische Kirchengeschichte. 15, 1957, S. 267-269.

Elm, Kaspar: A templomosok pere. [The Trial of the Templars.] In: Demandt, Alexander: A történelem nagy perei-törvény és hatalom. Budapest 1993, S. 97-128.

Elm, Kaspar: Der Templerprozess. In: Demandt, Alexander: Macht und Recht. Große Prozesse in der Geschichte. München 1991, S. 81-101, S. 297-299.

Elm, Kaspar: Die ORDINES MILITARES ein Ordenszötus zwischen Einheit und Vielfalt. In: Zsolt Hunyadi/József Laszlovszky: The Crusaders and the Military Orders expanding the Frontiers of medieval latin Christianity. Budapest 2001, S. 351-377.

Falkenstein, Karl: Geschichte des Tempelherren-Ordens. Dresden 1833.

Fejér, Istvàn: A német és templomos lovagok I-laralyban. [Chevaliers teutoniques et les Templiers à Haraly]. Eger 1894.

Ferreira: Memorias et noticias historicas de celebre Ordem militar dos Templarios na Palestina. Lissabon 1735.

Ferretti, Mauro Giorgio: Sulle orme dei Templari. Bd. 1, Norditalien. Aiep 2003.

Ferretti, Mauro Giorgio: Sulle orme dei Templari. Bd. 2, Mittelitalien. Aiep 2003.

Ferretti, Mauro Giorgio: Templari Oggi. Aiep 2004.

Ferris, Eleanor: The Financial Relations of the Knights Templars to the English Crown. In: The American Historical Review. 8, 1903, S. 1f.

Fiebag, Johannes/**Fiebag**, Peter: Die Entdeckung des Grals. Auf den Spuren der Manna- Maschine, der Bundeslade und des Tempelordens. München 1992.

Finke, Heinrich: Papsttum und Untergang des Templerordens. 2 Bde. Münster 1907.

Fischer, Hubertus: „Ehrenrettung für das gesammte Deutschland". Ein Aufsatz Leopold von Ledeburs über das Ende des Templerordens in Deutschland. In: Forschungen zur Brandenburgischen und Preußischen Geschichte. 18, 2/2008, S. 153-170.

Flaque de Bezaure, Bernard: Cuisine & potions de Templiers. Turquant 1997.

Flaque de Bezaure, Bernard: Sur les traces des templiers de Greoux-les-bains. Turquant o. J.

Flaque de Bezaure, Bernard: Sur les traces des templiers de Vaucluse. Turquant o. J.

Flaque de Bezaure, Bernard: Sur les traces des templiers des Bouches du Rhône. Turquant o. J.

Flaque de Bezaure, Bernard: Sur les traces des templiers des Hautes Alpes. Turquant o. J.

Fleckenstein, Josef/ **Hellmann**, Manfred (Hrsg.): Die geistlichen Ritterorden Europas. Sigmaringen 1980.

Fleckenstein, Josef: Die Rechtfertigung der geistlichen Ritterorden nach der Schrift „De laude novae militiae" Bernhards von Clairvaux. In: Josef Fleckenstein/Manfred Hellmann: Die geistlichen Ritterorden Europas. Sigmaringen 1980, S. 9-22.

Fleg, Alain/**Lafille**, Bruno: Les Templiers et leurs mystères. Genf 1981.

Flori, Jean: Les chevaliers, une caste de champios. In: Notre Histoire. 108, 1994, S. 26-39.

Folliot, Pierre Marie: Les Templiers dans la baillie de Chartres: Sours et Arville. Chartres 1983.

Forey, Alan J.: A 13th-Century Dispute Between Templars and Hospitallers in Aragon. In: Durrham University Journal. 80-2, 1988, S. 181-192.

Forey, Alan J.: Ex Templars in England. In: Journal of Ecclesiastical History. 53, 2002, S. 18-37.

Forey, Alan J.: Letters of the last two Templar Masters. In: Nottingham Medieval Studies. 45, 2001.

Forey, Alan J.: The Beginnings of the Proceedings against the Aragonese Templars. In: Lomax, D./Mackenzie, D.: God and Man in Medieval Spain. Warminster 1989, S. 81-96.

Forey, Alan J.: The Fall of the Templars in the Crown of Aragon. Aldershot 2001.

Forey, Alan J.: The Military Orders. Toronto 1993.

Forey, Alan J.: The Templars in the Corona de Aragón. London 1973.

Forey, Alan J.: Towards a Profile of the Templars in the Early Fourteenth Century. In: Barber, Malcolm: The Military Orders: Fighting for the Faith and Caring for the Sick. Aldershot 1994, S. 196-204.

Fossier, Robert: Hospitaliers et Templiers au nord de la Seine et en Bourgogne. Paris 1984.

Fraissinet, Edouard: Essai sur l'histoire de l'ordre des Templiers. Brüssel 1846.

Frale, Barbara: I Templari. Bologna 2004.

Frale, Barbara: Il papato e il processo ai Templari. Rom 2003.

Frale, Barbara: L'ultima battaglia dei Templari. Dal cadice ombra d'obbedunza militare alla costruzione del processe per eresia. Rom 2001.

Frale, Barbara: Strategia di un delitto. Filippo il Bello e il cerimoniale segreto dei templari. Florenz 2001.

Frale, Barbara: The Chinon Part. Papal Absolution to the last Templar, Master Jacques de Molay. In: Journal of Medieval History. 30, 2004, S. 109-134.

Franchet, Jeanne: Voyage des Templiers. In: Revue Atlantis. 344, 1986.

Fried, Johannes: Wille, Freiwilligkeit und Geständnis um 1300. Zur Beurteilung des letzten Templergroßmeisters Jacques de Moley. In: Historisches Jahrbuch. 105, 1985, S. 388-425.

Fritz, Michel: Der Templerorden am Mittelrhein und die Templer von Waldeck. In: Rheinische Heimatblätter. 1, 1924, S. 56-58.

Frizot, Julien: Grands sites Templiers en France. Rennes o. J.

Frizot, Julien: Sur les pas des Templiers en terre de France. Rennes 2005.

Frycz, Jerzy: Architektura zamków krzyzackich. [Architecture of Crusader castels.] In: Sztuka pobrzezy Baltyku. Materialy z sesji Stowarzyszenia Historyków Sztuki. Warschau 1978, S. 19-48.

Futthark, Run: La spiritualité templière. Paris o. J.

Gaillard: Examen de la conduite des Templiers au sujet des places du Vexin Normand en 1160. In: Memoires de l'Académie des Inscriptions et Belles Lettres. 4 Bde. 43. Paris 1786, S. 402-420.

Garcia-Guijarro Ramos, Luis: Exemption in the Temple, the Hospital and the Teutonic Order: Shortcoming of the Institutional approach. In: Nicholson, Helen: The Military Orders, Bd. 2, Welfare and Warfare. Aldershot 1998, S. 289-293.

Gardam, C. M. L.: Restoration of the Temple Church, London. In: Grant, L. (Hrsg.): Medieval art, architecture and archeology in London. 1990, S. 101-117.

Gebhardi, Julius Justus: Der mit dem Mathaeus-Stifft verbundene große Caland zum Heil. Geist, Oder historische Nachrichten von dem Stiffte S. Matthaei in Braunschweig unter dem Templer Orden und bey den Johanniter-Rittern und jetzigen Beschaffenheit. Braunschweig 1739.

Gehle, Heinz H.: Die Templer - ein Lichtblick im Mittelalter. In: Non nobis. 38, 2000, S. 4-13.

Gélibert, Maud de: La Commanderie templière de Campagne-sur-Aude. In: Bulletin de la société d'études scientifiques de l'Aude. 73, 1973.

Gélibert, Maud de: Udaut le templier. Paris 1972.

Gerlich, Alois: Der Tempelhof zu Mainz. In: Mainzer Almanach: Beiträge aus Vergangenheit und Gegenwart. 1960, S. 159-166.

Gilet, François/**Anièce**, Valérie: Les Templiers et leurs commanderies. Reims o. J.

Gilet, François/**Anièce**, Valérie: Templiers et leurs commanderies, l'exemples d'Avaleur en Champagne. Reims 1995. 1957.

Gilmour-Bryson, Anne: Age Relatet Data from the Templar Trials. In: M. Sheehan (Hrsg.): Aging and the Aged in Medieval Europe. Toronto 1990, S. 130-142.

Gilmour-Bryson, Anne: Coding of the Testimony of Prisoners in the Trial of the Templars in the Papal States 1309-1310. Hrsg. v. Serge Lusignan und John North. Austin 1977.

Gilmour-Bryson, Anne: Sodomy and the Knights Templar. In: Journal of the History of Sexuality. 7, 1996, S. 151-183.

Gilmour-Bryson, Anne: Testimony of Non-Templar Witnesses in Cyprus. In: Barber, Malcolm: The Military Orders: Fighting for the Faith and Caring for the Sick. Aldershott 1994, S. 205-219.

Gilmour-Bryson, Anne: The London Templar Trial Testimony: "Truth", Myth or Fable. In: A World Explored: Essays in Honour of Laurie Gardiner hrsg. v. Anne Gilmour-Bryson. Victria 1993, S. 44-61.

Gilmour-Bryson, Anne: The Templar trials: Did the System work? In: Medieval History Journal. 3:1, 2000, S. 41-65.

Gilmour-Bryson, Anne: The Trial of the Templers in the Papal States and the Abruzzi. Rom 1982.

Girard-Augry, Pierre: Aux origines de l'ordre du Temple. Nantes 1992.

Gmelin, Julius: Die Regel des Templerordens. Mitteilungen des Instituts für österreichische Geschichtsforschung. 14, 1893, S.193-236.

Gmelin, Julius: Schuld oder Unschuld des Templerordens. Stuttgart 1893.

Gobry, Ivan: Le Procès des Templiers. Paris 1995.

Golinski, Mateusz: Uposazenie i organizacja zakonu templariuszy w Polsce do 1241 roku. [Economy and Organization of the Order of the Templars in Poland up to 1241.] In: Kwartalnik Historyczny. 98, 1991, 3-20.

Gomez, Miguel: Templiers. Les légendaires moines-guerriers. o. O. 2004.

Gooder, Eileen: Temple Balsall. Chichester 1995.

Graf, Joseph Wilhelm: Geschichte der Tempelherren in Böhmen und ihres Ordens überhaupt. Prag 1825.

Grafin, Robert: L'art des Templiers dans les cathédrales. Chartres o. J.

Grauert, Hermann: Eine Tempelherren-Urkunde von 1167. In: Archivalische Zeitschrift. 3, 1878, S. 294-309.

Griffet: De l'abolition et du procès des Templiers. Paris 1838.

Grouvelle, Philippe: Mémoires historiques sur les Templiers. Paris 1805.

Gualtieri, Carlo: Templari in cammino. Rom 1995.

Guerrieri, Giovanni: I Cavalieri Templari nel regno di Sicilia. Trani 1909.

Gueriff, François: Templiers et leurs commanderies en Charente Maritimes. o. O. 1982.

Guéry, Charles: Les commanderies dans le département de l'Eure. Evreux 1903.

Guff, Pierre: La mystérieuse saga des Templiers. Brüssel 1993.

Guggenberger, Alfred: Die Templer im Wandel der Zeit. Augsburg 1977.

Guillotin de Corson, A.: Les Templiers et les hospitaliers de Saint-Jean-de-Jérusalem en Bretagne dis Chevaliers de Malte et Bretagne. Marseille 1976.

Guinguand, Maurice: L'or des templiers. Paris 1973.

Guinguand, Maurice: Notre-Dame-de-Paris ou la magie des templiers. Paris 1972.

Gutton, Francis: La chevalerie militaire au Portugal: L'ordre du Temple, l'ordre du Christ, l'ordre d'Avis, l'ordre de Santiago. Paris 1982.

Guzot: Manuel des Chevaliers de l'Ordre du Temple. Paris 1825.

Gylmour-Brisson, Anne: Le Procès des Templiers dans les Etats du Pape. Rom 1982.

Hamann-MacLean, Richard: Die Burgkapelle von Iben. Beiträge zum Problem des Naumburger Meisters II. Festschrift für Wolfgang Fritz Volbach. 1966, S. 233-272.

Hamilton, J. S.: Apocalypse Not – Edward II and the Supression of the Templars. In: Medieval Perspectives. 12, 1997, S. 90-100.

Hammerstein, Freiherr H. von: Der Besitz der Tempelherren in Lothringen. In: Annuaire de la Société d'Histoire et d'Archéologie Lorraine. 7, 1895, S. 1-29.

Hapel, Bruno: L'Ordre du Temple. Les textes fondateurs. Paris 1991.

Hauf, Monika: Der Mythos der Templer. Solothurn, Düsseldorf 1993.

Hauf, Monika: Die Geheimen Botschaften, Manuskripte und Schätze der Templer aus Rennes-le-Château. Lübeck 2000.

Hauf, Monika: Die Templer und die große Göttin. Düsseldorf 2000.

Havemann, Wilhelm: Geschichte des Ausgangs des Tempelherrenordens. Stuttgart, Tübingen 1846.

Haye, Anthony Oneal: The Persecution of the Knights Templars. Edinburgh 1865.

Heckel, Friedrich: Der Orden der Tempelherren uns seine pfälzischen Niederlassungen. In: Pfälzer Land. Beiträge der unabhängigen Pfälzer Heimatpresse. 10.3.1951, Nr. 10, S. 5f.

Heine, Karl: Erzbischof Burchards III. Gewalttätigkeiten gegen die Tempelritter des Erzbistums Magdeburg. In: Heimatkalender für Halle und den Saalekreis 1911. S. 41-49.

Heinrich, Ernst: Die Dorfkirche Tempelhof. Eine baugeschichtliche Untersuchung. In: Der Bär von Berlin. Nr. 4, 1954, S. 45-88.

Hennes, Johann Heinrich: Die Tempelherren in Mainz. In: Zeitschrift des Vereins zur Erforschung der Rhein. Geschichte und Alterthümer in Mainz. 1, 1845, S. 98-104.

Hesekiel, Ludovica: Templer und Johanniter. Hamburg o. J.

Heutger, Nicolaus: Die geistlichen Ritterorden in Niedersachsen. Zum 40. Jahrestag der Reaktivierung des Templerordens in Niedersachsen. (=Forschungen zur niedersächsischen Ordensgeschichte 1). Hannover 1997.

Heutger, Nicolaus: Die Templer in Niedersachsen. In: Ritterorden im Mittelalter. Greifswald 1996, S. 97-109.

Hiestand, Rudolf: Kardinalbischof Matthäus von Albano, das Konzil von Troyes und die Entstehung des Templerordens. In: Zeitschrift für Kirchengeschichte. 99, 1988, S. 295-325.

Hiestand, Rudolf (Hrsg.): Papsturkunden für Templer und Johanniter I. (=Abhandlungen der Akademie der Wissenschaften in Göttingen. Philologisch – historische Klasse. Dritte Folge Nr. 77). Göttingen 1972.

Hiestand, Rudolf (Hrsg.): Papsturkunden für Templer und Johanniter II. (= Abhandlungen der Akademie der Wissenschaften in Göttingen. Philologisch-historische Klasse. Dritte Folge Nr. 135). Göttingen 1984.

Hiestand, Rudolf: Templer- und Johanniterbistümer und -bischöfe im Heiligen Land. In: Ritterorden und Kirche im Mittelalter, (Ordines Militares. Colloquia Torunensia IX). Thorn 1997, S. 143-161.

Hiestand, Rudolf: Zum Problem des Templerzentralarchivs. In: Archivalische Zeitschrift. 76, 1980, S. 17-38.

Higounet, Charles: Cartulaire des Templiers de Montsaunès. Paris 1957.

Hill, Rosalind: Fourpenny retirement: the Yorkshire Templars in the fourteenth century. In: Studies in Church History. 24, 1987, S. 123-128.

Hirschmann: Die Tempelherren in Deutschland. In: Historisch-politische Blätter für das katholische Deutschland. 159, 1917, S 131-135.

Hitzler: Alte Templerkirche in Tempelhof. In: Mark. Illustrierte Zeitschrift für Touristik der Mark Brandenburg. 12, 1916, S. 206.

Hodin: Histoire de l'abolition de l'ordre des Templiers. Paris 1779.

Hoogeweg, Hermann: Der Tempelherren-Orden. In: Die Stifte und Klöster der Provinz Pommern. Bd. 2, Stettin 1925, S. 857-868.

Hormayr, Josef Freiherr von: Bruchstücke zur Geschichte des Tempelordens, zumal in Österreich. In: Archiv für Geographie, Historie, Staats- und Kriegskunst. 13, 1822, S. 753ff, 777ff, 787ff.

Horst, R. W.: Die Komturei Tempelhof-Berlin im 12. und 13. Jahrhundert. In: Beauseant. Rundbrief des Tempelherrenordens deutscher Observanz. Folge 17, VI/1966, S. 7-12.

Horst, R. W.: Die Rittergräber der Templer in London. Eine Bildquellendokumentation zum Bruderschaftsgedanken im historischen Orden. In: Beauseant. Rundbrief des Tempelherrenordens deutscher Observanz. Folge 16, IX/1965, S. 6-11.

Houdek: Pamiatky po templàroch v Liptove. In: Prùdy. Nr. 9-10, 1923.

Houdek: Templàrsky klàgtor nad Sv. Marou. In: Kràsy Sovenska. Nr. 4-6, 1924.

Houdek: Osudy hradov historick ch. In: Sbomik Muzeàlnei slovenskej spolo nosti. Nr. 1-4, 1930.

Howarth, Stephen: A templomosok titka. [The Secret of the Templars.] Budapest 1986.

Howarth, Stephen: The Knights Templar. London 1982.

Huchet, Patrick: Templiers de la gloire à la tragédie. Toulouse 2002.

Hughan, William J.: Origin of Masonic Knight Templars in the United Kingdom. In: Ars quatuor coronatorum. 18, 1905, S. 91f.

Ilieva, Annetta: The Suppression of the Templars in Cyprus According to the Chronicle of Leontios Makhairas. In: Barber, Malcolm: The Milityry Orders: Fighting for the Faith and Caring for the Sick. Aldershot 1994, S. 212-219.

Imperio, Loredana: Metodologia di ricerca attraverso la toponomastica templare, in appendice Piccolo Glossario Templare (=Papiri, collana de storia antica e moderna 1). Latina 1992.

Imperio, Loredana: Il tramonto dei Templari. Il processo di Cipro: uomini e vicende dell' Ordine nei suoi ultimi anni di vita (=Papiri, collana de storia antica e moderna 3). Latina 1992.

Ingrand, Stéphane: Les Templiers. Carnot 2004.

Irgang, Winfried: Urkunden und Regesten zur Geschichte des Templerordens im Bereich des Bistums Cammin und der Kirchenprovinz Gnesen (=Veröffentlichungen der Historischen Kommission für Pommern. IV, Bd. 10). Köln 1988.

Jacoby, A.: Von Templern und Templersagen. In: Les Cahiers Luxembourgois. Freie Rundschau für Kunst und Wissenschaft. 8, 1931, S. 227-237.

Jacquet, Alain: Templiers et Hospitaliers en Touraine sur les traces des moines chevaliers. Saint-Cyr-sur-Loire 2002.

Jacquot, F.: Défense des Templiers. Nîmes 1992.

Jamet, Guy/**Jamet**, Renate: Les Grades Templiers. Le Mans o. J.

Jan, Libor/**Jesensky**, Vit: Hospitallers and Templar Commanderies in Bohemia and Moravia. In: Nicholson, Helen: The Military Orders: Welfare and Warfare. Aldershot 1998, S. 235-249.

Jan, Libor: S templarskym krizem. [With a Templars' cross.] In: Cejkovice 1248-1998. Cejkovice 1998, S. 33-60.

Jaspert, Nikolas: Bonds and Tensions of the Frontier: The Templars in Twelth-Century Western Catalonia. In: Sarnowsky, Jürgen: Mendicants, Military Orders and Regionalism in Medieval Europe. Aldershot 1999, S. 19-45.

Jean, Simon: Templiers des Pays d'Oc. Toulouse 2003.

Joly, R. P.: Histoire critique et apologétique de l'Ordre des Templiers. o. O. 1789.

Jung, Wilhelm: Die Kapelle auf dem Hofgut Iben/Rheinhessen. In: Lebendiges Rheinland-Pfalz. 15, Heft 4, 1978, S. 96-99.

Jungblut, Gilles: Templiers, derniers chevauchées en terre occitane. Paris o. J.

Kedar, Benjamin Z.: Convergences of Oriental Christian, Muslim and Frankish Worshippers: The Case of Saydnaya and the Knights Templar. In: Zsolt Hunyadi/József Laszlovszky: The Crusaders and the Military Orders expanding the Frontiers of medieval latin Christianity. Budapest 2001, S. 89-100.

Kelkel, Franz: ‚Tempelhäuser' in der Westeifel. In: Zwischen Venn und Schneifel. 28, 1992, Heft 4, S. 55-57.

Keller, Heinrich Julius: Eine Ordensniederlassung in Kirchheim a.d. Eck. (Das Haus im See – Domus de lacu.). Die Gründung durch die Tempelherren. In: Mein Heimatbuch. Aus vergangenen und gegenwärtigen Tagen von Kirchheim a.d. Eck. Hrsg. v. Gemeinde Kirchheim a.d. Eck 1941, S. 177-190.

Kiess, Georges: Les Templiers en Haut-Razès. Quillan 1990.

Kiess, Georges: Templiers et Hospitalliers en Languedoc-Roussillon. Rennes-le-Château o. J.

Kitzler, Georg Eugen: Die alte Templerkirche in Tempelhof. In: Die Mark. 11. Jg. Nr. 22 v. 15.4.1915, S. 206f.

Kluncker, Karlhans: Die Templer. Geschichte und Geheimnis. In: Zeitschrift für Religions- und Geistesgeschichte. 41, 1989, S. 215-249.

Knapp, Wolfgang: Auf den Spuren eines weiteren Templerhauses am Niederrhein !?! (= Heft 13 der Aufsatzreihe des Templerarchivs). Düsseldorf 1995.

Knight, Christopher/**Lomas**, Robert: Der zweite Messias. Das Grabtuch von Turin, die Templer und das Geheimnis der Freimaurer. Bern, München, Wien 1999.

Knöpfler, Alois: Die Ordensregel der Tempelherren. In: Historisches Jahrbuch. 1887, S. 666-695.

Köhler, Jochen: Aufstieg und Fall der Templer - Das geheimnisumwitterte Schicksal eines Kreuzritterordens. In: Damals. 9, 1987.

Körner, Karl: Die Templerregel. Jena 1902.

Körner, Karl: Die Varianten der Barceloner Handschrift der Templerregel. Wissenschaftliche Beilage zum Jahresbericht des Realgymnasiums zu Neunkirchen. Trier 1904.

Körner, Karl: Ist die lateinische oder die altfranzösische Fassung der Templerregel als die ursprüngliche anzusehen? In: Städtische Realschule Gotha, Osterprogramm 1901. S. 1-18.

Körner, Karl: So soll jemand zum Bruder gemacht und in den Tempelorden aufgenommen werden. Aus einer Altfranzösischen Handschrift. In: Die Bauhütte. April 1928.

Kolanovic, Josip: Vrana i Templari. [Vrana and the Templars.] In: Radovi Instituta J.A. u Zadru. 18, 1971, S. 207-226.

Kolbe, E.: Alte Ordenskirche in Tempelhof. In: Monatsblätter des Touristenklub für die Mark Brandenburg. 1917, S. 50.

Kolinovich, Gabriel: Chronicon militaris ordinis templariorum et bullis papalibus, diplomatibus regiis. Pest 1789.

Kosi, Miha: Templarji na Slovenskem. [Knights Templar in Slovenia.] In: Zgodovinski casopis. 48, 1994, S. 149-186.

Kosi, Miha: Templarji na Slovenskem. [Knights Templar in Slovenia.] Ljubljana 1995.

Kosi, Miha: The Age of the Crusaders in the South-East of the Empire (Between the Alps and the Adriatic. In: Zsolt Hunyadi/József Laszlovszky: The Crusaders and the Military Orders expanding the Frontiers of medieval latin Christianity. Budapest 2001, S. 123-165.

Kramberg, Heinz G.: Der Auftrag des geistlichen Ritterordens der Tempelherren. In: Non nobis. 11,1995.

Kramberg, Heinz G.: Die Bedeutung der Komturei Tempelhof (Berlin im 12. und 13. Jahrhundert. In: Non nobis. 4/6, 1986, S. 84-89.

Kramberg, Heinz G.: Templerkirchen in Marienfeld, Tempelhof und Mariendorf. In: Non nobis. 7, 1987, S. 65-68.

Krause, Sylvia: Das Echo auf den Templerprozeß in der Historiographie. Diss. Wien 1973.

Kreuter, J.L.: Die Templer in Gelnhausen. In: Gelnhusana. Aus der Geschichte der Stadt Gelnhausen. Beilage zum Kreis-Blatt Amtl. Anzeiger f. d. Stadt und den Kreis Gelnhausen. 13, 1906, S. 55f.

Krück von Poturzyn, Maria J.: Der Prozeß gegen die Templer. Ein Bericht über die Vernichtung des Ordens. Ogham. Stuttgart 1982.

Krüger, Anke: Das Baphomet-Idol. In: Historisches Jahrbuch. 119, 1999, S. 120-133.

Krüger, Anke: Monastische Observanz und Ordenstruktur bei Templern und Johannitern. In: Cistercienser Chronik. 107, 2, 2000, S. 193-213.

Krüger, Anke: Schuld oder Präjudizierung. Die Protokolle des Templerprozesses im Textvergleich (1307-1312). In: Historisches Jahrbuch. 117, 1997, S.340-377.

Kukuljevic, Ivan: Priorat vranski sa vitezi templari hospitalci sv. Ivana u Hrvatskoj. [The Priory of Vrana of the Templars and the Hospitallers in Croatia.] In: Rad Jugoslavenske Akademije Znanosti i Umjetnosti. 81-82, 1886, S. 1-80.

Laborde, F.: L'église des templiers de Montsaunès (Haute-Garonne), In: Revue de Comminges. 92, 1979, S. 355-373 und S. 487-507, 93, 1980, S. 37-51, S. 227-241 und S. 335-355.

Lachaud, René: Templiers: Chevaliers d'Orient et d'Occident. Escalques 1997.

Ladurner, P. Justinian: Gab es je Tempelritter und Ansitze derselben in Tirol? In: Archiv für Geschichte und Alterthumskunde in Tirol. 3, 1866.

Lafille, Bruno/**Fleg**, Alain: Les Templiers et leurs mystères. Genf 1981.

Laget, René/**Amadeo**, Isabelle: Histoire des Templiers en Provence. Paris 1988.

Lambert, Elie: L'architecture des Templiers. Paris 1955.

Lambert, Elie: L'église des Templiers de Laon. In: Revue Archéologique. 24, 1926, S. 224-233.

Lameyre, Alain: Guide de la France templière. Paris 1975.

Lamy, Michel: Les Templiers ces grands seigneurs aux blancs manteaux. Bordeaux 1997.

Lanfry, G.: La maison dite des Templiers rue de la Boucherie à Caudebec-en-Caux. Rouen 1932.

Langlois, M. E.: Le procès des Templiers d'après des documents nouveaux. Paris 1981.

Lascaux, Michel: Les templiers en Bretagne. Rennes 1979.

Lascaux, Michel: Les templiers en Normandie. Rennes 1983.

Laurent, Hervé: Les mystères Templiers d'hier et d'aujourd'hui. Colmar 1996.

Lavocat, M.: Procès des frères et de l'ordre du Temple. Paris 1888.

Layer, Adolf: Der Templerorden in Schwaben. In: Schwäbische Blätter für Heimatpflege und Volksbildung. 21, 1970, S. 70f.

Lea, Henry-Ch.: L'Innocence des Templiers. Paris 1966.

Le Bosse, Michel-Vital: Sur la route des templiers en Normandie: la Bove des chevaliers. Paris 1986.

Le Cam, Anne: Les Templiers: la puissance, la gloire et la mort. In: Notre Histoire. 123, 1995, S. 26-41.

Lechaude d'Anisy: Documents historiques touchant les Templiers et les Hospitaliers en Normandie. In: Memoires de la société des antiquaires de normandie. 4, 1844.

Leclercq, Jean: Un document sur les débuts des Templiers. In: Revue d'histoire ecclésiastique. 52, 1957, S. 81-91.

Ledebur, Leopold von: Die Tempelherren und ihre Besitzungen im Preußischen Staate. Ein Beitrag zur Geschichte und Statistik des Ordens. In: Allgemeines Archiv für die Geschichtskunde des Preußischen Staates. 16, 1835, S. 97-120.

Ledesma Rubio, Laura Maria: Templarios y Hospitalarios en el Reino de Aragon. Zaragoxa 1982.

Lees, Beatrice Adelaide: Records of the Templars in England in the Twelfth Century: The Inquest of 1185 with Illustrative Charters and Documents. London 1935.

Le Forestier, René: La Franc-Maconnerie templière et occultiste. Paris 1970.

Le Forestier, René: Die templerische und okkultistische Freimaurerei im 18. und 19. Jahrhundert. Bd. 1. Leimen 1987.

Legman, G.: La Culpabilité des templiers. Paris 1973.

Legras, Anne-Marie: Les commanderies des Templiers et des Hospitalliers de Saint-Jean de Jerusalem en Saintonge et en Aunis. Paris 1983.

Legras, Anne-Marie/ **Lemaitre**, Jean-Loup: La pratique liturgique des Templiers et des Hospitaliers de Saint-Jean de Jérusalem. In: C. Bourlet/A. Dufour (Hrsg.): L'écrit dans la Société médiévale. Divers aspects de sa pratique du XIe au Xve siècle. Paris 1991, S. 77-137.

Lehmann, Gunther/ **Patzner**, Christian: Die Templer in Mitteldeutschland. Erfurt 2004.

Lejeune: Histoire critique et apologétique de l'ordre des Templiers. 2 Bde. Paris 1789.

Léonard, Emile G.: Introduction au Cartulaire manuscrit du Temple (1150-1317). Paris 1930.

Lerché, A.: Hindenburg, ... Nachrichten über den geistlichen Ritterorden der Templer in Oberschlesien. In: Der Oberschlesier, Halbmonatsschrift für das gesamte heimische Kulturleben. 12, 1930, S. 12-17.

Leroy, J.-J.-E.: Histoire des Templiers. Grez-sur-Loing o. J.

Letzner, Johannes: Kurtze und bishero nicht in Druck gegebene Beschreibung des ... Stiftes Königslutter ... Samt

Henr. Meibomii Bericht von der Comthurey zu Süpplingenburg. Wolfenbüttel 1715.

Levis Mirepoix, duc de: La Tragédie des Templiers. Paris 1955.

Leys, Agnes: The Forfeiture of the Lands of the Templars in England. In: Oxford Essays in Medieval History presented to Herbert Edward Salter. Oxford 1934, S. 155-163.

Linck, Klaus: Die Templer und Burg Iben im Appeltal. In: Nordpfälzer Geschichtsblätter. Beiträge zur Heimatgeschichte. 83, 2003, S. 31ff.

Lincoln, Henry/ **Baigent**, Michael/**Leigh**, Richard: Der Heilige Gral und seine Erben. Bergisch-Gladbach 1990.

Liopke, Helmut: Die Wüstungen Grossdorf und Giemeln im Lande Sternberg. In: Mitteilungen des Verein für Geschichte der Neumark. 9, 1932, S. 53-71.

Lizerand, Georges: Le dossier de l'affaire des templiers. Paris 1923.

Lizerand, Georges: Jacques de Molay. Paris 1913.

Lobet, Marcel: Histoire mystérieuse et tragique des Templiers. Lüttich 1944.

Lobet, Marcel: La tragique histoire de l'ordre du Temple. Brüssel 1954.

Loiseleur, Jules: La Doctrine secrète des templiers. Paris 1973.

Loisne, A. de: Cartulaire de la commanderie des Templiers de Sommereux. Paris, Beauvais 1924.

Loos, Volker: A templomos lovagrend története. [History of the Templars.] Pécs 2000.

Loos, Volker: Die armen Ritter Christi vom Tempel Salomonis zu Jerusalem. Frieling 1997.

Lord, Evelyn: The Knights Templar in Britain. London 2002.

Lotze: Templerorden in Hessen. In: Mitteilungen an die Mitglieder des Vereins für hessische Geschichte und Landeskunde. 1932/33, S. 18.

Lourie, Elena: The Confraternity of Belchite, the Ribat and the Temple. In: Viator. 13, 1982, S. 159-176.

Lüpke, Helmut: Beiträge zur Geschichte des Templerordens in der Neumark. In: Die Neumark. 9, 1934, S. 39-94.

Lüpke, Helmut: Das Land Tempelburg. Eine historisch-geographische Untersuchung. In: Baltische Studien. NF 35, 1933, S. 43-97.

Lüpke, Helmut: Die pommersche 'Terra Krayna' und die Templer. In: Monatsblätter, hrsg. v. d. Gesellschaft f. Pommersche Geschichte und Altertumskunde. 46, 1932, S. 141-146.

Lüpke, Helmut: Die Templer-Kommende Tempelhof. Ein Beitrag zur Geschichte des Templerordens in Ostdeutschland. In: Teltower Kreiskalender 1933. S. 21-34.

Lüpke, Helmut: Untersuchungen über den sagenhaft überlieferten oder fälschlich vermuteten Besitz der Tempelherren in Ostdeutschland. In: Jahrbuch für Brandenburgische Kirchengeschichte. 31, 1936, S. 29-97.

Lüpke, Helmut: Untersuchungen zur Geschichte des Templerordens im Gebiet der nordostdeutschen Kolonisation. Phil. Diss. Berlin, Bernburg 1933.

Lüpke, Helmut: Urkunden und Regesten zur Geschichte des Templerordens im Bereich des Bistums Cammin und der Kirchenprovinz Gnesen. (=Veröffentlichungen der Historischen Kommission für Pommern. Reihe 4. Quellen zur Pommerschen Geschichte Bd. 10. Köln, Wien 1987.

Lukàcek, A.: Dejiny starého templàrskeho klàstora v Piestanoch. Litomrice 1963.

Lundgreen, Friedrich: Wilhelm von Tyrus und der Templerorden. Berlin 1911.

Lundgreen, Friedrich: Zur Geschichte des Templerordens. In: Mitteilungen des Instituts für österreichische Geschichtsforschung. 35, 1914, S. 670-687.

Luttrel, Anthony: Gli ospitalieri e l'eredità dei templari: 1305-1378. In: I templari: mito e storia. 19.., S. 67-86.

Luttrel, Anthony: Templari e Ospitalieri in Italia. In: Templari e Ospitalieri in Italia - La chiesa di San Bevignate. 1987, S. 19-26.

Luttrell, Anthony: The Earliest Templars. In: Michel Balard (Hrsg.): Autour de la première croisade. Paris 1996, S. 193-202.

Luttrel, Anthony: Two templar-hospitaller preceptories north of Tuscania. British Science Review. 26, 1971, S. 90-124.

Lyton Ward, Judith Mary: The French text of the Rule of the Order of the Knights Templar. Suffolk 1992.

Magnou, Eduard/Gerard, Pierre: Cartulaire des Templiers de Douzens. Paris 1965.

Mahieu, Jacques de: Die Templer in Amerika oder das Silber der Kathedralen. Tübingen 1979.

Mahieu, Jacques de: Les Templiers en Amérique. Paris 1981.

Mailly, Anton: Der Templerorden in Niederösterreich in Geschichte und Sage. Wien 1923.

Maitrot, de la Motte Capron: L'Héritage des Chevaliers du Temple. Paris 1940.

Maitrot, de la Motte Capron: Le Roi de France et les Templiers. Paris 1940.

Maitrot, de la Motte Capron: Les coffrets mystérieux des Templiers. Paris 1939.

Maitrot, de la Motte Capron: Les idoles des Chevaliers du Temple. Paris 1939.

Maitrot, de la Motte Capron: Les Templiers et les gardiens du Temple. Paris 1939.

Maitrot, de la Motte Capron: Les Templiers et leur alphabet secret. Paris 1939.

Marcillac, Alain: Le Baphomet, idéal templier. Paris 1988.

Marillier, Bernard: Essais sur la Symbolique Templière. Paris 1997.

Markale, Jean: Gisors et l'énigme templiers. Paris 1986.

Martin, A.J.: Le premier grand maître des templiers était-il Vivarois? In: Revue du Vivarais. 1982.

Martin, Edward James: The Templars in Yorkshire. In: The Yorkshire Archaeological Journal. 24, 1929, S. 366f.

Martin, Edward James: Trial of the Templars. New York 1978.

Martin, Jacques: Le Secret des Templiers. Paris 1990.

Marx, E.: Die Burgkapelle zu Iben in Rheinhessen. Darmstadt 1882.

Mas-Latrie, Louis de: Lettre à M. Beugnot sur les sceaux de l'ordre du temple. In: Bibliothèque de l'Ecole de Chartres. 9, 1847/48, S. 385-404.

Maurin, Jacques: La Double Mort des templiers. Paris 1982.

Mazerand, Michel: Les Templiers en Lorraine. Nancy 1993.

Mazières, M.-R.: La venue et le séjour des templiers du Rousillon à la fin du XIIme siècle et au début du XIVme dans la vallée du Bezu (Aude). In: Mémoires de la société des arts et des sciences de Carcassonne. 4. Serie. Bd. III (1957-1959), S. 229f.

Mazières, M.-R.: Les Templiers du Bézu. Rennes-le-Château o. J.

Melville, Marion: La vida secreta de los templarios. Girona 1995.

Melville, Marion: La vie des templiers. Paris 1951.

Melville, Marion: Les débuts de l'ordre des Templiers. In: Josef Fleckenstein/Manfred Hellmann (Hrsg.): Die geistlichen Ritterorden Europas. Sigmaringen 1980, S. 23-30.

Menache, Sophia: Contemporary Attitudes Concerning the Templars' Affair: Propaganda's Fiasco? In: The Journal of Medieval History. 8, 1982, S. 135-147.

Menache, Sophia: Rewriting the History of the Templars According to Mathew Paris. In: Goodich, M. u. a.: Cross Cultural Convergences in the Crusader Period. New York 1995, S. 183-214.

Menache, Sophia: The Templar Order: a Failed Ideal? In: The Catholic Historical Review. 79, 1993, S. 1-21.

Métais, L'Abbé Charles (Hrsg.): Les Templiers en Eure-et-Loire. Histoire et Cartulaire. Chartres 1902.

Metcalf, Michael D.: Monetary questions arising out of the Role of the Templars as Guardians of the Northern Marches of the Principality of Antioch. In: Zsolt Hunyadi/József Laszlovszky: The Crusaders and the Military Orders expanding the Frontiers of medieval latin Christianity. Budapest 2001, S. 77-87.

Metcalf, Michael D.: The Templars as Bankers and Monetary Transfers between West and East in the Twelfth Century. In: Edbury, Peter W./Metcalf, Michael D.: Coinage in the Latin East. The Fourth Oxford Symposium on Coinage and Monetary History. Oxford 1980, S. 1-17.

Michel, Fritz: Der Templerorden am Mittelrhein und die Templer von Waldeck. In: Rheinische Heimatblätter. 1, 1924 S. 56ff.

Michelet, Jules: Le Procès des Templiers. 2 Bde. Paris 1841-1851 Nachdruck Paris 1987.

Miguet, Michel: Templiers et Hospitalliers en Normandie. (Mémoires de la section de l'archéologie et d'histoire d'art). Paris 1995.

Millauer, Maximilian: Böhmens Denkmale der Tempelherrn. Prag 1822.

Minucci, Giovanni/ **Sardi**, Franca (Hrsg.): I Templari. Mito e storia. Atti del Convegno Internazionale di Studi alla Magione Templare di Poggibonsi. Siena 1989.

Miret y Sans, Joaquín: Cartoral des Templiers de les comandes de Gardeny y Barbens. Barcelona 1899.

Miret y Sans, Joaquín: Les cases de Templers y Hospitalers en Catalunya, aplech de notes y documents histórichs. Barcelona 1910.

Miret y Sans: Noticia histórica del monestir d'Alguayre. Barcelona 1899.

Mistele, Karl-Heinz: Zur Geschichte des Templerordens in Süddeutschland. In: Mitteilungen für die Archivpflege in Bayern. Sonderheft 5, 1967, S. 18-24.

Miquel, Jacques: Cités templières du Larzac. Paris 1989.

Möhring, Heino: Die Kommende der Templer zu Breisig. In: Heimatjahrbuch des Kreises Ahrweiler. 1997, S. 51ff.

Moldenhauer: Prozeß gegen den Orden der Tempelherren. Hamburg 1792.

Mondange, Christian de: Histoire et passions des Templiers. Paris 1993.

Montagnac, Elise de: Histoire de l'Ordre Militaire du Temple. Bonn 1965.

Müller, E.: Das Konzil von Vienne 1311-1312 (=Vorreformationgeschichtliche Forschungen 12). Münster 1934.

Müller, Hermann: Die Tempelritter. Hamburg 1982.

Münter, Friedrich D.: Statutenbuch des Ordens der Tempelherrn. Berlin 1794.

Neu, Heinrich: Bibliographie des Templer-Ordens 1927-1965. Bonn 1965.

Neu, Heinrich: Die Templer von Niederbreisig. Versuch der Geschichte eines rheinischen Templerhauses. In: Rheinische Vierteljahrsblätter. 32, 1968, S. 274-289.

Neundlinger, Ferdinand/ **Müksch**, Manfred: Die Templer in Österreich. Innsbruck 2001.

Nicholson, Helen: International Mobility versus the Needs of the Realm: The Templars and Hospitallers in the British Isles in the Thirteenth and Fourteenth Centuries. In: Jochen Burgtorf/Helen Nicholson (Hrsg.): International Mobility in the Military Orders (Twelfth to Fifteenth Centuries): Travelling on Christ's Business. Cardiff 2006, S. 87-101.

Nicholson, Helen: Knights Templar on Trial. London 2009.

Nicholson, Helen: Relations between Houses of the Order of the Tempel in Britain and their Local Communities, as Indicated during the Trial of the Templars, 1307-12. In: Knighthoods of Christ: Essays on the History of the Crusades and the Knights Templar, Presented to Malcom Barber. Hrsg. v. Norman Housley. Aldershot 2007, S. 195-207.

Nicholson, Helen: Saints or Sinners? The Knights Templar in Medieval Europe. In: History Today. 44,2, 1994, S. 30-36.

Nicholson, Helen: Serving king and crusade: the military orders in royal service in Ireland, 1220-1400. In: Bull, Marcus/Housley, Norman: The experience of crusading. Bd. 1 Western approaches. Cambridge 2003, S. 233-252.

Nicholson, Helen: Steamy Syrian Scandals: Matthew Paris on the Templars and Hospitallers. In: Medieval History. 2:2, 1992, S. 68-85.

Nicholson, Helen: Templar Attitudes towards Women. In: Medieval History. 1:3, 1991, 74-80.

Nicholson, Helen: Templars, Hospitallers and Teutonic Knights: Images of the Military Orders 1128-1291. Leicester 1993.

Nicholson, Helen: The Head of St. Euphemia. Templar Devotion to Femals Saints. In: Susan Edgington/Sarah Lambert (Hrsg.): Gendering the Crusades. Cardiff 200.

Nicholson, Helen: The Knights Templar. A New History. Stroud 2001.

Nicholson, Helen: The Military Orders and their Relations with Women. In: Zsolt Hunyadi/József Laszlovszky: The Crusaders and the Military Orders expanding the Frontiers of medieval latin Christianity. Budapest 2001, S. 407-414.

Nicholson, Helen: The Testimony of Brother Henry Danet and the Trial of the Templars in Ireland. In: In Laudem Hierosolymitani: Studies in Crusades and Medieval Culture in Honour of Benjamin Z. Kedar. Hrsg. v. Iris Shagrir u. a.. Ashgate 2008, S. 411-423.

Nicholson, Helen: The trial oft he Templars in the British Isles. In: Sacra Militia: Rivista di Storia degli Ordini Militari. 4, 2003, S. 29-60.

Nikolai, Friedrich von: Versuch über die Beschuldigungen, welche dem Tempelherren-Orden gemacht worden. Berlin 1782.

NN: Geschichte der Kommende, Komturei oder Kommanderie der kirchlich-militärischen Ritterorden der Tempelherren und der Johanniter zu Roth bei Vianden. In: Ons Hémecht. 1914, S. 86-90, 153-159, 319-333, 414-426, 449-458.

Nollier, Inès: Le Grand maître des Templiers. Paris 1994.

Nowak, Ludwig: Die Templer in Osthofen. In Mühlheim Ordensburg und Großkommende. In: Heimatjahrbuch 1996. Landkreis Alzey-Worms. Hrsg. v. Kreisvolkshochschule Alzey-Worms, S. 43-49.

Österreicher, Paul: Über die vorgebliche Ansiedlung der Tempelherren in Bamberg und Würzburg. In: Die geöffneten Archive für die Geschichte des Königreichs Bayern. 1, Heft 1-4, 1821/22, S. 90-94 und S. 283-285.

Ollivier, Albert: Les Templiers. Paris 1858.

Oslo, Allan: Die Geheimlehre der Tempelritter. Geschichte und Legende. Düsseldorf 1999.

Oursel, Raymond: Le Procès des templiers. Paris 1955.

Parker, Thomas William: The Knights Templar in England. Tucson 1963.

Partner, Peter: The Knights Templar and Their Myth. Rochester 1990.

Pasleau, Pierre-P.: Des Templiers aux franc-macons, la filiation spirituellle. Paris 1988.

Patek, Ferenc: A magyarországi templárius rendtartomány felbomlása. [La dissolution de la Province de Hongrie des Templiers.] Budapest 1912.

Pelzel: Beiträge zur Geschichte der Tempelherren in Böhmen und Mähren. (= 3. Bd. der neuen Abhandlungen der königlich-böhmischen Gesellschaft der Wissenschaft.) Prag 1798.

Perkins, Clarence: The Trial of the Knights Templars in England. In: The English Historical Review. 24, 1909, S. 432-447.

Perkins, Clarence: The Knights Templars in the British Isles. In: The English Historical Review. 25, 1910, S. 209f.

Perkins, Clarence: The Wealth of the Knights Templars in England and the Disposition of it after their Dissolution. In: American Historical Review. 5, 1910, S. 242-263.

Pernoud, Régine: Les Templiers. Paris 1974.

Pernoud, Régine: Les Templiers Chevaliers du Christ. Paris 1995.

Perrini, Giorgio: Les aveux des Templiers. Paris 1992.

Pesty, Frigyes: A templáriusok Magyarországon. [The Templars in Hungary.] Budapest 1861.

Pétel, Auguste: Inventaire des biens de la Commanderie de Payns. Troyes 1910.

Pétel, Auguste: Le Temple de Bonlieu (vulgo Bonleu) et ses dépendances. Templiers et Hospitaliers dans le diocèse de Troyes. Troyes 1910.

Peters, F.: Die Burg-Kapelle zu Iben. Bonn 1869.

Phillips, Jonathan: Hugh of Payns and the 1129 Damascus Crusade. In: Malcolm Barber (Hrsg.): The Military Orders. Fighting for the Faith and Caring for the Sick. Aldershot 1994, S. 141-147.

Picar, Michel: Les Templiers. Paris 1985.

Piquet, Jules: Des banquiers au moyen âge: Les Templiers: Etude de leurs opérations financières. Paris 1939.

Piquet, Jules: Les Templiers, études de leurs opérations financières. Paris 1939.

Pleyers, Jean: Le Secrèt des Templiers. Paris 1990.

Plützer, Johann: Die ehemalige Templerkapelle auf Hof Iben bei Fürfeld: Finden der Baumaße. Mammendorf 2005.

Popp, Theodor David von: Urkunden, den vormaligen Templerhof zu Moosbrunn betreffend. In: Archiv des Historischen Vereines von Unterfranken und Aschaffenburg. 2/3, 1852, S. 243-248.

Portal, Chabié: Cartulaire des Templiers de Vaours. Paris 1894.

Poturzyn, Maria Krück von: Der Prozeß gegen die Templer. Dornach/Schweiz 2002.

Pringle, R. Denys: Templar castles between Jaffa and Jerusalem. In: Nicholson, Helen: The Military Orders. Bd. 2 Welfare and Warfare. Aldershot 1998, S. 89-109.

Pringle, R. Denys: Templar castles on the road to Jordan. In: Barber, Malcolm: The Military Orders: Fighting for the Faith and Caring for the Sick. Aldershot 1994, S. 148-166.

Prutz, Hans: Die Autonomie des Templerordens. In: Sitzungsberichte der philos.-philolog. und der hist. Klasse der Kgl. Bayer. Akad. der Wiss. zu München. 1905, S. 95-181.

Prutz, Hans: Entwicklung und Untergang des Tempelherrenordens. Berlin 1888.

Prutz, Hans: Geheimlehre und Geheimstatuten des Templerordens. Berlin 1879 Nachdruck 1979.

Prutz, Hans: Malteser Urkunden und Regesten zur Geschichte der Tempelherren und Johanniter. München 1883.

Quix, Christian: Haben die Tempelherren eine Commende oder doch eine Besitzung in der Stadt Aachen gehabt? In: Quix, Christian: Beiträge zur Geschichte der Stadt Aachen und ihrer Umgebungen. Aus dem 'Aachener Wochenblatt' besonders abgedruckt. 11, 1838, S.121-129.

Quix, Christian: War in Aachen eine Tempelherren-Kommende? In: Quix, Christian: Geschichte des Karmeliten-Klosters, der Gelehrtenschulen in Aachen vor Einführung des Jesuiten-Gymnasiums, der vormaligen Herrschaft Eilendorf. Aachen 1835, S. 82-85.

Ralls, Karen: The Templars and the Grail: Knights of the Quest. London 2003.

Rastoul, Armand: Les Templiers. Paris 1905.

Raulland, Jacques: Grands maîtres du Temple. Paris 2004.

Raynouard: Les Templiers. Paris 1905.

Raynouard: Monuments historiques relatifs à la condamnation des chevaliers du Temple. Paris 1813.

Râzsô, Gyula: A Templomos Rend szolgàlati szabàlyzata. Budapest 1974.

Read, Piers Paul: The Templars: The Dramatic History of the Knights Templar, the most powerfull Military Order of the Crusades. Cambridge 1999.

Regnier, L.: La chapelle de la Commanderie de Chanu. Evreux 1899.

Reju, Daniel: La Quête des templiers et l'Orient. Paris 1979.

Reuß, Friedrich Anton: Über einen vormaligen Templerhof zu Würzburg. In: Archiv des Historischen Vereines von Unterfranken und Aschaffenburg. 12.2-3, 1853, S. 236-246.

Reznikov, R.: Les Templiers. Paris 1990.

Reznikov, Raimonde: Cathares et templiers. Paris 1991.

Richard, Jean: Les Templiers et les Hospitalier en Bourgogne et en Champagne méridionale. In: J. Flaeckenstein/M. Hellmann (Hrsg.): Die geistlichen Ritterorden Europas. 1980, S. 231-242.

Riley-Smith, Jonathan: The Templars and the Castle of Tortosa in Syria. An Unknown Document concerning the Acquisition of the Fortress. In: English Historical Review. 84, 1969, S. 278-288.

Riley-Smith, Jonathan: The Templars and the Teutonic Knights in Cilician Armenia. In: Thomas S. R. Boase: The Cilician Kingdom of Armenia. Edinburgh 1978, S. 92-117.

Ripert, Pierre: L'Epopée templière. Paris 2001.

Pipert-Monclar, Mis de: Cartulaire de la commanderie de Richerenches de l'ordre du Temple (1136-1214). Avignon, Paris 1907.

Ritoók, Pál: The Architecture of the Knights Templars in England. In: Barber, Malcolm: The Military Orders: Fighting for the Faith and Caring for the Sick. Aldershot 1994, S. 167-178.

Rivière, Patrick: Les Templiers et leurs mystères. Paris 1992.

Robinson, John J.: Dungeon, Fire, and Sword: The Knights Templar in the Crusades. New York 1991.

Roman, G.: Le procès des Templiers. Montpellier 1943.

Roth, Hermann Josef: Die ehemalige Templerkirche zu Iben. In: Cistercienser Chronik. Forum für Geschichte, Kunst, Literatur und Spiritualität des Mönchtums. 98, 1991, S. 38f.

Roth, Hermann Josef/ **Großmann**, Anton: Bernhard von Clairvaux an die Tempelritter, die Speerspitze der Kreuzzüge. Sinzig 1990.

Roth, Hermann Josef: Die ehemalige Templerkirche zu Iben. In: Cistercienser Chronik. Heft 1-2, 1991, S. 38f.

Roy, J.-J.-E.: Histoire des Templiers. Tours 1848.

Roy, Yvon: Le testament des Templiers à Chinon. Tours, Paris 1974.

Sandys, Agnes: The Financial and Administrative Importance of the London Temple in the Thirteenth Century. In: Essays in Medieval History Presented to Thomas Frederick Tout. Hrsg. v. A.G. Little und F.M. Powicke. Manchester 1925, S. 147-162.

Saint-Hilaire, Paul de: Liège et Meuse mystérieux II: les templiers. 1982.

Saint-Hilaire, Paul de: Les Sceaux templiers et leurs symboles. Paris 1991.

Sans y Travé, Josep Maria: El procés dels Templers catalans. Lleida 1991.

Sartorius, Otto: Pfälzische Niederlassungen des Templerordens (Neustadt, Mußbach, Kirchheim an der Weinstrasse). In: Pfälzer Heimat. 8, 1957, S. 63f.

Saulcy, de: Notice sur l'oratoire des Templiers de Metz. In: Mémoires de l'Académie Royale de Metz. 16, 1834-1835, S. 436-445.

Sawall, Edmund: Der Tempelritterorden in Deutschland. Versuch einer Bestandsaufnahme. In: Non nobis. 38, 2000, S. 14-19.

Sawall, Edmund: Historische Templerstätten über 750 Jahre im Oderbruch. In: Non nobis. 25, 1992, S. 30-32.

Sawall, Edmund: Templerkommende Mücheln/Wettin. In: Non nobis, 13, 1999.

Scarpellini, Pietro: La chiesa di San Bevignante, i Templari e la pittura perugina del Duecento. In: Templari e Ospitalieri in Italia/La chiesa di San Bevignante. 1987, S. 93-158.

Sclafert, Ch.: Lettre inédite de Hugues de Saint-Victor aux Chevaliers du Temple. In: Revue d'ascétique et de musique. 34, 1958, S. 275-299.

Schäfer, H.-W.: Der Templerorden und seine Bedeutung im ‚Parzival' Wolframs und im ‚Jüngeren Titurel'. In: Akten des VIII. Internationalen Germanisten-Kongresses XI. Tübingen 1992, S. 58-66.

Schäfer, Josef: Tempelgüter. In: Heimatkalender für den Kreis Neuwied 1960. S. 70-74.

Schannat, Friedrich: Comthurei des Ordens der Tempelherren zu Roth. In: Eiflia illustrata oder geographische und historische Beschreibung der Eifel. 1. Bd., 2. Abteilung, Aachen und Leipzig 1825, S. 965 und 3. Bd. 1. Abteilung, Aachen und Leipzig, S. 563.

Schein, Sylvia: The Templars: the Regular Army of the Holy Land and the Spearhead of the Army of Its Reconquest. In: Giovanni Minnucci/Franca Sardi: I Templari. Mito e storia. Atti des Convegno internazionale di studi alla Magione Templare di Poggibonsi-Siena, 29-31 maggio 1987. Siena 1989, S. 15-26.

Schickl, Peter: Die Entstehung und Entwicklung des Templerordens in Katalonien und Aragon. In: Spanische Forschungen der Görres-Gesellschaft. Gesammelte Aufsätze zur Kuluturgeschichte Spaniens. 28, 1975, S. 91-228.

Schleising, K.: Templer und Johanniter in der Gegend von Meseritz. In: Grenzmärkische Heimatblätter. 18, 1942, S. 44.

Schmidt, Erich: Iben, eine ehemalige Templerkommende im Appeltal. In: Nordpfälzer Geschichtsblätter. Beiträge zur Heimatgeschichte. 82, 2002, S. 1-5.

Schnürer, Gustav: Die ursprüngliche Templerregel. Studien und Darstellungen aus dem Gebiete der Geschichte. Bd. 3, 2. Teil. Freiburg im Breisgau 1903.

Schnürer, Gustav: Zur ersten Organisation der Templer. In: Historisches Jahrbuch. 32, 1911, S. 298-316, S. 511-546.

Schorn, Karl (Hrsg.): Roth. Kommende des Templerordens. In: EIFLIA SACRA oder Geschichte der Klöster und geistlichen Stiftungen der Eifel. Bd. 2, Aachen 1889, S. 495-497.

Schottmüller, Konrad: Bericht über die archivalischen Forschungen zur Geschichte des Tempelherren-Ordens.

In: Abhandlungen der Berliner Akademie der Wissenschaften. Philologisch-historische Klasse. 1886, S. 1019-1042.

Schottmüller, Konrad: Der Untergang des Templerordens mit urkundlichen und kritischen Beiträgen. 2 Bde. Berlin 1887.

Schüpferling, Michael: Der Tempelherren-Orden in Deutschland. Ph.D.diss. Freiburg im Üchtland. Bamberg 1915.

Schug, Peter: Ehemalige Templer-, später Johanniterordenskommende in Niederbreisig. In: Geschichte der zum ehemaligen kölnischen Ahrgaudekanat gehörenden Pfarreien der Dekanate Adenau, Ahrweiler und Remagen. Hrsg. v. Matthias Schuber. Trier 1952, s. 311-322.

Schultze, Johannes: Das Alter des Tempelhofs: Nachweise und Argumente. In: Der Bär von Berlin. Jahrbuch des Verein für die Geschichte Berlins. 4, 1954, S. 89-99.

Schwalm, Jakob: Sechs Briefe deutscher Fürsten an Philipp den Schönen. In: Neues Archiv der Gesellschaft für ältere deutsche Geschichtskunde. 24, 1904, S. 632ff.

Schwarz, E.: Die Templer in der Mark Brandenburg. In: Monatsblätter des Touristenklub für die Mark Brandenburg. Berlin 1902, S. 37-40.

Sclafert, Cl.: Lettre inédite de Hugues de Saint-Victor aux chevaliers du Temple. In: Revue d'Ascétique et de Mystique. 35, 1958, S. 275-299.

Sède, Gérard de: Die Templer sind unter uns. Berlin 1963.

Sède, Gérard de: Les Templiers sont parmi nous ou l'énigme de Gisors. Paris 1963.

Sède, Gérard de: Les Templiers sont parmi nous. Paris 1962.

Seiler, Jörg: Die Aufhebung des Templerordens (1307-1314) nach neueren Untersuchungen. In: Zeitschrift für Kirchengeschichte. 109, 1998, S. 19-31.

Serbanesco, Gérard: Histoire de l'ordre des Templiers. 2 Bde. Paris 1965.

Serbanesco, Serge: Histoire de l'ordre des templiers et des croisades. 2 Bde. Paris 1969-70.

Servin, Henri: L'Énigme des templiers et le Saint-Suaire. Paris 1988.

Sinclair, K. V.: The Translations of the Vita patrum, Thais, Antichrist, and Vision de saint Paul Made for Anglo-Norman Templars. In: Speculum 72, 1997, S. 741-762.

Sippel, Hartwig: Die Templer. Geschichte und Geheimnis. Wien, München 1996.

Spunda, Franz: Baphomet, der geheime Gott der Templer. Schwarzenburg 1980.

Staehle, Ernst: Johanniter und Templer. Geschichte, Geheimnisse und Gegenwart. Gnas 1998.

Starnawska, Maria: Military Orders and the Beginning of Crusades in Prussia. In: Zsolt Hunyadi/József Laszlovszky: The Crusaders and the Military Orders expanding the Frontiers of medieval latin Christianity. Budapest 2001, S. 417-428.

Starnawska, Maria: Notizie sulla composizione e sulla struttura dell' ordine de Tempio in Polonia. In: Minnucci, Giovanni/Sardi, Francesco: I Templari: Mito e storia. Singalunga, Siena 1989, S. 143-151.

Stausberg, Leo: Der Tempelhof in Niederbreisig. In: Heimatjahrbuch des Kreises Ahrweiler. 1958, S. 120ff.

Steinhausen, Josef: Tempelherren und Siebenschläfer in der Eifel. Sage und Legende bei römischen Siedlungen auf dem Lande. In: Festgabe für Geheimrat

Prof. Dr. Peter Meyer. Münstereifel 1933, S. 41-54.

Stenzel, Gustav Adolf Harald: Tempelherren in Schlesien. In: Übersicht der Arbeiten und Veränderungen der schlesischen Gesellschaft für vaterländische Kultur im Jahre 1837. Breslau 1838, S. 121-125.

St. Hilaire, Paul de: Les Sceaux Templiers et leurs symboles. Grez-sur-Loing 1991.

St. Hilaire, Paul de: Les Templiers au Luxembourg. Grez-sur-Loing 2003.

St. John Hope, W.H.: The round church of the knights templars at Temple Bruer, Lincolnshire. In: Archaeologia. 61, 1908, S. 177-199.

Stossek, Balazs: Maisons et possessions des Templiers en Hongrie. In: Zsolt Hunyadi/Józse Laszlovszky: The Crusaders and the Military Orders expanding the Frontiers of medieval latin Christianity. Budapest 2001, S. 245-251.

Stradonitz, Stephan Kekule von: Über die frühesten Siegel des Ordens der Tempelherren. In: Der Deutsche Herold. 58, 1928, S. 108.

Strayer, J. R.: The Reign of Philipp the Fair. Princeton 1980.

Szabo, Thomas: Templari e viabilità. In: Mito e storia. 1987, S. 297-310.

Terhart, Franjo: Der Schatz der Tempelritter. Verborgenen Reichtümern auf der Spur. Bergisch Gladbach 2002.

Terhart, Franjo: Die Wächter des Heiligen Gral. Das verborgene Wissen der Tempelritter. Bergisch Gladbach 2002.

Terhart, Franjo: Tempelritter. Kreuzlingen, München 2003.

Thirault, Henri: Maison Dieu de Morment, Les Templiers de Voulaines, mémoire d'Histoire. Dijon 1964.

Tommasi, Francesco: I Templari e il culto delle reliquie. In: I Templari: mito e storia. Atti del Convegno internationale di studi alla Maggione templare di Poggibonsi-Siena, 29-31 Maggio 1987. Sinalunga/Siena 1989, S. 191-210.

Tommasi, Francesco: Pauperes commilitones Christi. Aspetti e problemi delle origine gerosolimitane. In: Militia Christi e crociata nei secoli XI-XIII. Atti della XI settimana de La Mendola. Mailand 1992, S. 443-475.

Tommasi, Francesco: Per i rapporti fra Templari e Cisterciensi. In: I Templari. Una vita tra riti cavallereschi e fedeltà alla Chiesa. Atti del I. Convegno 'I Templari e San Bernardo di Chiaravallle'. Certosa di Firenze, 23-24 ottobre 1992. Florenz 1992, S. 227-274.

Tommasi, Francesco: Uomini e donne negli militari de Terrasanta: Per il problema delle case doppie e miste negli ordini giovannita, templare e teutonico (secc. XII-XIV). In: Elm, Kaspar/Parisse, Michel: Doppelkloster und andere Formen der Symbiose männlicher und weiblicher Religiosen im Mittelalter. (=Berliner historische Studien, 18). Berlin 1992, S. 177-202.

Tougard, Abbé: Quelques notes sur la chapelle de la commanderie de Sainte-Vaubourg. Rouen 1873.

Tourniac, Jean: De la Chevalerie au Secret du Temple. Paris 1975.

Trillaud, Jacques: La Chevalerie de l'ordre du Temple en Bourgogne. Paris 1991.

Trudon-des-Ormes, M.: Etude sur les possessions de l'ordre du Temple en Picardie. Amiens 1893.

Trudon-des-Ormes, M.: Liste des maisons et de quelques dignitaires de l'Ordre du Temple. In: Revue de l'Orient latin VI, 1898, S. 162ff.

Tuckett, J. E. S.: Dr. Begemann and the Alleged Templar Chapter at Edinburgh in 1745. In: Ars quatuor coronatorum. 32, 1919, S. 5f.

Tull, George W.: Traces of the Templars. 2000.

Upton-Ward, Judith Mary: A New Edition of the Latin and French Rule of the Temple. In: Nicholson, Helen: The Military Orders: Welfare and Warfare. Alsdershot 1998, S. 207-224.

Upton-Ward, Judith Mary: The Rule of the Templars: The French Text of the Rule of the Order of Knights Templar. (Studies in the History of Medieval Religion 4). Rochester 1992.

Upton-Ward, Judith Mary: The Rule of the Templars. The Boydell Press. Woodbridge 1998.

Upton-Ward, Judith Mary: The surrender of Gaston and the rule of the Templars. In: Nicholson, Helen: The Military Orders: Fighting for the Faith and Caring for the Sick. Aldershot 1994, S. 179-188.

Valente, José M.: Soldiers and Settlers: The Knights Templar in Portugal, 1128-1319, Diss., Santa Barbara 2002.

Valous, Guy de: Quelques observations sur la toute primitive observance des Templiers et la Regula pauperum commilitonum Christi Templi Salomonis. In: Mélanges Saint-Bernard. XXIVe Congrès de l'Association Bourgignonne des Sociétés Savantes, Dijon 1953. S. 32-40.

Veltmann, Willem F.: Tempel und Gral. Die Mysterien des Templerordens und des Heiligen Gral. Die Bedeutung dieser Impulse für die Gegenwart. Frankfurt a.M. 1993.

Ventura, Gastone: Templari e Templarismo. Rom 1980.

Verein für die Wiederherstellung der alten Dorfkirche in Berlin-Tempelhof (Hrsg.): Die Dorfkirche in Tempelhof – gestern – heute – morgen. Berlin 1951.

Veyre, Marius: Présence de Saint Bernard et des Templiers en Alsace. Straßburg 1973.

Villeroux, N. u. a.: Sur les pas des Templiers en Bretagne, Normandie, Pays de Loire. Rennes 1980.

Vischer, Hermann: Das Tempelhaus in Neckarelz (Baden). In: Oberdeutsche Zeitschrift für Volkskunde. 4, 1930, S. 67ff.

Vogel, Christian: Das Recht der Templer – Ausgewählte Aspekte des Templerrechts unter besonderer Berücksichtigung der Statutenhandschriften aus Paris, Rom, Baltimore und Barcelona. Berlin 2007.

Vogel, Christian: The Mobility of Templars from Provence. In: Jochen Burgtorf/Helen Nicholson (Hrsg.): International Mobility in the Military Orders (12th to 15th Centuries): Travalling on Christ's Business. Cardiff 2006.

Volfing, Gerhard: Auf den Spuren der Templer in Österreich. Gnas 2001.

Voltz, Eugene: La chapelle des Templiers de Metz. In: Archéologia. 56, 1973, S. 24-31.

Wal, Guillaume Eugène Joseph Baron de: Recherches sur l'ancienne constitution de l'Ordre Teutonique et sur ses usages comparés avec ceux des templiers suivies de quelques éclaircissements sur l'histoire de l'ordre et de réflexions sur l'abolition de celui du temple. 2 Bde. Mergentheim 1807.

Wehrmann, Martin: Der Templerorden in Pommern. In: Monatsblätter der Gesellschaft für Pommersche Geschichte u. Altertumskunde. Stettin, 10, 1896, S. 40-44, S. 49-52.

Weysen, A.: Le trésor des Templiers et le fabuleux Temple de Saint-Graal dans une ville souterraine des Gorges du Verdon. Paris 1973.

Widmer: Über die Verbreitung und den Untergang des Templerordens in Deutschland und Österreich. In: Jahresbericht der kaiserlich-königlichen Zweiten Deutschen Staats-Realschule in Prag-Kleinseite. Prag 1909, S. 3-17.

Wilcke, Ferdinand: Geschichte des Ordens der Tempelherren. Nebst Berichte über seine Beziehungen zu den Freimaurern und den neueren Pariser Templern. Leipzig 1835, 3 Bde (1. Ausgabe), Halle 1860, 2 Bde (2. Ausgabe).

Wildermann, Ansgar Konrad: Die Beurteilung des Templerprozesses bis zum 17. Jahrhundert (=Scrinium Friburgense, Veröffentlichungen des Mediaevistischen Instituts der Universität Freiburg 3). Fribourg/ Schweiz 1971.

Willemenot, Raoul: Le secret des Templiers. Paris 1970.

Willis, P./**Lea-Jones**, J.: The Legacy of the Knights Templars and the Hospitaller (The Order of St. John) in Bristol. In: Temple Local History Group Newsletter. Bd. III 1987, S. 15f.

Winter, Heinrich: Das Templerhaus in Amorbach. In: Deutsche Kunst und Denkmalpflege. München 1957, S. 88-101.

Wolf, Dieter H.: Internationales Templerlexikon. Innsbruck 2003.

Wolff, Philippe: Cartulaire des Templiers de Douzens. Paris 1965.

Wood, Herbert: The Templars in Ireland. In: Proceeding of the Royal Irish Academy. 26, 1906/1907, S. 327-377.

Ziegler, Gilette: Les Templiers ou la chevalerie spirituelle. Paris 1973.

Zillien, Felix: Kapelle Hof Iben: Kleinod im Appelbachtal; Meisterwerk der Frühgotik. In: Heimat-Jahrbuch. Landkreis Alzey-Worms 2002, S. 25ff.

Zuidema, W.: Zur Geschichte des Templerordens in Lothringen. In: Jahrbuch der Gesellschaft für lothringische Geschichte und Altertumskunde. 3, 1891.

Anhang

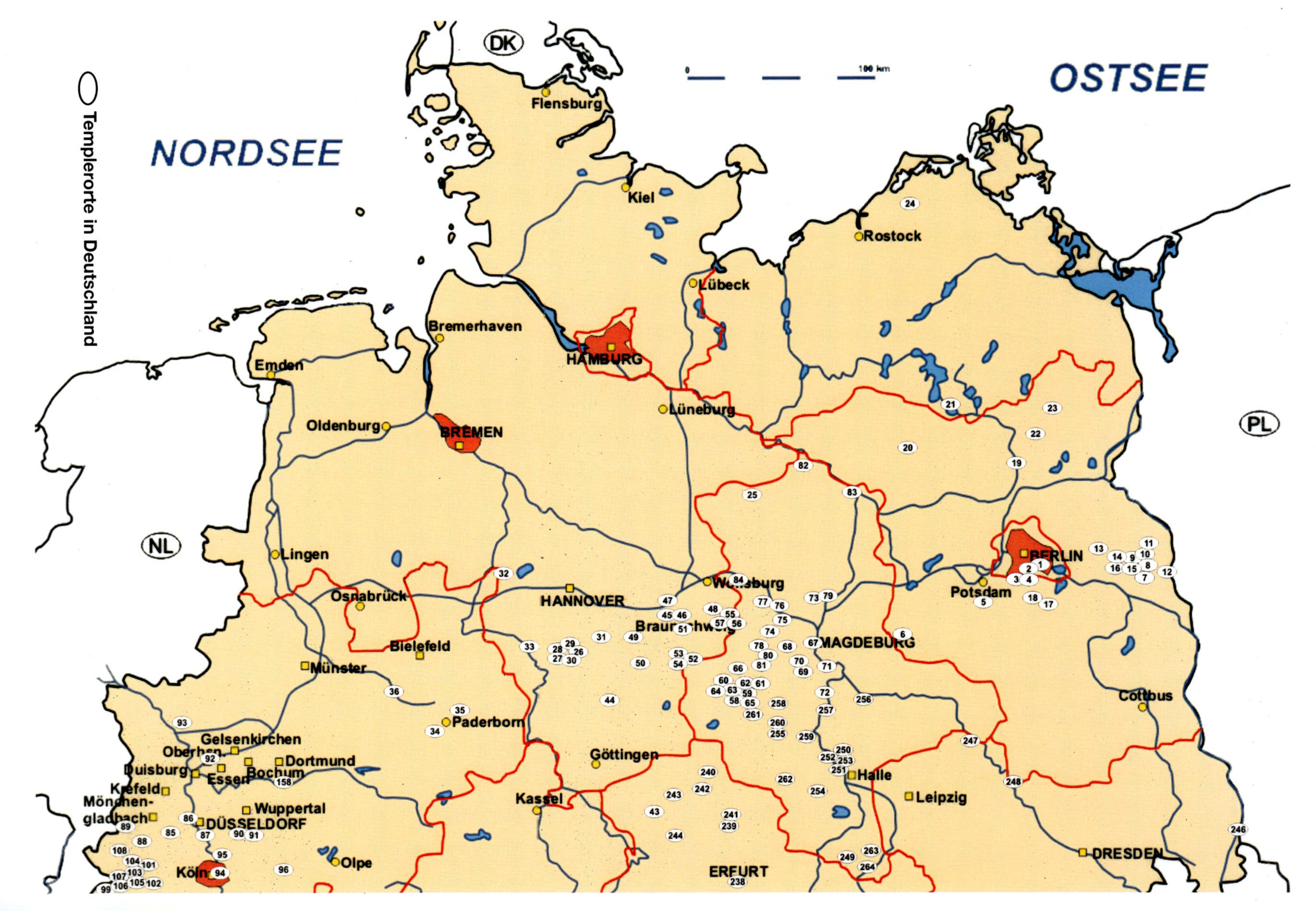

Templerorte in Deutschland
NORDSEE
OSTSEE
DK
PL
NL
0
100 km
Flensburg
Kiel
Lübeck
Rostock
Bremerhaven
HAMBURG
Emden
Oldenburg
BREMEN
Lüneburg
Lingen
Osnabrück
HANNOVER
Bielefeld
Münster
Paderborn
Göttingen
Kassel
Gelsenkirchen
Dortmund
Duisburg
Essen
Bochum
Krefeld
Mönchen-
gladbach
Wuppertal
DÜSSELDORF
Olpe
Köln
ERFURT
MAGDEBURG
Halle
Leipzig
DRESDEN
Cottbus
Potsdam
BERLIN

Bonn
Gera
B
L
Trier
Frankfurt a.M.
MAINZ
Kaiserslautern
SAARBRÜCKEN
Mannheim
Würzburg
Bayreuth
Nürnberg
CZ
Heilbronn
Karlsruhe
Pforzheim
STUTTGART
Regensburg
Ingolstadt
F
Ulm
Augsburg
MÜNCHEN
Freiburg
Basel
Garmisch-
Partenkirchen
A
CH

PLZ	ORT	Nummer
12043	Rixdorf	1
12099	Tempelhof	2
12209	Mariendorf	3
12277	Marienfelde	4
14552	Wildenbruch	5
14828	Görzke	6
15306	Falkenhagen	7
15306	Lietzen	8
15306	Marxdorf	9
15306	Neuentempel	10
15306	Werbig	11
15326	Lebus	12
15345	Garzin	13
15374	Müncheberg	14
15518	Steinhöfel/Heinersdorf	15
15518	Tempelberg	16
15749	Ragow	17
15827	Dahlewitz	18
16792	Zehdenick	19
16909	Königsberg	20
17252	Mirow	21
17268	Templin	22
17268	Wichmannsdorf	23
18311	Tempel	24
29410	Salzwedel	25
31008	Esbeck	26
31020	Hagen (in Salzhemmendorf)	27
31020	Hemmendorf	28
31020	Quanthof	29
31036	Deilmissen	30
31134	Hildesheim	31
31547	Loccum	32
31785	Hameln	33
33154	Dreckburg	34
33175	Lippspringe	35
33378	Rheda	36
35096	Wolfhausen	37
35102	Lohra	38
35315	Homberg (Ohm)	39
35440	Großen-Linden	40
35510	Ostheim	41
35576	Wetzlar	42
37351	Helmsdorf	43
37547	Rimmerode	44
38100	Braunschweig	45
38100	Kattreppeln	46
38110	Harxbüttel	47
38154	Beienrode	48
38272	Nordassel	49
38279	Sehlde	50
38302	Salzdahlum	51
38312	Achim	52
38312	Börßum	53
38315	Tempelhof	54
38350	Emmerstedt	55
38350	Helmstedt	56
38376	Süpplingenburg	57
38820	Halberstadt	58
38820	Wehrstedt	59
38822	Aspenstedt	60
38822	Groß-Quenstedt	61
38822	Klein-Quenstedt	62
38822	Neu-Runstedt	63
38822	Ströbeck	64
38829	Harsleben	65
38838	Schlanstedt	66
39104	Magdeburg	67

86633	Hessellohe	203
86633	Laisacker	204
86738	Deiningen	205
86862	Großkitzighofen	206
86899	Ellighofen	207
86972	Altenstadt	208
86977	Burggen	209
86983	Kurzenhof	210
86989	Deutenried	211
89420	Hochstädt a.d. Donau	212
91074	Herzogenaurach	213
91171	Greding	214
91301	Forchheim	215
92249	Vilseck	216
92266	Dornberg	217
92334	Berching	218
92334	Thannbrunn	219
92361	Berngau	220
92727	Fahrenberg	221
93047	Regensburg	222
93339	Altmühlmünster	223
93339	Deising	224
94353	Haibach	225
95349	Thurnau	226
96047	Bamberg	227
96193	Wachenroth	228
97070	Würzburg	229
97318	Biebelried	230
97323	Krautheim	231
97705	Zahlbach	232
97877	Bestenheid	233
97944	Wölchingen	234
97900	Külsheim	235
97900	Uissigheim	236
97980	Mergentheim	237
99084	Erfurt	238
99718	Obertopfstedt	239
99734	Nordhausen	240
99735	Trebra	241
99735	Wolkramshausen	242
99759	Utterode	243
99998	Bollstedt	244
01778	Liebenau	245
02826	Görlitz	246
04880	Dommitzsch	247
04931	Mühlberg (Elbe)	248
06193	Löbitz	249
06198	Deutleben	250
06198	Döblitz	251
06198	Wettin	252
06249	Mücheln	253
06268	Kuckenburg	254
06463	Falkenstein (Harz) - Konradsburg	255
06385	Aken (Elbe)	256
06406	Bernburg (Saale)	257
06449	Schadeleben	258
06456	Sandersleben (Anhalt)	259
06463	Ermsleben	260
06484	Quedlinburg	261
06528	Beyernaumburg	262
06712	Deuben	263
06722	Droyßig	264

54411	Wüstenbach: nicht verzeichnet in der Karte
01665	Ullenburg: nicht verzeichnet in der Karte